Die Goldenen 2000er Jahre

HARRY S. DENT

DIE GOLDENEN 2000ER JAHRE

börsenbuch verlag]

POSTFACH 1449
95305 KULMBACH
TEL. 0 9221/9 0510
FAX 0 9221/67953

Dieses Buch ist

meiner Frau Cee,
unseren Kindern Abel, Iomi und Nile,
meinen Eltern Harry und Betty und
meinen Neffen und Nichten Josh, Harrison,
Johnny, Blake, Clay, Graham, Elizabeth,
Sarah und Harry II.

gewidmet.

Titel der amerikanischen Originalausgabe:
THE ROARING 2000s
Building the Wealth and Lifestyle You Desire
in the Greatest Boom in History,
erschienen im Verlag Simon & Schuster, New York

© 1998 by Harry S. Dent

Übersetzt aus dem Amerikanischen
von Matthias Mayer und Markus Reim.
Bearbeitet von Walter Hofmann.

Druck und Bindung: EBNER ULM

1. Auflage: November 1998
2. Auflage: Juni 1999

ISBN 3-922669-32-8
(Originalausgabe: ISBN 0-684-83818-4)

© 1998 der deutschen Ausgabe:
Börsenbuchverlag, Förtsch KG

CIP-Titelaufnahme der Deutschen Bibliothek

INHALTSVERZEICHNIS

DANKSAGUNGEN

Ich möchte meiner Literaturagentin Susan Golomb für Ihre jahrelange Hilfe bei der Suche nach dem jeweils besten Verlagshaus danken. Dank geht auch an meinen Herausgeber bei Simon & Schuster, Dominick Anfuso, der mir half, die zentralen Themen des Buchs herauszuarbeiten. Ich danke Shelley Nelson für die Bearbeitung und Gliederung des Textes. Dank auch an Martie Sautter, Phil Plath und Clifford Hunt für die Erstellung der Graphiken und Schautafeln sowie an meinen Marketingagenten Harry Cornelius für seine Hilfe bei der Öffentlichkeitsarbeit. Schließlich möchte ich Donna Windell und Eva Sturm-Kehoe für ihre administrativen Tätigkeiten danken.

EINLEITUNG:
Der Schlüssel zu Wohlstand und Lebensqualität

Die Erkenntnis, daß der Schlüssel zur Erlangung von Wohlstand im Eingehen von Risiken besteht, gehört heute zum Allgemeingut. Wer die höheren Risiken eingeht, erzielt höhere Gewinne und größeren Wohlstand. Es gibt Risiko/Gewinn-Kurven, die dies sowohl für Investoren als auch für Unternehmer belegen. Die meisten von uns haben mittlerweile gehört, daß Aktien mehr Risiko und Volatilität mit sich bringen, aber langfristig gesehen höhere Gewinne als andere Anlageinstrumente wie beispielsweise Anleihen abwerfen. Neuartige Unternehmen weisen ein höheres Risiko auf und gehen häufiger in Konkurs als etablierte Firmen, erzeugen aber meist auch größere Kapitalmengen. All das stimmt zweifelsohne. Meiner langjährigen praktischen Erfahrung nach, die ich aufgrund von Geschäftskontakten mit erfolgreichen Menschen gewonnen habe, ist jedoch paradoxerweise auch folgendes wahr:

Die besten Unternehmer, Führungskräfte und Anleger, mit denen ich zusammengearbeitet habe – die die höchsten Gewinne verbuchen und das meiste Kapital erzeugen – sehen die Sache anders! Obwohl sie oft an Unternehmen beteiligt sind, deren Erfolg nicht gesichert ist, und obwohl Firmenleitungen und Investitionen oft wechseln, scheint es ihnen, als gingen sie keine größeren Risiken ein. Sie tun nur das Naheliegende. Sie sind überzeugt davon, daß ihr Unternehmen oder ihre Investition Erfolg haben wird. Diese Menschen wissen, was Wandel heißt, und verstehen, daß grundlegende Trends manchmal quasi gegeben sind. Ihre Projekte erscheinen nur denjenigen Menschen riskant und schwer nachvollziehbar, die solche Veränderungen nicht begreifen und sich daher aus Bequemlichkeit lieber an vertraute Schemata klammern.

Hatte Lee Iacocca etwa keine klare Vorstellung von den Veränderungen, die Mitte der achtziger Jahre zur Rettung des dahinsiechenden Chrysler-Konzern nötig waren? Die Angelegenheit war für jeden klar, der nicht überkommen Geschäftsmethoden verhaftet war. Wie lange brauchte Gerstner als außenstehender Manager, um zu erkennen, was passieren mußte, damit IBM Mitte der neunziger Jahre wieder auf Kurs kam? Waren sich nicht große Teile der Öffentlichkeit und objektive Analysten einig, daß Apple lange vor dem drohenden Aus Mitte der neunziger einschneidende Veränderungen nötig gehabt hätte? Hatte Steve

Jobs etwa keine klare Vorstellung von dem Potential, das Personalcomputer Ende der siebziger Jahre besaßen? Oder Bill Gates Mitte der achtziger Jahre vom Bedarf an einer standardisierten Betriebssystemsoftware? Oder Gordon Moore von der Verdoppelung der Halbleiterkapazität, die sich seit Mitte der sechziger Jahre alle 18 Monate vollzogen hat? Und hatte Michael Milken in den achtziger Jahren etwa keine klare Vorstellung von dem Bedarf an neuartigen Finanzierungsmethoden für aufstrebende junge Unternehmen?

Die hohe Ausfallrate, die risikoreiche Unternehmen aufweisen, rührt von naiven Menschen her, die auf den schnellen Gewinn aus sind, also zum Beispiel auf einen Lotteriegewinn, die sofortige Erlangung der Glückseligkeit oder den unmittelbaren Erfolg in der Geschäftswelt hoffen. Neuartige Wege und Investitionen sind nie sicher; sie werden sicherlich Probleme machen und eine Herausforderung bedeuten. Das ist der schwierige Teil. Diese erfolgreichen Menschen haben aber die Weitsicht und das nötige Selbstvertrauen, um solche Herausforderungen zu bestehen. Sie sehen den Bedarf an einem neuen Produkt oder einer neuen Dienstleistung und die Chancen einer neuen Technologie oder Investition voraus. Warum? Ihr einzigartiger Erfahrungsschatz liefert ihnen die Bestätigung. Sie haben ihre Hausaufgaben gemacht und wissen, was möglich ist. Sie verstehen die grundlegenden Tendenzen, aus denen sich die Veränderungen ergeben, in die sie dann investieren. Ihre Erfahrung und ihre Vorbereitung sagen ihnen auch, daß nicht alles unbedingt schnell oder leicht vonstatten gehen wird. Doch auch wenn es viel schwieriger wird, als sie es sich vorgestellt haben, läßt sie ihr Glaube an die Durchführbarkeit und Wohlbegründetheit ihrer Projekte solange durchhalten, bis ihre Vorstellungen wahr werden. Die Klarheit und Attraktivität ihrer Vorstellung befähigt solche Menschen, alle Hindernisse zu überwinden, die sich anderen als Risiken, Unwägbarkeiten und Volatilität darstellen.

Ein genaues Verständnis grundlegender Trends ist die Voraussetzung für die Bewältigung jener zufälligen und kurzfristig unvorhersagbaren Ereignisse, die bis zum Erreichen des Ziels selbstverständlich immer wieder eintreten. Ein klarer Begriff von bevorstehenden Veränderungen ist der Schlüssel zu Wohlstand und Erfolg, und das gilt für Unternehmer wie für Anleger. Rückschläge sind eben einfach Gelegenheiten, dazuzulernen, sich anzupassen und noch mehr zu investieren. Für diese Menschen bleibt nichts dem Zufall überlassen. In unserer Zeit des unvorstellbaren Wandels und Fortschritts entfällt der größte Anteil des Kapitals auf 0,5 Prozent der Bevölkerung – Menschen, die den Wandel verstehen und sogenannte Risiken systematisch angehen. 80 Prozent der Millionäre haben ihren Reichtum nicht geerbt, sondern ihn sich erarbeitet.

Die Autoren des Buches *The Millionaire Next Door* führten eine Untersuchung über Reiche durch, die zeigte, daß der typische Millionär seinen Status erreicht, indem er bei nur mäßig überdurchschnittlichem Einkommen konsequent weniger ausgibt und mehr spart als andere. Sein Wohlstand ist das Ergebnis von langfristiger Aufzinsung und stetigen Anlageerträgen, nicht von kurzfristigen Erfolgen oder übertriebener Risikobereitschaft. Ein hoher Prozentsatz der Millionäre wird von Selbständigen gestellt, von Eigentümern erfolgreicher Kleinbetriebe – vor allem in wenig aufsehenerregenden Industriezweigen – bis hin zu Großunternehmern.

Ich habe mitverfolgt, wie ein Kleinunternehmer einen einfachen Betrieb aufbaute, der Wal-Mart mit einem begrenzten Angebot an kurzen Freizeithosen belieferte. Er leitete ein 5-Millionen-Dollar-Unternehmen mit zwei kleinen Fabriken, die von seinem Hauptsitz in Paradise Valley in Arizona weit entfernt waren. Einfaches Management, keine Bürokratie! Roy konzentrierte sich auf ein einfaches Konzept, das für ihn überschaubar war, er konnte den Betrieb ohne bürokratischen Aufwand leiten und dabei die Produktqualität konstant halten. Obwohl sich ihm viele Gelegenheiten boten, weigerte er sich hartnäckig, seinen Betrieb so weit expandieren zu lassen, daß er die Übersicht und Kontrolle verloren hätte – und damit seinen ungezwungenen, familienbezogenen Lebensstil hätte aufgeben müssen. Roy machte hohe Gewinne, seine Unternehmensbilanz war stabil und sein Lebensstil fast ideal – frei von dem Streß, den internationaler Wettbewerb bedeutet hätte. Es war nicht der Lebensstil eines Arbeitsbesessenen, dessen Familie völlig in den Hintergrund tritt. Roy hatte es nicht nur zu Reichtum gebracht, sondern auch den perfekten Lebensstil gefunden!

Ich habe auch mit einem anderen Unternehmer und Anleger gearbeitet, einem mittellosen Einwanderer, der lange Zeit unerschlossenes Land rund um die zwei am schnellsten wachsenden Städte außerhalb von Los Angeles aufkaufte. Wo er kaufte? In einem Gebiet, das im Vergleich zu den anderen aufstrebenden Vorstädten, die dem Zentrum näher lagen, scheinbar unattraktiv war. Das Ergebnis: Er verwandelte eine anfängliche Investition in Höhe von 7000 Dollar in weniger als einem Jahrzehnt in 50 Millionen Dollar – mit an sich wertlosem Wüstenland. Seine Analyse hatte ergeben, daß genau daran infolge des unaufhaltsamen Ausuferns der Stadt in fünf bis zehn Jahren höchstwahrscheinlich Bedarf bestehen würde. Er hatte exakt verfolgt und aufgezeichnet, wie in ähnlich unattraktiven Gebieten in der gleichen Entfernung von anderen schnellwachsenden Städten dasselbe passiert war. Für ihn war das eine sichere Angelegenheit. Er kaufte rings um diese aufstrebenden Städte Land auf und konnte warten, bis die Erschließung der Gebiete in einer beliebigen Richtung weit genug vorgedrungen war. Und er war so überzeugt von seiner Sache, daß er andere Investoren dazu brachte, seine Investition mitzufinanzieren, um dafür den sicheren Profit mit ihm zu teilen.

Scott McNealy von Sun Microsystems sagte schon 1986: „Das Netzwerk ist der Computer." Damals verstand beinahe niemand in der hochinnovativen Computer- und Softwarebranche auch nur annähernd die Bedeutung dieses Satzes. Erst als 1995 das Internet plötzlich ins Bewußtsein der Allgemeinheit rückte, verwandelte sich diese Voraussage in einen der größten Trends aller Zeiten. Sun befindet sich jetzt im Mittelpunkt dieser revolutionären Entwicklung. Die Börse und die Presse haben Scott McNealy dafür reich belohnt. Er war ausdauernd genug, um sich solange nicht von seiner Überzeugung abbringen zu lassen, bis das eintrat, was er vorhergesehen hatte. Er gab nicht auf und behielt seine Strategie unverändert bei, obwohl die Branche ihm (noch) nicht recht gab.

Anita Roddick gründete den Body Shop, ein Franchiseunternehmen, das weltweit Geschäfte für Körperpflegebedarf unterhält, auf ihre Überzeugung, daß es natürlichere und gesündere Methoden der Körperpflege geben mußte. Sie ging außerdem davon aus, daß die Menschen von den positiven Auswirkungen solcher natürlichen Konsumgewohnheiten auf traditionelle Industriezweige in Ländern der Dritten Welt genauso beeindruckt sein würden wie von der Tatsache, daß so anstelle von Viehzucht und Städtebau die Erhaltung der Regenwälder gefördert würde. Dieser Gedanke – ihre Grundaussage – ermöglichte es ihr, motivierte Mitarbeiter zu gewinnen und die Ausgaben für herkömmliche Werbeaktionen, an denen viele Angehörige der Baby-Boomer-Generation ohnehin Anstoß nahmen, einzusparen. Sie nahm einfach an, daß viele andere ihre Werte teilten. Und so war es in der Tat! Ihre persönliche Erfahrung und die vieler anderer, mit denen sie sich zusammentat, ließen ihr kaum einen Zweifel daran. Sie verstand und investierte in einen der tiefgreifendsten Trends der neuen Generation: Umwelt- und Gesundheitsbewußtsein.

Peter Lynch, einer der besten Vermögensverwalter aller Zeiten, erkannte intuitiv, welche neuen Einzelshandels- und Unternehmensformate dem Verbraucher eine verbesserte Versorgung zu drastisch reduzierten Preisen würden anbieten können. Er war nicht nur aufgrund seiner Ausbildung und seiner Erfahrung ein ausgezeichneter Aktien- und technischer Analyst, sondern auch einer der ersten entschiedenen Anhänger und Verfechter solcher Konzepte. Aus seiner persönlichen Erfahrung heraus schätzte er die Vorteile der neuen Einzelhandelsformate für den Verbraucher. Er erkannte den Wert langfristiger Trends, lange bevor die meisten von uns dies taten. Lynch sah in Wal-Mart, Home Depot oder PetSmart die Zeichen der Zeit. Und er hatte die nötige Berufserfahrung, um zu beurteilen, ob solche Unternehmen finanziell gesund und unterbewertet waren.

Er leitete die explosionsartigen Entwicklungen im Bereich der Investmentfonds mit ein, indem er bewies, daß ein konzentriert arbeitender professioneller Vermögensverwalter, der in der Lage war, einen Umschwung auf einem Wirtschaftssektor technisch und intuitiv zu erfassen, durchschnittlichen Anlegern, die solche Fähigkeiten nicht besaßen, zu ungeheurem Reichtum verhelfen konnte – alles in allem ein leicht nachvollziehbares Investmentpaket. Peter Lynch gab nie vor, die Wirtschaft oder die Kapitalentwicklung solcher Unternehmen kurzfristig vorausberechnen zu können. Er setzte auf langfristige, grundlegende Tendenzen. Er nahm viele kurzfristige Rückschläge und Mißerfolge hin. Aber die zehn- bis dreißigfachen Gewinne, die er mit seinen besten Investitionen langfristig erzielte, brachten ihm als Fondsmanager einen legendären Ruf ein und entschädigten vollauf für manche nicht ganz so optimale Entscheidung.

Warren Buffett trug auf gleiche Weise zu dem unerhörten Höhenflug bei, zu dem erfolgreiche Unternehmen mit starkem Markenprofil weltweit in traditionell industrialisierten Ländern wie dem unseren ansetzten. Die Rede ist natürlich von Firmen wie Coca-Cola, General Electric, Gillette und McDonald's. Buffett legt seit Anfang der achtziger Jahre umfangreiche Positionen in Aktien dieser Unternehmen an. Er kaufte zu einem Zeitpunkt, zu dem die meisten Anleger diese Unternehmen als relativ ausgereift einstuften, ihre hohe Bewertung mit in der Vergangenheit erbrachten Leistungen erklärten und ihnen nur noch langsameres Wachstum zutrauten. Buffett konzentrierte sich nicht auf vergangene Trends in den Vereinigten Staaten, sondern auf die aufstrebenden Länder der Dritten Welt, in denen das Kaufverhalten von fünf Milliarden Verbrauchern nur die Trends nachzeichnen konnte, die wir im vergangenen Jahrhundert eingeführt und etabliert hatten. Wenn das kein grundlegender langfristiger Trend war! Und diese Verbraucher mußten nicht einmal die Markenkriege miterleben, zu denen es in den USA gekommen war. Sie wußten ja bereits aus dem internationalen Fernsehen und anderen Medien, welche Marken die besten waren. Solange die führenden Unternehmen effizient geleitet wurden, ihre Finanzstruktur solide war und sich klar erkennen ließ, daß sie massiv in diese neuen Märkte investieren und sie beherrschen würden, konnte Buffett geduldig warten, bis das zwangsläufige Wachstum Gewinn abwarf.

Wenn Warren Buffett kauft, setzt er auf zukünftige Wertentwicklungen, die er nach Hochrechnungen langfristiger fundamentaler Trends beurteilt. Er hat Geduld. Er kauft, wenn er solche Werte entdeckt, und hält seine Positionen lange Zeit. Genau wie Peter Lynch versucht auch Buffett nicht, kurzfristige Veränderungen der Konjunktur oder des Wertes solcher Firmen zu erahnen. 1997 hörte Buffett auf, massiv in Coca-Cola zu investieren, während er immer mehr McDonald's-Anteile erwarb. Warum? Die Aktienmärkte hatten erkannt, welchen Wert er Unternehmen wie Coca-Cola beimaß, und hatten dadurch die Bewertungen immer überzogener werden lassen – 1997 war das 46fache des Gewinns erreicht. Buffett verkaufte nicht, da die hohe Wahrscheinlichkeit bestand, daß Coca-Cola sein Gewinnwachstum von jährlich 18 Prozent bei einer Volatilität von weniger als 2 Prozent noch lange Zeit aufrechterhalten können würde – immer noch ein hoher Gewinn bei geringem Risiko. Er kaufte jedoch McDonald's, da die kurzfristige Sichtweise des Kapitalmarktes die offensichtliche Sättigung des Hamburger-Marktes in den USA gegenüber dem weit größeren langfristigen Potential im Ausland überbetonte.

Buffett ist ein langfristiger Anleger, wie ein großer Teil der Elite der Vereinigten Staaten, die während dieses Booms mehr Kapital ansammelt als je zuvor. Die meisten von uns verzeichnen indessen bescheidenere Gewinne. Und eine nicht zu vernachlässigende Minderheit gerät ins Hintertreffen, während die rasanten Veränderungen unsere bisherigen Wirtschaftszweige, Berufe und Investmentstrategien zunehmend der Vergangenheit angehören lassen.

Investment ist eigentlich recht einfach. Es ist wie gesunde Ernährung und körperliche Betätigung. Ich weiß nicht, wie es Ihnen geht, aber ich kann darauf verzichten, noch mehr Statistiken zum Thema Ernährung und Bewegung zu lesen. Es ist ziemlich offensichtlich – letzten Endes geht es um Brokkoli oder Schokoladenkuchen. Wir wissen alle, daß Brokkoli besser für uns ist, aber wenn es tatsächlich ans Essen geht, entscheiden wir uns öfter für den Schokoladenkuchen. Der Schokoladenkuchen ist einfach unwiderstehlich, er schmeckt besser und verschafft uns momentan größere Befriedigung. Langfristig gesehen ist er jedoch nicht das Beste für unsere Gesundheit, womöglich nicht einmal für unsere Antriebsstärke und unser Befinden am selben Tag.

Wer einen klaren Begriff von grundlegendem Wandel besitzt und nach einer konsequenten und disziplinierten Strategie Zeit und Geld investiert, besitzt auch den Schlüssel zur Erlangung von Wohlstand – besonders in einer Zeit voller Umwälzungen, die unsere herkömmlichen Geschäftsmethoden und Vorstellungen bedrohen. Die meisten Investoren überlegen sich jedoch, wie sie dem Markt voraus sein und die vorteilhaftesten Aktien und Fonds auswählen können. Sie mißachten die Gesetze der Wahrscheinlichkeit, statt den einfacheren, logischeren

Ansatz eines Warren Buffett zu verwenden. Der Zweck dieses Buches ist ähnlich einfach:

Dieses Buch soll Ihnen helfen, die grundlegenden Trends zu verstehen, deren Fortsetzung sich zuverlässig prognostizieren läßt und die Ihnen während des größten Booms aller Zeiten den Wohlstand und Lebensstil ermöglichen, den Sie sich wünschen.

Ich habe 25 Jahre damit verbracht, solche Trends zu analysieren; zuerst kam ein Grundstudium in Wirtschaftslehre sowie Rechnungs- und Finanzwesen, gefolgt von einem M.B.A. an der Harvard Business School in Betriebsführung, Marketing und Unternehmensstrategie. Bei Bain & Company war ich auf dem Gebiet der Unternehmensstrategie auf höchster Ebene für Fortune-100-Firmen tätig. Danach arbeitete ich für viele aufstrebende und innovative Unternehmen in den Bereichen Unternehmensstrategie und Sanierungsmanagement. Ich war Vorstandsvorsitzender und Geschäftsführer vieler solcher Unternehmen und hatte in dieser Funktion mit extremen Veränderungen auf der Personal- und Betriebsführungsebene zu tun.

Anders als praxisferne Wirtschaftsakademiker erlebte ich unmittelbar, welche dramatischen Veränderungen in unseren größten multi-nationalen Konzernen stattfanden – vor allem aber in denjenigen jungen und unverbrauchten Unternehmen, die bei weitem für den größten Teil unseres Wirtschaftswachstums und unserer Arbeitsplätze sorgen. Ich wurde dafür bezahlt, tiefgreifende Veränderungen in alten und neuen Wirtschaftszweigen vorherzusagen – Veränderungen, in die die Firmen ihr gesamtes Kapital investieren und auf die sie ihre Strategie ausrichten mußten. Ich mußte recht behalten oder die Konsequenzen tragen. Ich war auch Unternehmer: Meine Forschungen führten zu einem eigenen Unternehmen, das nicht nur noch mehr Erfolg hat, als ich mir zuerst vorgestellt hatte, sondern es mir unter Umständen auch erlauben wird, meinen Wohlstand zu halten und dabei auf einer Karibikinsel zu leben. Ich habe den Lebensstil erreicht, den ich wollte, und das nicht, indem ich unrealistische Pläne schmiedete, sondern mit Hilfe von Weitsicht, Geduld und einem Verständnis der langfristigen Trends, die ich als zuverlässig erkannte.

Über meine persönliche Lebens- und Berufserfahrung hinaus lernte ich, wie berechenbar solche fundamentalen Veränderungen sind. Ich wandte einfach die Techniken, die sich in meinem Beruf bei der Erstellung von Prognosen über Unternehmen und Branchen bewährt hatten, auf die gesamte Wirtschaft an. Mir erschien dieser Ansatz nicht riskant, doch mußte ich viele Jahre lang mehr Energie investieren, als ich erwartet hatte, damit diese Prognosetechniken Anerkennung erhielten. Ich lernte auch durch risikoreiche Unternehmen, Krisenmanagement und kurzfristiges Investment-Trading, wie willkürlich und unberechenbar kurzfristige Veränderungen, Ereignisse und Rückschläge sein können. Wie viele Experten sagen kurzfristige Ereignisse und Marktbewegungen konstant richtig voraus? Elaine Garzarelli war die letzte solche Expertin, die sich voll und ganz dem Urteil des Marktes auslieferte und dessen „Schwert" zum Opfer fiel. Und sie war wirklich gut. Niemand hat je die Fähigkeit bewiesen, über einen längeren Zeitraum hinweg zutreffende kurzfristige Vorhersagen abzugeben.

Statt dessen entwickelte ich ein intuitives Verständnis der entscheidenden, aber einfachen Trends, die unser Leben wie auch Firmen und Investitionen beeinflussen, sowie höchst einfache quantitative Maßstäbe, mit denen sich solche Trends bestätigen und für die Zukunft prognostizieren lassen. Dies zahlt sich mehr aus als alles andere – wie die größten Unternehmer, Manager und Investoren in der Vergangenheit immer wieder bewiesen haben. Ich habe umfassende Untersuchungen angestellt, bin in vielen Fällen Hunderte, ja Tausende von Jahren zurück in die Geschichte gegangen, um diese Veränderungstendenzen zu bestätigen und mir einen klaren und vermittelbaren Begriff davon zu machen, wohin uns dieser ungeheure Boom führen wird – und auch von dem unvermeidlichen Abschwung, der auf ihn folgen wird.

In diesem Buch möchte ich meine bewährten Prognosetechniken Menschen wie Ihnen näherbringen, die meine Geschäftserfahrungen sowie meine Untersuchungen und Vorhersagen vielleicht mangels Zeit oder Interesse nicht nachvollziehen können oder wollen. Auf jeden Fall können Sie sich aber ein Bild von der Zukunft machen, da im Grunde Menschen wie Sie und ich mit ihrem berechenbaren zwischenmenschlichen und ökonomischen Verhalten den Wandel in unserer Gesellschaft und Wirtschaft erst vorantreiben. Deshalb lassen sich diese Veränderungen mit Hilfe des sogenannten gesunden Menschenverstandes auch verstehen. Den Wirtschaftswissenschaftlern, die die wichtigsten Veränderungen unseres Zeitalters nicht vorhergesagt haben, fehlt es trotz offensichtlicher Intelligenz und akribischer Analysen dazu am Grundverständnis – sie haben den Wald vor Bäumen nicht gesehen.

Aus den berechenbaren Auswirkungen der Geburt und des Alterns einer nachrückenden Generation speist sich der ökonomische, technische und soziale Wandel, der unser Leben, unsere Arbeitsplätze, Unternehmen und Investitionen langfristig beeinflußt. Diese Auswirkungen erstrecken sich von Innovationen, Konsumverhalten und Kreditaufnahme bis hin zum Sparen und sogar dem Kauf von alltäglichen Produkten wie Kartoffelchips oder Motorrädern. Im Konsumgütermarketing werden demographische Daten zu Alter, Einkommen und Lebensstil höchst erfolgreich als „Momentaufnahmen" eingesetzt, die erkennen lassen, wie sich die heutigen Trends im Konsumverhalten am besten ausnutzen lassen. Dieses Buch will solche demographische und Generationswechsel als ein „bewegtes Bild" darstellen, das diejenigen Veränderungen wiedergibt, die in der Zukunft mit Sicherheit eintreten und unser Leben sowie all unsere berufs-, geschäfts- und investmentbezogenen Angelegenheiten beeinflussen werden. Sie können die Zukunft genauso verstehen und in sie investieren wie die erfolgreichsten Menschen in der Vergangenheit. Die Geschichte hat gezeigt, daß unser Lebensstandard durch Neuerungen und Lernen gehoben wird. Sie zeigt auch, daß immer mehr Menschen ein höherer Lebensstandard zuteil wird. Im Laufe der Zeit werden nicht nur die Reichen immer reicher. Auch der Durchschnittsbürger erreicht einen höheren Lebensstandard und verringert so in der Tat auf lange Sicht die Kluft zwischen Arm und Reich.

Tatsächlich beweist die Geschichte, daß die Kluft zwischen Arm und Reich trotz instabiler Phasen, von denen die Reichen kurzfristig profitieren, langfristig deutlich geringer wird. Beinahe während des gesamten Laufs der Geschichte war der Durchschnittsmensch ein Sklave oder Diener, dem einige wenige Adlige, Ritter oder die gebildete Elite gegenüber standen. Dies war auch während der letzten wirtschaftlichen Revolution so, die vom Ende des 19. Jahrhunderts bis in die Goldenen Zwanziger Jahre hinein dauerte. Der Innovationszyklus und die neuen Märkte führten in den fünfziger und sechziger Jahren unseres Jahrhunderts zur Entstehung einer wohlhabenden Mittelschicht. Die Innovationen, die von solchen Menschen mit Unternehmergeist ausgehen, sind nötig, damit neue Revolutionen stattfinden, die im Lauf vieler Jahrzehnte auch den unteren Schichten zugute kommen. Wie der bereits beschriebene Weg zur Erlangung von Wohlstand erfordert auch dies längere Zeit. Das in diesem Buch erklärte S-Kurven-Prinzip ist eines der einfachen Hilfsmittel, die es Ihnen ermöglichen, den Wandel leichter zu erkennen. Es wird zeigen, wie die meisten neuartigen Produkte, Technologien und sozialen Tendenzen sich in unserer Wirtschaft niederschlagen und vorhersagbare Veränderungen und Gelegenheiten erzeugen. Dies geschieht jedoch nicht auf lineare Art und Weise, wie es die meisten Experten vorhersagen.

Ich erstelle seit Mitte bis Ende der achtziger Jahre Prognosen zu den bedeutendsten Trends, die die Konjunktur, Unternehmen und Investitionen betreffen, und zwar mit den einfachen Hilfsmitteln, die ich in diesem Buch vorstellen werde. Ich gehöre nicht zu denen, die in den Jahren 1995-1997 aufgrund der ungeheuren Aktienhausse plötzliche allgemein steigende Tendenzen erwarteten. Seit 1988 sprach ich mit Vorstandsvorsitzenden von Firmen über meine Forschungsergebnisse, die auf den größten Boom der Geschichte und unvergleichliche Veränderungen in der Unternehmenslandschaft und im Bereich der Unternehmensleitung hindeuteten – und das trotz des Börsencrashs von 1987. In meinem ersten Buch, *Our Power to Predict*, das 1989 veröffentlicht wurde, sagte ich einen bis zum Jahr 2010 anhaltenden ungeheuren Boom voraus – mit einem Stand des Dow von 10000 Punkten, einer sinkenden Inflationsrate und einem auf den Weltmärkten wiederbehaupteten Amerika. Im vorliegenden Buch habe ich meine Vorhersage aktualisiert: Ich prognostiziere jetzt, daß der Dow auf mindestens 21500 Punkte – wahrscheinlich noch höher – steigen wird, da ich nunmehr die massive Einwanderungswelle mit einberechnet habe, die unser Land seither erlebt hat.

Ende 1992 veröffentlichte ich mein bekanntestes Buch, *The Great Boom Ahead*, in dem ich die vorangegangenen Vorhersagen bekräftigte und erweiterte – zu einem Zeitpunkt, zu dem Bücher, die von Depression und Überschuldung sprachen, in die Bestsellerlisten Einzug hielten und der Zukunftspessimismus weitverbreitet war. Dieses Buch ist in den letzten Jahren zur Bibel für viele Finanzberater und Investoren geworden, da sich die Vorhersagen größtenteils bewahrheitet haben. Nicht, daß ich kurzfristig alles korrekt vorhergesagt hätte. Ich überschätzte die Heftigkeit der Rezession Anfang der 90er Jahre, die ich bereits 1989 vorhergesagt hatte. Ich unterschätzte den darauf folgenden Aktienboom, obwohl ich damals selbst ohne jede Einschränkung zu den Bullen gehörte. Ich nahm an, daß meine Vorhersage des Zusammenbruchs des japanischen Wirtschaftswunders und des Verfalls der Immobilienpreise in den Vorstädten kurzfristig einen viel stärkeren Einfluß auf die fundamentalen Wachstumsdaten des Konsumverhaltens in den USA haben würde. Das Konsumverhalten entwickelte sich jedoch so, wie es die verläßlichen Statistiken, die ich in diesem Buch veröffentliche, trotz dieser Störfaktoren hätten erwarten lassen. Das war mir eine Lehre, mich nicht zu sehr auf kurzfristige Trends zu konzentrieren. Ich wünschte, ich hätte damals Warren Buffett oder Peter Lynch als Mentor gehabt.

Die Goldenen 2000er Jahre beschäftigt sich mit Vorausberechnungen der zuverlässigen Trends, die von der zahlenmäßig starken Baby-Boom-Generation eingeleitet wurden und sich im Zuge des berechenbaren Alterungsprozesses dieser Generation auf unsere Wirtschafts- und Lebensbedingungen auswirken werden. Ich werde eine deutlich aktualisierte Sicht des Internets und der Informationsrevolution sowie jener radikalen Veränderungen vertreten, denen unsere Arbeits- und Firmenstrukturen im kommenden Jahrzehnt unterworfen sein werden, wenn sie sich schließlich auf den Großteil der Wirtschaft ausdehnen. Die Folge wird ein enormer Produktivitätsanstieg sein sowie Wohlstand, ein freier wählbarer Lebensstil und ein angenehmeres Leben. Automobile, Elektrizität, Motoren, das Telefon und neue Konsumgüter wie Coca-Cola bewirkten seit den Goldenen Zwanzigern ähnlich dramatische, sich bis zum Anfang der siebziger Jahre stetig verstärkende Entwicklungen. Ich werde die vorhersagbaren Trends untersuchen, die die Börse, Unternehmen, Arbeitsplätze, Lebensstile und den Immobilienmarkt beeinflussen und es Ihnen ermöglichen können, Ihre Träume während dieses größten Booms aller Zeiten zu verwirklichen. Bei alledem geht es um den Lebensstil, nicht allein um erzielbaren Reichtum, wenngleich auch jeder Reiche ohne Zögern bestätigen wird, daß er nicht lieber arm wäre. Umfragen zum Thema Zufriedenheit in den USA haben gezeigt, daß Wohlstand das Zufriedenheitsgefühl nur um 2 Prozent beeinflußt. Zufriedenheit hat mehr mit Beziehungen, Freunden, Familie, Gemeinschaft und einem ausgewogenen Leben zu tun. Im Grunde geht es dabei um menschliches Leben, Erleben, Lernen und Wachsen. Letzten Endes geht es um Evolution. Was zählt, ist, was Sie mit Ihrem Leben anfangen – und Wohlstand kann Ihnen entscheidend dabei helfen, Ihren Horizont zu erweitern und auf Ihre Mitmenschen einzuwirken.

Finanzieller Reichtum dient letztlich dazu, Ihnen die Möglichkeit zur freien Wahl Ihres Lebensstils zu geben und für die Belange einzutreten, mit denen Sie sich identifizieren. So sieht die neue Ethik in diesem Zeitalter des Wohlstands aus, in dem sich viele von uns bereits die Grundlagen einer gesicherten Existenz erarbeitet haben.

In diesem Buch geht es vor allem darum, wie Sie den Lebensstil verwirklichen können, den Sie sich wünschen. Nicht einfach um Reichtum, sondern um den befriedigenden Beruf, die Gelegenheit, ein eigenes Unternehmen zu gründen oder innovativ zu sein und innerhalb Ihrer gegenwärtigen Firma einen eigenen Geschäftsbereich zu etablieren, die Möglichkeit, zu wohnen, wo Sie möchten, und dabei Ihren Lebensstandard zu halten oder noch zu verbessern; es geht darum, wie Sie als Führungskraft oder Mitarbeiter in Ihrer Firma besser mit dem Wandel umgehen können, wie Sie Ihr Leben so gestalten können, daß Sie mehr Zeit mit den Menschen verbringen, die Ihnen wichtig sind, statt mit dem Pendeln zum Arbeitsplatz, und darum, wie Sie es vermeiden, in unserer streßreichen Zeit, in der oft beide Ehepartner arbeiten und Firmen ihren Personalbestand reduzieren, nur noch für die Arbeit zu leben.

In der Geschichte bekamen viele Menschen nicht die Gelegenheit, sich weiterzuentwickeln und ihren Lebensstandard zu verbessern. Das Zeitalter, in dem wir leben, ist die größte Phase des Wandels seit der revolutionären Erfindung der Druckerpresse und der Entdeckung Amerikas und der restlichen Welt am Ende des 15. Jahrhunderts. In solchen

Phasen bieten sich Menschen aus allen sozioökonomischen Sektoren die besten Gelegenheiten zum Vorankommen. Die größten Fortschritte gehen in solchen Phasen oft von der Antriebsstärke und der Motivation der Unterschicht und mittelloser Einwanderer aus. Wie bereits gesagt: 80 Prozent der heutigen Millionäre wurden durch systematisches Investieren von überdurchschnittlichen – nicht extrem hohen – Einkommen aus innovativen Unternehmen zu dem, was sie sind.

Ich werde zeigen, wie berechenbar solcherlei Umwälzungen sind, und wie sie unsere Wirtschaft und Gesellschaft prägen. Wenn Sie dem Wandel gegenüber aufgeschlossen sind, wird Ihnen dies erlauben, diese prognostizierten Trends zu nutzen, indem Sie Ihre individuellen Erfahrungen und Kenntnisse einbringen. Es bleibt jedoch Ihnen überlassen, diese Kenntnisse kreativ auf Ihr eigenes Unternehmen und Ihre Lebensbedingungen anzuwenden, um Ihren Arbeitsplatz und Wohnort umzugestalten oder einen anderen Wohnort zu wählen. Wir erleben den größten Wirtschaftsboom und die größte Technologierevolution der Geschichte. Dabei hat der Boom noch gar nicht stattgefunden, er zeichnet sich gerade erst ab – so wie Autos, Elektrizität und das Telefon in den Goldenen Zwanziger Jahren. Die Goldenen 2000er Jahre werden in dem Maße Wirklichkeit werden, in dem die zahlenmäßig starke Baby-Boom-Generation älter wird und die Jahre der größten Produktivität sowie der höchsten Einkommen und Ausgaben erreicht, und in dem die radikale Informationsrevolution sich in der gesamten Wirtschaft niederschlägt.

Schnallen Sie sich an und bereiten Sie sich auf den größten Boom aller Zeiten vor: die Jahre 1998 bis 2008!

Ich habe es bereits Ende 1992 in *The Great Boom Ahead* gesagt und wiederhole es jetzt: Bleiben Sie investiert und sehen Sie kurzfristige Rückschläge auf dem Aktienmarkt oder in Ihrer Berufslaufbahn als Gelegenheit an, noch mehr in Wandel und Wachstum zu investieren. Und wenn der nächste langanhaltende Konjunkturabschwung schließlich eintritt, kann ich Ihnen auch raten, wie Sie dieser Phase das Beste abgewinnen werden.

Ich wünsche Ihnen viel Erfolg während der Goldenen 2000er Jahre!

TEIL 1

Die Goldenen 2000er Jahre

KAPITEL 1:
Der größte Boom
aller Zeiten:
1998 bis 2009

Nach dem rasanten Anstieg des Dow-Jones-Index von knapp 4000 Punkten Ende 1994 auf jüngst fast 9000 Punkte können sich die meisten kaum bessere Investitionsaussichten vorstellen. Doch diese Entwicklung erfolgte, nachdem zu Beginn der neunziger Jahre die Angst vor einer Finanz- und Wirtschaftskrise grassierte. Handelt es sich also nur um den spektakulären Höhenflug eines Marktes, dem bald ein ebenso verheerender Crash bevorsteht, oder sind dies die Vorzeichen eines neuen Zeitalters des Wohlstands? Genau wie der kurze Crash im Oktober 1987 gab auch die Asienkrise Ende 1997 vielen Experten Anlaß zu der Frage, ob der Bullenmarkt nun vorüber sei.

Byron Wien von Morgan Stanley erklärte 1997, daß er durch die Zurückverfolgung von Trends bis zu den Zeiten der Babylonier erkannt hatte, daß „die Lage noch nie so günstig war". Meine Langzeitstudien bestätigen diese Aussage voll und ganz. Ich sage seit 1988 einen unvergleichlichen Bullenmarkt für die gesamte Wirtschaft wie auch den Aktienmarkt voraus. Aber betrachten wir zunächst diesen Bullenmarkt vor dem Hintergrund der letzten beiden Jahrhunderte.

Noch nie waren während zweier aufeinanderfolgender Jahrzehnte die Aktienkurse so gleichbleibend hoch wie in den achtziger und neunziger Jahren. Durchschnittliche Renditen von weit über 10 Prozent gab es außer in den achtziger und neunziger Jahren dieses Jahrhunderts nur noch in drei weiteren Jahrzehnten, nämlich in den sechziger Jahren des 19. Jahrhunderts und in den zwanziger und fünfziger Jahren des 20. Jahrhunderts (Schautafel 1.1). Inflationsbereinigt stellen sich die zwanziger und fünfziger Jahre dieses Jahrhunderts als die herausragenden Jahrzehnte für Aktien dar. Und jetzt eine noch bessere Nachricht: Es kann als fast sicher gelten, daß wir ein weiteres Mal Zeugen eines Jahrzehnts mit starken Wachstumsraten – das heißt, von mindestens 10 Prozent pro Jahr – bei den Aktien werden. Dies bedeutet drei aufeinanderfolgende Jahrzehnte mit überragendem Wachstum, also den größten Boom aller Zeiten!

AKTIENRENDITEN PER JAHRZEHNT
1802-1995

Jahre	Durchschnittliche Aktienerträge in % pro Jahr	Durchschnittliche Inflationsrate in % pro Jahr
1802-1809	4.77	0.20
1810-1819	2.68	-1.15
1820-1829	5.31	-2.23
1830-1839	4.53	0.89
1840-1849	6.73	-1.91
1850-1859	0.45	1.27
1860-1869	15.73	4.68
1870-1879	7.58	-3.59
1880-1889	6.72	0.00
1890-1899	5.45	0.13
1900-1909	9.62	2.39
1910-1919	4.69	7.34
1920-1929	13.68	-0.94
1930-1939	-0.17	-2.04
1940-1949	9.57	5.36
1950-1959	18.23	2.22
1960-1969	8.17	2.52
1970-1979	6.75	7.36
1980-1989	16.64	5.10
1990-1995	13.00	3.33

Schautafel 1.1: US-Aktienrenditen per Jahrzehnt von 1802-1995.

Wir befinden uns an der Schwelle zu einer der aufregendsten Phasen der Hochkonjunktur seit den Goldenen Zwanzigern. Ich nenne sie die Goldene Jahrtausendwende, denn diese Zeit wird wirtschaftliche und soziale Veränderungen einleiten, die nicht weniger tiefgreifend sein werden als die, die Amerika nach dem 1. Weltkrieg zu einem anderen Land machten. Dieses Buch soll dabei helfen, diese Veränderungen zu verstehen und die sich aus ihnen ergebenden persönlichen und geschäftlichen Chancen zu nutzen. Wer derartige Veränderungen versteht, für den ergibt sich eine Vielzahl von Gelegenheiten; wer sie aber nicht versteht, für den werden sie trotz des bevorstehenden Booms leicht zu einer Bedrohung.

Während der Goldenen Zwanziger entstanden fast mit einem Schlag neue Technologien, Industriezweige, Produkte und Dienstleistungen. Lindberghs Pionierflug über den Atlantik wurde zum Symbol für die Möglichkeiten der neuen Technologien und den Optimismus, der mit ihnen verbunden war. Autos, Telefone, Radios, elektrische Haushaltsgeräte, Kinofilme, Coca-Cola und viele anderen Dinge waren bald erschwingliche und weitverbreitete Konsumgüter. Zur gleichen Zeit hatte die von großem Unternehmergeist geprägte Henry-Ford-Generation den Höhepunkt ihres Einkommens, ihrer Konsumausgaben und ihrer Produktivität erreicht. Wie die heutige Baby-Boom-Generation, so wuchs auch die Henry-Ford-Generation infolge der massiven Zuwanderung, die den wirtschaftlichen Aufschwung noch anheizte, auf eine nie dagewesene Zahlenstärke an. Die Goldenen Zwanziger waren geprägt von hohem Wirtschaftswachstum, einem mit 5 Prozent enormen Anstieg der (durchschnittlichen) Unternehmensproduktivität, Nullinflation, einer steigenden Sparquote und einem sinkendem Verschuldungsgrad. Klingt das nach großartigen Wirtschaftsbedingungen? So war es auch! Die Goldene Jahrtausendwende wird noch besser werden.

Heute stehen uns abermals rasante Entwicklungen bevor, die uns neue Technologien, Industriezweige, Produkte und Dienstleistungen bescheren werden. Dies wird dann den wahren Beginn der Informationsrevolution bedeuten – aber noch ist es nicht soweit! Sicherlich haben es in den letzten Jahren viele Unternehmen verstanden, die ungeheuren Möglichkeiten des Internets zu nutzen. Aber das neue Zeit-

Schautafel 1.1 zeigt die durchschnittlichen US-Aktienerträge der Jahrzehnte seit 1802. Außerdem werden die Inflationsraten aufgeführt, damit sich die effektiven Erträge besser beurteilen lassen. Die einzigen Jahrzehnte, in denen es Erträge von mehr als 10 Prozent gab, waren die sechziger Jahre des 19. Jahrhunderts und die zwanziger, fünfziger, achtziger und neunziger Jahre des 20. Jahrhunderts. Inflationsbereinigt stehen die zwanziger und fünfziger Jahre des 20. Jahrhunderts am besten da, doch gab es noch nie in zwei aufeinanderfolgenden Jahrzehnten inflationsbereinigte Erträge von mehr als 10 Prozent.

alter des netzwerkgebundenen Handelsverkehrs und Alltags ist erst gekommen, wenn eine große Anzahl von Konsumenten online geht und das Internet zu mehr nutzt als nur zur Information und Unterhaltung. Führen Sie sich einmal die jüngste explosionsartige Entwicklung der Internet-Nutzung vor Augen, die eigentlich jeden überrascht hat. Was die meisten von uns nicht verstehen, ist, daß diese Informationsrevolution nicht nur das Wesen unserer Kommunikation verändern, sondern auch tiefgreifenden Einfluß darauf haben wird, wie und wo wir leben und arbeiten. Diese Entwicklung wird einen neuen wirtschaftlichen Aufschwung auslösen, durch den enorm viele kundenspezifische Güter und Dienstleistungen zu immer erschwinglicheren Preisen angeboten werden können. Für den Verbraucher wird vieles einfacher werden, wodurch sich die unglaubliche zeitliche Belastung, die bisher durch Arbeitszeiten, Pendeln und den Platzmangel in den Vorstädten entsteht, nach und nach verringern wird. Während der Entwicklung dieser technologischen Revolution nie dagewesenen Ausmaßes wird die überaus große Baby-Boom-Generation (die größte Generation aller Zeiten) den Höhepunkt ihres Einkommens, ihrer Konsumausgaben und ihrer Produktivität erreichen. Das Zusammenspiel dieser beiden leicht vorhersagbaren Trends bildet derzeit die Grundlage für die entfesselten Entwicklungen der Goldenen Jahrtausendwende. Dieser Boom wird noch größer als der Aufschwung in den Goldenen Zwanzigern sein, denn er wird von einer zahlenmäßig wesentlich stärkeren Generation und von leistungsfähigeren Technologien angefacht. Wir haben es also mit den vielversprechendsten Trends seit der Erfindung des Buchdrucks und der Bevölkerungsexplosion im 15. und 16. Jahrhundert zu tun!

Es ist einfach, aber wahr: Wir können langfristige wirtschaftliche Entwicklungen ohne weiteres vorhersagen. Und die Konjunktur ist von den vorhersagbaren Konsumzyklen der Haushalte jeder neuen Generation abhängig sowie von der vorhersehbaren Verbreitung neuer Technologien und Industriezweige innerhalb unserer Gesellschaft.

40-JÄHRIGE GENERATIONSZYKLEN

Ken Dychtwald wies in seinem Buch *The Age Wave* (Jeremy Tarcher, 1989) als erster Autor die tiefgreifenden Auswirkungen des Älterwerdens der Baby-Boom-Generation nach. Alle 40 Jahre entsteht durch Geburten und Zuwanderung eine neue Generation. In den beiden Büchern *Generations* (Morrow, 1992) und *The Forth Turning* (Broadway, 1997), beide verfaßt von William Strauss und Neil Howe, wurde dieser Sachverhalt auf ausführliche und fundierte Weise bis ins 15. Jahrhundert zurückverfolgt. Ich werde zeigen, daß diese neuen Generationen leicht vorhersagbare persönliche und familienumfassende Konsumzyklen durchlaufen, die im Fall des Haushaltsvorstands im Durchschnitt nach 46-47 Jahren ihren Höhepunkt haben. Dies erzeugt Perioden der Hochkonjunktur, die 26-29 Jahre andauern, und auf die 12-14 Jahre dauernde Tiefkonjunkturperioden folgen, die einsetzen, sobald die jeweilige Generation den Gipfel ihres Ausgabeverhaltens überschritten hat.

Der von der Henry-Ford-Generation verursachte Wirtschafts- und Aktienboom dauerte von 1900-1929 – von der Jahrhundertwende bis zu den Goldenen Zwanzigern. Dem außerordentlichen Höhepunkt dieses Booms im Jahr 1929 folgte die Weltwirtschaftskrise. Die Bob-Hope-Generation sorgte von 1942-1968 für Hochkonjunktur und steigende Aktienkurse. Höhere Inflationsraten und eine Reihe von Rezessionen in den Jahren 1970, 1974-75, 1980 und 1982 sorgte bei den Aktien für einen vierzehnjährigen Bärenmarkt, der bis Ende 1982 anhielt. Zur Zeit ist die geburtenstarke erste Nachkriegsgeneration für die wirtschaftliche Hochkonjunktur und einen Bullenmarkt verantwortlich, der Ende 1982 begann und bis 2008–2009 anhalten wird.

Die enorme Zahlenstärke der Baby-Boom-Generation, zu der noch die massive Einwanderungswelle der achtziger Jahre beitrug, erzeugt den größten Aufschwung aller Zeiten und sorgt für einen unvergleichlichen Boom auf dem Aktienmarkt, den fast kein Wirtschaftsbeobachter vorhergesehen hat. Und das beste daran ist, daß der Aufschwung bis Mitte 2009 anhalten und der Dow-Jones-Index auf mindestens 21 500 Punkte steigen wird, wahrscheinlich sogar noch höher.

EINE WIRTSCHAFTLICHE REVOLUTION ALLE 80 JAHRE

Alle 80 Jahre – oder alle zwei Generationen – findet eine wirtschaftliche Revolution statt. Der Grund hierfür liegt in dem ebenfalls von Strauss und Howe beschriebenen Hin- und Herpendeln der Generationen zwischen eher individualistischen und eher konformistischen Idealen. Die individualistischen Generationen sind vom Unternehmergeist beseelt und führen radikal neue soziale Trends und Technologien ein. Sie stellen den alten Status Quo in Frage, gerade wenn die Stagnation droht und die Produktivität zu sinken beginnt. Die nachfolgende, konformistische Generation ist dagegen systematischer und stärker organisatorisch tätig. Sie erweitert neue Unternehmen und Technologien zu Institutionen des Massenmarkts. Die letzte wirtschaftliche Revolution drehte sich um das Auto, die Elektrizität, das Telefon und um die meisten der im Fortune-500-Verzeichnis aufgeführten Wirtschaftszweige. Obwohl die meisten dieser Technologien gegen Ende des 19. Jahrhunderts erfunden wurden, verschafften sich die neuen Industriezweige aufgrund des Einsatzes der revolutionären Fließbandfertigung in der Massenproduktion erst nach 1914 einen Zugang zum breiten Markt.

Die Goldenen Zwanziger stellten die belebteste Phase des Wandels und des Wachstums während der letzten wirtschaftlichen Revolution dar: Die neuen Technologien und Industriezweige drängten auf den breiten Markt; gleichzeitig erreichte die Henry-Ford-Generation, die für deren Einführung gesorgt hatte, den Höhepunkt ihres Konsumverhaltens. Danach führte die stärker gemeinschaftsorientierte Bob-Hope-Generation in vielen Bereichen zusätzliche technologische Innovationen ein. So wurde ein bis in die fünfziger und sechziger Jahre andauernder Aufschwung erreicht, der für die noch festere Etablierung der neuen Industriezweige auf dem breiten Markt sorgte. Während dieser Zeit wurden auch die gigantischen Fortune-500-Firmen und die öffentlichen Einrichtungen gegründet, die sich heute noch behaupten. Die Produkte und Technologien des letzten Jahrhunderts wurden perfektioniert. Deshalb sind wir heute gezwungen, neue Trends und Technologien einzuführen – und die Baby-Boom-Generation hat dies bereits im großen Maßstab getan.

Alle 500 Jahre sorgt eine ungewöhnlich starke Bevölkerungsexplosion im Laufe eines Jahrhunderts für eine Flut von Veränderungen und Neuerungen. Wir erleben derzeit die tiefgreifendste wirtschaftliche Revolution seit der Erfindung des Buchdrucks, des Schießpulvers und des Segelschiffs – der Technologien also, die im 15. Jahrhundert das Zeitalter der Wissenschaft und der Entdeckungen einleiteten.

Der Zusammenfall des plötzlichen Aufkommens von Informationstechnologien mit dem Höhepunkt des Konsumverhaltens der Baby-Boom-Generation wird ein neues Zeitalter des Wohlstands und des radikalen Wandels herbeiführen. Eine Entwicklung, wie sie bereits im Falle der Goldenen Zwanziger leicht absehbar war, wird im Fall der Goldenen Jahrtausendwende noch weit größere Auswirkungen haben. Es kann als fast sicher gelten, daß wir den größten Wirtschaftsboom in der Geschichte der Vereinigten Staaten (und anderer Länder) erleben werden.

Ich werde auf verständliche und objektive Weise erklären, wieso diese Entwicklungen unvermeidlich sind, und wieso ihr Zusammenspiel derartig große Auswirkungen haben wird. Es wäre naiv, anzunehmen, daß die bevorstehenden Entwicklungen für alle leicht zu bewältigen sein werden. Ganz im Gegenteil: Genau wie in den Goldenen Zwanzigern werden enorme Zuwächse auch eine Zeit voller Unruhe bedeuten. Die Goldene Jahrtausendwende wird diejenigen Menschen und Unternehmen belohnen, die imstande sind, sich zu verändern, und die Geschwindigkeit des Wandels wird sich in den kommenden Jahrzehnten noch drastisch erhöhen.

DER EINFACHE SCHLÜSSEL ZUR VORHERSAGE
DER KONJUNKTURELLEN ENTWICKLUNG

Lassen Sie mich nun ein einfaches Prinzip vorstellen, das Ihre Sicht der Zukunft verändern wird. Wenn auch die Funktionsweise unserer Wirtschaft kurzfristig betrachtet höchst komplex ist, so ist die langfristige konjunkturelle Entwicklung doch bemerkenswert vorhersagbar. Diese Prognostizierbarkeit hat einen einfachen Grund: Unsere Wirtschaft ist von den Konsumphasen der Familien jeder neuen Generation von Verbrauchern und Arbeitnehmern abhängig.

Es ist wirklich so einfach. Kurzfristig gesehen gibt es viele Faktoren, die unsere Wirtschaft beeinflussen: Die Zinsen steigen oder fallen, das Außenhandelsdefizit wächst oder schrumpft; erst wird der Yen stärker, dann wieder der Dollar, was wiederum die Wettbewerbsfähigkeit unserer multinationalen Konzerne auf ausländischen Märkten beeinflußt. Der einzige grundlegende Faktor, der die Konjunkturzyklen unserer Wirtschaft auf vorhersagbare Weise beeinflußt, besteht weder in der

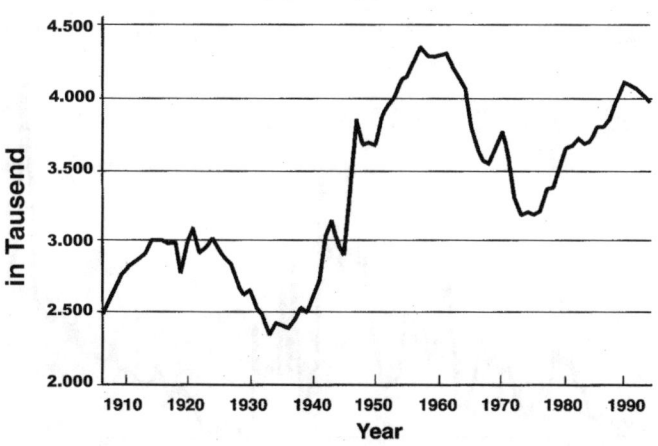

US-Geburtenzahlen pro Jahr

© 1997 H.S. Dent Foundation, adapted from *The Great Boom Ahead* by Harry S. Dent, Jr.

Schautafel 1.2: Geburtenrate in den USA im 20. Jahrhundert.
Diese Schautafel zeigt die Geburtenentwicklung seit 1909, dem Zeitpunkt, als mit der jährlichen Erhebung der Geburtenzahlen begonnen wurde. Wir sehen, daß sich etwa alle 40 Jahre eine neue Generation herausbildet. Beachten Sie beispielsweise die Zahlenstärke der Baby-Boom-Generation. Der Höhepunkt des Geburtenzyklus der Baby-Boom-Generation ist 1961 erreicht, und der Höhepunkt der Bob-Hope-Generation fällt in das Jahr 1921. Der Abstand zwischen den beiden Spitzen beträgt also genau 40 Jahre.

31

Politik noch in den Zinsen, dem Außenhandelsdefizit oder dem Stand des Dollars, sondern im Konsum – also anders ausgedrückt, in dem vorhersagbaren Verhaltensmuster, nach welchem die einzelnen Haushalte Jahr für Jahr ihr Geld ausgeben. Aus diesem Grund können Sie und ich mit Hilfe eines einfachen Indikators, der mit unserem eigenen vorhersagbaren Konsumverhalten zusammenhängt, die Entwicklungsrichtung unserer Wirtschaft und des Aktienmarktes während der nächsten fünf Jahrzehnte erkennen.

DER BESTE KONJUNKURINDIKATOR: DIE GEBURTENZIFFER

Der für die Wirtschaftsprognose bedeutendste Indikator ist die Geburtenziffer, denn sie bildet die Grundlage für neue Generationen. Einfach gesprochen ist der Konsum eines Menschen im Laufe seines Lebens vorhersehbar und beeinflußt unser Wirtschaftswachstum. Die Wirtschaft wächst mit jeder neuen Generation von Konsumenten und Arbeitnehmern, die einen berechenbaren Einkommens- und Konsumzyklus

Einwanderungszahlen in die USA 1820-1995

Schautafel 1.3: US-Einwanderungszahlen von 1820-1995.
Diese Schautafel zeigt die US-Einwanderungszahlen seit Beginn des 19. Jahrhunderts. Die Einwanderung bestimmte die Wachstums- und Generationszyklen in der Zeit vor den Anfangsjahren des 20. Jahrhunderts. Der steilste Anstieg zwischen 1898 und 1914 löste mit einiger Verzögerung die Goldenen Zwanziger aus. Die nächste große Einwanderungswelle gab es zwischen 1978 und 1991. Diese neuen Konsumenten werden zum Boom der Goldenen Jahrtausendwende beitragen.

durchlaufen. Hochkonjunktur herrscht dann, wenn eine maximale Zahl von Konsumenten den Höhepunkt ihres Konsumverhaltens erreicht hat. Danach ist die Konjunktur rückläufig, bis die nächste Generation ihren Konsumzyklus durchläuft. So einfach ist das!

Durch die graphische Darstellung von Geburtenzahlen erkennen wir schon Jahrzehnte im voraus, wann eine neue Generation von Verbrauchern eine bestimmte Phase ihres Konsumzyklus erreicht. Ich nenne die Geburtenstatistik gerne „sexuelle Aktivität plus neunmonatige Verschiebung"! Selbst wenn Sie sonst nichts von dem hier Dargelegten behalten, sollten Sie sich eines merken: Der Sex bestimmt die wirtschaftliche Entwicklung – und genau deshalb waren die Ökonomen nie imstande, sie zu berechnen, und werden es vermutlich auch in Zukunft nicht sein!

Unter den Konsumenten, die die wirtschaftliche Entwicklung Amerikas bestimmen, gibt es solche, die im Land geboren, und andere, die

Um die Einwanderungszahlen ergänzte Geburtenstatistik

Schautafel 1.4: Die US-Geburtenstatistik.
Diese Schautafel zeigt die um die Einwanderungszahlen erweiterte Geburtenstatistik der USA. Der durchschnittliche Einwanderer kommt mit ungefähr 30 Jahren nach Amerika. Die Einwanderungszahlen stiegen bis ins Jahr 1991 dramatisch an. Der durchschnittliche Einwanderer im Jahr der stärksten Einwanderung 1991 wurde 1961 geboren, also zu dem Zeitpunkt, als die Geburtenziffer der Baby-Boom-Generation ihren Höhepunkt erreichte. Daher steigerte diese jüngste Einwanderungswelle noch die ohnehin enorme Zahlenstärke der Baby-Boom-Generation. Der Umfang der Geburtenwelle ist mehr als viermal so groß wie im Fall der vorherigen Generation.

33

nach Amerika eingewandert sind. Wenn wir die in Schautafel 1.3 dargestellte Entwicklung der Einwanderung seit den zwanziger Jahren des 19. Jahrhunderts betrachten, so können wir ersehen, welch große Rolle die Einwanderung für die Wachstums- und Generationszyklen der Vereinigten Staaten spielt. Bis ins frühe 20. Jahrhundert spielte die Einwanderung eine größere Rolle als die Geburtenzyklen, erreichte jedoch ähnlich wie diese alle 40 Jahre einen Höhepunkt.

Wenden wir uns nun den Auswirkungen der bisher größten Einwanderungswelle in der Geschichte der Vereinigten Staaten zu, die sich zwischen 1898 und 1914 ereignete (in der Mitte der Darstellung zu sehen). Dieser Bevölkerungsanstieg war die Grundvoraussetzung für die Goldenen Zwanziger. Altersstatistiken, die seit Beginn des 19. Jahrhunderts geführt werden, zeigen, daß das Durchschnittsalter der Menschen, die in die USA einwandern, annähernd gleichgeblieben ist – es beträgt etwa dreißig Jahre. Die Einwanderer erreichen genau wie der Rest der Bevölkerung den Höhepunkt ihres Konsumverhaltens, wenn sie Mitte vierzig sind. Für das 19. Jahrhundert, also die Zeit, in der die Geburtenzyklen noch nicht dominierten, ist ein ziemlich deutlicher Zusammenhang zwischen den Einwanderungsströmen und den wirtschaftlichen Aufschwüngen erkennbar, wobei der Abstand zwischen beiden Ereignissen jeweils 15-16 Jahre beträgt. Die massive Einwanderungswelle zwischen 1898 und 1914 kam während des 1. Weltkriegs beinahe zum Erliegen. Nach dem Krieg und einer Erholungsphase war das Zusammentreffen dieser Einwanderungswelle mit dem Höhepunkt des Konsumverhaltens der reifer werdenden Henry-Ford-Generation für den Aufschwung in den Goldenen Zwanzigern verantwortlich. Dieser Wirtschaftsboom unerhörten Ausmaßes erreichte seinen dramatischen Höhepunkt 16 Jahre nach dem Höchststand der Einwanderungszahlen im Jahr 1914. Die Wirtschaft erlebte von 1930 an eine Talfahrt, weil, wie ich zeigen werde, die in den Jahren der stärksten Einwanderung ins Land gekommenen zu dieser Zeit nur noch wenig Grund hatten, Geld auszugeben. Die Goldenen Zwanziger und die Weltwirtschaftskrise lassen sich größtenteils anhand der Einwanderungszahlen erklären. Wie bereits erwähnt gehen bei den vierzigjährigen Generationszyklen die Einwanderungswellen mit den Geburtenzahlen Hand in Hand. Sehen sie sich den Höhepunkt der jüngsten großen Einwanderungswelle von 1978-1991 an. Das Durchschnittsalter der Einwanderer betrug 30 Jahre, also wurde der durchschnittliche Einwanderer des Jahres 1991 im Jahr 1961 geboren. Schautafel 1.2 zeigt, daß 1961 auch der Höhepunkt der Geburtenziffer der Baby-Boom-Generation erreicht war. Wir müssen deshalb die Einwanderung bei der Berechnung der Geburtenzyklen mit berücksichtigen.

Ich habe die Verteilung der Geburtenjahrgänge der Einwanderer mit Hilfe eines einfachen Computermodells errechnet und sie in Schautafel 1.4 in die Darstellung der Geburtenziffern eingearbeitet. Wenn die Einwanderung mit einberechnet wird, dann ist die zahlenmäßige Überlegenheit der Baby-Boomer gegenüber vorhergehenden Generationen noch krasser.

VORHERSAGBARE KONSUMPHASEN EINER DURCHSCHNITTSFAMILIE

Wie auf Schautafel 1.5 zu sehen durchläuft die durchschnittliche amerikanische Familie leicht vorhersagbare Phasen des Konsums. Woher wissen wir das alles? Das amerikanische Arbeitsministerium führt alljährlich Umfragen zum Konsumverhalten durch. Im Durchschnitt beginnen wir mit 19 Jahren zu arbeiten und heiraten mit 25,5 Jahren (Männer mit 27 und Frauen mit 24). Wir kaufen unser erstes Auto, beziehen eine Wohnung und richten sie ein. Diese Phase der Haushaltsgründung ist zugleich die Phase mit dem schnellsten Wachstum der Einkommen

---

Durchschnittliche jährliche Ausgaben eines US-Haushaltes
(gestaffelt nach Alter in 5-Jahres-Gruppen)

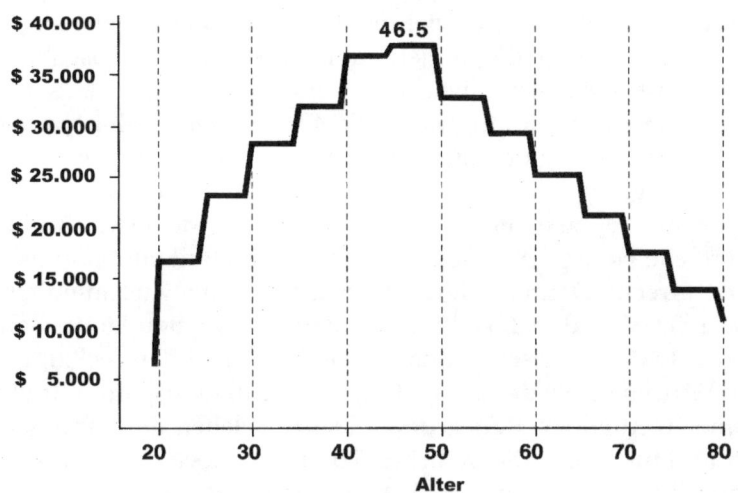

© 1997 H.S. Dent Foundation, adapted from *The Great Boom Ahead* by Harry S. Dent, Jr.

Schautafel 1.5: Konsumausgaben der US-Durchschnittsfamilie.
Diese Schautafel zeigt den prognostizierbaren Konsumzyklus der durchschnittlichen amerikanischen Familie. Die Daten stammen aus Umfragen zum Konsumverhalten, die vom US-Arbeitsministerium durchgeführt wurden.

und Konsumausgaben im gesamten Lebenszyklus einer Familie. Zwei Jahre später, mit 27,5 Jahren, bekommen wir unser Durchschnittskind. Der Durchschnittsbürger kauft dann im Alter von 33-34 Jahren sein erstes Haus und dazu die gesamte Einrichtung. Für das Haus nimmt er seine erste Hypothek auf. Mit durchschnittlich 43 Jahren kaufen wir dann das größte Haus, das wir zeitlebens besitzen werden. Wenn wir 46,5 Jahre alt sind, ist dieses Haus schließlich voll eingerichtet – genau dann also, wenn die meisten unserer Kinder im Alter von 19 Jahren das Elternhaus verlassen. Die höchsten Konsumausgaben verbuchen wir demnach bis zum Alter von 46,5 Jahren.

Mit dem 47. Lebensjahr nehmen die Ausgaben der Durchschnittsfamilie stark ab. Nachdem die Kinder das Haus verlassen, benötigen die Eltern weder ein größeres Haus noch etwa mehr Einrichtungsgegenstände, Haushaltsgeräte, Autos oder zusätzliche Autoversicherungen. Sie brauchen keine randvoll gefüllten Kühlschränke mehr und auch keine supermodernen Turnschuhe oder Designerkleidung. Normalerweise sind Eltern zunächst traurig über den Auszug ihrer Kinder, stellen dann aber recht schnell fest: „Heiliger Strohsack, wir haben es geschafft!" Sie stehen im Zenit ihres Einkommenszyklus und erleben gerade einen drastischen Rückgang ihrer finanziellen Verbindlichkeiten. Die Kosten für das Haus und die Einrichtung bleiben unverändert, solange die Eltern leben, und die variablen Kosten haben sich oft plötzlich halbiert! Jetzt können die Eltern zwar viel mehr Geld für den Eigenbedarf verwenden, doch haben die hohen familienbezogenen Ausgaben ein Ende, die unsere Wirtschaft beleben.

Wie ich bereits erwähnte: Da es alle 40 Jahre einen Höhepunkt bei den Geburtenzahlen gibt, dauern Bullenmärkte beziehungsweise Phasen nachhaltiger wirtschaftlicher Expansion jeweils circa 26-29 Jahre. Danach kommt es zu einem Konjunkturrückgang, der etwa 12-14 Jahre andauert. Die Henry-Ford-Generation hielt den Bullenmarkt von 1900 bis 1929 aufrecht. Dann erfolgte ein wirtschaftlicher Zusammenbruch, der von 1930 bis in den 2. Weltkrieg andauerte. Die Bob-Hope-Generation kurbelte dann zwischen dem 2. Weltkrieg und den sechziger Jahren die Wirtschaft wieder an. Es folgten 14 Inflationsjahre mit immer schlimmer werdenden Rezessionen. Heute beleben die Baby-Boomer die Konjunktur, wobei die Mehrheit von ihnen noch nicht einmal den Höhepunkt ihres Konsumverhaltens erreicht hat. Wenn es soweit ist, werden sie die Wirtschaft in eine langanhaltende und dramatische Phase der Expansion führen – und das zur Überraschung der meisten von uns.

DIE KONSUMWELLE

Wir können den Gesundheitszustand unserer Wirtschaft und unserer Aktienmärkte auf viele Jahrzehnte hinaus vorhersagen, indem wir die Geburtenzahlen auf der Zeitachse um 46,5 Jahre nach rechts verschieben. Dies verrät uns, wann eine ganze Generation von Verbrauchern voraussichtlich ihren Konsumhöhepunkt erreicht (wie aus Schautafel 1.6 ersichtlich).

Ich selbst habe dieses recht einfache Vorhersageverfahren 1988 angewandt, also lange vor dem Beginn des jetzigen vehementen Bullenmarktes. Zu dieser Zeit sagte ich in meinem Buch *Our Power to Predict* (im Selbstverlag erschienen) einen Dow von 10000 Punkten und einen bis ins Jahr 2010 anhaltenden Boom mit sinkenden Inflationsraten und einem Wiederaufleben der Wettbewerbsfähigkeit der USA auf dem Weltmarkt voraus. Nachdem ich nun mein ursprüngliches Modell um die Einwanderungszahlen erweitert habe, fallen meine Prognosen um

Die Konsumwelle

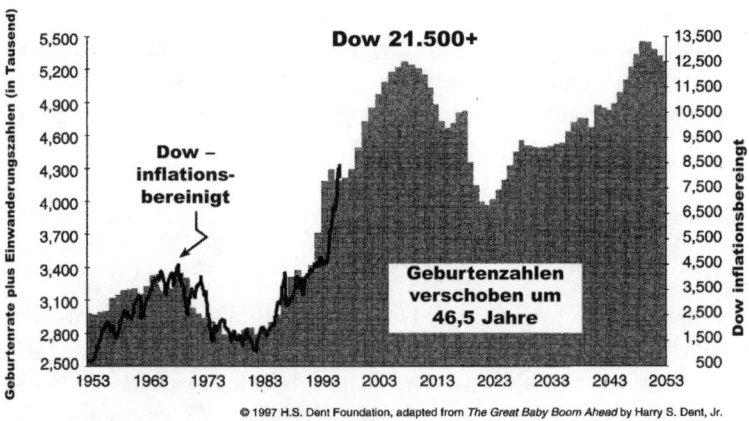

© 1997 H.S. Dent Foundation, adapted from *The Great Baby Boom Ahead* by Harry S. Dent, Jr.

Schautafel 1.6: Die US-Konsumwelle.
Diese Schautafel zeigt die Konsumwelle. Sie belegt den engen Zusammenhang unserer inflationsbereinigten Wirtschaftsentwicklung mit der Geburtenziffer. Wenn die Geburtenzahlen um 46,5 Jahre nach rechts versetzt werden, erhält man den Höhepunkt des Konsumzyklus einer durchschnittlichen amerikanischen Familie. Man kann dadurch fast fünf Jahrzehnte im voraus die Hochs und Tiefs der Wirtschaft und des Aktienmarktes bestimmen.

vieles deutlicher aus. Dennoch sagte ich mit Hilfe eines einfachen Indikators im Grunde dasselbe Szenario voraus. Dies beweist, daß die Analyse der Volkswirtschaft nicht schwierig sein muß, wenn wir uns an die langfristigen Trends halten und uns nicht in den komplexen kurzfristigen Wirtschaftsentwicklungen verlieren. Im folgenden möchte ich nun einige Aspekte der Verfeinerung meines Systems erklären.

• Die Bob-Hope-Generation heiratete und erreichte den Höhepunkt ihres Konsumverhaltens im Schnitt früher als die nachfolgenden Generationen. Deshalb muß im Falle der fünfziger Jahre das Verschiebungsintervall für die Geburtenzahlen mit 43 Jahren angesetzt werden. Es vergrößert sich pro Jahrzehnt um etwa ein Jahr, bis es Mitte der neunziger Jahre bei 46,5 Jahren angelangt ist. Dieses Intervall wird sich voraussichtlich in der nächsten Zeit mit gleichbleibender Geschwindigkeit weiterentwickeln, was bedeutet, daß die Baby-Boomer den Höhepunkt ihres Konsumzyklus im Jahre 2009 erreicht haben werden, und zwar in einem Durchschnittsalter von etwa 47,5 Jahren.

• Ich habe außerdem wegen der anfänglich stark ansteigenden Konsumausgaben dieser neuen Bevölkerungsschichten die Auswirkungen von Haushaltsgründungen und Heiraten mit einer Gewichtung von 25 Prozent und einem Durchschnittsalter von 25,5 Jahren eingerechnet – das in den fünfziger Jahren bei 22 Jahren liegende durchschnittliche Heiratsalter wird sich im Laufe des nächsten Jahrzehnts auf 26,5 Jahre erhöhen. Der Anstieg der Zahl der Haushaltsgründungen hat nämlich einen geringfügigen Beschleunigungseffekt zur Folge, während eine rückläufige Zahl von Haushaltsgründungen das Gegenteil bewirkt. Insgesamt aber werden langfristige Trends dadurch nicht beeinflußt, da sie vom gesamten Konsumverhalten der neuen Generationen abhängig sind.

Die Konsumwelle beginnt mit Geburtenzahlen aus dem Jahr 1909 und zeigt, wie diese Daten die Wirtschaft seit Anfang der fünfziger Jahre beeinflussen. Wir können die Auswirkungen des Höhepunkts des Konsumverhaltens der Bob-Hope-Generation bis Ende 1968 verfolgen. Danach tritt der S&P 500 (inflationsbereinigt) eine 14-jährige Talfahrt an; zwischen Ende 1968 und Ende 1982 büßt er über 50 Prozent seines Wertes ein. (Der Dow verliert im gleichen Abschnitt fast 70 Prozent). Es gab vier unmittelbar aufeinanderfolgende Rezessionen (1970, 1974-75, 1980 und 1982) in denen sich Inflation und Arbeitslosenzahlen immer weiter steigerten. Die Arbeitslosenquote erreichte Ende 1982 und Anfang 1983 mit 10 Prozent ihren Höhepunkt, was gleichzeitig den höchsten Stand seit der Weltwirtschaftskrise bedeutete. Die Baby-Boom-Generation indessen trat Ende 1982 in ihren berechenbaren Konsumzyklus ein. Der Konsum der Baby-Boomer wird bis Mitte 2009 ansteigen, also bis zu dem Zeitpunkt, an dem die Mehrzahl der Angehörigen dieser zahlenmäßig enormen Generation den Höhepunkt ihres Konsumverhaltens erreicht hat.

DAS SCHWEIN UND DIE PYTHON

Ich werde im folgenden erklären, wie man die heutige Wirtschaftslage mit ihren extremen Schwankungen zu verstehen hat. Sehen Sie sich nochmals Schautafel 1.1 an. Sie zeigt, daß die Baby-Boom-Generation dreimal so groß ist wie frühere Geburtenwellen. Wenn Sie jetzt noch die in Schautafel 1.3 dargestellte hohe Zahl von Einwanderern hinzurechnen, wird leicht verständlich, warum die Baby-Boom-Generation auch mit einem „Schwein, das sich durch eine Python hindurchzwängt", verglichen wird. Die Baby-Boom-Generation ist mehr als viermal so groß wie vorherige Generationen – ihre Größe ist so immens, daß das Verhalten der älter werdenden Angehörigen dieser Generation extreme Entwicklungen in der amerikanischen Wirtschaft und Gesellschaft auslösen wird.

Die Baby-Boom-Generation sorgte für die starke Ausweitung des öffentlichen Schulwesens in den sechziger Jahren. In den Siebzigern ließ sie die Inflationsrate extrem ansteigen. Am Ende der achtziger Jahre war sie für die massive Teuerung des Wohnraums verantwortlich. Und zu Beginn der neunziger Jahre erreichte dann die Verschuldung ihren Höchststand. Die nächste Überraschung war der Konjunkturaufschwung und ein lebhafter Bullenmarkt für Aktien in den Jahren 1994-1997. Wie viele Experten haben das so kommen sehen? Was viele Experten nicht vorhersagen und auch nicht wissen: Die Phase der größten wirtschaftlichen Expansion steht uns noch bevor.

Die riesige Konsumentengeneration der Baby-Boomer wird den größten wirtschaftlichen Aufschwung in der Geschichte der USA auslösen, mit dem eine verbesserte Produktivität, reale Lohnzuwächse, höhere Sparquoten und ein niedrigerer Verschuldungsgrad einhergehen werden. Wenn die Angehörigen der Baby-Boom-Generation und der kürzlich erfolgten neuen Einwanderungswelle um das Jahr 2009 den Höhepunkt ihres Konsumverhaltens erreichen, werden wir wahrscheinlich den Dow auf einem Stand von mindestens 21 500 Punkten, möglicherweise aber bis zu 35 000 Punkten sehen.

Die Baby-Boom-Generation wird auch danach noch extreme Konstellationen in unserer Wirtschaft herbeiführen. Die Baby-Boomer werden schließlich in den zwanziger und dreißiger Jahren des nächsten Jahrhunderts das Sozialsystem an den Rand des Bankrotts bringen – nachdem sie es der Bob-Hope-Generation als einziger Generation in der Geschichte ermöglicht haben, ihren Lebensabend in Wohlstand zu verbringen. Wir sollten aber auch extreme Entwicklungen nüchtern betrachten und nicht etwa den Verschuldungsgrad als Beweis für den bevorstehenden Untergang unseres Landes heranziehen.

Drei Expansionswellen

Wenn wir uns mit Schautafel 1.5 etwas näher beschäftigen, stellen wir fest, daß sich die von den Baby-Boomern ausgelöste Entwicklung zum Bullenmarkt in drei Wellen abgespielt hat und sich auch weiterhin in drei Wellen abspielen wird, da in der Baby-Boom-Generation ebenfalls drei solche Wellen existieren. Die erste Welle (deren Angehörige offiziell nicht als Baby-Boomer eingestuft werden) besteht in den Geburtenjahrgängen vor dem 2. Weltkrieg, die zweite in den Jahrgängen unmittelbar nach der Heimkehr der Soldaten aus dem Krieg, und die dritte Welle in den Jahrgängen der fünfziger und frühen sechziger Jahre, in denen die Zukunft so vielversprechend aussah – und die Pille noch nicht erfunden war.

Durchschnittliche Ersparnisse einer US-Familie

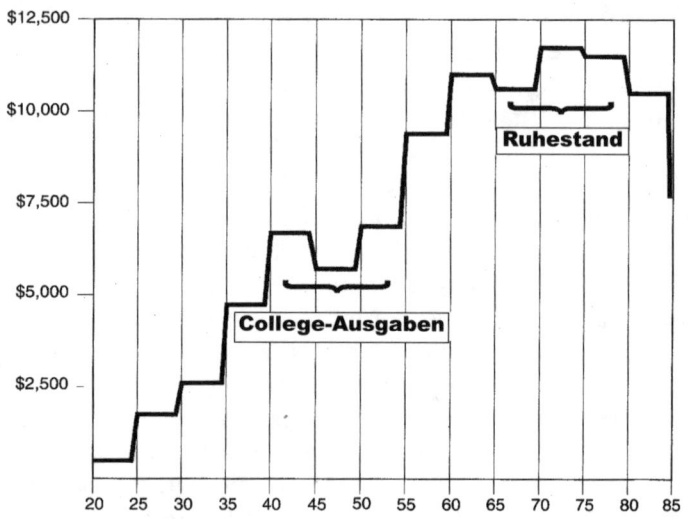

Schautafel 1.7: Durchschnittliche Sparguthaben von US-Familien.
Diese Schautafel zeigt, daß erst nach dem 35. Lebensjahr beträchtlich gespart wird. Die Spartätigkeit nimmt dann bis ins siebte und achte Lebensjahrzehnt stetig zu. Immer mehr Baby-Boomer werden im nächsten Jahrzehnt die erste von einem starken Anstieg geprägte Phase ihres Sparzyklus beginnen.

Von 1982 bis Mitte 1990 kaufte eine stetig wachsende Zahl von Vertretern der ersten Welle der Baby-Boom-Generation Häuser, die dazugehörige Einrichtung und Autos. Dann kam es gegen Ende 1992 zu einer plötzlichen Rezession. Daran war weder die US-Zentralbank noch George Bush schuld, obwohl der kurze Golfkrieg geringfügig dazu beitrug. Die Rezession fiel mit dem Höhepunkt des Konsumverhaltens der ersten Welle von Baby-Boomern und dem darauffolgenden starken konjunkturellen Einbruch zusammen, der erfolgte, als die Vertreter dieser Gruppe keine Gebrauchsgüter mehr benötigten.

Die zweite Welle der Baby-Boom-Generation bescherte der US-Wirtschaft von der Mitte des Jahres 1991 an bis Ende 1994 höhere Wachstumsraten. Das Wachstum verlangsamte sich dann Mitte 1997, da die Konsumausgaben der zweiten Welle von Baby-Boomern nachließen.

Von 1997 an sollte die Wirtschaft nun wieder schneller wachsen. Denn dann beginnt die dritte Welle der Baby-Boom-Generation, sich auf den Höhepunkt ihres Konsumverhaltens zuzubewegen. Man sollte dabei außerdem bedenken, daß die höchsten Zuwachsraten bei den Ausgaben zwischen dem 20. und dem 26.–27. Lebensjahr auftreten, also in der Phase der Haushaltsgründung. Zur dritten Welle der Baby-Boomer wird 2002 ein starker Beschleunigungsfaktor hinzukommen – die Haushaltsgründungsphase der nächsten Generation. Demnach haben wir ein explosionsartiges Wirtschaftswachstum ab 2002 oder 2003 zu erwarten, das dann den größten Boom aller Zeiten einläuten wird. Dieser Boom wird seinen Höhepunkt erst kurz vor Mitte 2009 erreichen. Er wäre somit das Gegenstück zum Wachstumsschub der Goldenen Zwanziger, der von 1922 bis 1929 dauerte. Damit läge zwischen den beiden Booms eine Zeitspanne von 80 Jahren beziehungsweise ein wirtschaftlicher Revolutionszyklus von zwei Generationen.

(Für detailliertere Ausführungen zu den demographischen und S-Kurven-Trends, die unsere neue Wirtschaft bestimmen, möchte ich dem Leser mein erstes Buch mit dem Titel *The Great Boom Ahead* empfehlen.)

Verändertes Spar- und Verschuldungsverhalten

Zu den anderen Verbrauchertrends, die die Goldenen Zwanziger prägten, gehörten eine steigende Sparquote und ein sinkender Verschuldungsgrad. Lassen Sie uns einen Blick auf die einfachen demographischen Ursachen dieser Phänomene werfen.

Der durchschnittliche Konsumzyklus einer Familie weist eine verdeckte, aber leicht vorhersagbare Dynamik auf. Im Alter von 34 Jahren kauft der Durchschnittsbürger sein erstes Eigenheim und nimmt mit einem Mal eine extrem hohe Hypothek auf. Bevor er 34 Jahre alt wird, wachsen die Schulden schneller als die Ausgaben und die Ausgaben schneller als die Ersparnisse. Mit durchschnittlich 34 Jahren ist der Durchschnittsbürger auch im Verhältnis zum Einkommen am stärksten verschuldet. Danach steigen die Ersparnisse schneller an als die Ausgaben und die Ausgaben schneller als die Kreditaufnahme. Wie sich aus Schautafel 1.7 ersehen läßt, zeigen erstmals die Ersparnisse der rund 35-jährigen größeres Wachstum.

Mit dem Blick auf ein Beispiel können wir die derzeit gängige Theorie von den gefährlichen Tendenzen des Verschuldungsverhaltens unserer heutigen Wirtschaft überprüfen – und gleich erkennen, wie grundfalsch diese Annahmen sind. Im durchschnittlichen Alter von etwa 34 Jahren kauften in den siebziger und achtziger Jahren annähernd 80 Millionen Baby-Boomer ihr erstes Haus in einer Vorstadt. Wie aber wirkte sich diese immense Nachfrage auf die Immobilienpreise aus? Sie schnellten natürlich in die Höhe. In den Siebzigern und Achtzigern stiegen die Immobilienpreise sogar doppelt so stark wie die Inflationsrate. Anders ausgedrückt: Wir hätten den unglaublichen Boom eigentlich kommen sehen sollen.

Wer waren nun die größten Nutznießer dieses Immobilienbooms? Natürlich die Mitglieder der Bob-Hope-Generation, denn sie besaßen die meisten Immobilien. Wer waren die größten Verlierer? Die Mitglieder der Baby-Boom-Generation, denn sie hatten (selbst unter Berücksichtigung der Inflation) fast doppelt so viel Geld für Wohnraum aufzubringen wie die Vertreter der Bob-Hope-Generation, die ihre ersten Häuser in den vierziger und frühen fünfziger Jahren kauften.

Die Wohnung – gleich, ob Miet- oder Eigentumswohnung – macht den größten Teil der Kosten aus, die bei einer Familiengründung entstehen. Der größte Teil dieser Kosten wiederum wird nicht etwa durch das Haus selbst, sondern durch die anfallenden Hypothekenzinsen verursacht. Während die Bob-Hope-Generation rund 4 Prozent Zinsen zahlte, mußten die Baby-Boomer in den späten siebziger und frühen achtziger Jahren zwischen 12 und 16 Prozent zahlen. Auch heute noch zahlen sie für Hypotheken mit 30-jähriger Laufzeit sieben bis neun Prozent Zinsen – und damit zwei- bis dreimal so viel wie ihre Eltern.

Die Baby-Boomer sind also tatsächlich höher verschuldet als jede andere Generation vor ihnen. Auf individueller Ebene war die Ursache hierfür, daß wir unsere Familien in einer Zeit gründeten, die ganz anders war als die fünfziger Jahre; und auf kollektiver Ebene war es die Tatsache, daß unsere Zahl einfach weitaus größer war. Der höchste Verschuldungsgrad in der Geschichte der USA kam also dadurch zustande, daß wohlmeinende Eltern ein Heim für die ganze Familie kauften, und nicht etwa durch einen Verfall der moralischen Werte! Im nächsten Jahrzehnt, wenn die Baby-Boomer 40 Jahre und älter sind und ihre Kreditaufnahme den Höhepunkt überschreitet, wird der Verschuldungsgrad gleichbleiben oder fallen, während die Sparquote ansteigt.

In den kommenden Jahren wird bei den Baby-Boomern die Sparquote schneller anwachsen als die bereits hohen Ausgaben. Wenn ihre Ersparnisse in offene Investmentfonds und den Aktienmarkt fließen, wird die ohnehin im Zeichen des Bullenmarktes stehende Wirtschaft noch weiter angeheizt. Wir werden in den nächsten Jahrzehnten im Hinblick auf die Kapitalbeschaffung weniger auf andere Länder angewiesen sein, und unsere Firmen werden gleichzeitig niedrigere Kapitalkosten genießen. Wir werden sogar zu einem Kapitalexporteur für Länder der Dritten Welt werden, die am Beginn des Industrialisierungsprozesses stehen. Schließlich werden die Ökonomen anfangen, sich zu beschweren, daß die Baby-Boomer zu viel sparen und zu wenig ausgeben.

DIE VORHERSAGE DER AUSWIRKUNGEN NEUER TECHNOLOGIEN MIT HILFE DER S-KURVE

Weshalb halten neue Technologien anfangs nie das, was sie versprechen, und überraschen dann plötzlich jedermann, weil sie unentbehrlich geworden sind? Dies traf in den Goldenen Zwanzigern auf das Automobil zu und gilt heute für das Internet. Der größte Irrtum, den man bei der Erstellung einer Vorhersage begehen kann, ist höchst einfacher Art: Wir glauben, daß Wachstum und Wandel linear verlaufen. In Wirklichkeit verlaufen sie jedoch in Kurven.

Ich hatte zum ersten Mal in den späten siebziger Jahren mit dem Kurvenmodell zu tun. Meine Aufgabe war es damals, die Wachstumsrate des amerikanischen Marktes für Gürtelreifen zu prognostizieren. Ich sah mir die Daten für Europa an, wo der Übergang von Diagonalreifen zu Gürtelreifen bereits erfolgt war. Was ich erblickte, war eine S-Kurve.

Schautafel 1.8 zeigt die tatsächliche Entwicklung für Gürtelreifen auf dem amerikanischen Markt. Die S-Kurve ist deutlich zu erkennen.

Als ich noch etwas weiter zurückging, erkannte ich, daß das Prinzip der S-Kurve bei der Verbreitung neuer Produkte, Dienstleistungen und Technologien typischerweise stets im Spiel gewesen war. Es ließen sich damit sogar soziale Tendenzen voraussagen! Ein Beispiel: Hippies, Umweltschützer und wohlhabendere Baby-Boomer machten in den sechziger und siebziger Jahren bereits auf Umweltthemen aufmerksam. Richtig etablieren jedoch konnte sich die Ökologiebewegung in den USA erst in den späten Achtzigern. Heute ist sie so populär, daß es in vielen Städten Recycling-Verordnungen gibt.

Schautafel 1.9 zeigt die leicht erkennbare S-Kurve. Neue Produkte und Technologien besetzen zunächst nach und nach Marktnischen, da sie meist teuer, gewöhnungsbedürftig und manchmal auch einfach nicht benutzerfreundlich sind. Normalerweise zeigen sich zuerst die jüngeren, städtischen und wohlhabenden Bevölkerungssektoren experimentierfreudig. In dieser Innovationsphase wird das Produkt getestet und verbessert. Doch in der nächsten Phase setzt plötzlich das Wachstum ein. Wenn das Produkt erst einmal einen Schwellenwert erreicht hat – zehn Prozent der potentiellen Käufer –, kommt es oft zu einer schlagartigen Durchdringung des breiten Marktes, bis 90 Prozent der Marktanteile besetzt sind. Danach trifft es auf starken Widerstand seitens der konservativsten Sektoren und zugleich zeigen Marketingmaßnahmen immer weniger Wirkung. Diese Reifephase geht wiederum sehr langsam vonstatten.

Die S-Kurve bei Gürtelreifen

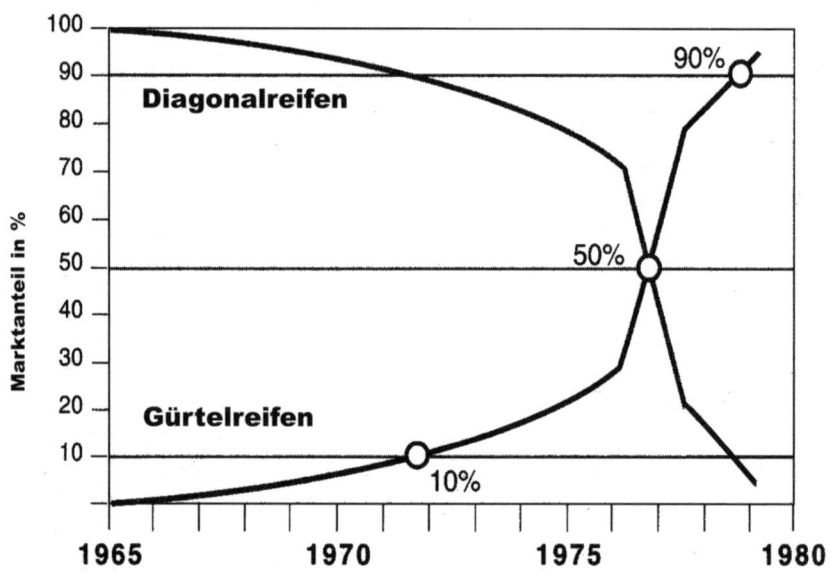

Schautafel 1.8: Die S-Kurve für Gürtelreifen.
Diese Schautafel zeigt, daß es zehn Jahre dauerte, bis es den Gürtelreifen gelang, zehn Prozent des US-Marktes zu erobern. Während der nächsten sieben Jahre eroberten sie dann jedoch 90 Prozent des Marktes. Die vermeintlich überraschende Popularität der Gürtelreifen zeigt, wie sich neue Technologien, Produkte oder Dienstleistungen nach anfänglich langsamem Wachstum in Marktnischen schließlich explosionsartig auf dem breiten Markt durchsetzen.

Das Automobil und die Goldenen Zwanziger

Um ein Gefühl für die dramatischen wirtschaftlichen und gesellschaftlichen Veränderungen zu erhalten, die während einer solchen Phase stattfinden, wollen wir nun die beeindruckende Wandlung betrachten, die in den Goldenen Zwanzigern vonstatten ging. Am Beispiel des Autos werden wir Ereignisse in einer ganzen Reihe von Technologie- und Industriezweigen demonstrieren. Es handelt sich dabei um diejenigen Technologien und Industriezweige, die sich in den letzten 80 Jahren als tragende Säulen unserer Wirtschaft erwiesen haben.

Wenn Sie ein Musterbeispiel für den Drang neuer Technologien auf den breiten Markt wollen, dann betrachten Sie nur einmal die S-Kurve für das Automobil! Nach dessen Erfindung im Jahr 1886 dauerte es mehr als zehn Jahre, bis sich die Fertigung von Autos zu einem rentablen Wirtschaftszweig mauserte. 1900 besaßen ganze 0,1 Prozent aller städtischen Haushalte ein Auto. An diesem Punkt beginnt die S-Kurve

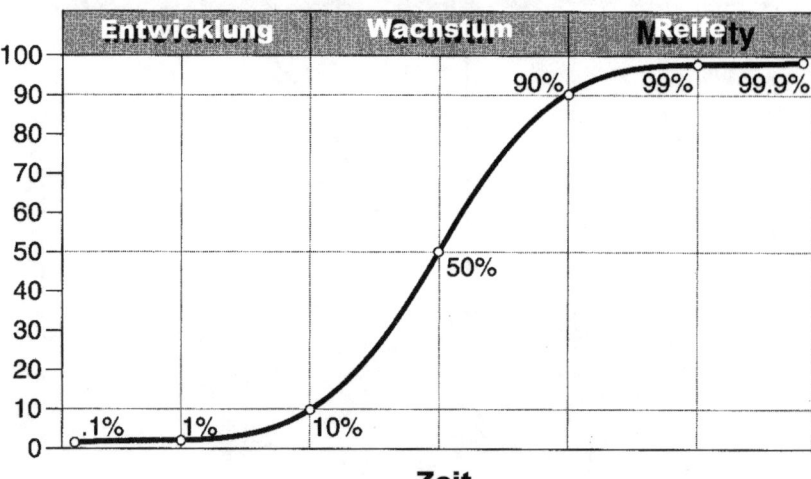

Die S-Kurve

Schautafel 1.9: Die S-Kurve.
Diese Schautafel zeigt das leicht nachvollziehbare Prinzip der S-Kurve. Eine exakte Messung des Grades der Marktdurchdringung jeder neuen Technologie, jedes neuen Produktes oder jedes neuen Wirtschaftstrends ist nicht nötig, da wir leicht sehen können, daß Innovationen sich zunächst sehr langsam in Marktnischen einnisten und sich dann schlagartig auf dem breiten Markt durchsetzen. Mit anderen Worten: Ein Produkt braucht für eine Marktdurchdringung von 10 Prozent normalerweise genauso lang wie für den Schritt von 10 bis 90 Prozent.

für Autos. Es dauerte weitere 14 Jahre, bis das Auto 10 Prozent des städtischen Marktes erobert hatte. Mit anderen Worten: Noch drei Jahrzehnte nach seiner Erfindung war das Automobil nur für eine kleine Bevölkerungsschicht erschwinglich. Es war eindeutig ein Luxusgegenstand, der die finanziellen Möglichkeiten des Durchschnittsbürgers überstieg.

Während der nächsten 14 Jahre – genauso lange wie es gedauert hatte, bis das Auto im Bereich der städtischen Haushalte eine zehnprozentige Marktdurchdringung erzielt hatte – erreichte das Auto sage und schreibe 90 Prozent des Marktes! 1928 besaß die überwältigende Mehrheit der städtischen Haushalte ein Auto (wie aus Schautafel 1.10 ersichtlich), was durch den unglaublichen Produktivitätsschub der von Henry Ford eingeleiteten Fließband-Revolution im Jahre 1914 und die Einführung der Ratenfinanzierung durch General Motors in den frühen zwanziger Jahren entscheidend begünstigt wurde.

Die S-Kurve bei Automobilen

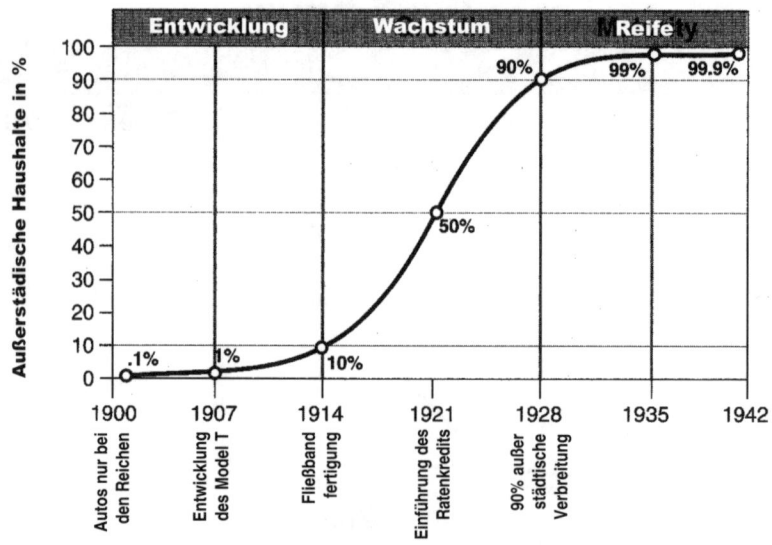

Schautafel 1.10: Die S-Kurve für Autos.
Diese Schautafel zeigt die S-Kurve für das Automobil von 1900 bis 1928. Ein Prinzip wird hier klar verdeutlicht: Es dauerte genauso lange (nämlich 14 Jahre), bis die Automobile 10 Prozent des städtischen US-Marktes erobert hatten, wie es anschließend dauerte, bis das Auto eine 90-prozentige Durchdringung desselben Marktes erzielt hatte. Es gab einen deutlichen Popularitätsschub, und 1928 war das Auto zu einem erschwinglichen und unverzichtbaren Bestandteil des städtischen Haushalts geworden.

Das Automobil ist nur ein Beispiel für eine Reihe von Produkten, die nun für eine durchschnittliche Familie mit einem Mal erschwinglich waren. Die Verbraucher ahnten unmittelbar nach dem 1. Weltkrieg nicht, daß sie innerhalb eines Jahrzehnts imstande sein würden, eine ganze Reihe bislang unerschwinglicher Luxusgüter zu kaufen. Natürlich sahen die Ökonomen die Goldenen Zwanziger nicht kommen. Wie heute das Internet, so war damals das Auto ein Faktor, der die wirtschaftliche Revolution beschleunigte, die in den Goldenen Zwanzigern so gewaltige Ausmaße annehmen sollte. Die Zahl der an das Elektrizitäts- und Telefonnetz angeschlossenen Haushalte erhöhte sich zwischen 1900 und 1928 von 10 auf 90 Prozent. Autos, elektrische Haushaltsgeräte, Kino und Radio drangen noch wesentlich schneller zum Normalbürger vor (hier dauerte es nur 10-14 Jahre, bis sich die Marktdurchdringung von 10 auf 90 Prozent gesteigert hatte). Die Produkte boten dem Konsumenten das, wonach er am meisten suchte: Mobilität, Komfort und Unterhaltung.

Die größten Veränderungen im Verlauf einer wirtschaftlichen Revolution finden dann statt, wenn diese schließlich den breiten Konsumgütermarkt erfaßt. Genau wie heute die Computertechnologie, etablierten sich damals Elektrizität, Telefone und Motoren im geschäftlichen Bereich viel schneller als in den Privathaushalten. Die Informationsrevolution – also der Zeitpunkt, zu dem ein hoher Prozentsatz der durchschnittlichen Verbraucher das Internet zum Leben und Arbeiten benutzt – steht jedoch unmittelbar bevor. Seien Sie also darauf gefaßt, daß sich speziell zwischen 2002 und 2009 jeder Aspekt unseres Lebens grundlegend ändern wird.

Die S-Kurve für den PC und das Internet

Das Prinzip der S-Kurve ist auch auf vollkommen neue Technologien unserer Zeit wie den Personalcomputer oder das Internet anwendbar. Das Internet kam zwar später auf als der PC, entwickelte sich aber dafür umso rasanter. Es erreichte den Schwellenwert von 10 Prozent der städtischen Haushalte erst 1994, als der PC bereits bei ungefähr 50 Prozent lag. Dieselbe Konstellation konnten wir schon 1914 beobachten, als das Auto erst 10 Prozent der städtischen Haushalte erreicht hatte, während das Telefon und der elektrische Strom bereits bei 50 Prozent angelangt waren.

Der erste wirklich nützliche und einfach zu bedienende PC wurde 1977 von Apple eingeführt. Seit den späten Achtzigern halten Computer Einzug in immer mehr Durchschnittshaushalte. 1996 besaßen bereits 40 Prozent der Haushalte einen PC. Prognosen sprechen davon, daß 1998 in jedem zweiten Haushalt ein PC stehen wird. Ich gehe davon aus, daß bereits 2006 der Personalcomputer zu einem weitverbreiteten, alltäglichen Gebrauchsgut wie der Fernseher oder der Kabelanschluß geworden ist und 70-90 Prozent aller Privathaushalte erreicht hat.

Wie im Falle des Autos kurz nach der Jahrhundertwende ist es aber vermutlich angemessener, die S-Kurve für Personalcomputer nur für private Haushalte in Städten und Vorstädten zu bestimmen, die zusammen etwa 70 Prozent der Bevölkerung ausmachen. Dadurch wird ersichtlich, daß 1994 der Gebrauch von PCs im Haushalt die 50-Prozent-Marke überschritt und bis 1996 auf 57 Prozent angestiegen ist. Dasselbe gilt für das Internet. Wenn wir nur städtische Privathaushalte in unsere Berechnungen einbeziehen, liegt die Internet-Nutzung im Zeitraum 1994 bei 10 Prozent. Die Zahlen für Mobiltelefone liegen in der Mitte zwischen denen für den PC und das Internet. Mobiltelefone gibt es in 25 Prozent aller Haushalte, die Zahl erhöht sich aber auf 35 Prozent, wenn wir nur die Städte und Vorstädte berücksichtigen.

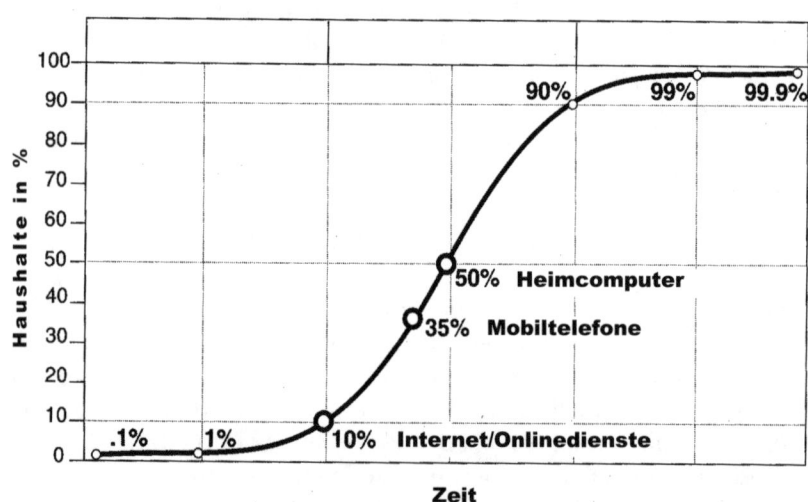

Schautafel 1.11: Die S-Kurve für Heimcomputer und ähnliches in den USA (ländliche Gebiete ausgenommen).

Diese Schautafel zeigt die S-Kurve für Personalcomputer und andere ähnliche Geräte, die die Informationsrevolution vorantreiben. Die Marktdurchdringung von Heimcomputern lag Mitte der neunziger Jahre bei 50 Prozent, die von Mobiltelefonen bei 35 Prozent und die des Internets bei 10 Prozent.

Die Vergangenheit lehrt, daß eine Technologie wahrnehmbare Auswirkungen auf die Konjunktur und die Produktivität hat, sobald sie
eine 50-prozentige Marktdurchdringung erreicht. Dies geschah um
1914 bei der Anbindung der Privathaushalte an das Strom- und Telefonnetz, genau wie 1921 im Falle der Autos. Die S-Kurve für den Personalcomputer zeigt ungefähr den gleichen schnellen Verlauf wie diejenige
für das Telefon und die Elektrizität. Heute stellt mit dem Internet eine
verbraucherorientierte Innovation den Beschleunigungsfaktor dar, der
die Netzwerkrevolution im nächsten Jahrzehnt weiten Teilen der Gesellschaft näherbringen wird. Das Internet dürfte spätestens im Jahr
2010 in 90 Prozent der Haushalte in den Städten und Vorstädten vorgedrungen sein.

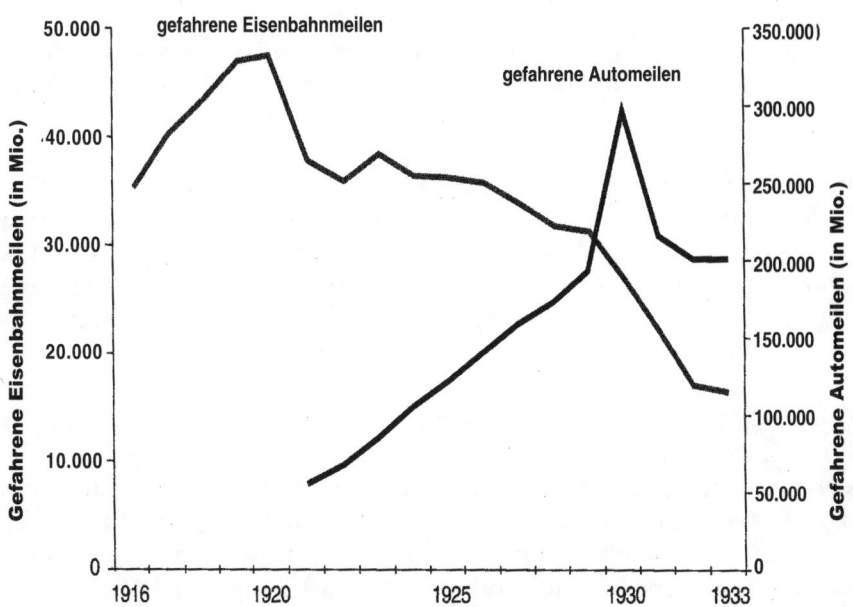

Eisenbahn kontra Auto

Schautafel 1.12: Verkehr – Das Auto überholt die Bahn.
Diese Schautafel zeigt, welche Auswirkungen das Aufkommen des Automobils als jeder-
zeit verfügbares Gebrauchsgut zwischen 1916 und 1933 in den USA hatte. Der Passa-
gierverkehr bei der Eisenbahn verlor trotz des Wirtschaftsbooms an Bedeutung. Das
Schicksal der Eisenbahnen ist kein isoliertes Phänomen. Viele andere etablierte Wirt-
schaftszweige verloren während dieser Jahrzehnte stark an Boden, während neue
Branchen plötzlich riesigen Anteil am wirtschaftlichen Boom erlangten.

PLATZ FÜR NEUES

Die meisten unserer alltäglichen Markenprodukte, Technologien und Fortune-500-Firmen eroberten den breiten Markt in den Goldenen Zwanzigern. Damals wurde ein völlig neues Wirtschaftsmodell eingeführt. Die neue Wirtschaft stand im Zeichen einer Vielfalt von Produkten und Dienstleistungen, die 50 Jahre vorher unbekannt, ja undenkbar gewesen waren. Die eigentliche Grundlage für die Veränderung war jedoch ein neuer Produktions- und Führungsstil. Veraltete Industriezweige und veraltete Praktiken machten gezwungenermaßen Platz für neue Entwicklungen. Beispielsweise verlor die in den Goldenen Zwanzigern bereits in die Jahre gekommene Eisenbahn als Mittel für den Personenverkehr an Bedeutung, während die unverbrauchte Automobilindustrie schwindelerregende Zuwachsraten verzeichnete. Schautafel 1.12 zeigt das Schicksal dieser beiden Industriezweige zu jener Zeit.

Wir können eines aus den Goldenen Zwanzigern lernen: Damit eine neue Wirtschaftsform Platz findet, muß eine alte verschwinden.

Das zwangsläufige Absterben veralteter Industriezweige, Produkte, Dienstleistungen und Geschäftspraktiken erzeugt Verwirrung, Angst und Pessimismus ungeheuren Ausmaßes, wie wir in den letzten beiden Jahrzehnten beobachten konnten. Sogar die größten und solidesten Firmen unterzogen sich einer Umstrukturierung von Grund auf; zahllose Arbeitskräfte wurden entlassen, was oft ein Novum in der Firmengeschichte darstellte und gegen alte Traditionen und erklärte Geschäftsgrundsätze verstieß. Manche der Tätigkeiten, die in Arbeiter- und Angestelltenberufen einst als unverzichtbar galten, werden jetzt von Computern verrichtet oder an Länder der Dritten Welt vergeben. Viele weitere Arbeitsplätze werden in den kommenden Jahrzehnten der Automatisierung zum Opfer fallen. In den siebziger Jahren hatten wir mit den höchsten Inflationsraten in der Geschichte der USA zu kämpfen, und in den neunziger Jahren haben wir es mit dem höchsten Verschuldungsrad aller Zeiten zu tun. Die Grundstücks- und Immobilienpreise in den Vorstädten (wo die meisten von uns leben) sind zum Stillstand gekommen, während die Verkehrsstaus und die Steuerlast stetig zunehmen.

Die sozialen Konsequenzen dieser tiefgreifenden Veränderungen sind bedrückend. Unser Schulsystem versagt, weil die Kassen leer sind und kein Konsens darüber besteht, wie man die Kinder auf die Welt vorbereiten soll, die sie einst von uns erben werden. Private und öffentliche Institutionen einschließlich unserer Regierung (sie vielleicht sogar besonders) bringen keine echten Führungspersönlichkeiten mehr hervor und haben den Respekt der meisten Bürger verloren. Familiäre Beziehungen leiden unter der Last der Veränderungen, und jenes Gemeinschaftsgefühl, das einst Familie, Nachbarn und Freunde einschloß, ist verlorengegangen. Strukturen und Traditionen, auf die sich unsere Großeltern in Zeiten wirtschaftlicher und sozialer Krisen verlassen konnten, existieren nicht mehr. Ein solches Chaos bietet zwar enorme Freiheiten, erzeugt aber gleichzeitig auch schlimme Ängste.

All das sind aber keineswegs Anzeichen für ein Versagen unserer Gesellschaft oder unserer Wirtschaft. Die in der Vergangenheit erfolgreichen Technologien und Institutionen mögen zwar versagen, doch an ihre Stelle treten bessere Entsprechungen. Der Innovationsprozeß ist schmerzhaft – aber nur so können wir unseren Lebensstandard steigern. Wußten Sie beispielsweise, daß während der letzten wirtschaftlichen Revolution – im Zeitraum von 1876, dem Jahr der Erfindung des Telefons, bis heute – das durchschnittliche inflationsbereinigte Familieneinkommen um das Neunfache gestiegen ist? Wußten Sie, daß dies die unmittelbare Folge der Automatisierung der meisten damals existierenden Arbeitsplätze und der Zerstörung der meisten damaligen Firmen und Institutionen war? Glauben Sie, daß der Wandel den Leuten damals besser gefiel als heute? Wohl kaum. Zumindest profitieren wir heute von den mühsam gewonnenen Erkenntnissen der damaligen Generation.

Im letzten Jahrzehnt haben die meisten etablierten Wirtschaftsbeobachter und -wissenschaftler ein sehr trübes Bild der Lage entworfen. Sie sagen voraus, daß die neuen Technologien unseren Lebensstandard und unsere Bewußtseinslage verschlechtern und gleichzeitig Arbeitsplätze vernichten werden, ohne an ihrer Stelle bessere zu schaffen. So etwas ist noch nie in der Geschichte eingetreten und wird auch diesmal nicht eintreten! Wir werden uns aus dem Chaos befreien und uns die enormen Vorteile des größten technologischen, sozialen und wirtschaftlichen Umbruchs aller Zeiten zunutze machen. In den kommenden Jahrzehnten werden sich gute und klar erkennbare Gelegenheiten zu unternehmerischer Kreativität und Expansion sowie zur Verbesserung unseres Lebensstandards ergeben.

DAS INTERNET: DER SCHLÜSSEL ZUR PRODUKTIVITÄTSSTEIGERUNG

Die allgemeine Akzeptanz der Technologie des Internets wird das Potential der neuen Wirtschaft vervielfachen. Die Beobachtungen der letzten Jahre zeigen bereits entsprechende Einflüsse auf den breiten Markt. Neue Industriezweige und Wachstumssegmente alter Industriezweige werden während des kontinuierlichen Aufschwungs bis ins Jahr 2009 – bis also die Baby-Boom-Generation auf ihrem Konsumhöhepunkt angelangt ist – weiterhin massenhaft auf den breiten Markt drängen. Die von ungefähr 2002-2009 anhaltende Hochkonjunktur, die Goldene Jahrtausendwende, wird mit einer Verschiebung von 80 Jahren das Parallelereignis zu den Goldenen Zwanzigern darstellen. Warum? Alle 80 Jahre bewirken extrem innovative, individualistisch ausgerichtete Generationen radikale Neuerungen und sorgen für die Geburt einer neuen Wirtschaft. Zum gleichen Zeitpunkt, zu dem die Vertreter einer solchen Generation die Schlüsselpositionen in Management und Politik besetzen, bringt ihr geballter Konsum die entsprechenden Innovationen weiten Teilen der Gesellschaft näher. Das Ergebnis ist eine Revolution der Arbeitsprozesse, wie sie bei der Einführung der Fließbandfertigung im Jahr 1914 stattfand, und wie sie jetzt in Form der Netzwerkrevolution zu beobachten ist, die seit Mitte der neunziger Jahre eine Erhöhung von Produktivität und Einkommen bewirkt.

Das Internet hat für den jetzt anstehenden Wirtschaftsboom die gleiche Bedeutung, die die Fließbandfertigung für die Goldenen Zwanziger hatte. Es hat eine Schlüsselfunktion bei der Produktivitätssteigerung und wird dem breiten Markt in Windeseile neue Technologien, Produkte und Dienstleistungen zuführen.

In einem Interview mit der Zeitschrift *Wired* im Juli 1996 machte Steve Jobs die treffende Bemerkung: „Man muß sich das Internet wie ein direktes Vertriebssystem vorstellen, bei dem der Produzent unmittelbar mit dem Konsumenten in Kontakt steht." Die weitverbreitete Nutzung des Internets und damit verbundener Technologien wird die Art und Weise, wie wir private und geschäftliche Angelegenheiten regeln, einem grundsätzlichen Wandel unterziehen. Das Internet wird die kostspielige Vielzahl von Stationen in den Bereichen Verwaltung, Marketing und Vertrieb in sich vereinigen, genau wie damals die Fließbandproduktion die Fertigungskosten drastisch reduzierte. Elektronische Kommunikation und elektronischer Handelsverkehr werden es den Firmen erlauben, maßgeschneiderte Produkte und Dienstleistungen anzubieten, die genauso viel kosten wie heute die Massenprodukte. Kundenspezifische Güter und Dienstleistungen, einst wenigen vorbehalten, werden für den durchschnittlichen Konsumenten immer erschwinglicher werden. Infolgedessen werden die Konsumenten bessere Produkte zu niedrigeren Preisen erhalten, denn die Firmen werden in der Lage sein, auf Kundenwünsche einzugehen und gleichzeitig Kosten zu sparen.

FIRMEN, DIE MAN SICH MERKEN MUSS

David Birch von der in Framingham in Massachussetts ansässigen Firma Cognetics hat die Veränderungen der letzten Jahrzehnte im Hinblick auf Wachstum und Arbeitsplätze genauestens dokumentiert. Zwi-

schen 1990 und 1994 schufen wachstumsstarke Klein- und Mittelbe-
triebe (das heißt, solche mit einer jährlichen Wachstumsrate von mindestens 20 Prozent) in den USA fünf Millionen neue Arbeitsplätze. Zur
gleichen Zeit schuf die gesamte US-Wirtschaft lediglich 4,2 Millionen
neue Stellen. Ein Fall von Zahlenverdrehung? Keineswegs. Alle amerikanischen Firmen zusammen – von den Fortune-500-Firmen bis zu den
kleinsten Familienunternehmen, aber mit Ausnahme der obengenann-
ten wachstumsstarken „Gazellen" beziehungsweise neuen Wachstumsunternehmen – waren unter dem Strich für einen Verlust von 800 000
Arbeitsplätzen verantwortlich. Zwischen 1991 und 1995 kreierten die
„Gazellen" 80 Prozent der neuen Arbeitsplätze, die übrigen Firmen nur
20 Prozent. Deshalb ist die auch eine Verschlankung der Industrieriesen
keineswegs der Schlüssel zur wirtschaftlichen Gesundung der USA. Die
neue Wirtschaft schafft bereits mehr Arbeitsplätze, als die alte wegratio-
nalisiert.

David Birch bezeichnet diejenigen Firmen als „Gazellen", die den
größten Wirtschaftsboom aller Zeiten auslösen werden. Diese Firmen
werden ihre Technologien, Produkte und Dienstleistungen im kommenden Jahrzehnt auf dem breiten Markt anbieten. Ein Teil dieser Unternehmen wie zum Beispiel Microsoft oder Starbucks Coffee werden eines
Tages zu den Fortune-500-Firmen gehören. Einige große und etablierte
Unternehmen, die radikale Veränderungen in ihrer Organisations-, Ar-
beits- und Führungsstruktur vornehmen, können vielleicht neue
Wachstumsmärkte erobern. Die am besten geführten älteren Firmen wie
McDonald's, Coca-Cola, Gillette und General Electric, die über starke
und ausgereifte Produkte oder Dienstleistungen verfügen, werden ihr
Wachstum durch die aggressive Eroberung von Märkten in Entwick-
lungsländern fortsetzen.

Die „Gazellen" sind diejenigen Firmen, die Sie beobachten, für die Sie
arbeiten und in die Sie investieren sollten. Es handelt sich um jene drei
Prozent der Unternehmenslandschaft, die sich im letzten Jahrzehnt so
prächtig entwickelt haben, sowie um Firmen wie General Electric, Coca-
Cola und Gillette, deren altbewährte Produkten neue, aufnahmefähige
Märkte auf der ganzen Welt beherrschen.

Eine neue Wirtschaft bedeutet auch neue Technologien, neue Wachstumsunternehmen, neue Berufschancen, neue öffentliche Einrichtungen, neue Lebensstile und neue Gebiete, in denen die Immobilienpreise
explodieren. Wir können nicht einfach unsere veralteten Arbeitsplätze
beibehalten und immer härter arbeiten. Wir können nicht ständig veraltete Organisationen umstrukturieren. Wir können nicht ständig die gleichen Wertsteigerungsraten wie früher erwarten, wenn wir nur ab und
zu unsere Häuser in den Vorstädten renovieren.

Statt dessen müssen wir uns daran gewöhnen, uns in persönlicher wie gesellschaftlicher Hinsicht zu verändern. Wir müssen diejenigen Unternehmen ausmachen, die sich bereits jetzt die während der Geburtsphase der neuen Wirtschaft vorhandenen, außerordentlichen Möglichkeiten zunutze machen, und dann mit diesen Firmen zusammen zur Goldenen Jahrtausendwende aufbrechen. Während dieses Umbruchs werden vor allem weitsichtige Unternehmer und Führungskräfte an vorderster Front zu finden sein, nicht Institutionen, Komitees und Bürokraten.

DIE NEUE NETZWERKORGANISATION

Vor 80 Jahren bewirkte das erste Fließbandproduktionssystem eine Produktivitätsrevolution. Die damalige produktionsbezogene Wirtschaft war hierarchisch strukturiert und funktionierte nach dem System von Befehlserteilung und Kontrolle. Den Angestellten wurde gesagt, wie sie zu arbeiten hatten, und den Konsumenten wurde gesagt, was sie zu kaufen hatten. Standardisierte Produkte und Dienstleistungen konnten daher zu immer niedrigeren Preisen angeboten werden. Millionen vor allem ungelernter Arbeiter wechselten von der Landwirtschaft in die Fabrik. In einer solchen Wirtschaft standen wertvolle Informationen nur einigen wenigen, hochgebildeten Leuten an der Spitze zur Verfügung.

In unserer Zeit wird die Welt täglich ein Stück komplexer. Gut informierte Konsumenten erwarten Auswahl und persönlichen Service. Technologien werden immer schnelllebiger. Die Firmen, die effizient auf solche Anforderungen reagieren können, sind diejenigen, die wie das Internet buchstäblich vom Kunden ausgehen und nicht von einer vertikalen Hierarchie, wie es traditionelle Verwaltungsapparate tun. Das Netzwerkprinzip – und nicht die Fließbandfertigung – wird den nächsten von Produktivität und wirtschaftlichem Fortschritt geprägten 80-Jahres-Zyklus bestimmen. Firmen, die ihre alten Organisationsstrukturen beibehalten, werden einfach nicht schnell genug reagieren können, wie sehr sie ihre Bürokratie auch verschlanken. Netzwerkorganisationen kennen keine schwerfällige Bürokratie. In solchen Systemen wird besonderer Wert darauf gelegt, daß kundenspezifische Informationen, Güter und Dienstleistungen sofort dort verfügbar sind, wo Bedarf besteht. Das neuartige Netzwerkmodell bedeutet einen umfassenden Wandel der bisherigen Unternehmensstrukturen und Arbeitsweisen – und dies wird die Rolle jedes Einzelnen innerhalb der Organisation verändern.

Das Internet zeigt die neuartigen Netzwerkstrukturen

Das Internet demonstriert das Netzwerkprinzip in seiner reinsten Form, wenn auch in einem chaotischen Anfangsstadium. Hier eine gute Frage für alle Manager, die ihre Firmen umstrukturieren, aber an der vertikalen Hierarchie festhalten wollen: „Wo sitzt eigentlich das Management des Internets?" Ist das nicht eine gute Frage? Haben Sie je den Vorstandsvorsitzenden des Internets gesehen? Gibt es einen Verwaltungsrat, der Entscheidungen trifft? Die Antwort muß selbstverständlich lauten, daß die Endverbraucher auch die Betreiber des Internets sind. Das Internet geht vom Kunden aus und ist nicht vertikal strukturiert. Es wächst und verändert sich so schnell, daß sogar die flexibelsten High-Tech-Firmen Mühe haben, Schritt zu halten. In Teil III werde ich aufzeigen, wie das Netzwerkprinzip – und dabei geht es um die Nutzung menschlicher Fähigkeiten, nicht etwa nur um Computer – zum Schlüssel für eine Produktivitätsexplosion wird und die neue Wirtschaft ankurbelt, so daß sie kundenspezifische Güter und Dienstleistungen schon bald für jedermann erschwinglich anbietet. Umstrukturierung ist keinesfalls der wegweisende Trend in unserer Wirtschaft, sondern das letzte Aufleben alter hierarchischer Strategien in einer Welt, die sich so rasch wandelt, daß sich solche Strategien nur als unzulänglich erweisen können.

Die Finanzmärkte können sich von heute auf morgen wandeln, warum nicht auch unsere Unternehmen?

Ein weit besseres Beispiel für die Fähigkeit von Netzwerkstrukturen, sich zu erweitern, sich anzupassen und schnell zu reagieren, sind die Finanzmärkte. Jede Ware, jede Aktie oder Schuldverschreibung, jeder Investmentfonds, jeder Terminkontrakt, alles Bargeld und alle Devisen haben zu jedem Zeitpunkt des Tages in den meisten Ländern der Erde einen bestimmten Preis. Welch phänomenales Beispiel für Anpassungs- und Reaktionsfähigkeit! Glauben Sie, daß ein Komitee mit den besten Finanzexperten dies auch nur annähernd leisten könnte? Oder würden diese bereits in den ersten zwei Sekunden nach Börseneröffnung zwei Monate hinterherhinken? Eines steht fest: Vertikale Hierarchien werden mit Komplexität, Anpassungsfähigkeit und schnellem Wandel nicht fertig.

Wo sitzt das Management der New York Stock Exchange? Wir sehen doch eigentlich nur, daß jemand morgens um 9:30 Uhr amerikanischer Ostküstenzeit angerannt kommt, die Eröffnungsglocke betätigt und sich dann ganz schnell wieder aus dem Staub macht! Wer lenkt eigentlich die

Finanzmärkte? Sie stellen die Macht der kollektiven Intelligenz aller Investoren der Welt dar – von Millionen und Abermillionen von Menschen, die zu ihrem eigenen Gewinn kaufen und verkaufen. Echtzeit-Informationssysteme ermöglichen es uns, einen Preis festzulegen und ihn fast im selben Augenblick auf dem Fernseh- oder Computerbildschirm zu sehen. Vernünftig angelegt können nichtlineare Netzwerksysteme besondere Kundenwünsche, Komplexität und schnellen Wandel ganz leicht bewältigen. Auf jeden Fall gehen sie letzten Endes vom Kunden, Benutzer, Investor oder Bürger aus. Hierin liegt die wahre Zukunft, die wahre Revolution, die erst noch kommen wird. Der Versuch, wirtschaftlichen und gesellschaftlichen Wandel mit Hilfe der Fließband- oder der Umstrukturierungsmethode zu bewirken, wird immer aussichtsloser und frustrierender werden. Im nächsten Jahrzehnt werden nämlich die meisten Konsumenten online gehen und damit zu Unterstützern des Netzwerkprinzips werden. Die unmittelbar bevorstehende Goldene Jahrtausendwende wird eine explosionsartige Ausweitung der Informationsrevolution mit sich bringen.

ZUSAMMENFASSUNG

Unsere Arbeitsplätze wie auch unsere Wohn- und Lebensbedingungen werden sich bald stärker verändern als je zuvor in unserer Geschichte. Die Gelegenheiten für Investoren und Unternehmer werden günstig wie nie sein; auch der Immobilienmarkt wird ausgezeichnete Investitionen zulassen. Wer Weitblick beweist und sich auf den Wandel einstellt, statt ihn zu fürchten, wird aus einer ganzen Reihe von qualitativ hochwertigen Lebensstilen auswählen können. Es wird Zeit, unsere Sicht der Zukunft zu ändern und uns über folgende Dinge Gedanken zu machen: die Regelung der persönlichen Finanzen, die Kapitalanlage, den Aufbau und die Führung der Firma, den Dienst am Kunden, den Wohnort, das eigene Konsumverhalten und die Kommunikation mit Familie, Freunden und Geschäftspartnern.

KAPITEL 2:
Wie neue Generationen wirtschaftliche Revolutionen vorantreiben

Die Besorgnis, die uns angesichts der Revolution erfaßt, die sich um uns herum abspielt, erzeugt ein nostalgisches Verlangen nach der guten alten Zeit. Entspringt dieses Gefühl aus Naivität? Wie gut war eigentlich die gute alte Zeit? Um die Bedeutung der etwa alle 80 Jahre stattfindenden wirtschaftlichen Revolutionen einschätzen zu können, wollen wir einen realistischen Blick auf die Zeit vor der Fließbandrevolution und dem Aufkommen des Automobils werfen.

DIE GUTE ALTE ZEIT?

In den neunziger Jahren des letzten Jahrhunderts war Amerika vor allem eine Nation von um ihre Existenz kämpfenden Landwirten, Hausbediensteten, Ladenbesitzern, Fallenstellern und Bergleuten. Die meisten Amerikaner verrichteten 60-80 Stunden schwere körperliche Arbeit pro Woche. Komfortable Büros, Kündigungsschutz, Menschenrechte, Krankenversicherung und Altersvorsorge waren weithin unbekannt. Geistige Arbeit war die Ausnahme, nicht etwa die Regel. Wer würde sich heute für solche Tätigkeiten interessieren?

Fast die Hälfte der amerikanischen Bevölkerung – genauer gesagt 43 Prozent – war mit der Produktion der notwendigen Nahrungsmittel beschäftigt. Heute sind es nur noch 1,9 Prozent, und die Zahl sinkt weiter. Das ist ein enormer Produktivitätszuwachs! Noch in den vierziger Jahren unseres Jahrhunderts waren 40 Prozent der arbeitenden Bevölkerung in Fabriken beschäftigt. Heute liegt der Anteil der Fabrikbeschäftigten bei 15 Prozent und wird immer geringer.

Amerika war in den neunziger Jahren des vergangenen Jahrhunderts keine gebildete Nation. Zwei Prozent der Bevölkerung studierten an einer Universität und 14 Prozent besuchten eine Sekundarschule. Die meisten Kinder begannen nach Erreichen der Pubertät sofort mit der Arbeit auf der Farm. Die meisten Leute hätten nicht einmal die Tätigkeiten eines einfachen Büroangestellten erledigen können, ganz zu schweigen von komplexeren technischen oder akademischen Berufen oder Führungsaufgaben in der Wirtschaft, die ja alle jeweils die linke Hirnhälfte beanspruchen.

In den neunziger Jahren des vergangenen Jahrhunderts standen den Amerikanern nur wenige der Annehmlichkeiten zur Verfügung, die das moderne Leben komfortabel machen. Es gab weder Autos noch geteerte Straßen, auf denen man an jeden gewünschten Ort hätte fahren können. Es gab kein Telefon, mit dessen Hilfe man mit Familie, Freunden und Bekannten in Kontakt hätte bleiben können. Wir hatten keine Kanalisation und keine Elektrizität, die Licht, Haushaltsgeräte, Fernseher, Stereoanlagen oder Elektrowerkzeuge hätte betreiben können. Es gab kein Kino, kein Radio und kein Fernsehen. Es gab weder Klimaanlagen noch Hochhäuser. Es gab weder Kunstfasern noch Plastik. Es gab keine Propeller- oder Düsenflugzeuge, mit denen man in der Welt umherfliegen hätte können. Es gab nicht die Auswahl an eingemachten, gefrorenen und fertig zubereiteten Nahrungsmitteln, die die Regale heutiger Supermärkte füllen, und auch keine Schnellrestaurants, Kaufhäuser oder Einkaufszentren. Wir lebten nicht in Vorstädten. Es fehlte selbst an einer ganzen Reihe alltäglicher Dinge, angefangen bei Aspirin, über Rasierklingen, Teebeutel und Eiscreme bis hin zu Coca-Cola. Leben ohne Coca-Cola? Wenigstens gab es Whisky und Bier!

Wenn also das beschauliche Landleben vor einem Jahrhundert so ein Vergnügen war, weshalb verließen dann die Menschen eiligst ihre Farmen und zogen, als es Arbeit in den Fabriken gab, in die Stadt, so wie es die Menschen heute in China und in anderen Schwellenländern tun? Sogar die wenigen Farmer, die es heute noch in Amerika gibt, haben die gute, alte Zeit längst hinter sich gelassen. Heute sind Farmer oft recht wohlhabende Großunternehmer, bringen die Ernte in großen, klimatisierten Mähdreschern ein, die Stereoanlagen mit acht Lautsprechern haben, und greifen über ihre tragbaren Computer auf ein satellitengestütztes, globales Positionierungssystem zu, um ihre Aussaat und Ernte bis zum letzten Quadratzentimeter zu analysieren.

In Wahrheit war der amerikanische Lebensstandard in den neunziger Jahren des vergangenen Jahrhunderts eher mit dem des heutigen Mexiko vergleichbar. Der vielleicht beste Anhaltspunkt für die Bestimmung des Lebensstandards ist die Tatsache, daß wir heute ein viel längeres und gesünderes Leben führen. Im letzten Jahrzehnt des 19. Jahrhunderts lag die durchschnittliche Lebenserwartung bei ungefähr 45 Jahren. Jahrhundertelang hatte die Lebenserwartung sogar bei etwa 35 Jahren gelegen, bis sie um 1820 anzusteigen begann. Mitte bis Ende der siebziger Jahre war es dann soweit: Innerhalb von etwas mehr als einem Jahrhundert hat sich unsere Lebenserwartung mehr als verdoppelt – und sie steigt immer noch!

PESSIMISMUS: DIE VORHERSEHBARE REAKTION

Wenn ein Zukunftsforscher um die Jahrhundertwende die Technologien vorhergesagt hätte, die unseren heutigen Lebensstandard ermöglichen sollten, hätte man ihn für verrückt erklärt – so sehr unterscheidet sich unsere Welt heute von der Welt vor einem Jahrhundert. Sogar noch zur Zeit des 1. Weltkriegs war fast alles, was wir heute als selbstverständlich betrachten, für die meisten Leute unerschwinglich. Aber anstatt uns das Beste vorzustellen, malen wir uns immer das Schlimmste aus.

Während des 1. Weltkrieges und unmittelbar danach herrschte Pessimismus – und dann kamen die Goldenen Zwanziger. Während der Weltwirtschaftskrise und des 2. Weltkriegs herrschte Pessimismus – und dann kam der wirtschaftliche Aufschwung der fünfziger und sechziger Jahre. In den frühen siebziger Jahren deutete sich an, was wir nun seit zwei Jahrzehnten verfolgen können: Die Verbesserung unseres Lebensstandards verlangsamte sich. Während der Rezession von 1990-1991 gewann der Pessimismus erneut die Oberhand. Die Bestsellerliste der *New York Times* war voll von Büchern mit düsteren Zukunftsprognosen. Die Wirtschaft und vor allem die Aktienmärkte erleben seither einen Boom.

Wenn alles, was uns so vertraut ist, sich plötzlich ändert oder verschwindet, dann blicken wir voller Furcht und Sorge in die Zukunft. Deshalb waren die meisten Menschen – einschließlich der Experten – in den vergangenen Jahren so pessimistisch eingestellt. Aus unserer eigenen Geschichte lernen wir aber, daß wir uns an der Schwelle zu einer neuen Wirtschaft befinden – die Pessimisten lagen falsch. Der Aktienmarkt hat schon vor vielen Jahren begriffen, was den Wirtschaftsexperten noch verborgen geblieben ist.

In den letzten beiden Jahrzehnten passierte genau dasselbe, was sich vor 80 Jahren schon einmal ereignet hatte: Eine alte Wirtschaft und ihre Produkte, Dienstleistungen, Technologien und Produktionsmethoden haben das Reifestadium erreicht, während die neue Wirtschaft noch nicht voll entwickelt ist. Doch der nächste Aufschwung wird durch das Wachstum der neuen Wirtschaft und nicht durch die Umstrukturierung der alten ausgelöst. Obwohl es natürlich alarmierend ist, wenn AT&T oder U.S. Steel weitere Massenentlassungen ankündigen, ist eine solche Verlagerung für die Zukunft der Wirtschaft jedoch nicht von Bedeutung. Diese reifen Industriezweige leisten einfach nicht denselben Beitrag zum Gesamtwohlstand wie einst. In der Zukunft wird ihr Einfluß weiter abnehmen.

Nach der kurzzeitigen Verlangsamung des Wirtschaftswachstums zwischen Ende 1994 und Anfang 1997 dürften wir ab Ende 1997 wieder einen stärkeren Konjunkturaufschwung erleben. Es wird ein gesunder Aufschwung sein, dem jedoch die Asienkrise, die Spannungen mit dem Irak und ein kurzfristiger leichter Anstieg der Inflation zu schaffen machen werden. Aber wie ich bereits im Abschnitt über die Konsumwelle erwähnte, steht uns 2002-2003 noch stärkeres Wachstum ins Haus.

Wir haben uns bisher damit beschäftigt, wie die Verbreitung neuer Technologien auf dem breiten Markt und der Höhepunkt des Konsumverhaltens neuer Generationen plötzlich für die Geburt einer neuen Wirtschaft sorgen – ganz so, wie dies in den Goldenen Zwanzigern der Fall war. In diesem Kapitel werde ich zeigen, wie vorhersagbar dieser Prozeß ist, wie er von einer unternehmerisch geprägten Generation vorangetrieben wird, die etwa alle 80 Jahre oder alle zwei Generationen auftritt, und wie die Informationsrevolution im nächsten Jahrzehnt noch viel schneller auf den breiten Markt übergreifen wird.

ABWECHSELNDE GENERATIONSZYKLEN

Generationen schwanken zwischen zwei Extremen: einer individualistischen, unternehmerischen und selbstbezogenen Generation einerseits und einer konformistisch, sozial und nach außen hin orientierten andererseits. Dieser Zyklus wurde in dem Buch *Generations* und dessen Fortsetzung, *The Forth Turning*, detailliert beschrieben. Die Autoren Strauss und Howe stellten heraus, daß jede nachrückende Generation während ihrer rebellischen Jugendjahre auf die Eigenschaften der vorhergehenden reagiert, und daß sich deswegen der Charakter jeder Generation so extrem von dem der vorherigen unterscheidet und die Intensität des Generationskonflikts schwankt, der zwischen Eltern und Kindern zwangsläufig existiert. Bei diesem Konflikt geht es nicht nur um einen Altersunterschied, sondern um Charaktereigenschaften, Perspektiven, Werte und die gesamte Einstellung zum Leben. Zeitumstände und Umwelteinflüsse prägen eine Generation.

Die Bedeutung diese Phänomens für die Wirtschaft ist überaus groß und hat zahlreiche praktische Auswirkungen. Individualistisch und unternehmerisch geprägte Generationen führen radikal neue Technologien, Wirtschaftsformen und soziale Trends ein. Die konformistischen Generationen, wie die Bob-Hope-Generation des 2. Weltkriegs, bringen die innovativen Produkte auf den breiten Markt, machen sie erschwinglich für den Durchschnittsverbraucher und sättigen so den Markt, bis einem steigenden Wachstum und steigender Produktivität immer weniger Erträge gegenüberstehen. Die Folge ist, daß enorm viele innovative Produkte und Technologien nötig sind, um Wachstum und Fortschritt neu zu stimulieren.

Es dauert allerdings einige Jahrzehnte, bis solche Innovationen in die breite Wirtschaft integriert werden und die nächste Produktivitätsrevolution auslösen können. Zwischenzeitlich nimmt die Produktivität der alten Wirtschaft ab, da Firmen Arbeitsplätze abbauen, Industriezweige konsolidieren und die neuen, innovativen Unternehmen noch nicht die Rolle der alten übernehmen können. Die Wirrungen dieses Übergangs vom Alten zum Neuen lassen alles noch chaotischer erscheinen, genau wie wir dies in den letzten Jahrzehnten beobachten konnten.

Die individualistisch ausgerichtete Baby-Boom-Generation, die unsere Wirtschaft heute dominiert, befindet sich wie die Henry-Ford-Generation, die die Anfangsjahre des 20. Jahrhunderts bis zu den Goldenen Zwanzigern dominierte, mitten in der Experimentierphase, aus der schließlich die neue Wirtschaft hervorgehen wird. Die Geburt einer neuen Wirtschaft ist immer eine „unsaubere" Angelegenheit, genau wie eine menschliche Geburt. Dies ist zugleich einer der Gründe, weshalb innovative Generationen ihren konformistischen Eltern immer ein wenig verrückt, genußsüchtig und rücksichtslos erscheinen.

Wir stellen also fest, daß sich alle zwei Generationen eine neue Wirtschaft herausbildet. Die erste Generation besteht aus Unternehmertypen und Innovatoren, die neue Industriezweige erschaffen. Die zweite Generation besteht aus denen, die Institutionen gründen und das Heranreifen innovativer Industriezweige systematisch fördern, bis diese den Massenmarkt vollkommen durchdrungen haben. Die Rollen und die Charakterzüge der beiden Generationstypen sind stark unterschiedlich – und sie sollen es auch sein.

Es entsteht eine für die Wirtschaft sehr fruchtbare Dynamik, die aber für diejenigen schwer zu bewältigen ist, die sich auf beiden Seiten der Konfliktlinie gegenüberstehen. Solche Generationen zeigen kein gegenseitiges Verständnis und respektieren auch nicht die Werte der jeweils anderen. Insbesondere liefert diese Dynamik die Erklärung dafür, daß konformistische Generationen, die in die Jahre kommen, immer glauben, die Welt neige sich dem Ende zu. Sie sehen jeden Teilaspekt ihres perfekten Weltbildes, das den Fernsehserien der fünfziger und sechziger Jahre entstammen könnte, angegriffen und bedroht: moralische Werte, Institutionen, Unternehmensführungsstile und Arbeitsmethoden.

DIE GENERATIONSWELLE: DREI PHASEN EINER WIRTSCHAFTLICHEN REVOLUTION

Alle 80 Jahre führt eine neue, unternehmerisch geprägte Generation in einem vorhersagbaren, dreistufigen Prozeß eine Reihe neuer Technologien, sozialer Tendenzen und Industriezweige ein. Die sich daraus ergebenden Wellen sind in Schautafel 2.1 abgebildet. Es sind dies die Innovationswelle, die Konsumwelle und die Leistungswelle.

Die erste Stufe – die der Innovationswelle – ist erreicht, wenn die neue Generation auf den Arbeitsmarkt gelangt. Junge Leute sind die Erneuerer der Gesellschaft. Wenn sie erwerbstätig werden und zu neuen Verbrauchern und neuen Arbeitskräften werden, bringen sie radikale Veränderungen mit sich, die Technologien, soziale Werte und Verbrauchertrends betreffen. Solche unternehmerisch geprägten Generationen brechen mit alten Traditionen, da sie vor ihnen keinen Respekt haben. Im Gegenteil: Sie experimentieren mit neuen Ansätzen – und das oft leichtfertig. Stellen Sie sich einmal vor, Sie wären die Eltern von Orville und Wilbur Wright, und ihre Kinder befänden sich im Garten und versuchten, zu fliegen! Was würden Sie davon halten? Und dennoch wissen wir, daß die einzige Möglichkeit, für Innovation zu sorgen, bedeutet, daß man in einem chaotischen Prozeß so lang experimentiert, bis ein Durchbruch erfolgt!

Das heißt aber nicht, daß die Mitglieder einer konformistischen Generation keine Innovationen zustande brächten. In der Tat schaffen auch sie Neues, besonders in ihrer Jugendzeit, aber die von ihnen eingeführten Innovationen sind normalerweise auf Wachstum ausgerichtet. Die

Die Generationswelle

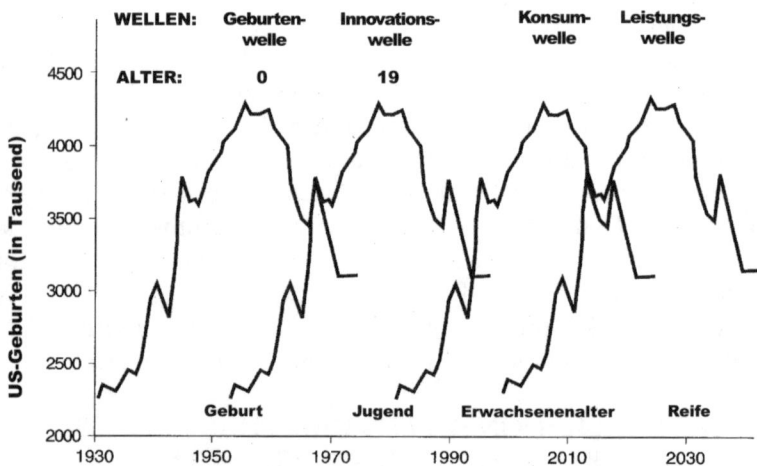

Schautafel 2.1: Die Generationswelle.
Diese Schautafel zeigt die drei vorhersagbaren Wellen des Innovationsprozesses, der sich vollzieht, wenn eine unternehmerisch geprägte Generation neue Technologien, Industriezweige und soziale Trends begründet.

konformistische Generation sorgt für die Erweiterung der Industriezweige und Technologien der vorherigen Generation, ohne diese aber in
völlig neue Bahnen zu lenken. Auf diese Weise werden die besten Ideen
der radikalen Generation verbessert, indem für die weite Verbreitung
und Popularität dieser Ideen gesorgt wird.

Zum Beispiel brachte die letzte unternehmerisch geprägte Generation,
die Henry-Ford-Generation, nie dagewesene Produkte und Dienstleistungen in die Wirtschaft ein: Autos, Elektrizität, Telefone, Flugzeuge,
Kino, Coca-Cola und Aspirin, um nur einige zu nennen. Die nachfolgende Bob-Hope-Generation führte dann den Düsenantrieb ein und ver-
kürzte so die Flugzeiten. Man entwickelte Bremskraftverstärker, Servolenkung und Automatikgetriebe und machte Autos damit komfortabler
und einfacher bedienbar. Man führte neuartige Haushaltsgeräte ein, wie
beispielsweise Fernseher, Waschmaschinen, Wäschetrockner und Ge-
schirrspülmaschinen. Das waren wichtige Ergänzungen innovativer Produkte, die die Flugzeugbau-, Automobil-, und Haushaltsgerätebranche
ausbauten und ihnen noch mehr Anteile am breiten Markt erschlossen.

DIE LETZTE WIRTSCHAFTLICHE REVOLUTION:
DIE HENRY-FORD-GENERATION

Wir können den enormen Anstieg unseres Lebensstandards im Verlauf der beiden letzten Generationen ganz klar auf die radikalen Neuerungen der Henry-Ford-Generation zurückführen. Denn die meisten
unserer modernen Produkte, Dienstleistungen und Annehmlichkeiten –
also der Dinge, die wir heute als selbstverständlich ansehen – kamen
erst während dieser letzten Revolution auf. Aber unser Lebensstandard
ist seit der Erfindung des Telefons inflationsbereinigt um das Neunfache
gestiegen.

Lassen Sie uns diese wirtschaftliche Revolution einmal näher betrachten. Wir werden feststellen, daß sie auf vorhersagbare Weise in drei
Stufen verlief:

- Die Innovationswelle, in deren Verlauf neue Produkte und Dienstleistungen die Nischenmärkte erobern.
- Die Konsumwelle, in deren Verlauf die Wirtschaft boomt und das
Rennen um die Vorherrschaft in neuen, aufstrebenden Industriezweigen stärker entbrennt.
- Die Leistungswelle, in deren Verlauf organisatorische Veränderungen und eine Revolution am Arbeitsplatz die beherrschende Position der neuen Wirtschaft sichern und einen Produktivitätsschub
auslösen.

Die Innovationswelle: Eine neue Wirtschaft dominiert die Nischenmärkte.

In der Zeit zwischen der Erfindung des Telefons im Jahr 1876 und der Premiere des Ford-Model T im Jahr 1907 gab es einen Innovationsschub, in dessen Verlauf die meisten unserer Fortune-500-Firmen gegründet wurden und die durch einen hohen Wiedererkennungswert gekennzeichneten alltäglichen Markenprodukte und Dienstleistungen aufkamen. Die Schautafel 2.2 gibt einen groben Überblick über solche Firmen und Markennamen. Sie ist dem Buch *Entrepreneurs* entnommen, das die Geschichte der großen Konzerne bis zurück zu ihren Ursprüngen als innovative Betriebe nachzeichnet. Der Höhepunkt der Innovationen war ungefähr um die Jahrhundertwende erreicht – und damit etwa 80 Jahre vor dem Höhepunkt des unglaublichen Anstiegs der Zahl von Firmengründungen und Börsengängen in den späten siebziger und frühen achtziger Jahren, in dessen Verlauf der Grundstein für viele der

Entstehung der Markennamen

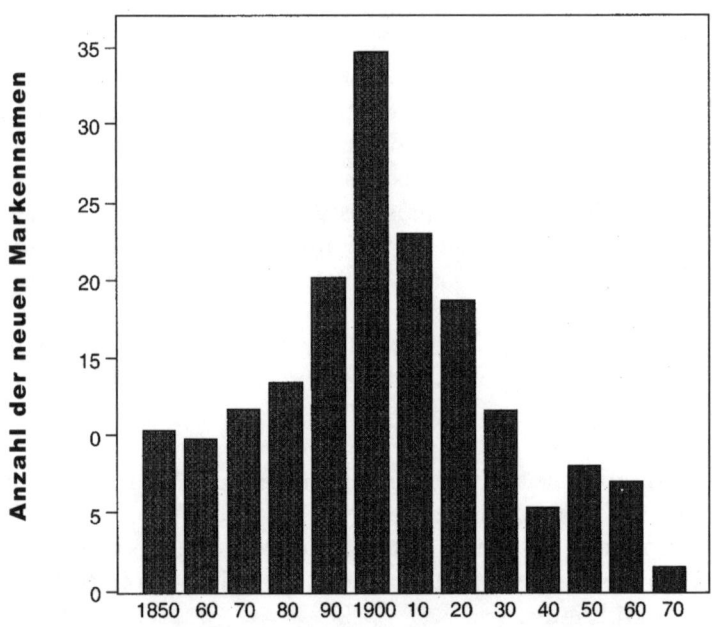

Schautafel 2.2: Die Geburt der heute alltäglichen Markennamen.
Diese Schautafel gibt einen groben Überblick über die US-Firmen und deren Markennamen, deren Ursprung bis zur innovativen Henry-Ford-Generation zurückverfolgt werden kann. (Quelle: „Entrepreneurs" von Joseph und Suzy Fuchini.)

Firmen gelegt wurde, die heute der Motor der neuen Wirtschaft sind. Um die Jahrhundertwende traten auch die meisten Angehörigen der Henry-Ford-Generation ins Berufsleben ein.

Im letzten Kapitel führte ich als spezifisches Beispiel den S-Kurven-Verlauf für die Automobilindustrie an. Das Auto gewann sprunghaft an Popularität und entwickelte sich nach dem 1. Weltkrieg und den Goldenen Zwanzigern zu einem ganz alltäglichen Produkt. Nun stellen Sie sich einmal vor, wie all die zahlreichen innovativen Produkte, Dienstleistungen und Industriezweige – vom Auto bis zum Telefon, vom Elektromotor über Haushaltsgeräte bis zum Kinofilm und der Kamera, vom Wolkenkratzer bis zum fließenden Wasser – von den Anfangsjahren unseres Jahrhunderts bis zu den Goldenen Zwanzigern auf einer ähnlichen S-Kurve Einzug in unsere Volkswirtschaft hielten. Stellen Sie sich vor, wie sie plötzlich für den durchschnittlichen Verbraucher erschwinglich wurden und ein Konsumfieber auslösten. Auf diese Weise können ungefähr drei Prozent der Firmen eine wirtschaftliche Hochkonjunktur herbeiführen – und die Verluste, die durch immer schneller schrumpfende alte Industriezweige erzeugt werden, mehr als kompensieren. Genau das passierte in den Goldenen Zwanzigern, und heute, achtzig Jahre später, stehen wir gerade vor dem nächsten Ereignis dieser Art.

Die Konsumwelle: Das Rennen um die Vorherrschaft in aufstrebenden Industriezweigen belebt den wirtschaftlichen Aufschwung.

In Kapitel 1 sahen wir, wie die Wirtschaft boomt, wenn eine neue Generation mit der Familiengründung beginnt und anfängt, mehr von ihrem Einkommen auszugeben. Das wichtigste Ergebnis, das wir festhalten, ist demnach folgendes: Die Konsumkraft der neuen Generation sorgt dafür, daß neue Technologien, Produkte und Industriezweige von den Nischenmärkten auf den breiten Markt übergreifen. Produkte, die einst nur für den wohlhabendsten Teil einer neuen Generation – heute würde man sie Yuppies nennen – erschwinglich waren, werden für den durchschnittlichen Verbraucher zugänglich. Das Prestige, das diese innovativen Produkte durch ihre Präsenz auf den Nischenmärkten erworben haben, macht sie begehrenswert. Die Verringerung der Produktionskosten durch den Einsatz neuer Technologien macht sie erschwinglich.

Die Entwicklungen, die dem Auto und vielen anderen neuen Produkten während der ersten Jahrzehnte unseres Jahrhunderts widerfuhren, entsprachen ganz klar diesem Muster, das seinen Höhepunkt in den Goldenen Zwanzigern erreichte. Die Konsumwelle der Henry-Ford-Generation, die den heutigen Fortune-500-Firmen und den heute weitverbreiteten Produkten die Durchdringung des breiten Marktes ermöglichte, dauerte von etwa 1900-1929. Während neue Produkte und Dienstleistungen sich auf dem breiten Markt durchsetzten, kämpfen die Firmen um die Vorherrschaft in den jeweiligen Branchen. Je stärker ein führendes Unternehmen wächst, desto mehr genießt es größenbedingte Kostenrentabilitätsvorteile und den durch den Markennamen entstehenden Wettbewerbsvorsprung. Damit wird es für die Firmen aus dem Randbereich unmöglich, im Wettbewerb zu bestehen. Nachdem die Konsumwelle ihren Höhepunkt erreicht hat, fegt der wirtschaftliche Abschwung auch noch die letzten übriggebliebenen, wenig leistungsfähigen Wettbewerber hinweg.

Lassen Sie mich zur Autoindustrie zurückkehren, um zu zeigen, wie der Kampf um die Marktvorherrschaft einen ganz anderen Ausgang nahm, als von den meisten Experten vorhergesagt worden war. Ford dominierte die Innovationswelle in der Autobranche und entwickelte 1907 den Model T, das erste Auto, das aus genormten Einzelteilen hergestellt wurde. 1914 führte Ford die erste Fabrik ein, in der erfolgreich am Fließband produziert wurde. Noch 1921, als längst die Konsumwelle angebrochen war, dominierte Ford die Autoindustrie fast genauso wie heute Microsoft und Intel die Märkte für Hochtechnologie bestimmen. Bis 1921 hatte Ford 50 Prozent des Automobilmarktes erobert, General Motors lag mit 12 Prozent abgeschlagen auf dem zweiten Platz.

Aber wer ist heute sowohl in den USA als auch weltweit der Marktführer bei Autos? General Motors. Dies kann aber sicher nicht auf die unglaublich unfähige und viel zu bürokratische Unternehmensführung von GM in den letzten Jahrzehnten zurückgeführt werden. Nein, es passierte alles innerhalb von acht Jahren – von 1921-1929. Im Jahr 1921 übernahm Alfred Sloan die Führung von GM, als sich das Unternehmen gerade in einer Krise befand. Er krempelte die Firmenorganisation komplett um, indem er Henry Fords Konzept der Fließbandfertigung weit über die Produktion hinaus auf alle Abteilungen anwandte. Sloan schuf eine größere Anzahl von luxuriöseren Marken, um die steigende Kaufkraft einer neuen Verbrauchergeneration auszuschöpfen. 1929 hatte GM 50 Prozent des Automarktes unter seine Kontrolle gebracht; seither dominiert der Konzern den Markt. Selbst während der Weltwirtschaftkrise – einer Zeit vermehrter Firmenzusammenbrüche – machte das Unternehmen jedes Jahr Gewinn, da es Marktanteile scheiternder Konkurrenten übernahm und ein überragend reaktionsschnelles Management sowie einwandfreie finanzielle Strukturen besaß.

Die meisten unserer heutigen Fortune-500-Firmen wurden im Verlauf eines ungeheuren Innovationsschubs um die Jahrhundertwende gegründet. Die führenden Unternehmen der schnell und unerwartet an wirtschaftlicher Bedeutung gewinnenden neuen Branchen hatten in den Goldenen Zwanzigern ihre Spitzenposition gesichert. Zu unserer Zeit werden wir dasselbe beobachten können: Im nächsten Jahrzehnt wird sich abzeichnen, wer die Anführer der entscheidenden Industriezweige der neuen Wirtschaft sein werden, die dann auf Jahrzehnte hinaus den Markt bestimmen werden.

In dem für die Konsumwelle charakteristischen Kampf um die Vorherrschaft gehört der Erfolg nicht mehr dem, der die besten Produkte oder die besten Technologien hat, sondern dem, der sie am schnellsten und weitesten verbreiten kann.

Die Leistungswelle: Die Revolution von Management und Arbeit

Die wirkliche Produktivitätsrevolution, die letztendlich die dominante Position der neuen Wirtschaft festigt, erfolgt erst in der dritten und letzten Stufe. Wenn die neue Generation in die Führungsstrukturen der Unternehmen einzieht, löst dies eine Revolution der Geschäftspraktiken aus, die sich die wirtschaftlichen Vorteile der neuen Technologien wahrhaft zunutze macht. Diese Revolution rückt die neuen Technologien und Industriezweige schnell in den Blick der breiten Öffentlichkeit und macht sie für den Durchschnittsverbraucher erschwinglich.

Die Fließbandrevolution, die 1914 begann, machte – gerade, als sich die Henry-Ford-Generation in den ersten Jahren ihrer Leistungswelle befand – Autos und viele andere Waren für die meisten Leute bezahlbar. Allein im ersten Jahr des Fließbandbetriebs halbierte Ford den Preis des Model T und verdoppelte die Löhne seiner Arbeiter. Das zur Fließbandproduktion gehörende Organisationsmodell bedeutete eine radikale Abkehr von der Produktionsmethode der handwerklichen Einzelfertigung. Das Fließbandsystem fand zwischen 1914 und 1945 in der gesamten Wirtschaft Verbreitung und veränderte dabei eine Vielzahl von Industriezweigen und Institutionen. Ob Hersteller, Einzelhändler, Dienstleistungsunternehmen, Schulen, Krankenhäuser oder staatliche Behörden – alle übernahmen das gegliederte, hierarchische System, das so charakteristisch für Henry Fords Fließband war.

Die Leistungswelle der Henry-Ford-Generation legte den Grundstein für die beispiellosen Produktivitätsraten, die in den Goldenen Zwanzigern zunächst fünf und dann bis in die sechziger Jahre hinein noch drei Prozent betrugen und die Unternehmensgewinne wie auch die Löhne stark ansteigen ließen. Die Fließbandrevolution wurde schnell zu einem Schlüsselfaktor im unternehmerischen Wettbewerb; während eines bis 1929 andauernden Kampfes um die Marktführerschaft entschied sich so, welche Firmen zu den neuen Fortune-500 gehören sollten. Henry Ford begann zwar diese Revolution der Arbeit, aber General Motors führte sie schließlich zu Ende. 1929 bereits konnte GM Ford mit dessen eigenen Waffen schlagen.

Fragen Sie sich, wie die nächste Version der Fließbandrevolution aussehen wird? Sie finden die Antwort in dem Computer und dem Modem, die Sie täglich benutzen. Das riesige, leistungsfähige und komplexe elektronische Kommunikationsnetzwerk, das wir unter dem Begriff „Internet" kennen, stellt den Schlüssel zur Produktivitätssteigerung dar, die die neue Wirtschaft ankurbeln wird. Im nächsten Jahrzehnt werden wir ohne Zweifel eine noch größere Revolution der Produktivität als in den Goldenen Zwanzigern erleben.

DIE INFORMATIONSREVOLUTION
DER BABY-BOOM-GENERATION

Wir sind heute Zeugen einer noch größeren Revolution als derjenigen, die die Goldenen Zwanziger beflügelte. Etwa alle 500 Jahre tritt eine ungewöhnlich große, junge und unternehmerisch eingestellte Generation auf. Die Baby-Boom-Generation ist bei weitem die größte Generation, die jemals in die amerikanische Wirtschaft Einzug hielt. Weltweit gesehen gingen die Geburten- und Bevölkerungszahlen sogar noch steiler nach oben. Solche riesigen Generationen verursachen massive Revolutionen, die weit tiefer gehen und mehr Auswirkungen haben als die alle 80 Jahre stattfindenden, rein technologischen Revolutionen.

Die von den Baby-Boomern eingeleitete Informationsrevolution ist kurz davor, das Stadium ihrer größten Intensität zu erreichen. Wir erleben das Zusammenspiel zweier Trends: Es handelt sich um den Gipfel der Konsumwelle der Baby-Boom-Generation und den Beginn der Leistungswelle, die einen riesigen Produktivitätsanstieg auslösen wird. Die 15 Jahre von 1994-2009 werden den Jahren von 1914-1929 sehr ähnlich werden, nur wird sich alles in einem weit größeren Maßstab abspielen. Die ungeheuer große Baby-Boom-Generation, die viel größer ist als die Henry-Ford-Generation, besitzt eine enorme Kaufkraft. Und die neuen Kommunikationstechnologien sind wirklich erstaunlich. Wenn die Fließbandfertigung als dramatische Neuerung in die Geschichte eingegangen ist, dann stellen Sie sich einmal vor, wie man in einigen Jahrzehnten die Technologie des Internets und die Struktur der Netzwerkorganisation bewerten wird!

Lassen Sie uns diese Informationsrevolution anhand der drei Phasen der Generationswelle verfolgen. Wir werden beobachten, daß die neue Revolution ganz ähnlich wie die letzte verläuft, wenn auch in weit größerem Umfang.

Die Innovationswelle der Baby-Boom-Generation: Die Revolution von Technologie und Gesellschaft von 1956-1983

In den drei Jahrzehnten zwischen 1956 und 1983 wurden wir Zeugen zweier tiefgreifender Revolutionen: einer technologischen und einer sozialen. Mitte der fünfziger Jahre wurden die ersten ernstzunehmenden Großrechner eingeführt und innerhalb von 30 Jahren brachte Apple die ersten ernstzunehmenden Personalcomputer heraus: 1977 kam der Apple II und 1984 der Macintosh. Diese technologische Revolution fiel mit einer tiefgreifenden sozialen zusammen: Elvis und die Beatniks waren die Leitbilder der populären Kultur Mitte der fünfziger Jahre, die Beatles und die Hippies bildeten vom Ende der sechziger bis in die siebziger Jahre die nächste Welle, gefolgt von reichen und kommerziell denkenden Yuppies, die dann Mitte der achtziger Jahre zu den Wahrzeichen der Pop-Kultur avancierten.

Fast alle Unternehmen, die zu den drei Prozent mit dem größten Wachstum zählen und damit heute so viel zu unserem Wirtschaftswachstum beitragen, gehörten zur Zeit des Umbruchs zu den innovativen Neugründungen – unter ihnen finden sich Namen wie Intel, Apple, Microsoft, Starbuck's Coffee, Celestial Seasonings, Ben and Jerry's, Sharper Image, The Nature Company, Smith and Hawken, Levi's, Benetton, Giorgio Armani ... und sogar die größeren Discountgeschäfte in vielen älteren Industriezweigen von Wal-Mart und Home Depot bis hin zu Charles Schwab und Nucor Steel.

Diese neue Wirtschaft erobert heute zügig den breiten Markt und folgt dabei dem in Kapitel 1 beschriebenen, vorhersagbaren Modell der S-Kurve. Haben Sie in den letzten fünf Jahren all die Starbucks-Läden und die anderen Spezialgeschäfte für Espresso und Kaffee bemerkt? Und natürlich breiten sich mit Personalcomputern, Faxgeräten und Mobiltelefonen auch grundlegende neue Technologien weiterhin aus. Sie befinden sich in der Wachstumsphase der S-Kurve und damit in der gleichen Phase wie Autos, Elektrizität und Telefone in den Goldenen Zwanzigern – der Zeit, in der diese alltäglich wurden.

DIE KONSUMWELLE DER BABY-BOOM-GENERATION: DER WIRTSCHAFTLICHE BOOM VON 1982-2009

Die Baby-Boomer bescherten seit Ende 1982 dem Aktienmarkt wie auch der gesamten Wirtschaft einen Bullenmarkt. Wie wir in Kapitel 1 sahen, wird sich dies bis ins Jahr 2009 fortsetzen. Diese neue Generation besitzt genug Kaufkraft, um den Konsumgütermarkt zu dominieren, und verhilft derzeit all den innovativen Produkten und sozialen Trends zur Popularität, die in den sechziger und siebziger Jahren eingeführt wurden. Wenn dieser Boom seinen Höhepunkt erreicht, wird als Ergebnis des Kampfes um die Führungsposition auf den Märkten eine neue Garde von Unternehmen an der Spitze stehen. Nach 2009 wird es einen längeren wirtschaftlichen Abschwung geben, in dessen Verlauf sich die Positionen der führenden Unternehmen weiter festigen und die wenigen übriggebliebenen Wettbewerber endgültig verschwinden werden, da sie zu schwach sind, um mithalten zu können. Das gleiche geschah während der Weltwirtschaftskrise.

Viele mögen überrascht sein, daß immer mehr große, etablierte Firmen plötzlich in Schwierigkeiten geraten – und sich nicht nur verkleinern müssen, sondern auch zusehends Marktanteile verlieren. Andererseits werden die gewandtesten unter den Großfirmen die unmittelbare Notwendigkeit der Erschließung neuer Märkte und der Einführung des Netzwerkorganisationsmodells erkennen, um sich weiterhin die Vorherrschaft zu sichern. Die besten werden erkennen, daß es dringend notwendig ist, ihre ausgereiften und stärker standardisierten Produkte und Dienstleistungen auf dem internationalen Markt anzubieten, speziell auf den Märkten aufstrebender Länder der Dritten Welt, die eine erfolgreiche Industrialisierung durchführen.

Die Leistungswelle der Baby-Boom-Generation: Die Netzwerkrevolution von 1994-2021

Wenn die Baby-Boomer die einflußreichsten Positionen in Gesellschaft und Industrie besetzen und die Nutzung von Computern und Online-Diensten für die Verbraucher alltäglich wird, dann werden wir endlich – wie in Teil 2 beschrieben – den Beginn des wahren Internet-Zeitalters erleben. Aufmerksame Wirtschaftsbeobachter haben möglicherweise bereits die Richtigkeit des Modells der 80-Jahres-Generationswelle erkannt. 1994 gelangte das Internet ins Blickfeld der Öffentlichkeit und wurde auf der obersten Führungsebene von Microsoft zum Thema. Dies geschah genau 80 Jahre beziehungsweise zwei Generationen nachdem Henry Ford die erste erfolgreiche Fließbandproduktionsstätte ins Leben rief.

Das Internet wird im nächsten Jahrzehnt und darüber hinaus die Einführung des neuen Netzwerkorganisationsmodells in unseren Unternehmen und Institutionen erleichtern. Dieses neue Organisationsmodell wird wie die Technik, auf der es basiert, unser Leben und unsere Arbeit stärker als jemals zuvor in der Geschichte verändern. Das Netzwerkmodell wird Unternehmen hervorbringen, die wirklich vom Kunden ausgehen. Jeder Kunde wird ein Markt sein und jeder Angestellte

ein Unternehmen. Machen Sie sich im kommenden Jahrzehnt auf phä-
nomenale Produktivitätzuwächse gefaßt. Diese Zuwächse werden nicht
nur die Unternehmenserträge steigern, sondern auch die Löhne neue
Höhen erreichen lassen. Zum ersten Mal werden die Arbeitnehmer aus
der Mittelschicht an diesen Erfolgen teilhaben, denn die Lohnzuwächse
werden nicht wie in den beiden vergangenen Jahrzehnten nur den
Hochgebildeten und den Technologiekundigen zugute kommen.

Die Unternehmen, die am effektivsten und schnellsten das neue
Netzwerkorganisationsmodell übernehmen, werden das Rennen um
die Vorherrschaft in ihren Industriezweigen gewinnen, genau wie GM
in den Goldenen Zwanzigern Ford den Rang ablief. Wir könnten deshalb sowohl in den Wachstumssektoren älterer Industriezweige, wie
zum Beispiel des Kaffee-Spezialitätenhandels, als auch in den neuen Industriezweigen, wie zum Beispiel der Personalcomputer- oder Softwarebranche, eine ganze Reihe neuer Marktführer erleben. Diese führenden
Unternehmen werden diejenigen sein, bei denen man arbeiten und in
die man investieren sollte, wenn man zu den ersten gehören will, die
von der nächsten Informationsrevolution profitieren werden. Irgendwann werden wir alle für solche Unternehmen arbeiten, denn alle anderen – die schwerfälligen, konservativen Riesenunternehmen – werden immer schneller schrumpfen; außerhalb Amerikas dagegen werden
viele von ihnen dramatisch expandieren.

DIE NEUE, KUNDENORIENTIERTE WIRTSCHAFT

Schautafel 2.3 zeigt, daß eine völlig neue Wirtschaft in der Entstehung
begriffen ist, die praktisch alles verändern wird – von den Produkten
und Dienstleistungen, die Erfolg haben, über die für die Wirtschaft
wichtigen Tätigkeiten und Fähigkeiten bis hin zu Organisationsstrukturen und Führungsmethoden, ja sogar bis zu den Orten, an denen wir
wohnen oder unsere Freizeit verbringen. Dieser Paradigmenwechsel
kann wie folgt zusammengefaßt werden: Wir bewegen uns weg von
einer standardisierten Wirtschaft, deren Motor vom Fließband geprägte
Organisationen waren, welche Maschinen benutzten, um körperliche
Arbeit zu automatisieren, hin zu einer kundenorientierten Wirtschaft,
deren Motor Netzwerkorganisationen sind, welche Computer benutzen, um routinemäßige Denkarbeiten zu automatisieren.

Die wahre Revolution wird aber nicht technologischer Natur sein.
Computer, Software und das Internet stellen lediglich die Infrastruktur
dar, die grundlegende Veränderungen an unserem Arbeitsplatz und in
unserem Privatleben einfacher machen wird. Und ausgerechnet diese
Technologien werden es uns ermöglichen, zu dem persönlichen Kunden-

dienst und dem handwerklichen Können zurückzukehren, die einst von den riesigen Fließbändern verdrängt wurden. Dabei können die gewohnten, größenbedingten Rentabilitätsvorteile beibehalten werden.

In der Arbeitswelt werden wir die Rückkehr zur Kundenorientiertheit (im Gegensatz zur Betonung rein funktionaler Fähigkeiten), die massive Wiedereinführung kleiner, dynamischer Arbeitsteams und eine Aufwertung kreativer, von der rechten Gehirnhälfte ausgehender und unternehmerischer Fähigkeiten erleben. Das Ergebnis wird sein, daß die kundenorientierte Qualität von Produkten und die persönlich zugeschnittene Dienstleistung zur Norm und darüber hinaus für den Verbraucher immer erschwinglicher wird. Wir werden im täglichen Leben eine von der Hochtechnologie begünstige Rückkehr zum Kleinstadtleben sehen, verbunden mit stärkerer Anteilnahme an lokaler Politik, der Verlagerung politischer Entscheidungen auf die lokale Ebene, einer

Entstehung der kundenorientierten Wirtschaft

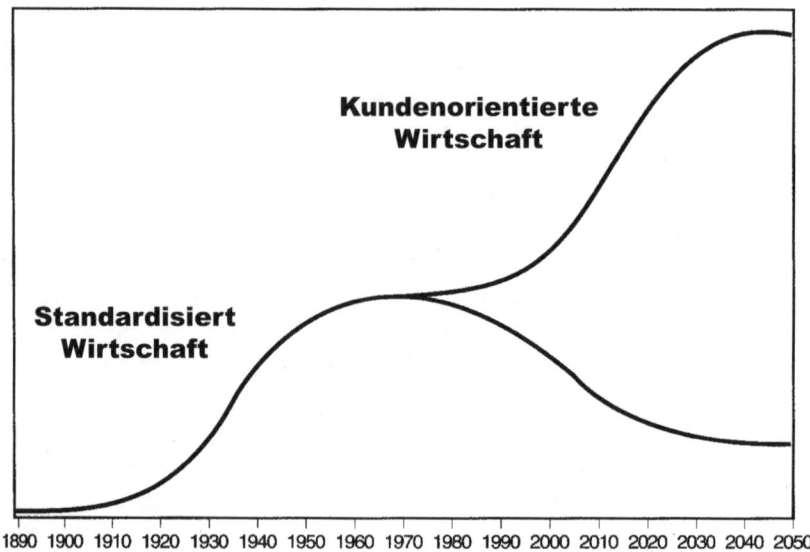

Kundenorientierte Wirtschaft

Standardisiert Wirtschaft

1890 1900 1910 1920 1930 1940 1950 1960 1970 1980 1990 2000 2010 2020 2030 2040 2050

Schautafel 2.3: Die Geburt der kundenorientierten Wirtschaft.
Alle zwei Generationen beziehungsweise etwa alle 80 Jahre vollzieht sich der Übergang zu einer neuen Volkswirtschaft. Bald schon werden uns die Informationstechnologie und das Modell der Netzwerkorganisation den schnellen Übergang zu einer Wirtschaft ermöglichen, in der kundenorientierte Güter und Dienstleistungen immer erschwinglicher werden, genau wie im letzten Jahrhundert Maschinen und Fließbandfertigung erstmals standardisierte Produkte und Dienstleistungen für die breite Masse erschwinglich machten.

72

größeren Vielfalt an unterschiedlichen Lebensstilen sowie – dank der Linderung von Verkehrs- und Umweltproblemen – niedrigeren Lebenshaltungskosten und höherer Lebensqualität. Immer mehr ländliche Gebiete werden in das globale Informations- und Unterhaltungssystem eingegliedert werden, das Zugang zur großen, weiten Welt verschafft.

Die hochentwickelten Kommunikationstechnologien, die die gegenwärtige Informationsrevolution vorantreiben, werden unsere Welt menschlicher machen, das heißt, Kreativität, Interaktion und zwischenmenschlichen Kontakt erleichtern. Sie werden unsere Welt keinesfalls maschineller, bürokratischer oder gar unkontrollierbar machen.

Die Welt der Zukunft, wie sie in den meisten Kinofilmen gezeigt wird, sieht anders aus. Dort werden Übermenschen in Szene gesetzt, die im schmutzigen Dunstschleier zerstörter Städte wie Schwarzenegger mit gigantischen Robotern kämpfen. Diese furchteinflößenden Darstellungen lassen vergessen, daß Computer (und die meisten anderen neuen Technologien) im Gegensatz zu den bisher in der Moderne benutzten Technologien folgende einzigartige Eigenschaft haben: Sie werden leistungsfähiger, indem sie kleiner werden. In der neuen Wirtschaft gilt: Klein ist schön. Menschliche Interaktion und Kreativität werden in den Vordergrund treten, während Bürokratie und Technokratie im Hintergrund verschwinden.

WIE SIE FIRMEN MIT HOHEM WACHSTUM FINDEN

Microsoft und Intel sind Firmen, die weithin verbreitete Standards für Computer und Netzwerke schaffen. Zwar läßt sich nicht bestreiten, daß diese Firmen äußerst schnell expandiert haben und unglaublich erfolgreich sind, doch sind sie keine typischen Beispiele für die Firmen, die in der neuen Netzwerkwirtschaft erfolgreich sein werden.

Starbucks Coffee dagegen ist so ein Unternehmen. Starbucks bietet ein spezialisiertes beziehungsweise kundenorientiertes Produkt an und macht dieses Produkt für den Durchschnittsverbraucher zugänglich und erschwinglich. Firmen wie Starbucks konzentrieren sich darauf, die Bedürfnisse spezialisierter oder qualitätsbewußter Märkte zu befriedigen. Sie haben es normalerweise nicht mit extremen Wettbewerbsbedingungen zu tun und erfahren auch nicht dieselbe Aufmerksamkeit von Seiten der Medien wie die High-Tech- oder die Unterhaltungsindustrie, aber sie wenden meist die Prinzipien der neuen Netzwerkunternehmen an und geben daher Zulieferern und Arbeitnehmern die Chance zum Einstieg in die neue Wirtschaft.

Diese Art Firmen mit hohem Wachstum, die im High-Tech- und Low-Tech-Bereich zusammen nur drei Prozent aller Firmen ausmachen, werden die Umschulung unserer Arbeitnehmerschaft übernehmen. Diese äußerst kleine Zahl von Firmen wird uns alle in die neue Welt des Netzwerks versetzen, eine Welt, in der von der rechten Hirnhälfte gesteuerte und unternehmerische Fähigkeiten gefragt sind. Aktien dieser Unternehmen werden außerdem in den nächsten zehn bis zwölf Jahren den größten Wertzuwachs verzeichnen, was in besonderem Maß für die neuen, großen Branchenführer gelten wird.

Mit Hilfe von Schautafel 2.4 können Sie die für Arbeit und Investment vielversprechendsten Firmen in den meisten Industriezweigen herausfinden. Während des Übergangs von der alten, standardisierten Wirtschaft zur neuen, kundenorientierten Wirtschaft hat sich eine vorhersagbare Dynamik entwickelt, die auch weiterhin in drei Arten von Unternehmen auftreten wird. Diese Unternehmen sind unter anderem:

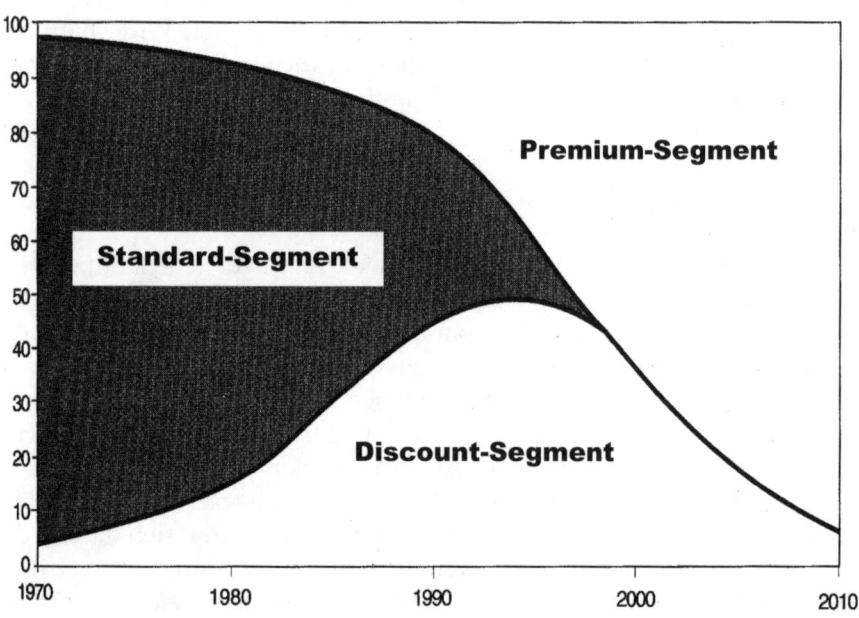

Standard-, Premium- und Discount-Trends

Schautafel 2.4: Standard-, Premium- und Discount-Trends.
Sie können mit Hilfe dieser Schautafel die vielversprechendsten Unternehmen jedes Industriezweigs ausmachen. Sehen Sie sich in den Branchen, in denen Sie sich auskennen, nach beruflichen Möglichkeiten und Investitionsgelegenheiten um. Abseits der High-Tech-Branche und der glamourösen Unterhaltungsbranche gibt es normalerweise weit weniger Wettbewerb.

- Standard-Unternehmen wie General Motors, Coca-Cola, McDonald's und Sears.
- Discount-Unternehmen wie Wal-Mart, Domino's Pizza oder Charles Schwab.
- Premium-Unternehmen wie Giorgio Armani und Starbucks Coffee.

Standard-Unternehmen

Die Standard-Unternehmen beziehungsweise Führer auf dem Markt für Massenprodukte in den sechziger Jahren – wie General Motors, Ford, Chrysler, Sears und Montgomery Ward – schrumpfen typischerweise seit den frühen Siebzigern und verlieren Marktanteile. Ihr Erfolg in den Fünfzigern und Sechzigern machte sie verwundbar: Die Unternehmensführung wurde selbstgefällig und man hatte riesige Mengen Kapital in Technologien und Organisationssysteme gesteckt, die schnell überholt waren. Manche dieser Unternehmen, zum Beispiel Sears und Pizza Hut, erholten sich in den letzten Jahren und erkämpfen sich wieder Marktanteile.

Diese Firmen haben jedoch immer noch die besten Aussichten, im kommenden Zeitalter der kundenorientierten Wirtschaft und der Informationstechnologie das gleiche Schicksal zu erleiden wie einst die Eisenbahn, wenn sie nicht wie Sears entschiedene Schritte in Richtung des spezialisierten Einzelhandels unternehmen. Die erfolgreichsten Marktführer erleben einen Boom auf dem internationalen Markt und verkaufen ihre Produkte an fünf Milliarden neue Kunden in den Schwellenländern.

Discount-Unternehmen

Die Discount-Unternehmen beziehungsweise Preisführer auf dem Markt für Massenprodukte – wie Wal-Mart, Toyota, Domino's Pizza und Charles Schwab – haben Anteile in den gereiften Märkten dazugewonnen. Sie haben dies entweder durch Umstrukturierungen oder die Übernahme der besten neuen Technologien und Managementmethoden erreicht. Infolgedessen können sie dem Verbraucher standardisierte Produkte oder Dienstleistungen zu niedrigeren Preisen anbieten, wobei der Service oft sogar verbessert werden konnte.

Die Discount-Unternehmen schufen in den siebziger und achtziger Jahren den Großteil der Arbeitsplätze und ließen die Gewinne aus Kapitalanlagen allgemein am stärksten steigen. Seit 1992 bewegen sich die Aktienkurse von Unternehmen wie Wal-Mart und Home Depot kaum mehr. Die traditionellen Standard-Unternehmen wurden wieder wettbewerbsfähiger, und der Markt zeigt sich noch stärker gesättigt. Was zum Beispiel Wal-Mart angeht, fiel die Zeit des Anstiegs der S-Kurve von 10 auf 90 Prozent bereits in die Jahre 1979-1992.

Der Trend zu Discount-Angeboten und Umstrukturierung hat die reifer werdenden, standardisierten Sektoren unserer Wirtschaft bereits zum Großteil transformiert. Dies war der entscheidende wirtschaftliche Trend der letzten beiden Jahrzehnte, der die besten Gelegenheiten auf dem Arbeits- und Anlagemarkt erzeugte.

Premium-Unternehmen

Der wichtigste Trend der nächsten beiden Jahrzehnte wird darin bestehen, daß die neuen hochtechnologischen und kundenorientierten Unternehmen sich auf der S-Kurve schneller nach oben bewegen werden. Viele Firmen aus dem Premium-Bereich werden den breiten Markt erreichen und sich so jenseits der Nischenmärkte ausdehnen, die sie in den siebziger und achtziger Jahren schufen. Diese Firmen werden in der Zukunft die besten Perspektiven in punkto Beschäftigung und Investment bieten.

Die meisten Menschen glauben, daß Premium-Unternehmen immer zugleich High-Tech-Unternehmen sind. Manche sind das zwar, aber es gibt zahlreiche andere Wachstumsbereiche außerhalb der Hochtechnologie. Dazu zählen das Gesundheitswesen, die Unterhaltungs- und Kommunikationsbranche, Spezialitätenrestaurants, Outsourcing- und Unternehmensberatungsfirmen, Zulieferer von Spezialkomponenten, Energie und Kunststoffe, Ausrüstungen zum Testen und zur Qualitätskontrolle sowie die Luft- und Raumfahrt. Um sich einen strategischen Vorteil in Sachen Kundenorientierung und Produktqualität zu verschaffen, wenden diese Firmen oft neue Computertechnologien und die Prinzipien der Netzwerkorganisation an. Dabei werden sowohl Informationen als auch der Entscheidungsprozeß stark dezentralisiert, was solche Unternehmen zu den besten Arbeitgebern macht. Sie sind nicht nur wirtschaftlich erfolgreich, sondern bieten auch viele Möglichkeiten sich fortzubilden und sich neue Verantwortungsbereiche zu erschließen.

Viele Premium-Unternehmen werden sich nicht länger auf ihre Nischenmärkte beschränken. Sie werden sich zu weithin beachteten Industriezweigen entwickeln und während der Goldenen 2000er Jahre für die meisten neuen Arbeitsplätze und Investmenterträge verantwortlich sein.

Hier ist nun eine Liste mit einigen der besten und bekanntesten Unternehmen, die bereits den Übergang von den Nischenmärkten in den breiten Markt hinter sich haben oder kurz davor stehen, dies zu bewerkstelligen. Nutzen Sie also diese wohlgemerkt unvollständige Liste, um

Unternehmen in Ihrem Fachgebiet im Hinblick auf berufliche Möglichkeiten und Investmentgelegenheiten genauer unter die Lupe zu nehmen. Bedenken Sie dabei aber, daß es noch viele weitere, eher lokal oder regional ausgerichtete Wachstumszweige mit hohem Erkennungswert für den Verbraucher gibt. Daneben gibt es auch noch viele weniger erkennbare Hersteller von Spezialprodukten und Dienstleistungsfirmen, die Sie ebenfalls in Ihre Auswahl einbeziehen können.

PREMIUM-UNTERNEHMEN IM HIGH-TECH-BEREICH: Microsoft, Intel, Dell, Gateway 2000, Cisco Systems, Hewlett-Packard, Compaq, Acer, Sun Microsystems, Oracle, Netscape, Nokia, Novell, Apple, Toshiba, NEC, Sega, 3Com, Broadband, IBM, Teledisc.

PREMIUM-UNTERNEHMEN IM KONSUMGÜTERBEREICH: Starbucks Coffee, The Coffee Beanery, Häagen Dazs, Ben & Jerry's, The Nature Company, Celestial Seasonings, Mrs. Field's, La Petite Boulangerie, Blockbuster, Armani Exchange, Donna Karan, Sunglass Hut, The Monterey Pasta Company, Odwalla Juices, Snapple, Evian, Tea Java, Arizona Iced Tea, Calistoga Waters, Hansen's, Panda Express, Sharper Image, Benetton, Mondavi Winery, die Tageszeitung *Investor's Business Daily*, die Zeitschriften *Wired*, *Worth*, *Condé Nast Traveler*, *The Wine Spectator* und *Afficionado* (Zigarren), CNN, CNBC (der Finanznachrichtensender von NBC), TCI (Kabelfernsehen), Boston Brewing Company (Hersteller des Samuel-Adams-Bieres), Nordstrom, Barnes and Noble, Borders (Buchhandlungen und Cafés).

Der Schlüssel zum Erfolg in Beruf und Investment liegt ganz einfach darin, diejenigen drei Prozent der Unternehmen zu finden, die das größte Wachstum aufweisen – also die Firmen, die die neuen Arbeitsplätze schaffen und höhere Anlagegewinne generieren. Die meisten Leute haben nur Augen für die bekannten Firmen vergangener Tage, die zwar eine gute Investmentgelegenheit darstellen mögen – speziell dann, wenn sie sich Geschäftsfelder außerhalb der USA erschlossen haben –, die aber in den USA selbst keine neuen Arbeitsplätze schaffen.

DIE WAHREN URSACHEN DER INFLATION

Es gibt noch eine andere wichtige wirtschaftliche Variable, die wir auf die Generationswelle und die Entstehung einer neuen Wirtschaft zurückführen können: die Inflation. Bevor wir diese Aussage richtig verstehen können, gilt es zunächst, zwei Mythen über die Inflation zu zerstören. Der erste Mythos besagt, daß Wachstum Inflation erzeugt, und der zweite Mythos besagt, daß Schulden Inflation erzeugen. Beides ist unwahr.

Die Ökonomen glauben, daß Wachstum Inflation erzeuge. Das ist schlichtweg unzutreffend, abgesehen von manchen sehr kurzfristigen Aufschwüngen, in deren Verlauf eine Knappheit an Kapazitäten, Material und Arbeitskräften einen Inflationsdruck erzeugt. Während vieler Phasen des Aufschwungs wie zum Beispiel den Jahren 1982-1986 oder dem Zeitraum von 1993-1996 kam es aber gar nicht zu einer solchen Entwicklung. Wenn man sich die Geschichte der letzten 3000 Jahre ansieht, wird in der Tat deutlich, daß ein starker Aufschwung eher selten mit starker Inflation einhergeht. Dies wird allein am Beispiel des Verlaufs des 20. Jahrhunderts sichtbar. Die drei stärksten Aufschwungphasen waren die Zeiträume von 1921-1929, von 1950-1965 und von 1982-1990. In den Goldenen Zwanzigern lag die Inflationsrate das gesamte Jahrzehnt über bei 0 Prozent. In den fünfziger und frühen sechziger Jahren lag die Inflationsrate zwischen 0 und 2 Prozent. Und in den Achtzigern kam es zu einem drastischen Absinken der Inflationsrate! Es wird also mehr als deutlich, daß Wachstum nicht zu höherer Inflation führt.

Dann gibt es da noch das andere weitverbreitete Argument, demzu-

Nicht-finanzwirtschaftliche US-Schulden (jährliches Wachstum)

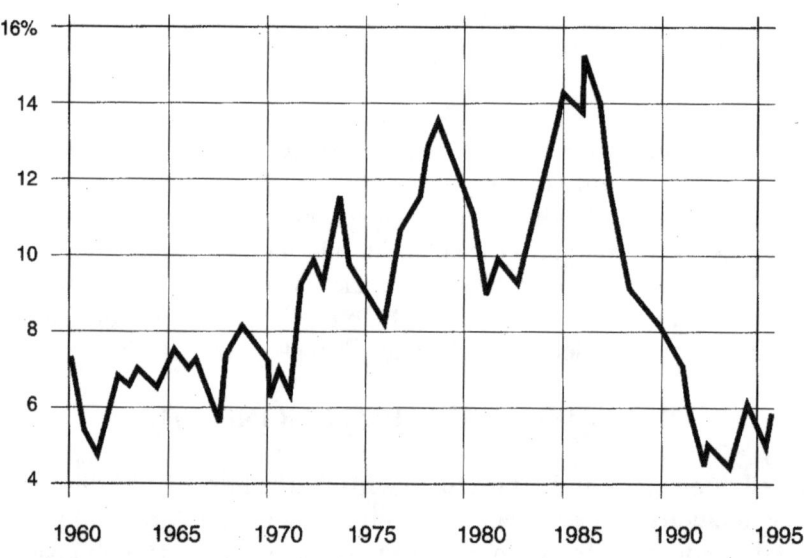

Schautafel 2.5: Wachstum der nicht-finanzwirtschaftlichen Schulden in den USA. Diese Schautafel zeigt das Schuldenwachstum in der US-Wirtschaft von den sechziger Jahren bis zur Mitte der neunziger Jahre.

folge Schulden und Defizite des Staatshaushalts die Inflationsrate steigen lassen. Nach dieser Lesart leben wir auf Pump: Wir finanzieren uns auf Kosten der Zukunft und zerstören dadurch das Finanzsystem und die gesellschaftliche Moral. Das klingt logisch, ist aber ebenfalls leicht zu widerlegen. Schautafel 2.5 zeigt zum Beispiel das Wachstum der Schulden in der jüngeren Vergangenheit der USA. Von 1980-1986 stiegen die Schulden schneller als jemals zuvor in der amerikanischen Geschichte. Aber während der selben Zeitspanne sank die Inflationsrate deutlich.

Wodurch wird nun die Inflation verursacht? Durch die Entwicklung radikal neuer Technologien und das Auftreten junger, neuer Generationen, die diese Technologien in den Arbeitsprozeß einbringen. Mit Ausnahme von Kriegszeiten waren Phasen höchster Inflation immer auch Phasen großen technischen Fortschritts.

Schautafel 2.6 zeigt, daß alle 400 bis 500 Jahre ein anhaltender Inflationsanstieg die Wirtschaft beeinträchtigt. Wir können die Inflationswelle erkennen, die vom späten 11. bis ins frühe 13. Jahrhundert die Handelsrevolution nach dem Ende der Kreuzzüge begleitete. Die Schautafel zeigt außerdem die massive Inflationswelle im späten 15. und 16 Jahr-

1000 Jahre Inflation

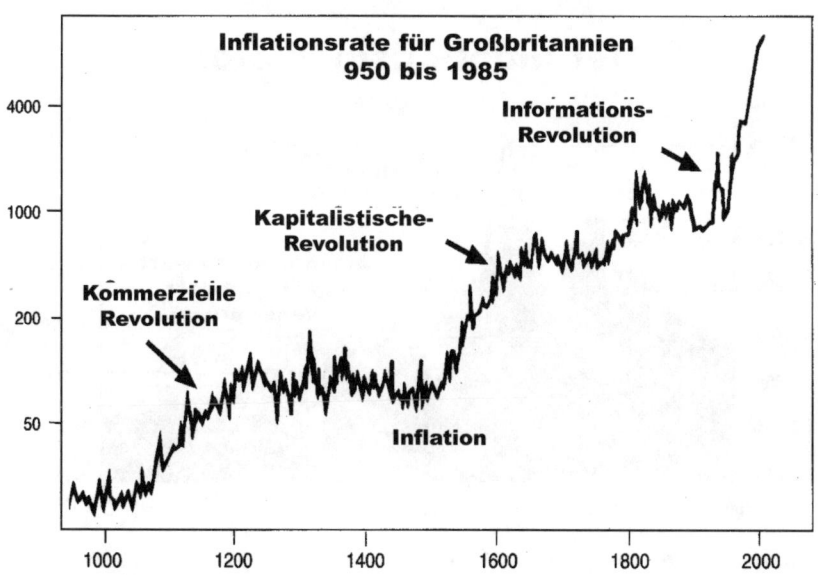

Schautafel 2.6: 1000 Jahre Inflation.
Diese Schautafel illustriert das Zusammentreffen von Phasen massiver Inflation mit den Phasen tiefgreifenden technischen Fortschritts.

hundert, die mit der kapitalistischen Revolution infolge der Erfindung des Buchdrucks einherging. Die letztgenannte Zeitspanne war ganz klar die Phase der stärksten Inflation vor der gegenwärtigen Inflationsphase. Sie wird lediglich von jener Inflationsphase des 20. Jahrhunderts übertroffen, die mit den Anfängen der Informationsrevolution zusammenfiel. Nach der Inflation des 15. Jahrhunderts herrschte kurz nach der Erfindung der Dampfmaschine im späten 18. Jahrhundert wieder mäßig starke Inflation. Es dürfte nicht weiter überraschen, daß diese Inflationsphase auch den Beginn der industrielle Revolution in England markierte.

Was können wir aus alledem lernen? Inflation ist ein Anzeichen eines gerade stattfindenden Fortschritts, nicht etwa eines Verfalls des Währungssystems oder der moralischen Werte. Je höher die Inflationsrate wird, desto tiefgreifender wird danach die Revolution und desto stärker das Wachstum sein. Wir haben vor nicht allzu langer Zeit die höchsten relativen Inflationsraten der Geschichte erlebt. Diese massive Inflation, die in den späten siebziger Jahren ihren Höhepunkt erreichte, war nur ein weiteres deutliches Anzeichen dafür, daß der größte wirtschaftliche Boom aller Zeiten kurz bevorstand.

Denken Sie einmal darüber nach: Bedeutet es nicht eine riesige Investition, Kinder großzuziehen, bis sie zu produktiven Mitgliedern der Gesellschaft werden? Sind bei der Gründung eines neuen Unterneh-

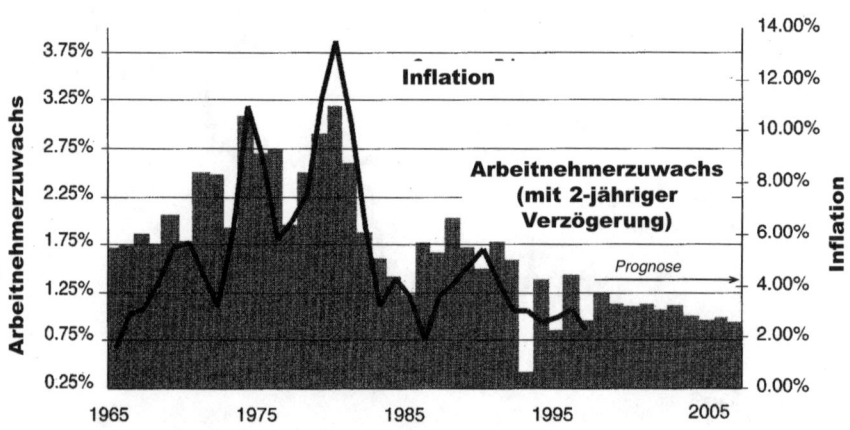

Der Inflationsindikator

Schautafel 2.7: Der Indikator für die Inflation.
Diese Schautafel zeigt, wie eng die US-Inflationsrate mit dem Anstieg der Arbeitnehmer verbunden ist. Diese Zahl gibt Aufschluß über den Verlauf der Integration einer neuen Generation und ihrer Innovationen in die Volkswirtschaft, ein Vorgang, der massive Investitionen in neue Infrastruktur nach sich zieht.

mens nicht enorme Investitionen nötig, bis es von seinem selbsterzeugten Cash-Flow zehren kann? Weshalb sollten dann keine massiven Investitionen nötig sein, um eine völlig neue Wirtschaft aus der Taufe zu heben? Man muß die Frage bejahen: Solche Investitionen sind alle 80 und besonders alle 500 Jahre fällig, wenn die wirklich tiefgreifenden wirtschaftlichen Revolutionen auftreten.

Schautafel 2.7 zeigt, daß die Inflation eng an die Schwankungen des Wachstums der Zahl der Arbeitnehmer gekoppelt ist. Die Zahl der Arbeitnehmer nimmt während einer Innovationswelle auf ganz natürliche Weise zu, da die Innovationswelle ja dann auftritt, wenn eine neue Generation auf den Arbeitsmarkt gelangt. Deshalb war Präsident Carter genauso wenig an der höchsten Inflationsrate aller Zeiten schuld wie Präsident Bush an der Rezession der Jahre 1990 und 1991. Die Baby-Boomer waren die Auslöser der Inflation wie auch der Rezession.

Drei grundlegende Faktoren wirken zusammen und sorgen für eine steigende Inflationsrate, wenn eine unternehmerisch geprägte Generation auf den Arbeitsmarkt gelangt.

• Erstens zwingen die von ihr eingeführten neuen Technologien Unternehmen jeder Größenordnung, die wettbewerbsfähig bleiben wollen, zur Neuausstattung. Dazu sind Investitionen erforderlich.
• Zweitens gründet die neue Generation viele neue Firmen, die die Zufuhr von Eigenkapital erfordern, bevor sie auf eigenen Füßen stehen können.
• Der dritte und wichtigste Grund besteht darin, daß die neue Generation plötzlich die Nachfrage nach kommerzieller Infrastruktur belebt – von Büroräumen, Fabriken und Lagerhäusern für die Arbeit bis hin zu Einkaufszentren und verschiedensten Arten von Ladengeschäften für private Einkäufe und zur Unterhaltung – und deshalb Investitionen von seiten der Unternehmen und der Regierung nötig werden.

Zusammenfassend läßt sich sagen, daß es die jungen Mitglieder einer Generation voller Unternehmergeist sind, die radikal neue Technologien in eine Volkswirtschaft einführen. Dazu benötigen sie genau dann den Zufluß enormer Kapitalmengen, wenn sich ihre Sparquote gerade auf einem niedrigen Stand befindet. Außerdem machen sie vermehrt Investitionen in neue Infrastruktur notwendig, was den Kampf ums Kapital noch härter werden läßt. Diese beiden Arten des Bedarfs an Kapital – zum einen seitens der Neuerer, die ihre Produkte entwickeln wollen, und zum anderen seitens der Unternehmen, die die neue Infrastruktur errichten – treten gerade dann auf, wenn die Produktivität einer reifen, alten Wirtschaft die Unternehmenserträge und Lohnzuwächse mindert. Die Folge davon ist, daß Kapital aus Ersparnissen und Erträgen genau dann Mangelware ist, wenn es am dringendsten gebraucht wird.

DIE DREI PHASEN EINER AUFSTREBENDEN NEUEN WIRTSCHAFT UND DER KONSUMZYKLUS DER FAMILIEN

Die Entstehung einer neuen Wirtschaft geht mit dem Konsumzyklus der Familien einher. Wir können die Ursachen der Inflation nun unter einem weiteren Blickwinkel studieren.

Die erste Phase

In der frühesten Phase der Innovation wirkt die Inflation wie eine Kapitalbeteiligung oder ein zwangsweises öffentliches Sparprogramm. Aufgrund ihres Cash-Flow-Bedarfs verlangen die Unternehmen von den Verbrauchern die Zahlung einer „Inflationssteuer". Wir zahlen heute, damit unsere Wirtschaft sich erneuern kann, und profitieren später von den positiven Auswirkungen, zum Beispiel von mehr Arbeitsplätzen oder größerer Produktivität. Junge Leute haben in der Phase der Haushaltsgründung – wenn sie heiraten, anfangen zu arbeiten und eine eigene Wohnung beziehen – auch nicht die Möglichkeit, sich Geld zu borgen, um ihre Grundbedürfnisse zu befriedigen. Und neue Firmen, die Risikokapital benötigen, können in der Frühphase ihres Wachstums ebenfalls nicht viel Kapital beschaffen, da sich die Branche noch nicht stabilisiert hat und noch kein berechenbares Wachstumsmuster erkennbar ist.

Fremdfinanzierung ist in dieser ersten Phase weder für neue Familien noch für neue Unternehmen eine gangbare Möglichkeit, die riesigen Investitionen zu bewältigen, die für den Start einer neuen Wirtschaft beziehungsweise für die Integration einer neuen Generation in die arbeitende Bevölkerung nötig sind. In einer solchen Phase zwingt eine hohe Inflationsrate zu einer Kapitalbeteiligung an neugegründeten Unternehmen in Form von Risikokapital beziehungsweise an der Verbraucherinfrastruktur durch Inflation. Wir sehen ein nur noch mäßiges Realwachstum und ein niedriges Produktivitätsniveau.

Die zweite Phase

Die zweite Phase ist aufgrund des steigenden Aufkommens an Finanzierungsmitteln und Investitionen durch sinkende Inflation und höhere Verschuldung gekennzeichnet. Wenn die Mitglieder der neuen Generation Ende Zwanzig oder in ihren dreißiger Jahren sind, beginnen sie mit der Kreditfinanzierung von Investitionen in Wohnungen und Gebrauchsgüter, weil es ihnen jetzt möglich ist. Sie sind jetzt finanziell besser gestellt und kommen daher für Darlehen und Kreditkarten eher in Frage. Die neuen Unternehmen etablieren sich ebenfalls und können Darlehen aufnehmen, um das für die Expansion oder Erneuerung benötigte Kapital zu beschaffen. Die Finanzierung mit Hilfe von Risikopapieren, auf die Michael Milken und andere setzten, förderte das Wachstum vieler Unternehmen, die heute in den USA für Wachstum und Arbeitsplätze sorgen und die Wirtschaft im nächsten Jahrzehnt noch stärker dominieren werden.

Vergessen wir dabei die Rolle der Regierung nicht. Wenn die Verbraucher Geld ausgeben und Kredite aufnehmen, wie es in den achtziger Jahren der Fall war, boomt die Wirtschaft und die Inflationsrate sinkt. In politischer Hinsicht scheint es somit günstiger, nicht die Steuern zu erhöhen, sondern Geld zu borgen – Geld, das der Staat benötigt, um seine wachsende Infrastruktur und den Übergang zu einer neuen Wirtschaft zu finanzieren. Ein Beispiel für Kosten, die sich darauf zurückführen lassen, daß sich eine Volkswirtschaft im Übergang befindet, ist ein höherer Sozialetat, der die Menschen berücksichtigt, die ihre Arbeit verlieren. Außerdem kommt es zu einem Ausufern des Verteidigungsetats, wenn – wie es in den siebziger Jahren zunehmend der Fall war – militärische Spannungen durch technologische Veränderungen erhöht werden und ein kalter Krieg die Folge ist. Wirtschaftliches Wachstum, steigende Steuereinkünfte und sinkende Zinsen sorgen zumindest bis zu einem bestimmten Punkt für die Durchführbarkeit eines solchen Ansatzes.

Die zweite Phase einer aufstrebenden Wirtschaft ist gekennzeichnet von steigender Verschuldung zur Finanzierung von Investitionen und Wachstum, von sinkenden Inflationsraten und von weiterhin niedrigen, aber verbesserten Produktivitätsraten. All dies trifft auf die achtziger Jahre zu.

Die dritte Phase

Wie wir im nächsten Jahrzehnt sehen werden, steigt in der dritten Phase die Produktivität rapide an, wenn die neuen Technologien, dem Muster der S-Kurve folgend, auf den breiten Markt gelangen. Zur gleichen Zeit wird eine Revolution der Unternehmensorganisation und des Managements die Wirkung der neuen Technologien potenzieren, wodurch die Produktivität, die Löhne und die Gewinne steigen. Die hohen Erträge der neuen Wachstumsfirmen und die Lohnzuwächse der Familien, die den Höhepunkt ihres Ausgabeverhaltens erreichen, bewirken einen hohen Cash-Flow, der Investitionen und Wachstum begünstigt, während Beteiligungs- oder Kreditfinanzierung immer seltener nötig werden.

Die dritte Phase zeichnet sich durch sehr hohe Produktivitätsraten, niedrige oder gar keine Inflation und einen sinkenden Verschuldungsgrad aus. Dies kann auf den Zusammenfall der Reifungsphase des Familienkonsumzyklus mit der des Unternehmenslebenszyklus zurückgeführt werden, die zusammen einen für Wachstum und Investitionen ausreichenden Cash-Flow ergeben.

Es sollte klar geworden sein, daß ein grundlegendes Verständnis der Generationswelle sehr wichtig ist. Man kann auf diese Weise die Geschichte besser verstehen und die Zukunft relativ sicher vorhersagen. Es ist nämlich ohne weiteres absehbar, wann wir in unserem Leben Geld ausgeben, sparen, uns verschulden, Inflation erleben, neue Technologien und soziale Neuerungen hervorbringen oder Arbeit und Unternehmensstrukturen völlig neu definieren.

DER INTERNATIONALE AUFSCHWUNG IN DEN LÄNDERN DER DRITTEN WELT

Die kundenorientierte Wirtschaft wird sich in den am höchsten entwickelten Ländern zum bedeutendsten Wachstumspfad entwickeln. In diesen Ländern ist bereits ein hoher Lebensstandard erreicht und die Märkte sind schon mit standardisierten Produkten und Dienstleistungen gesättigt. Die neue Wirtschaft hat in den USA wegen des dort stärker ausgeprägten Unternehmergeistes und der zügigeren Annahme der Computer-Netzwerktechnologie bereits schneller Fuß gefaßt und wird sich auch weiterhin in höherem Tempo entwickeln. Dasselbe gilt in geringerem Maße für Kanada. Zu den Regionen, in denen Kundenorientierung und Hochtechnologie allmählich eine größere Rolle spielen werden, gehören Westeuropa, Israel, Japan, Australien und Neuseeland sowie die reicheren Sektoren Hongkongs, Singapurs, Taiwans, Südkoreas und anderer kürzlich industrialisierter ostasiatischer Länder.

Die Baby-Boom-Generationen Kanadas, Australiens, Neuseelands und der Staaten Ostasiens – außer Japan – sind einander im Hinblick auf ihre Größe und den ungefähren Höhepunkt ihres Konsumverhaltens sehr ähnlich. Deshalb werden diese Volkswirtschaften unseren Trends genau folgen. Australien wird einen wesentlich sanfteren Abschwung erleben, da dort auch nach den frühen sechziger Jahren die Geburtenziffer und die Einwanderungszahlen relativ hoch geblieben sind. Die Geschwindigkeit, mit der sich Kanada, Australien und Neuseeland die Hochtechnologie zu Eigen machen, wird diesen Volkswirtschaften im Hinblick auf Produktivität und Wachstum einen Vorteil verleihen. Darüber hinaus bedeuten Australiens und Neuseelands Nähe zu den Boom-Staaten Ostasiens sowie Kanadas Nähe zu den Vereinigten Staaten ein großes Wachstumspotential. Allerdings tendieren die Regierungen dieser Länder dazu, ihre älteren Industriezweige zu beschützen. Deswegen weisen solche Länder einen weniger dynamischen unternehmerischen Sektor und höhere Arbeitslosenquoten auf und sind daher mit Europa vergleichbar, wo mit Ausnahme Großbritanniens eine ähnlich protektionistische Politik vorherrscht.

In Japan sind die generationsbedingten Trends wegen des 2. Weltkriegs grundsätzlich anders. Japan erlebte bis in den 2. Weltkrieg hinein einen Baby-Boom, nicht aber danach in den fünfziger Jahren. Der Generationszyklus Japans läuft dem der USA zuwider – die Phasenverschiebung beträgt 20 Jahre. Japan hatte eine Generation, die mit der konformistischen Bob-Hope-Generation in den USA vergleichbar war und im Bereich der hierarchischen Organisation und des Managements hervorragendes leistete. Sie erreichte den Höhepunkt ihres Ausgabeverhaltens um 1989-1990. Deshalb brach der japanische Aktienmarkt zusammen und die Wirtschaft büßte seitdem an Kraft ein. Die generationsabhängigen Konsumtrends in Japan werden erst ungefähr 2008 wieder nach oben weisen und ihre Boomphase dann erreichen, wenn das Wachstum der US-Wirtschaft nach 2009 wieder rückläufig ist.

Japan – und mit Abstrichen auch Europa – wird für Anleger eine Region für Anlagewachstum und Diversifikation darstellen, wenn nach 2009 die Trends auf den Kapitalanlagemärkten der Vereinigten Staaten nach unten weisen.

In weiten Teilen Europas wurde der Generationszyklus durch den 2. Weltkrieg gestört – jedoch nicht so nachhaltig wie in Japan. Es dauerte hier nur fünf bis acht Jahre, bis die Baby-Boom-Zyklen einsetzten. Die Länder Europas erlebten dann aber keinen so ausgeprägten Baby-Boom. Auch im Durchschnitt fallen die Geburtenziffern in Europa niedriger aus als in den Vereinigten Staaten.

Für Frankreich bedeuten die demographischen Verhältnisse der Baby-Boom-Generation nur geringes, für Deutschland mäßiges Wachstumspotential. Großbritannien und Spanien weisen das größte Wachstumspotential auf. Norditalien ist zwar marktführend in der Haute-Couture-Branche und erfreut sich eines steigenden Lebensstandards, aber der wirtschaftliche Höhenflug wird von Süditalien gebremst. Großbritannien wird voraussichtlich wegen seiner diziplinierteren Finanzpolitik und der weiter fortgeschrittenen Deregulierung sowie der Vorteile, die es im High-Tech-Bereich genießt, weil Englisch die Landessprache ist, unter den Ländern Europas dasjenige mit dem stärksten Wachstum sein. Die wirtschaftlichen Trends der nächsten beiden Jahrzehnte sollten für Europa positiv ausfallen, wenn auch lange nicht so positiv wie für die USA. Viele europäische Länder werden auch nach dem Höhepunkt der US-Wirtschaft im Jahr 2009 noch bis 2013 oder 2017 einen leichten Aufschwung verzeichnen.

Der Übergang zur neuen Wirtschaft wird also in den voll industrialisierten und entwickelten Ländern stattfinden. Die USA wird in den Bereichen High-Tech und Kundenorientierung führend sein. Aus dem Baby-Boom werden sich demographische Vorteile für Länder wie Kanada, Australien, Neuseeland und die kürzlich industrialisierten Länder Ostasiens ergeben. Aus der Bevölkerungsentwicklung werden sich für Japan keine Vorteile und für weite Teile Europas nur leichtes Wachstum ergeben. Europa und vor allem Japan dürften aber nach dem Wachstumshöhepunkt der Vereinigten Staaten im Jahr 2009 eine bessere Entwicklung als die USA durchleben.

DIE INDUSTRIALISIERUNG IN DEN ENTWICKLUNGSLÄNDERN

Während mehr als eine Milliarde Menschen in den Industrienationen den Übergang zur neuen, kunden- und informationsorientierten Wirtschaft vollziehen, wird der Rest der Welt größtenteils zu der standardisierten Wirtschaft übergehen, mit der wir bereits im letzten Jahrhundert begannen. Der größte Unterschied besteht darin, daß die Industrialisierung in solchen Ländern tendenziell schneller vonstatten gehen wird, da sie von unseren Erfahrungen und unseren Fähigkeiten auf dem Gebiet des Managements sowie von neuen Technologien und einem gewissen Kapitalzufluß profitieren können.

Da Entwicklungsländer vor ihrer Wachstumsphase sehr niedrige Lebensstandards und Pro-Kopf-Einkommen sowie weit höhere Einwohnerzahlen haben, wird ihr Wachstum im Durchschnitt höher sein als das der Industrieländer. Gleichzeitig wird aber in solchen Ländern höhere politische und wirtschaftliche Volatilität herrschen und somit ein weniger günstiges Investitionsklima entstehen.

Das stärkste Wachstum und die besten Gelegenheiten werden vor allem in den Schwellenländern des fernen Ostens und danach in denjenigen Südamerikas, Osteuropas und schließlich in einigen Ländern Afrikas entstehen, wobei die Reihenfolge dieser Aufzählung ungefähr dem jeweiligen Potential entspricht. In diesen Ländern werden sich reifen multinationalen Konzernen, die diese neuen Märkte bereits dominieren – unter ihnen Coca-Cola, McDonald's, Gillette und General Electric – neue Wachstumsgelegenheiten bieten. Aber andererseits werden diese Länder politisch noch weniger stabil sein, als wir dies in Asien und zuvor in Lateinamerika bereits beobachten konnten. Stellen Sie sich diese Schwellenländer als die „Heranwachsenden" der boomenden Weltwirtschaft vor. Sie werden in den USA weniger Arbeitsplätze schaffen und gleichzeitig riskantere Investitionsgelegenheiten darstellen. Ein Teil dieser Volatilität wird aber durch unsere größten multinationalen Konzerne abgemildert werden, die zu Diversifikation und dem benötigten Währungsrisiko-Management imstande sind.

Für den Großteil der Schwellenländer der Dritten Welt sind die Generationszyklen nicht der Schlüssel zu Wachstum und Entwicklung. Warum ist das so? Ihr Lebensstandard ist so niedrig und das Gesundheitssystem so schlecht, daß nur ein Bruchteil der Bevölkerung lang genug lebt oder genug verdient, um dem in den Industrieländern normalen Konsumzyklus der Mittelschicht folgen zu können. Deshalb wird es die erste Aufgabe dieser Länder sein, die Industrialisierung durchzuführen und weite Teile der Bevölkerung an den Lebensstandard der Mittelschicht heranzuführen.

Sie sollten deshalb in Bezug auf die Entwicklungsländer auf folgendes achten: politische Systeme, die nach mehr Demokratie streben; sich entwickelnde freie Marktwirtschaften; Investitionen in Infrastruktur, zum Beispiel in Kraftwerke, Straßen, Kanäle und Flughäfen; sowie eine wachsende Mittelschicht, deren Lebensstandard sich dem der entwickelten Länder annähert.

China ist in dieser Hinsicht ein sehr gutes Beispiel. Dort zielt die Politik zwar auf niedrige Geburtenzahlen und ein Nullwachstum der Bevölkerung ab, doch sind die wirtschaftlichen Wachstumsraten sehr hoch. Dieses Wachstum geht von Hongkong aus und konzentriert sich auf den Südosten des Landes. Dort sind die Menschen vom Land in die Städte gezogen, wo eine gute wirtschaftliche Infrastruktur und ein starker Unternehmergeist vorhanden ist. Der Rest der chinesischen Bevölkerung lebt andererseits immer noch in ländlichen Gebieten und hat einen sehr niedrigen Lebensstandard. Jetzt, da bereits mehr als 10 Prozent der chinesischen Bevölkerung einen hohen Lebensstandard erreicht haben, wird der Rest des Landes, dem Muster der S-Kurve folgend, zügig aufholen.

WAS WIR AUS DREI JAHRTAUSENDEN INNOVATION UND MIGRATION LERNEN KÖNNEN

Die meisten Experten nennen die hohen Bevölkerungszahlen und die starke Arbeitsmoral als Ursachen für das beispiellose Wachstum in den Ländern des fernen Ostens. Lassen Sie mich aber noch einen weiteren

Grund nennen, der – wie eine langfristige historische Betrachtungsweise ergeben wird – eigentlich naheliegt:

Die Spitze der Zivilisation, unter der wir die soziale, wirtschaftliche, technische, kulturelle und politische Hegemonie eines Gebiets verstehen, hat sich mit der Zeit von Ost nach West verschoben, verblieb dabei aber in den gemäßigten Breiten der nördlichen Hemisphäre. Ich will mit dem folgenden keine kulturellen oder politischen Spannungen auslösen, aber die Geschichte gibt in dieser Angelegenheit deutlichen Aufschluß. Die Spitze der Zivilisation hat sich in den vergangenen 3000 Jahren von Mojen Dari in Nordindien nach Babylon und an die Flüsse Euphrat und Tigris (das Gebiet des heutigen Irak) verlagert, dann von dort weiter nach Ägypten, ins Persische Reich (was dem heutigen Iran und der Türkei entspricht), nach Griechenland, Rom, Spanien, Großbritannien, schließlich in den Osten und danach von dort in den Westen der USA. Als nächstes wird er sich wahrscheinlich in den fernen Osten, und dort sehr wahrscheinlich eher nach China als nach Japan verlagern, um dann letztendlich wieder nach Nordindien zurückzukehren. Während des Siegeszuges der westlichen Kultur bestand außerdem eine sehr weit fortgeschrittene Zivilisation im Norden Chinas.

Weshalb spielt sich alles in der nördlichen Hemisphäre ab? Meiner Meinung nach ist dies mit der größeren Landmasse und Bevölkerung zu erklären, speziell in Gebieten mit vorwiegend kühleren Temperaturen. Wir verbringen unseren Urlaub eher in tropischen Gebieten, weil wir dort den Gegenpol unserer von Betriebsamkeit geprägten Arbeitsmoral finden. Eine der Theorien zur Evolution besagt folgendes: Nachdem die Menschheit offensichtlich in der südlichen Hemisphäre – und zwar ganz oder größtenteils in Afrika – ihren Ursprung hat, kann es als wahrscheinlich gelten, daß die innovativsten Gruppen unter ihnen Wanderungen begannen, wobei der größte Teil in die warmen Klimazonen Südostasiens zog, während eine kleinere Anzahl in nördlicher Richtung nach Europa und Rußland wanderte. Diese Menschen mußten kreativer und erfindungsreicher sein, um in dem kälteren und unwirtlicheren Klima zu überleben; daher rührt der größere technische Fortschritt. Auch in der südlichen Hemisphäre gibt es in den Ländern der gemäßigten und kälteren Klimazonen wie Australien, Neuseeland, Argentinien, Chile und Südafrika einen hohen Lebensstandard. Dort ist aber weder genügend Landmasse, noch eine ausreichende Bevölkerung vorhanden, und es bestehen somit keine Aussichten, daß diese Regionen die Welt bevölkerungsmäßig oder politisch dominieren könnten. Doch aufgrund der zunehmenden Verbreitung von Klimaanlagen erlebt mittlerweile auch die Stadtbevölkerung in tropischen Gebieten von Kuala Lumpur und Singapur bis Südindien erstmals einen Boom.

Wenn wir solche übergreifenden Trends betrachten, wird deutlich, daß wir eigentlich hätten vorhersehen können, daß die nächste explosionsartige Entwicklung des Lebensstandards und des Wirtschaftswachstums in den kühleren, gemäßigten Zonen des Fernen Ostens stattfinden würde: in Japan, China, Korea, Taiwan, Singapur und schließlich im nördlichen Indien. Genau das geschieht gegenwärtig – und dieses Wachstum wird Jahrhunderte dauern, nicht nur einige Jahrzehnte. Die bereits stärker entwickelten Sektoren dieser Länder weisen mit Ausnahme Japans sehr ähnliche Altersstrukturen auf wie die Vereinigten Staaten. Es gibt dort eine wachsende Mittelschicht, die ein ähnliches Lebensalter erreicht wie in den Vereinigten Staaten, und deshalb werden diese Länder im nächsten Jahrzehnt in den Genuß eines ähnlichen Konjunkturaufschwungs wie in den USA kommen.

Wenn sich diese in gemäßigteren Klimazonen gelegenen Gebiete zu starken, industriell geprägten Volkswirtschaften und zu von einer breiten Mittelschicht geprägten Energiebündeln entwickeln, exportieren sie ihr Wachstum auch in südlicher gelegene, eher landwirtschaftlich geprägte Regionen, zum Beispiel nach Indonesien, Malaysia, Thailand, Vietnam, Kambodscha, Burma, die Philippinen und schließlich ganz Indien. Diese Länder haben ebenfalls mit der Industrialisierung begonnen. Sie werden sich unter anderem auf die Textilindustrie und auf an die Landwirtschaft geknüpfte Industriezweige spezialisieren. Infolgedessen wird sich der Lebensstandard in diesen Ländern allmählich dem einer unteren Mittelschicht annähern.

Der explosivste Trend im Fernen Osten ist leicht auszumachen. Die Menschen ziehen vom Land, wo nur ein Leben am Existenzminimum möglich ist, in die Städte. Im späten 19. und frühen 20. Jahrhundert, als sich in den Vereinigten Staaten die Wirtschaft entwickelte und die Wandlung zur Industrienation erfolgte, taten die Amerikaner das gleiche. Eine Studie von Dean Witter geht von schätzungsweise einer Milliarde Menschen im Fernen Osten aus, die im Verlauf der nächsten drei Jahrzehnte die Landwirtschaft aufgeben und in die Städte ziehen werden. Selbst wenn nur ein geringer Prozentsatz der Menschen dies tatsächlich tut, wird eine solche Migration einen enormen wirtschaftlichen Fortschritt darstellen, der gleichzeitig ungeheure Umweltprobleme aufwerfen und einen hohen Bedarf an elementarer Infrastruktur mit sich bringen wird.

Mein eigenes Studium der Bevölkerungsverlagerungen – darunter das amerikanische Beispiel der Wanderung vom Land in die Großstädte und später von den Großstädten in die Vorstädte – deutet darauf hin, daß innerhalb von drei Jahrzehnten mindestens 20 Prozent der Bevölkerung ihren Wohnort wechselt. Das würde bedeuten, daß in Asien während der nächsten 30 Jahre rund 650 Millionen Menschen umziehen werden. Dies wird enorme Beschäftigungsmöglichkeiten ergeben und eine dramatische Ausdehnung der zum Betrieb einer industrialisierten Wirtschaft nötigen Infrastruktur bewirken, was wiederum ein überaus starkes Wachstum lokaler wie auch multinationaler Firmen auslösen wird, die mit dem Bau der Straßen, Flugplätze, Kraftwerke und Fabrikgebäude sowie der Verlegung der Wasserleitungen betraut sind. Die wahren Nutznießer werden Großunternehmen wie General Electric oder Enron sein. Außerdem wird die Nachfrage nach Konsumgütern von Marken wie Coca-Cola, Levi's und McDonald's zunehmen.

Genau diejenigen multinationalen Unternehmen, die bisher die ausgereiften und schrumpfenden Märkte in den USA dominierten, werden in Zukunft am besten in der Lage sein, ihre standardisierten Produkte und Dienstleistungen dem expandierenden Fernen Osten und den Schwellenländern auf der ganzen Welt näherzubringen. Der Kampf um die wirtschaftliche Vorherrschaft in diesen Ländern wird in den nächsten 10 oder 15 Jahren gewonnen oder verloren – im selben Zeitraum, in dem auch der Wettstreit um die Beherrschung der kundenorientierten Wirtschaft in den heutigen Industrieländern entschieden wird.

EINE GENERELLE WIRTSCHAFTSPROGNOSE FÜR VIER ENTWICKLUNGSREGIONEN

Ich habe vier Entwicklungsregionen ausgemacht, in denen Sie in Zukunft nach Investitions- und Expansionsmöglichkeiten Ausschau halten sollten. Diese vier Regionen sind Südamerika, Osteuropa, Afrika und der Nahe Osten.

Südamerika

Dieser Kontinent wird seinen Aufschwung fortsetzen und vom Wachstum in Nordamerika profitieren, das den weltweiten Übergang zur kundenorientierten, vernetzten Wirtschaft anführen wird. Die Aktienmärkte hier zeigten von 1996 bis Mitte 1997 eine gute Wertentwicklung. Die Länder Südamerikas haben bereits eine beträchtliche Abwanderung ihrer Bevölkerung in die Großstädte von Mexiko-Stadt bis São Paulo zu verzeichnen. Das Wachstum wird in jenen Ländern am stärksten sein, in denen das Klima gemäßigt und der politische Fortschritt am größten ist, also in Argentinien, Chile, Brasilien, Paraguay und Uruguay. Diese Länder bewegen sich immer weiter auf ein gemeinsames Handelsabkommen zu und dürften im nächsten Jahrzehnt dem Nordamerikanischen Freihandelsabkommen (NAFTA) beitreten.

Mexiko wird außerdem von seiner Nähe zu den Vereinigten Staaten, von der NAFTA und von seinem niedrigen Lohnniveau profitieren – Faktoren, die das Land zu einem attraktiven Zulieferer für bestimmte Industrieprodukte machen. Südamerika wird aber wegen der Unterschiede, die die Arbeitsmoral und die Anwendung von Hochtechnologien betreffen, sowie wegen der zur Zeit langsamer verlaufenden Zuwanderung in die Großstädte kein so rasantes Wachstum erleben wie die Länder Südostasiens.

Osteuropa

Die soziale und politische Misere in Osteuropa wirkt sich auf die dortigen Arbeitsbedingungen und die Praxis der Unternehmensführung aus und macht es dieser Region schwer, beim Übergang zur freien Marktwirtschaft mit anderen Regionen Schritt zu halten. In meinem Buch *The Great Boom Ahead* prophezeite ich für die Staaten der ehemaligen Sowjetunion viele Jahre der Unruhe vor dem Eintritt einer Wende zum Besseren. Heute zeichnen sich bereits positive Trends ab. Ich empfehle Ihnen trotzdem, nur in diese Region zu investieren, wenn Sie Osteuropa genau kennen und zudem willens sind, hohe Risiken zu tragen. Das Geld gutinformierter institutioneller Anleger beginnt jedoch bereits, in diese Region zu fließen. Die Länder mit dem größten mittelfristigen Potential sind die Türkei, Ungarn, Tschechien, Polen, Rußland und – mit Abstrichen – Rumänien.

Afrika

Südafrika macht genügend politische Fortschritte, um sich im nächsten Jahrzehnt in ein blühendes Land zu verwandeln. Andererseits wird es dort aber weiterhin Konflikte und schwache Wirtschaftssektoren geben. Kapstadt wandelt sich zu einem Modezentrum und Anziehungspunkt für Models und den Jet-Set. Auch das übrige Afrika besitzt durchaus Wachstumspotential, das ich aber noch mit einem Fragezeichen versehen würde. Uganda ist ein Beispiel für ein Land, das unter der Herrschaft eines Diktators sehr rückständig war und nun gute Ansätze zu Wachstum und Fortschritt zeigt. Deshalb rate ich auch im Falle Afrikas zur Vorsicht, sofern nicht eine gute Kenntnis der dortigen Situation gegeben ist.

Der Nahe Osten

Meiner Meinung nach wird der Nahe Osten weiterhin allmählich seinen Einfluß verlieren, da das Öl in unserer informationsintensiven Welt weniger bedeutsam werden wird und andere Länder wie Rußland in Zukunft neue Ölreserven auf die Weltmärkte bringen werden. Der Nahe Osten wird auf viele Jahre hinaus das Pulverfaß der Welt bleiben, was Investitionen natürlich umso schwieriger macht. Saddam Hussein wird fast mit Sicherheit in den nächsten Jahren wieder für Unruhe sorgen. Außer im Falle Israels, das auf vielen Nischen- und High-Tech-Märkten eine starke Position innehat, wäre ich mit Investitionen im Nahen Osten äußerst vorsichtig.

Der nächste wirtschaftliche Aufschwung wird weltweit stattfinden, da viele Schwellenländer die Industrialisierung schnell vorantreiben und für einen der Mittelschicht angemessenen Lebensstandard sorgen. Der Ferne Osten und der pazifische Raum werden auch weiterhin das Wachstum der Weltwirtschaft bestimmen, aber weite Teile Südamerikas sowie manche Länder in Osteuropa und Afrika werden ebenfalls einen großen Boom erleben. Vor allem sollten Sie auf Anlagestreuung setzen! Das ist die beste Methode zum Schutz vor der ungeheuren Volatilität, die aus instabilen politischen Strukturen und der Belastung durch hohe Wachstumsraten erwächst.

Gelegenheiten zur Arbeit außerhalb der USA

Zusätzlich zu den guten Investitionsgelegenheiten, die manche Länder außerhalb der Vereinigten Staaten bieten, werden sich Menschen, die in solchen Ländern mit hohem Wachstum arbeiten wollen, auch gute berufliche Gelegenheiten bieten. Viele werden als Unternehmensberater tätig sein oder in großen multinationalen Firmen arbeiten. Ziehen Sie also die Möglichkeit in Erwägung, eine Fremdsprache zu lernen und einige Jahre in einem Land zu verbringen, das Sie interessiert. Ich habe zum Beispiel erst kürzlich mit zwei Leuten gesprochen, die sehr glücklich in Prag in der tschechischen Republik lebten und dort bei *The Gap* in leitender Position tätig waren. Prag genießt in Osteuropa derzeit das Prestige eines Zentrums für Kunst und Kultur.

Außerdem werden berufliche Möglichkeiten und Investitionsgelegenheiten in den Urlaubsorten überall auf der Welt entstehen, da die Baby-Boomer in das Alter kommen, in dem sie die meisten Urlaubsreisen machen und Ferienhäuser kaufen. Neue Technologien werden das Reisen und die Kommunikation revolutionieren und in den nächsten Jahrzehnten Ferienorte noch leichter erreichbar und den Aufenthalt dort noch erschwinglicher machen.

ZUSAMMENFASSUNG

Wir können leicht erkennen, daß wir an der Schwelle zur nächsten Informationsrevolution stehen – diesem enormen und unglaublich wichtigen 500-Jahres-Zyklus, der den größten Boom aller Zeiten auslösen wird. Das Internet ist die Schlüsselinnovation, die diese Revolution vorantreibt. In den nächsten Jahrzehnten wird das Internet eine Phase unvergleichlicher Produktivität begünstigen – und das gerade zur rechten Zeit! In den nächsten Jahrzehnten wird das wichtigste Stadium der Generationswelle beginnen: das Zusammentreffen des Höhepunkts der Konsumwelle mit dem Beginn der Leistungswelle. Während sich dies in Industrienationen wie den USA abspielt, werden die meisten Länder der Dritten Welt den Übergang zum Stadium der Industrialisierung und standardisierten Wirtschaft vollziehen, das wir gerade hinter uns lassen. So wird gleichzeitig auch der starke weltweite Boom aufrechterhalten.

KAPITEL 3:
Internationale Bevölkerungsentwicklungen und Wachstumstrends

In diesem Kapitel werde ich die Bevölkerungsentwicklungen und Generationsmuster untersuchen, die die meisten der für uns bedeutenden und interessanten Länder in aller Welt prägen. Zuerst aber möchte ich auf die Unterschiede eingehen, die bei der Vorhersage von Wirtschaftstrends anhand demographischer Methoden zwischen den Vereinigten Staaten und anderen Industrienationen zu machen sind.

Die meisten Länder stellen einen insgesamt kleineren Markt dar; spezialisierte Wirtschaftszweige und der Außenhandel sind in ihnen von weit größerer Bedeutung. Die Altersstruktur solcher Länder beeinflußt daher nur deren eigene Konsumwirtschaft. Die meisten anderen Industrienationen von Japan über Frankreich bis Australien betreiben einen bedeutenden Außenhandel, der von der Konkurrenzfähigkeit der entsprechenden Wirtschaftszweige und von der Unterstützung durch die Regierung abhängig ist. Somit ist der Außenhandel auch nicht in gleichem Maße von der Altersstruktur oder von Generationstrends abhängig. Da in den USA das Außenhandelsvolumen gemessen an der Gesamtwirtschaft gering ist, lassen sich mit Hilfe des „Konsumwellenmodells" beziehungsweise eines nach Generationen aufgeschlüsselten Konsummodells wesentlich genauere Prognosen zur Wirtschaft und den Aktienmärkten der Vereinigten Staaten treffen. Derartige Modelle sind für die Wirtschaft anderer Industrienationen zwar ebenfalls von großer Bedeutung, aber nicht allein ausschlaggebend. Dennoch konnte ich den dramatischen Einbruch in Japan Ende der achtziger Jahre voraussagen, der in erster Linie durch das rückläufige Konsumverhalten einer vor dem 2. Weltkrieg geborenen Generation ausgelöst wurde, die sich nicht in den für den größten Teil der Industrienationen gültigen Zyklus einordnen läßt.

Schon vor mehr als zehn Jahren sagte ich voraus, daß die meisten europäischen Länder zu einem späteren Zeitpunkt einen Wirtschaftsboom erleben und die demographischen Trends in den USA zeitversetzt nachvollziehen würden, da ihr Baby-Boom nach dem 2. Weltkrieg kleiner war und etwas später erfolgte. Und auch das geschieht zur Zeit. Demographische Größen sind also noch immer ein gutes Mittel, um das relative Wachstumspotential von Industrienationen auf der ganzen Welt zu berechnen.

In Entwicklungs- und Schwellenländern ist die Altersstruktur in der Regel für die Konjunkturentwicklung nicht von entscheidender Bedeutung. In ihnen gehören große Teile der Bevölkerung den jüngsten Altersgruppen an; außerdem ist die Mittelschicht, die den Konsumzyklen der meisten Verbraucher in Industrienationen folgt, sehr klein. Stabile Regierungen, Märkte und Infrastrukturen sind von größerer Bedeutung. Diese Länder ähneln heranwachsenden Kindern, die intensiver Fürsorge und Anleitung bedürfen; ein Versagen der „Eltern" beziehungsweise der Regierung kann hier zu massiven Problemen führen. Nur in stärker entwickelten Ländern sind die Rechtssysteme und Märkte, die technologische Infrastruktur sowie die grundlegenden Fähigkeiten und Kenntnisse vorhanden, die Konsumenten und Unternehmen benötigen, um fundamentale wirtschaftliche Entwicklungen auszulösen. Was demographische Trends in Entwicklungsländern betrifft, sollte man vor allem auf eine Tendenz zur Abschwächung der Vorherrschaft junger Altersgruppen (0–19 Jahre) achten. Hohe Geburten- und Sterblichkeitsraten sind das Patentrezept für einen anhaltenden Armutszyklus – zu viele unproduktive Kinder kommen auf zu wenige produktive Erwachsene.

Im Falle der Schwellenländer sollte man nach fallenden Geburtenraten und einer steigenden Lebenserwartung Ausschau halten. Wenn sich der Lebensstandard wachsender Teile der Bevölkerung dem der Mittelschicht annähert, ist dies ebenfalls ein positiver Befund. Das erste Indiz hierfür ist in der Regel ein Anwachsen der Zahl der älteren Teenager sowie der 21-29jährigen, wie es sich derzeit in Thailand erkennen läßt. Da die Politik in diesen Ländern von größerer Bedeutung ist, sollte man auch nach vernünftigen Investitionen in die Infrastruktur, freieren Märkten und Entwicklungen hin zu demokratischeren Regierungsformen und Rechtssystemen Ausschau halten, sowie nach einer stabilen Währung und einem Zustrom an Auslandskapital.

Fassen wir zusammen: In den Länder der Dritten Welt läßt sich zunächst eine Altersstruktur erkennen, die eine Konzentration in den unteren Bereichen aufweist: Sehr viele junge Menschen stehen wie im Fall Kenias (Schautafel 3.49 am Schluß dieses Kapitels) oder Indiens (Schautafel 3.50) einer kleineren Zahl von älteren, produktiveren Menschen gegenüber. Die Anfänge einer erfolgreichen Industrialisierung gehen in Ländern der Dritten Welt in der Regel mit einem merklichen Anstieg der Zahl der Teenager und der 21-29jährigen einher, wie im Fall Thailands (Schautafel 3.34) oder Argentiniens (Schautafel 3.41). Mit der Industrialisierung eines Landes geht meist wie in den USA (Schautafel 3.38) oder Deutschland (Schautafel 3.2) ein deutliches statistisches Übergewicht in der Altersgruppe der 21-29jährigen, 31-39jährigen und 41-49jährigen einher. Die fortgeschrittensten Nationen (wie Frankreich auf Schautafel 3.5 oder Neuseeland auf Schautafel 3.52), die niedrige Geburten- und Innovationsraten aufweisen, kehren schließlich wieder zu einer eher gleichmäßigen Altersverteilung zurück.

Wenden wir uns aber zuerst europäischen Ländern zu, die sich vor allem durch eine reifere, stärker entwickelte Wirtschaft und ein fortgeschrittenes Generationsmuster auszeichnen. Der Export spielt für das Wachstum dieser Länder eine weit wichtigere Rolle als im Fall der USA.

Europäische Märkte

In den vergangenen Jahren haben die europäischen Aktienmärkte einen noch stärkeren Aufschwung erfahren als der Aktienmarkt in den USA, da sich die Unternehmen nach dem Zustandekommen der europäischen Währungsunion zunehmend gezwungen sehen, umzustrukturieren, sich zu verkleinern oder miteinander zu fusionieren, wie dies amerikanische Unternehmen bereits im vergangenen Jahrzehnt taten. In Europa wird die Altersstruktur im kommenden Jahrzehnt aufgrund eines kleineren, aber geringfügig zeitversetzten Baby-Booms sogar noch günstiger. Vergessen Sie aber nicht, daß die kleineren, hochindustrialisierten Länder Europas genau wie Japan stärker am Außenhandel orientiert und von ihm abhängig sind als die Wirtschaft der USA. Die führenden Unternehmen Europas, die sich in den vergangenen Jahren erholt haben, haben unabhängig von der jeweiligen demographisch bedingten Konsumentwicklung auch vom weltweiten Wachstum profitiert.

Beachten Sie, daß ich zur Bestimmung des künftigen Wachstumspotential eines jeden Landes mit Hilfe der Altersdemographie einen anderen Ansatz verwende als im Fall der Vereinigten Staaten in Kapitel 1. Dort addierte ich die Einwanderungszahlen (unter Berücksichtigung des Alters) zur jeweiligen Geburtenziffer und projizierte das Ergebnis um 46,5 Jahre in die Zukunft, um den Höhepunkt des Ausgabeverhaltens einer Durchschnittsfamilie zu bestimmen; nun werde ich ein einfacheres Verfahren verwenden. Ich benutze für jedes Land ein einheitliches Diagramm zur Altersverteilung (gegliedert in Altersgruppen von 5 Jahren), das über die Vereinten Nationen relativ einfach zu erhalten ist und noch dazu den Vorteil hat, daß es die Einwanderung bereits berücksichtigt. Der Trick besteht allerdings darin, das Diagramm vom Höhepunkt des Konsumverhaltens (der Gruppe der 45-49jährigen) bis dorthin zurückzuverfolgen, wo in einer jüngeren Altersgruppe ein Spitzenwert beziehungsweise ein numerisches Übergewicht vorliegt. So erfährt man, wie stark der nächste Aufschwung (oder Abschwung) ausfallen und wie lange das Wirtschaftswachstum anhalten wird, ehe das Konsumverhalten wieder abwärts tendiert. Die von mir verwendeten Diagramme zur Altersverteilung entsprechen dem Stand von 1995, nicht von 1998. Betrachtet man auf der Schautafel 3.1 für Westeuropa die Altersgruppe der 45-49jährigen, stellt man fest, daß die Konsumwelle über einen Zeitraum von ungefähr 15 Jahren (beziehungsweise drei Abschnitten zu je 5 Jahren) ansteigt, wenn wir bis zur Altersgruppe der 30-34jährigen zurückgehen, die den Höhepunkt darstellt. Mit anderen Worten: Die Altersgruppe der 30-34jährigen stellte 1995 den Höhepunkt der Baby-Boom-Generation in Westeuropa dar. Diese jungen Konsumenten werden, bis sie ein Alter von 45-49 Jahren erreichen, 15 Jahre lang immer mehr ausgeben, also von 1995 bis ungefähr 2010. Das bedeutet, daß die Wirtschaft bis etwa 2010 eine Phase wachsenden Konsums erleben wird und es erst etwa 2015 zu einem deutlichen Abschwung kommen dürfte, wenn – angefangen mit der Gruppe der 20-24jährigen – die Altersgruppen schnell kleiner werden.

Obwohl die westeuropäischen Länder insgesamt im kommenden Jahrzehnt keinen so starken Boom erleben werden wie die Vereinigten Staaten, wird der Aufwärtstrend in diesen Ländern drei bis fünf Jahre länger anhalten als in den USA und Kanada. Noch ungünstiger ist die Tatsache, daß die Baby-Boomer hier noch weniger Kinder bekommen als in Kanada (zum Vergleich mit den USA und Kanada können Sie Schautafel 3.38 beziehungsweise 3.39 heranziehen). Das bedeutet, daß das Wachstum in Europa nach 2015 nachlassen wird und es in den vierziger Jahren des 21. Jahrhunderts anders als in den Vereinigten Staaten nicht zu einem „Echo-Baby-Boom" kommen wird. Dank seiner relativ hohen Einwanderungsrate, die dem Land die stärkste Baby-Boom-Generationswelle beschert, steht Deutschland hier an erster Stelle (Schautafel 3.2). Zwischen 2010 und 2012 wird diese Welle ihren Höhepunkt erreichen. Auch für die Schweiz (Schautafel 3.3) und Österreich (Schautafel 3.4), die wie Deutschland eine relativ hohe Einwanderungsrate aufweisen, sieht es in den nächsten 12-15 Jahren gut aus. Frankreich hat in den nächsten 25 Jahren, also bis etwa 2020–2023, kein oder nur ein sehr schwaches Bevölkerungswachstum zu erwarten. Dafür wird Frankreichs Bevölkerungsentwicklung am stabilsten sein, wenn nach 2009 in den USA und vielen anderen Ländern der nächste globale Abwärtstrend einsetzen wird. Ein derartig schwaches zukünftiges Bevölkerungswachstum bedeutet, daß im kommenden Jahrzehnt ein Wachstum im Bereich des Exports sowie Maßnahmen zur Anregung der Produktivität unbedingt erforderlich sind. Belgien (Schautafel 3.6) und die Niederlande (Schautafel 3.7) ähneln mit ihrem gemäßigten Bevölkerungswachstum in den kommenden 15 Jahren eher Großbritannien (siehe Schautafel 3.13).

Der eigentliche demographische Schwachpunkt liegt in Nordeuropa (Schautafel 3.8), vor allem in den skandinavischen Ländern. Schweden (Schautafel 3.9) und Finnland (Schautafel 3.10) werden im kommenden Jahrzehnt fallende Konsumwellen aufweisen; im Fall Finnlands wird der Abwärtstrend sogar bis 2020 anhalten. Norwegen (Schautafel 3.11) wird in den kommenden 20 Jahren nur ein schwaches bis mäßiges Konsumwachstum verzeichnen. Ein starker Außenhandel und die umfassende Einbeziehung neuer Technologien werden dringender nötig sein als je zuvor, damit überhaupt eine nennenswerte Wachstumsrate aufrechterhalten werden kann. Auch für Dänemark (Schautafel 3.12) zeichnet sich bis 2005 ein leichter Abwärtstrend ab. Großbritannien (Schautafel 3.13) wird in den nächsten 10-15 Jahren ein gemäßigtes Bevölkerungswachstum vermelden, bis etwa zwischen 2012 und 2014 ein starker Abwärtstrend einsetzt. Irland (Schautafel 3.14) weist bis etwa 2010 eine relativ flache Bevölkerungsentwicklung auf, ehe es zu einem starken Anstieg kommt, der bis 2025 anhalten wird. Aus diesem Grund wird Irland wie auch Frankreich in der Zeit der „Depression" zu einem für Unternehmer und Investoren günstigen Land werden.

Für Südeuropa läßt sich auf Schautafel 3.15 ein Bevölkerungszuwachs erkennen, der bis etwa 2018 oder 2020 anhält, aber weniger dramatisch ausfällt als in Deutschland. Italien (Schautafel 3.16) und Spanien (Schautafel 3.17) werden in den kommenden 15 Jahren einen erheblichen Zuwachs verzeichnen. In Portugal hingegen wird das Wachstum mäßig sein, aber dafür bis etwa 2020 anhalten. Auch Griechenland (Schautafel 3.18) hat etwas geringere Wachstumsaussichten für die kommenden 15 Jahre.

Osteuropa weist einen etwas anderen Generationszyklus auf als der Rest Europas. Wie man auf Schautafel 3.20 erkennen kann, wird der allgemeine demographische Trend in Osteuropa seinen Höhepunkt 2005 erreichen, also sogar noch früher als in den USA. Ungarn (Schautafel 3.20) zählt zu den wirtschaftlich stärksten Ländern Osteuropas – der dortige Konsumtrend wird aber wahrscheinlich um das Jahr 2000 seinen Höhepunkt erreichen und dann 10 Jahre lang abwärts weisen, während die restliche Welt einen wirtschaftlichen Boom erlebt. In der Tschechischen Republik (Schautafel 3.22) nimmt die Zahl der Menschen, die den Höhepunkt ihres Konsumverhaltens erreichen, seit etwa 1995 ab. Um das Jahr 2015 wird der demographische Trend dort seinen Tiefpunkt erreichen. In Polen (Schautafel 3.23) wird die Bevölkerungsentwicklung etwa 2005 ihren Höhepunkt erreichen. Zwischen 2000 und 2005 wird das Land nur schwaches Wachstum verzeichnen, ehe ein Abwärtstrend einsetzt, der bis etwa 2015 andauert. Rumänien (Schautafel 3.24) wird ein demographisch bedingtes Nachlassen des Konsumwachstums erleben, ehe etwa 2010 wieder ein Aufwärtstrend einsetzt. In der Russischen Föderation (Schautafel 3.25) dürfte der Aufwärtstrend bis etwa 2005 anhalten, ehe er sich bis 2015 umkehrt. In der Ukraine werden die Trends ähnlich sein, wenn auch der Aufwärtstrend etwas schwächer ausgeprägt sein wird (Schautafel 3.26). Obwohl die Datenbank der Vereinten Nationen die Türkei offiziell nicht als osteuropäisches Land führt, wird die Türkei oft mit dieser Gruppe von Ländern zusammengefaßt. Die Bevölkerungsentwicklung des Landes (Schautafel 3.27) weist allerdings erhebliche Unterschiede zu der anderer europäischer Länder auf. Die Türkei gleicht eher einem aufstrebenden Land der Dritten Welt; es lassen sich erste Ansätze eines Generationsschubes erkennen, wobei die Spitze von den Altersgruppen der 10-14jährigen und 15-19jährigen gebildet wird. In der Türkei werden die demographischen Tendenzen wahrscheinlich um etwa 2030 an ihrem Höhepunkt angelangen.

Zusammenfassend ist zu sagen, daß sich die meisten europäischen Volkswirtschaften im kommenden Jahrzehnt voraussichtlich vorteilhaft entwickeln werden. Viele Länder werden noch fünf, ja sogar bis zu 15 Jahre nach dem Höhepunkt der Baby-Boom-Generation in den USA, Kanada, Australien, Neuseeland und Hongkong eine günstige Bevölkerungsentwicklung verzeichnen können. Als großer Pluspunkt könnte sich erweisen, daß die Europäische Wirtschaftsunion die Währungsunion 1999 endlich in die Tat umsetzen will. Aber noch ist fraglich, wie der durchschnittliche Arbeitnehmer – vor allem in Ländern wie Frankreich – auf die Entlassungen, Unternehmensfusionen und Standortwechsel reagieren wird, zu denen es in den nächsten Jahren immer häufiger kommen wird. Sie sollten sich auf einige Turbulenzen nach der Einführung des Euros einrichten und versuchen, in den nächsten Jahren – abgesehen von den anderen exzellenten Kaufgelegenheiten, die sich Ihnen bieten werden – auch in große multinationale europäische Unternehmen und Investmentfonds zu investieren.

Asien

Schautafel 3.28 zeigt die Altersverteilung für Japan, die sich hinsichtlich der geburtenstarken Jahrgänge extrem von derjenigen der Vereinigten Staaten unterscheidet (vgl. Kapitel 1). Japan war die einzige größere Industrienation, die nach dem 2. Weltkrieg keinen Baby-Boom erlebte. Auf der Schautafel für Japan können Sie erkennen, daß eine numerisch überdurchschnittlich starke Generation, die 1995 die Altersgruppe der 45-49jährigen stellte, den bei etwa 46 Jahren liegenden Höhepunkt des Konsumverhaltens überschritten hat. Die japanische Wirtschaft wird voraussichtlich bis etwa 2005 oder 2008 unter dem schwachen Konsumverhalten im eigenen Land zu leiden haben. Die nächste Generationsspitze befindet sich in der Altersgruppe der 20-24jährigen, die von ungefähr 2005 bis 2020 für einen starken Konsumanstieg sorgen werden.

Vergleichen wir nun Japan mit Hongkong und den stärker entwickelten „Tigerstaaten" Asiens. Hongkong (Schautafel 3.29) hat eine sehr starke Baby-Boom-Generation, die weitgehend mit der entsprechenden Generation in den USA verglichen werden kann und ihren Konsumhöhepunkt höchstwahrscheinlich zwischen 2008 und 2010 erreichen wird. Der durch den Baby-Boom bedingte Bullenmarkt in Macau (Schautafel 3.30) wird schon früher seinen Höhepunkt erreichen: 2005 wird es dann zu einem dramatischen Rückgang der Konsumausgaben kommen, der bis 2025 anhalten wird. Singapurs Altersstruktur (Schautafel 3.31), die der Hongkongs gleicht, wird sich bis zum Jahr 2010 sehr positiv entwickeln. Dann wird es zu einem starken Abfall kommen, während Japan einen neuen Boom erleben wird. Auch das Diagramm für Südkorea (Schautafel 3.32) läßt eine äußerst positive Entwicklung für das kommende Jahrzehnt erkennen, die auch das darauffolgende Jahrzehnt überdauern und bis etwa 2020 anhalten wird. Während des nächsten globalen Abschwungs wird Südkorea zusammen mit Japan zu den stabilen Ländern gehören. Taiwan ist der andere, stärker entwickelte Tigerstaat, dessen Altersstruktur zumindest für das nächste Jahrzehnt viel verspricht. (Leider bietet die Datenbank der Vereinten Nationen keine Angaben zu der Altersverteilung in Taiwan.)

Lassen Sie uns nun einen Blick auf die wichtigsten Schwellenländer in Asien werfen. China (Schautafel 3.33) weist hier trotz seiner restriktiven Geburtenpolitik die stärkste Bevölkerungsentwicklung auf. Zwei Spitzen fallen auf, eine in der Altersgruppe der 25-29jährigen und die andere in der Altersgruppe der 5-9jährigen (Stand 1995). Dies ist – wie bereits zu Beginn dieses Kapitels erwähnt – ein bedeutendes Anzeichen dafür, daß ein Land der Dritten Welt kurz vor der erfolgreichen Wandlung zur Industrienation steht. Bis etwa 2015 oder 2020 wird Chinas Wirtschaft voraussichtlich von starken demographischen Trends profitieren; danach werden die Konsumausgaben fünf bis zehn Jahre lang abnehmen.

Was die jüngeren aufstrebenden Länder Asiens angeht, so besitzt einzig im Fall Thailands eine Altersgruppe jenseits des Teenageralters ein gewisses statistisches Übergewicht (Schautafel 3.34). In Thailand dürfte der Wirtschaftsboom bis etwa 2025 anhalten, ehe aufgrund demographischer Faktoren ein anhaltender Abwärtstrend einsetzt. Indonesien (Schautafel 3.35), Malaysia (Schautafel 3.36) und die Philippinen (Schautafel 3.37) befinden sich noch immer weitgehend auf der Stufe von Entwicklungs- beziehungsweise Schwellenländern; die Bevölkerung ist sehr jung und die Politik ist von größerer Bedeutung als die Konsumzyklen von Haushalten der Mittelschicht. Diese Länder werden erst geraume Zeit nachdem in vielen anderen entwickelten Ländern zwischen 2009 und 2014 der Höhepunkt des Wachstums erreicht wird, günstige Altersstrukturen aufweisen. Wie diese Länder dann aber abschneiden, wird davon abhängen, wie gut ihre Regierungen die Phase der weltweiten Krise bewältigen können und wie stark die Mittelschicht sein wird, die diese Länder im kommenden Jahrzehnt ausbilden.

Betrachtet man Asien im Überblick, so zeichnet sich in allen Ländern außer Japan eine äußerst günstige Entwicklung ab. Aber selbst Japans Wirtschaft wird von dem Aufschwung Asiens profitieren, der nach Bewältigung der Ende 1997 und 1998 bestehenden Währungsprobleme und der von zu hohen Kapazitäten verursachten Schwierigkeiten schon bald einsetzen wird. Diese Probleme waren entstanden, da die Regierungen die Volkswirtschaften zu stark regulierten und eher dem japanischen Modell als dem Modell des freien Marktes folgten. Paradoxerweise führte die darauf folgende Wirtschaftskrise nur dazu, daß sich in Asien die Liberalisierung der Märkte und Demokratisierung der Regierungen noch beschleunigte. Südkorea, Japan, China und Thailand dürften die Länder sein, denen es in der nächsten globalen Wirtschaftskrise nach dem Jahr 2008 am besten gehen wird. Indonesien, Malaysia und die Philippinen können sich möglicherweise nach dem anfänglichen globalen Schock erholen, wenn sich die jeweiligen Regierungen als stabil erweisen und angemessene Reformen durchführen. Die jüngste Asienkrise haben die Philippinen am besten verkraftet.

Nordamerika

Obwohl ich bereits in Kapitel 1 die Trends in den Vereinigten Staaten ausführlich untersucht habe, möchte ich hier die jeweils fünf Jahre umfassenden Altersgruppen der USA mit denen der restlichen Welt vergleichen. Schaubild 3.38 zeigt den starken Aufwärtstrend, der bis etwa 2005-2010 anhält und dem ein deutlicherer Ausgabenrückgang folgt als in vielen anderen Industriestaaten. Kanada (Schautafel 3.39) weist ganz ähnliche geburtenstarke und -schwache Jahrgänge auf, wenn es auch aufgrund starker Einwanderung und einer hohen Geburtenrate in British Columbia zwischen 2004 und 2008 zu einem etwas bedeutenderen Zuwachs kommen wird. Aber außer in British Columbia und Alberta, wo ganz klar Kanadas größtes Wachstumspotential liegt, bekommen in Kanada die Angehörigen der Baby-Boom-Generation nur wenige

Kinder. Das Fehlen eines „Echo-Baby-Booms" schwächt nicht nur das Wachstumspotential im gesamten Zeitraum von 2020-2040, sondern bedeutet auch weniger Haushaltsgründungen im kommenden Jahrzehnt, was die Konsumausgaben schwächt und so das wirtschaftliche Wachstum behindert.

Mexikos Schautafel (3.40) ähnelt eher der eines Dritte Welt-Landes, läßt aber die ersten Anzeichen eines statistischen Übergewichts in der Altersklasse der 15-19jährigen erkennen. Nach dem erfolgreichen Beitritt zur Nordamerikanischen Freihandelszone (NAFTA) bietet Mexikos vorwiegend junge Gesellschaft das nötige Gleichgewicht zu der alternden Gesellschaft in den USA und Kanada. Alles in allem wird Nordamerika in den kommenden zehn Jahren wahrscheinlich höhere Wachstumsraten erleben als Europa, aber auch einen deutlicheren Abwärtstrend, der spätestens 2009 einsetzen wird.

Südamerika

Die am stärksten entwickelten Schwellenländer Südamerikas sind Argentinien (Schautafel 3.41) und vor allem Chile (Schautafel 3.42). Argentinien weist in der Altersgruppe der 15-19jährigen ein statistisches Übergewicht auf und wird wahrscheinlich bis 2025 leicht nach oben weisende Konsumtrends erleben. Chile läßt eine Spitze in der Altersgruppe der 34-39jährigen erkennen, was bedeutet, daß es bis etwa 2010 starkes Wachstum und danach bis 2025 flachere Trends geben wird. Brasilien weist – obwohl sich seine Wirtschaft in einer Phase des Übergangs zur Industrialisierung befindet – noch immer Merkmale eines Landes der Dritten Welt auf (Schautafel 3.43). Die demographischen Trends werden sich bis 2030 voraussichtlich als günstig erweisen, vorausgesetzt, daß die politische Struktur des Landes stabil bleibt.

Der Nahe Osten

Die Schautafel Israels (3.44) weist ein leichtes statistisches Übergewicht in der Altersgruppe der 40-44jährigen auf. Das Wachstum wird wahrscheinlich bis 2010 eher schwach und in den Jahrzehnten darauf wieder stärker sein. Saudi-Arabien (Schautafel 3.45) zeigt einen Spitzenwert in der Gruppe der 35-39jährigen, was bedeutet, daß ein gemäßigtes Wachstum bis etwa 2005 anhalten dürfte und sich der darauffolgende leichte Abschwung bis 2015 fortsetzen wird. Andererseits könnte das Land nach 2015 explosives Wachstum erfahren, vorausgesetzt, die politischen Verhältnisse bleiben stabil.

Afrika

Die Länder Afrikas zeigen in der Regel noch immer die für die Dritte Welt kennzeichnende Altersstruktur. Südafrika (Schautafel 3.46) weist trotz einer kleinen Mittelschicht noch immer die für ein Land der Dritten Welt typische Altersverteilung auf; am stärksten vertreten ist die Altersgruppe von 0-4 Jahren. Auch Ägypten (Schautafel 3.47) zeigt im Grunde das Muster eines Entwicklungslandes: Die höchsten Werte entfallen auf die jüngeren Altersgruppen. Das Absinken der Geburtenrate in den letzten Jahren und ein leichtes statistisches Übergewicht in der Altersgruppe der 5-9jährigen könnten dagegen als positive Zeichen gedeutet werden. Die Schautafel Marokkos (3.48) scheint am vielversprechendsten. Hier liegt ein leichtes Übergewicht in der Altersgruppe der 15-19jährigen vor. Kenia (Schautafel 3.49) ist ein weiteres Beispiel für die typische Altersstruktur eines Landes der Dritten Welt.

Indien

Trotz einer im Entstehen begriffenen Mittelschicht zeigt die Schautafel Indiens (3.50) noch immer Merkmale eines Entwicklungslandes. In den nächsten Jahrzehnten wird Indien wohl kaum ebenso starkes Wachstum oder eine ebenso stetige Expansion verzeichnen können wie China.

Australien/Neuseeland

Australien (Schautafel 3.51) wird bis 2008 einen ganz ähnlichen Baby-Boom-Effekt wie die USA erleben, wenn auch das Wachstum im nächsten Jahrzehnt nicht so stark sein dürfte. Seine konstant höheren Geburten- und Einwanderungszahlen aber werden dafür sorgen, daß die Wirtschaft des Landes bis 2020 stabil bleibt, ehe es aufgrund des Fehlens eines „Echo-Baby-Booms", der die nächste Wachstumswelle auslösen könnte, zu einem Abschwung kommt.

Die Altersstruktur Neuseelands (Schautafel 3.52) ist ähnlich. Das Wachstum wird hier in den nächsten zehn Jahren zwar eher mäßig sein, dafür wird sich Neuseeland aber im Zeitraum bis 2020 als noch widerstandsfähiger erweisen.

ZUSAMMENFASSUNG:

In diesem denkwürdigen Jahrzehnt, das vor uns liegt, werden die meisten Länder der Welt ein gewisses Wachstum erfahren. Von allen entwickelten Ländern werden die USA das schnellste Wachstum erleben, während Europa aufholt und Japan weiterhin zurückbleibt. Was die Schwellenländer angeht, so wird das größte Wachstum in aller Regel noch immer in Asien zu verzeichnen sein. Im Gegensatz zu Japan, dem aus demographischen Gründen eine Verlangsamung des Wachstums bevorsteht, wird der Rest Asiens wieder einen gewaltigen Wirtschaftsboom erleben, wenn erst die jüngste Krise überstanden ist, die durch politische Fehler und übergroße Expansion verursacht wurde. Ich erwarte, daß Asien 1999 oder 2000 bereits wieder boomt. Rußland wird sich voraussichtlich in den kommenden Jahren von einer langen, chaotischen Phase rückläufiger Konjunktur erholen und – wie Lateinamerika, das anhaltendes Wachstum erleben wird – europäischen Unternehmen unter Umständen mit die besten Möglichkeiten bieten.

Aus den nachfolgenden Schautafeln 3.1 bis 3.52 ergibt sich die Bevölkerungsverteilung nach Altersgruppen geordnet für die in Zukunft interessantesten Länder und Regionen der Erde.

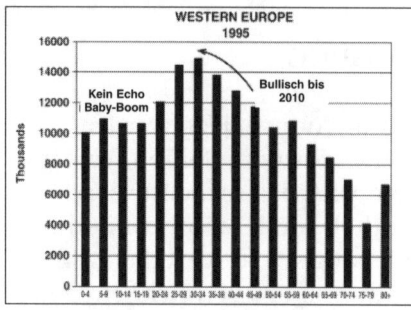

Schautafel 3.1: Westeuropa

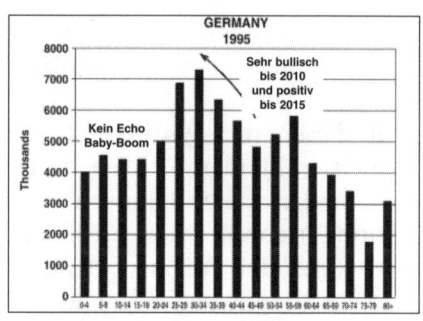

Schautafel 3.2: Deutschland

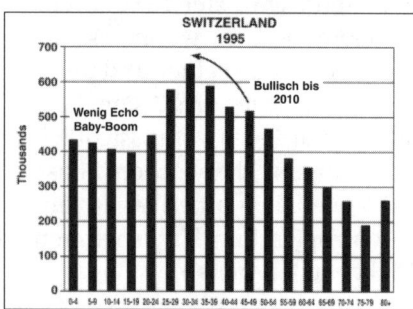

Schautafel 3.3: Schweiz

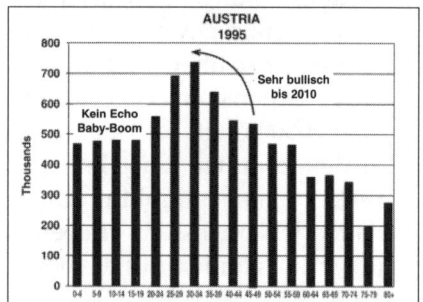

Schautafel 3.4: Österreich

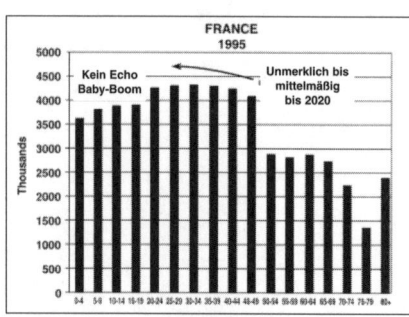

Schautafel 3.5: Frankreich

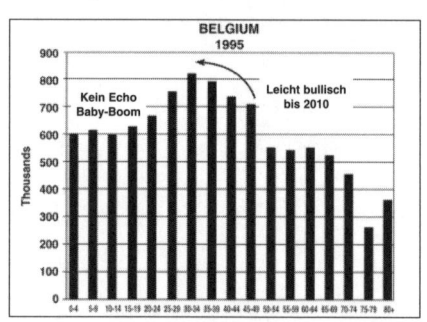

Schautafel 3.6: Belgien

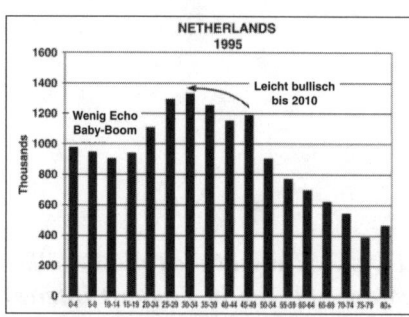

Schautafel 3.7: Niederlande

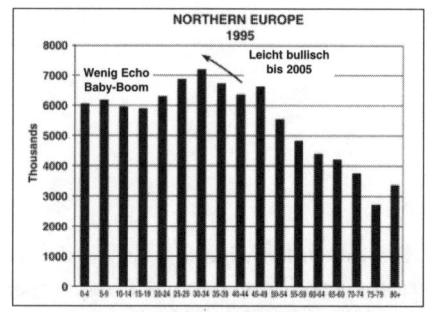

Schautafel 3.8: Nordeuropa

106

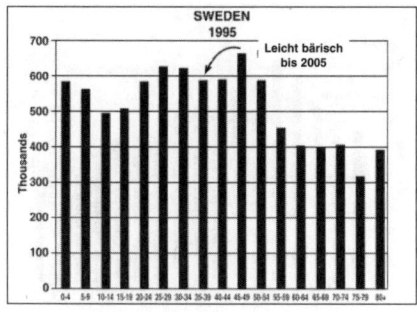

Schautafel 3.9: Schweden

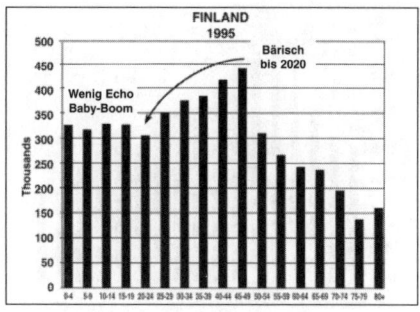

Schautafel 3.10: Finnland

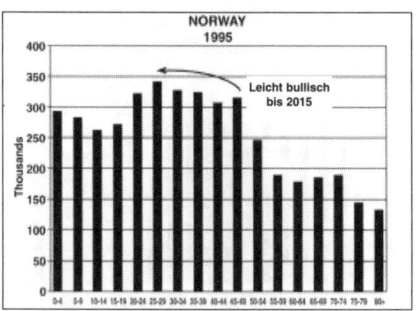

Schautafel 3.11: Norwegen

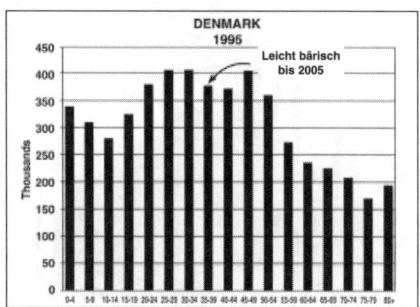

Schautafel 3.12: Dänemark

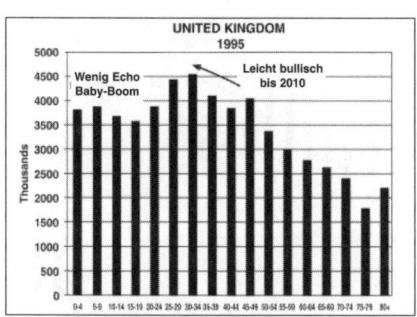

Schautafel 3.13: Großbritannien

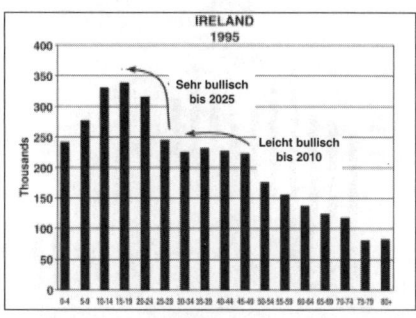

Schautafel 3.14: Irland

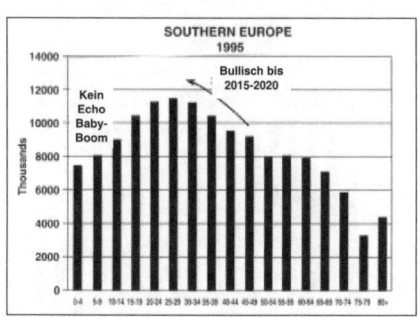

Schautafel 3.15: Südeuropa

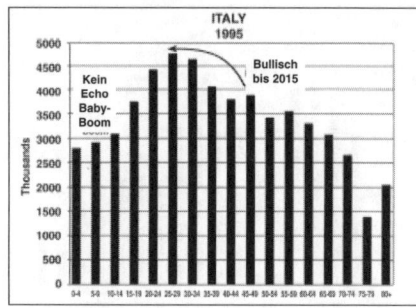

Schautafel 3.16: Italien

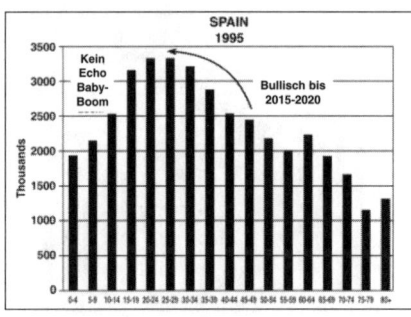

Schautafel 3.17: Spanien

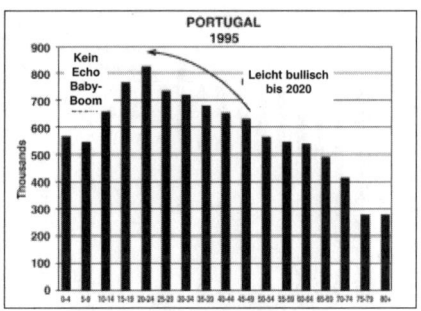

Schautafel 3.18: Portugal

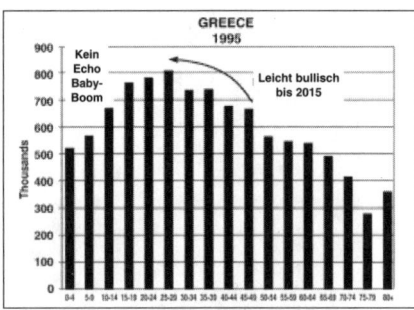

Schautafel 3.19: Griechenland

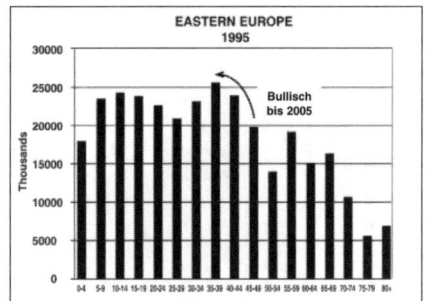

Schautafel 3.20: Osteuropa

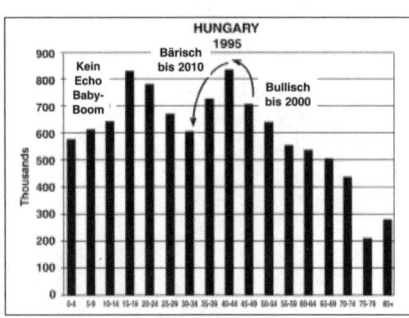

Schautafel 3.21: Ungarn

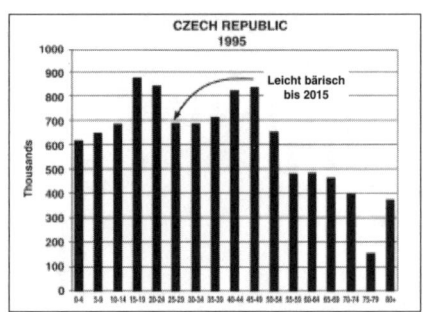

Schautafel 3.22: Tschechien

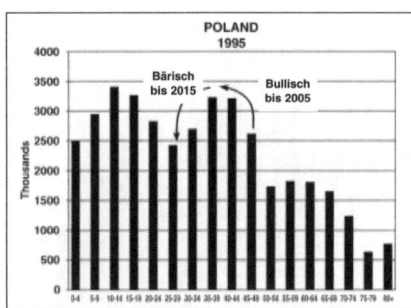

Schautafel 3.23: Polen

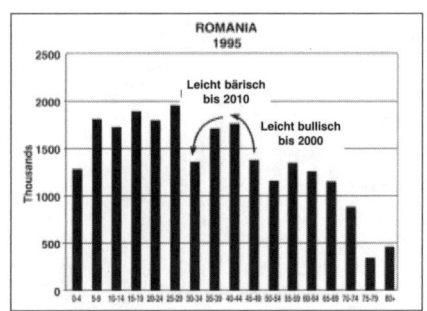

Schautafel 3.24: Rumänien

Schautafel 3.25: Rußland

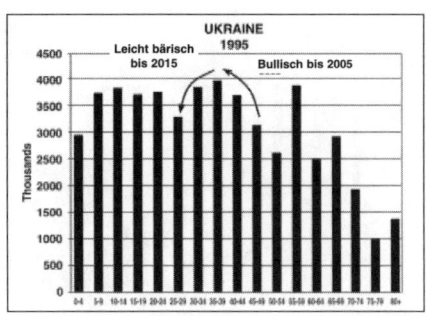

Schautafel 3.26: Ukraine

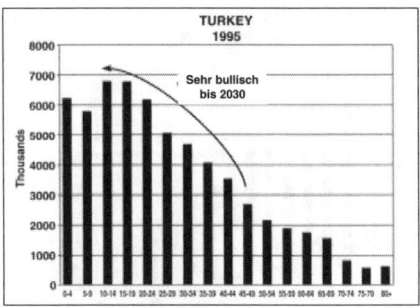

Schautafel 3.27: Türkei

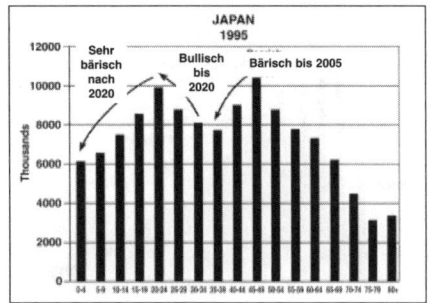

Schautafel 3.28: Japan

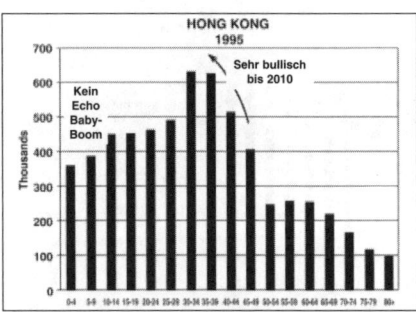

Schautafel 3.29: Hongkong

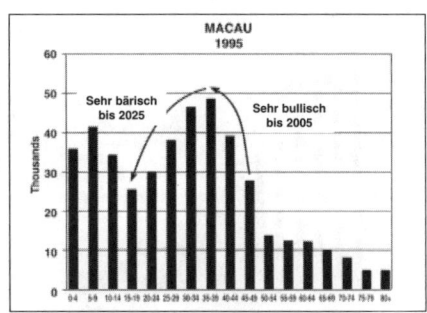

Schautafel 3.30: Macao

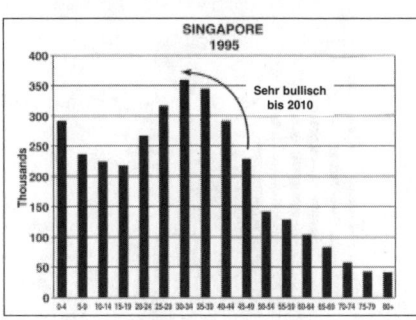

Schautafel 3.31: Singapur

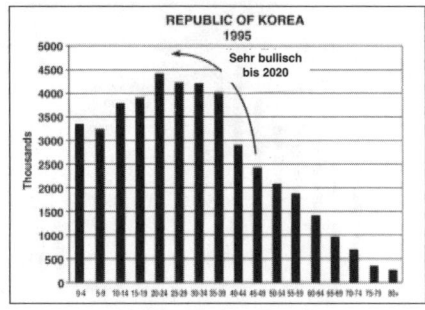

Schautafel 3.32: Südkorea

109

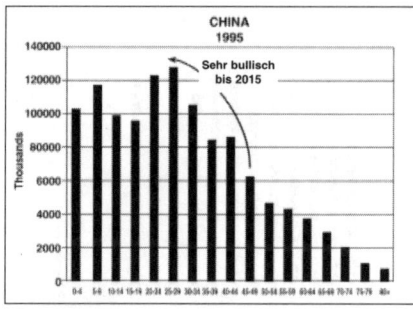

Schautafel 3.33: China

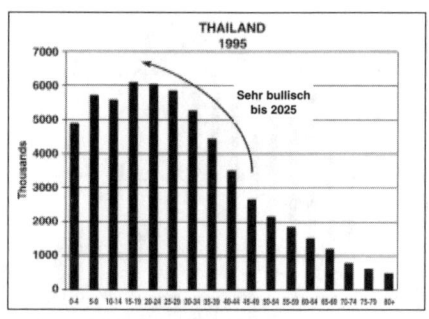

Schautafel 3.34: Thailand

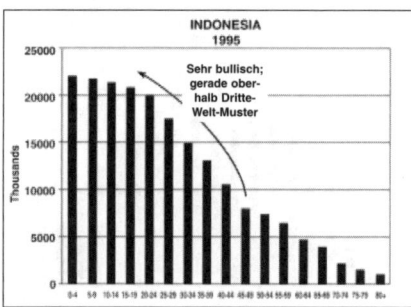

Schautafel 3.35: Indonesien

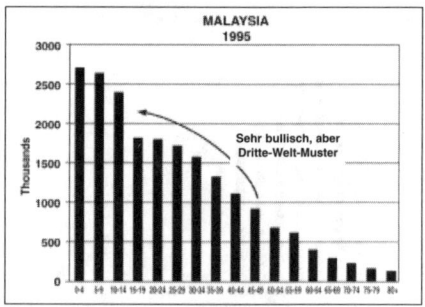

Schautafel 3.36: Malaysia

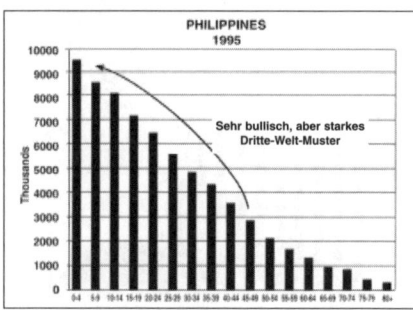

Schautafel 3.37: Philippinen

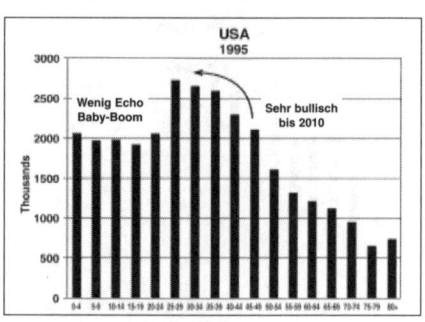

Schautafel 3.38: USA

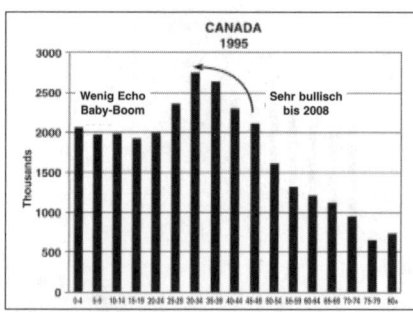

Schautafel 3.39: Kanada

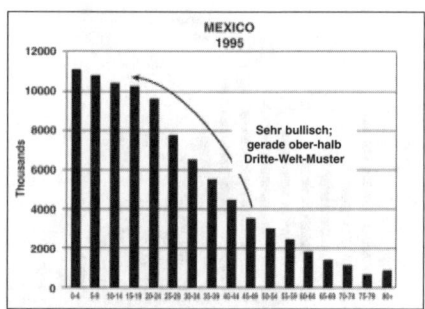

Schautafel 3.40: Mexiko

110

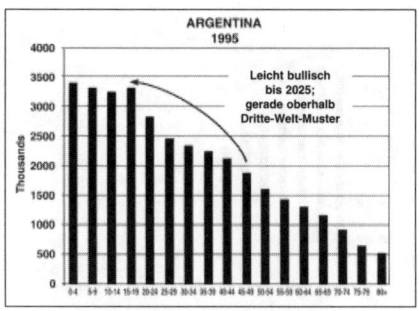

Schautafel 3.41: Argentinien

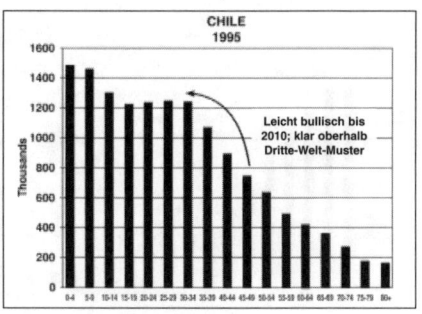

Schautafel 3.42: Chile

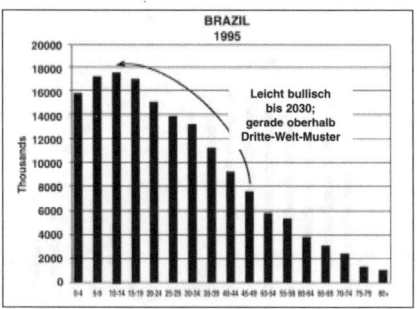

Schautafel 3.43: Brasilien

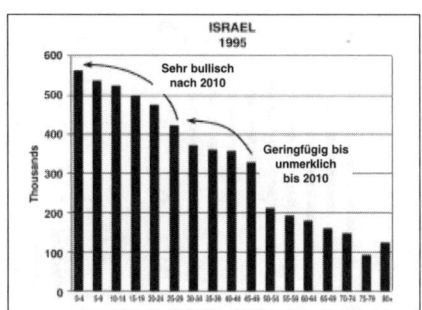

Schautafel 3.44: Israel

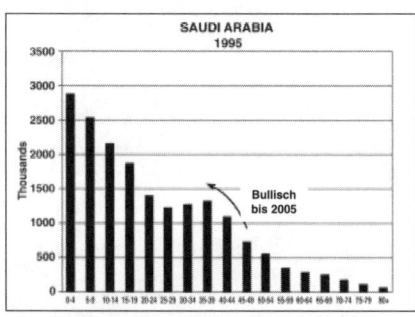

Schautafel 3.45: Saudi-Arabien

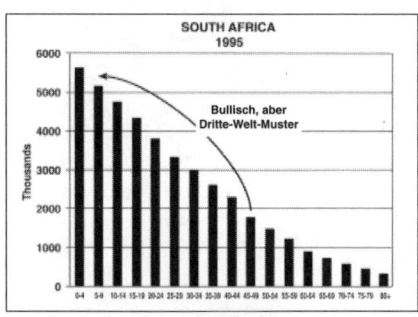

Schautafel 3.46: Südafrika

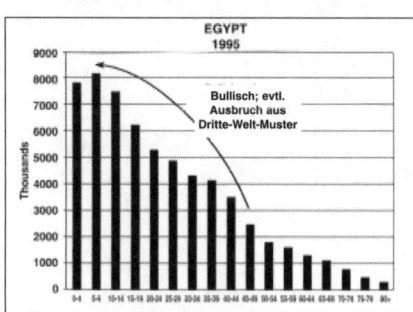

Schautafel 3.47: Ägypten

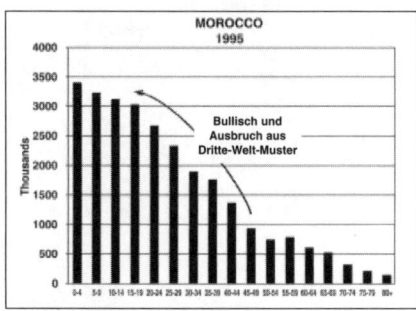

Schautafel 3.48: Marokko

111

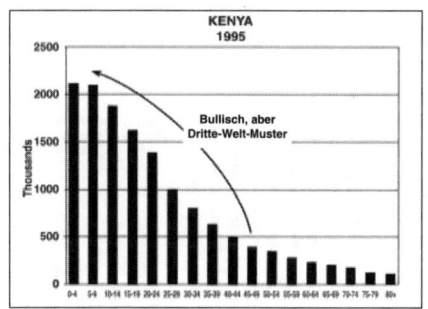

Schautafel 3.49: Kenia

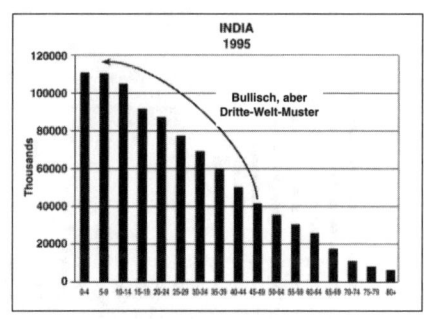

Schautafel 3.50: Indien

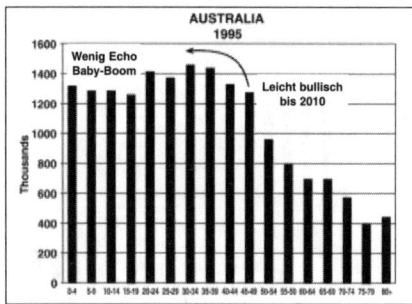

Schautafel 3.51: Australien

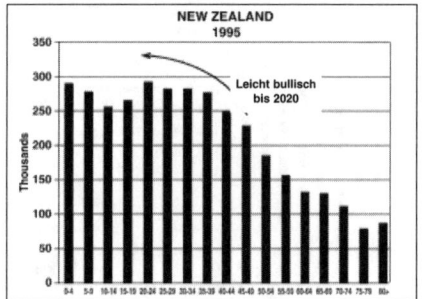

Schautafel 3.52: Neuseeland

112

TEIL 2

Das Leben im Zeitalter des Internets

KAPITEL 4:
Die wahre Informationsrevolution

Die Geschichte zeigt es eindeutig: Der technische Fortschritt verändert unseren Arbeitsplatz und unser Privatleben und erhöht unseren Lebensstandard. Deshalb liegt heute auch folgende Frage nahe: Wenn die Informationstechnologie so leistungsfähig ist, warum hat sich dann unser Lebensstandard in den letzten 25 Jahren nicht verbessert? Haben nicht nur einige wenige davon profitiert, nämlich die Menschen mit dem höchsten Bildungsstand, die Neuem gegenüber am aufgeschlossensten sind und am meisten von Technologien verstehen? Diese Frage kann weder eindeutig bejaht noch verneint werden.

Es ist richtig: Die Kluft zwischen Arm und Reich ist größer geworden, wie es im Frühstadium einer technologischen Revolution stets der Fall ist. Zum Beispiel ist seit 1970 der gemessene Lebensstandard der oberen 20 Prozent der Gesellschaft beträchtlich gestiegen, während die mittleren 60 Prozent nur eine leichte Steigerung und die untersten 20 Prozent einen drastischen Abfall verspürten. Andererseits geben diese Statistiken nicht die Verbesserung der Qualität, Vielfalt, und Sicherheit sowie des Komforts wieder, die von der wachsenden Palette an Produkten und Dienstleistungen ausgeht, auf die heute die meisten von uns zurückgreifen können.

Trotzdem kann man mit einiger Sicherheit behaupten, daß der Durchschnittsbürger nicht das Gefühl hat, es gehe ihm besser. Es ist eher so, daß sich die meisten Menschen heutzutage angesichts der enormen gesellschaftlichen Veränderungen überfordert fühlen. Dieses Gefühl entspringt teilweise durchaus der Realität: Wir erleben derzeit enorme Umwälzungen. Dennoch beruht dieses Gefühl zum Teil auf der Art und Weise, wie wir uns selbst und unsere Wirtschaft wahrnehmen. Es beruht auf den Informationen, die uns zur Verfügung stehen oder indirekt erreichen. Viele Menschen in meiner Berufssparte haben durch eine Unterschätzung der bemerkenswerten Verbesserung unseres gesamten Lebensstandards zu einer solchen Wahrnehmung beigetragen, und die Medien haben die negativen Auswirkungen der wirtschaftlichen Umwälzungen überbetont. In diesem Kapitel werden Sie eine andere Sichtweise der gegenwärtigen Ereignisse vermittelt bekommen. Sie werden erfahren, warum ich vorhersage, daß wir bald den größten Boom aller Zeiten erleben werden.

Das in meinem Buch *The Great Boom Ahead* dargelegte Prinzip der S-Kurve gibt uns die Gewißheit, daß die Trends der letzten beiden Jahrzehnte sich nicht nur fortsetzen, sondern sogar noch beschleunigen werden. Und was wird das Ergebnis sein? Die Technologie, die bereits das Leben einiger weniger verändert hat, wird bald mehr und mehr Verbraucher erreichen. Auf der Suche nach Produkten, die ihnen helfen, Zeit zu sparen, und das Leben einfacher machen, werden die Verbraucher massenhaft online gehen. Dieser Zeitpunkt wird den eigentlichen Beginn der Informationsrevolution darstellen, die nicht nur unsere sozialen Beziehungen und unsere Arbeit verändern wird, sondern auch unsere Beziehungen zu den Unternehmen, die uns Produkte oder Dienstleistungen anbieten. Die gerade anbrechende Computerrevolution wird unser Leben weit stärker verändern als die Fließbandrevolution des letzten Jahrhunderts.

Wann wird es soweit sein? Gleich nach der Jahrtausendwende, im Jahr 2001 oder 2002. Die kurzfristige Bedeutung des Internets ist in den Medien oft überzeichnet worden. Gerade diese Art von Propaganda führt dazu, daß die meisten Menschen die wahren Auswirkungen und den wahren Wert des Internets skeptisch betrachten. Seine langfristigen Auswirkungen jedoch unterschätzen noch immer die meisten von uns, sogar jene, die bereits auf den Zug aufgesprungen sind. Wir werden die wahre Bedeutung des Internets erst erkennen, wenn wichtige Innovationen, die der Benutzerfreundlichkeit zugute kommen, den Kunden erreicht haben, und wir werden seine wahre Leistungsfähigkeit erst erleben, wenn die Bandbreite der Datenautobahn (ein Fachausdruck für die Datenübertragungskapazität pro Zeiteinheit) deutlich zunimmt. Beide Veränderungen – die der Benutzerfreundlichkeit und die der Bandbreite – sind Gegenstand dieses und des nächsten Kapitels. Ich möchte Ihnen einen Vorgeschmack auf die größte technologische Revolution aller Zeiten bieten – und Sie zugleich auf die riesigen Veränderungen vorbereiten, die sie nach sich ziehen wird.

Sie fragen sich vielleicht: „Haben wir denn die Informationsrevolution nicht schon erlebt?" Computer gibt es bereits seit den fünfziger Jahren! Die meisten Unternehmen sind mit Computern ausgestattet und die meisten Arbeitnehmer in landwirtschaftlichen und produzierenden Betrieben, in der Verwaltung und im Handel, in technischen und akademischen Berufen sowie in leitenden Stellungen benutzen am Arbeitsplatz Computer; aber diese sogenannte Informationsrevolution hat die Produktivität noch nicht auf breiter Front erhöht. Außerdem hat sie den meisten von uns bisher keine deutlich höhere Lebensqualität beschert.

Um zu begreifen, wie die Technologie sich selbst und auch uns verändert, müssen wir auch verstehen, wie innovative Produkte und Dienstleistungen auf den breiten Markt gelangen oder, um es genauer auszudrücken, wie sich der Vorgang der Einführung dieser Technologien vorhersagen läßt. Ein Beispiel: Die Industrieprodukte des späten 19. Jahrhunderts – zum Beispiel die Elektrizität, das elektrische Licht, das Auto und der Elektromotor – wurden bereits in Betrieben eingesetzt, lange bevor sie im Haushalt benutzt wurden. Bis zu den Goldenen Zwanzigern gab es weder einen deutlichen wirtschaftlichen Aufschwung noch einen starken Produktivitätszuwachs. Dann erst wurden diese Innovationen zu Konsumgütern und waren aus Haushalten wie aus Unternehmen nicht mehr wegzudenken.

Was können wir hieraus lernen? Enorme Verbesserungen der Produktivität und unseres Lebensstandards hinken hinter der Einführung neuer Technologien her. Es dauert drei oder vier Jahrzehnte, bis innovative Produkte und Dienstleistungen den Massenmarkt erobern. Aber wenn es einmal soweit ist, dann müssen Sie sich auf große und rasante Veränderungen gefaßt machen!

DIE PROBLEME EINER VOLKSWIRTSCHAFT IM UMBRUCH

Wir befinden uns inmitten eines riesigen Umschwungs von einer alten zu einer neuen Wirtschaft. Der Mensch akzeptiert Veränderungen selbst unter den besten Umständen nur widerwillig. Die massiven Veränderungen, die uns heute bevorstehen, sind folglich noch schwerer zu akzeptieren. Wenn wir unsere gegenwärtige Situation einschätzen, müssen wir bedenken, daß auch die bisherige Entwicklung ihre zwei Seiten hat.

In den letzten beiden Jahrzehnten verharrte der Lebensstandard der meisten von uns auf dem gleichen Stand. Doch für manche Menschen und manche Wirtschaftszweige entwickelte sich die Lage eindeutig zum Schlechteren. Die bisherige Wirtschaft und ihre Produkte, Technologien und Arbeitsweisen haben ein Stadium der Reife erreicht. Um wettbewerbsfähig zu bleiben, versucht diese Wirtschaft nun, sich umzustrukturieren und ihre herkömmlichen Praktiken und Anschauungen zu ändern. Dieser auf lange Sicht vorteilhafte Schachzug stiftet gegenwärtig Furcht und Verwirrung.

Deshalb müssen wir die Geschichte aus einem anderen Blickwinkel erzählen: Die neue Wirtschaft, die den nächsten Aufschwung und eine rasche Verbesserung des Lebensstandards bewirken wird, ist unverbraucht und wächst zusehends. Natürlich hat sie die gleichen Kinderkrankheiten wie jedes neue Unternehmen, aber sie birgt auch zahllose Möglichkeiten. Der neue Aufschwung wird seine Initialzündung durch zwei vorhersagbare Trends erfahren, die wir zur Zeit beobachten können: Es geht zum einen um den Höhepunkt des Konsumverhaltens der Baby-Boom-Generation und zum anderen um neue, leichter bedienbare

Heimcomputer, die das Internet zu einer unverzichtbaren Technologie der Massenkommunikation machen werden.

Bevor wir uns diesen Trends zuwenden, wollen wir zunächst herausfinden, was wir aus der letzten Informationsrevolution für das Ende dieses Jahrtausends und die kommenden Jahrzehnte lernen können.

DIE LETZTE INFORMATIONSREVOLUTION

Gutenbergs Druckerpresse war die Erfindung, die die erste Revolution der Masseninformation auslöste. In den darauffolgenden Jahrhunderten revolutionierten neue Kommunikations- und Handelswege die Produktivität und sorgten für einen langfristigen wirtschaftlichen Aufschwung. Der Kapitalismus und die spätere Industrialisierung lösten gigantische Veränderungen des Lebensstandards aus. Der Wandel des täglichen Lebens und der Arbeit war unumkehrbar. Lassen Sie uns einmal das Wie und Warum dieses Umschwungs betrachten.

Es läßt sich zeigen, daß den wahren Ursprung der industriellen Revolution die Druckerpresse darstellte. Sie war eine der ersten Erfindungen, die der Massenproduktion diente, nämlich der massenhaften Produktion gedruckter Schriften. Noch älter war nur die Massenproduktion langstreckentauglicher Schiffe in Venedig, die wir allerdings auch unter der großen Rubrik „Kommunikationstechnologie" einordnen könnten, da sie dem mittelalterlichen Europa den Kontakt mit anderen Regionen erleichterte. Bevor Gutenberg Mitte des 15. Jahrhunderts die beweglichen Typen erfand, war nur ein verschwindend kleiner Teil der Bevölkerung des Lesens mächtig; noch weniger Menschen hatten Zugang zu gedruckten Büchern und anderen Materialien, und private Bibliotheken existierten so gut wie gar nicht. Wußten Sie zum Beispiel, daß es zur Zeit der Erfindung der Druckerpresse auf der ganzen Welt nur 300 Bibeln gab? 40 Jahre nach Gutenbergs Erfindung waren 20 Millionen Bücher im Druck erschienen und die Anzahl der Analphabeten nahm stetig ab. In den darauffolgenden Jahrzehnten erfuhr die Welt einen enormen Wandel, der größtenteils auf die erste Informationsrevolution und die Einführung einer Reihe von wichtigen Technologien zurückzuführen war. Beispiele hierfür sind:

- Spektakuläre Fortschritte im Bereich der astronomischen Navigation und des Schiffsbaus halfen den Europäern bei der Entdeckung einer neuen Welt – Amerika – und später bei der Erkundung des gesamten Erdballs.
- Die Erfindung des Schießpulvers und anderer Kriegstechnologien verlieh dem Begriff der Streitmacht eine neue Bedeutung und sorgte für die Festigung der großen Nationalstaaten.

118

- Die Revolution der Naturwissenschaften, die mit Kopernikus und Galileo begann, leitete den größten naturwissenschaftlichen Wissensschub in der Geschichte der Menschheit ein.
- Die Eröffnung neuer Handelsrouten ermöglichte den weltweiten Austausch von Erzeugnissen wie Lebensmitteln, Gewürzen und Textilien. Dadurch wurde der Handel und die Kontakte zwischen der alten und der neuen Welt belebt.
- Während der erforschte Teil der Welt sich immer weiter ausdehnte, vervierfachte sich die Bevölkerung der alten Welt innerhalb eines Jahrhunderts.
- Das Machtzentrum der Welt verschob sich vom Mittelmeerraum (Italien, Griechenland und Frankreich) an die Atlantikküste Westeuropas (Spanien, Portugal, Niederlande, Belgien, Deutschland und England), später dann weiter westwärts in die neuen Kolonien in Amerika.
- Die Grundlagen des „Wirtschaftens" wandelten sich: Große Produktionsstätten wurden zur Kostensenkung aufs Land verlagert, verbesserte Transportmöglichkeiten erlaubten eine Spezialisierung der Produktion, in der Geschäftswelt setzten sich Buchhaltungssysteme wie die heute übliche doppelte Buchführung durch und zur Finanzierung großer Handelsunternehmen wurden zum ersten Male Aktien benutzt.

DIE URSPRÜNGE DER NÄCHSTEN INFORMATIONS-REVOLUTION

Die erste Informationsrevolution, die auf Gutenbergs Druckerpresse beruhte, ebnete dem Kapitalismus – der Grundlage des modernen Handels – den Weg. Die Geschichte der letzten fünf Jahrhunderte legt Zeugnis ab von den riesigen Veränderungen, die diese Revolution in der Geschäftswelt und in der Gesellschaft nach sich zog – Veränderungen, die sich Gutenberg kaum hätte vorstellen können.

Die industrielle Revolution der letzten beiden Jahrhunderte war ganz einfach die Potenzierung der enormen Veränderungen, die im späten 15. Jahrhundert begannen und unser Wissen, unser geographisches Weltbild und die Produktion revolutionierten. Heute stehen wir vor dem Beginn eines neuen 500 Jahre dauernden Zyklus des Wandels.

Der Transistor, auf dem die heutige Computer- und Kommunikationstechnologie basiert, wurde fast genau 500 Jahre nach der Druckerpresse erfunden, nämlich im Jahr 1947. Wenn sich in der Zukunft Historiker mit unserer Gegenwart auseinandersetzen, werden sie gleichermaßen erstaunliche Veränderungen der Geschäftswelt und der Gesellschaft beschreiben, Veränderungen, die wir uns heute noch kaum vorstellen können. Drei wichtige und leicht vorhersagbare Trends werden dabei im nächsten Jahrzehnt zusammenwirken:

• In Amerika und in den meisten Industrieländern wird die riesige Baby-Boom-Generation zwischen 1998 und 2009 den Höhepunkt ihres Konsumverhaltens erreichen. Die Weltbevölkerung hat sich im Laufe des letzten Jahrhunderts vervierfacht und wächst weiter. Die Weltwirtschaft wird weiterhin rapide wachsen.

• Die Dritte Welt wird die Industrialisierung schnell vorantreiben, was Milliarden von Menschen den Lebensstandard der Mittelschicht ermöglichen und eine echte Weltwirtschaft schaffen wird.

• In den Industrienationen werden äußerst leistungsfähige Computer- und Softwaretechnologien den breiten Markt erobern und einen schnellen und unkomplizierten Zugang zu Informationen, Produkten und Dienstleistungen möglich machen. Die dadurch entstehende neue Wirtschaft wird kundenspezifische Produkte zu den Preisen heutiger Massenprodukte anbieten können.

Heute gibt es äußerst leistungsfähige neue Technologien, die unsere Welt verändern: Computer, elektronische Kommunikationstechniken, Düsenflugzeuge, Raumfahrttechnik, angewandte Biotechnik, Atomkraft und die Energiegewinnung aus natürlichen Ressourcen. Wir werden bald Zeugen des eigentlichen Beginns der zweiten Informationsrevolution werden: der massenhaften Nutzung des Internets, das des Lesens und Schreibens kundige Menschen zu einem globalen Netzwerk der Kommunikation, des Handels und des Wissens zusammenschließen wird. Diese Revolution wird noch weit gewaltiger sein, als wir uns das heute vorstellen können. Wenn das Internet vom größten Teil der Bevölkerung genutzt wird, bedeutet das nicht wie der Übergang von der Postkutsche zum Telegraphen und später zum Telefon oder von der Dampfmaschine zur Eisenbahn und schließlich zum Automobil nur einfach einen neuerlichen Fortschritt. Vielmehr bedeutet es einen technologischen Quantensprung, eine Informationsrevolution, der mindestens so viel Bedeutung zukommt wie der Erfindung der Druckerpresse.

DIE AUSWIRKUNGEN DES INTERNETS

Das Internet hat dieselbe Bedeutung für den nächsten wirtschaftlichen Aufschwung wie das Fließband für die Goldenen Zwanziger. Es wird die Produktivität potenzieren, so daß neue Technologien, Produkte und Dienstleistungen schnell auf den breiten Markt gelangen. Die weitverbreitete Nutzung des Internets und verwandter Technologien wird die Art und Weise, wie wir unser Leben und unsere Arbeit gestalten, von Grund auf verändern: Wir werden in unserer Wirtschaft den Beginn der direkten Beziehungen zwischen Produzenten und Kunden sehen, wie auch bereits in Kapitel 1 dargelegt wurde. Während die durch die Fließbandproduktion ausgelösten Veränderungen vor allem eine Revolution der Produktion bedeuteten, wird sich die jetzige Revolution vor allem auf den Vertriebs- und Marketingbereich erstrecken. Hier einige der Veränderungen:

- Viele Tätigkeitsebenen in Verwaltung, Marketing und Vertrieb werden zusammengefaßt, was die Kosten drastisch reduzieren und eine effizientere Versorgung der Verbraucher mit Produkten und Dienstleistungen ermöglichen wird.
- Unternehmen werden in der Lage sein, Produkte und Dienstleistungen mit geringen Kosten den individuellen Bedürfnissen der Kunden anzupassen. Dadurch wird sich die Qualität erhöhen und maßgeschneiderte Luxusartikel werden erschwinglicher werden.
- Die Praxis der Unternehmensführung wird völlig anders aussehen. Erfolgreiche Firmen werden bürokratische Strukturen eher eliminieren als optimieren und von einer traditionellen, abwärts gerichteten hierarchischen Unternehmensstruktur zu einer stärker kundenorientierten Struktur übergehen, die wie das Internet aufwärts gerichtet sein wird.

Wir werden den Nutzen des Internets dann verstehen, wenn wir weniger Zeit darauf verschwenden, sinnlos herumzusurfen, und mehr Zeit damit verbringen, uns mit nützlichen Informationen und Diensten zu beschäftigen, die wir automatisch nutzen können. Bereits jetzt kommt immer sehr leistungsfähige Software auf den Markt, die das Internet unter Berücksichtigung unserer Vorlieben durchsucht. Für spezielle Zwecke konzipierte Computer, die unseren übrigen Haushaltsgeräten gleichen, werden einfacher zu durchschauen und zu bedienen sein als die PCs, mit denen wir heutzutage umgehen müssen. Bald werden wir eine Art persönlichen Butler oder Privatsekretär besitzen, der – auf unsichtbare Software und Server-Systeme gestützt – die Benutzung des Datennetzes einfach und praktisch machen wird. Dann können wir unsere Zeit effizient nutzen: Wir können die Informationen lesen oder hören, die wir wirklich benötigen, oder mit Experten per Telekonferenz Rücksprache halten. Unsere routinemäßigen Einkäufe und Erledigungen werden aufgezeichnet und automatisiert werden. Die Güter des täglichen Bedarfs werden von den Händlern dann geliefert werden, wenn wir sie brauchen. Unsere Haushaltsgeräte werden auf unsere täglichen Abläufe und sogar auf unsere spontanen Bedürfnisse abgestimmt sein. Genau wie die elektrischen Maschinen, die uns in den vergangenen Jahrzehnten die meisten körperlichen Tätigkeiten im Beruf und im Haushalt abgenommen haben, wird uns das Internet Zeit sparen lassen, so daß wir uns Wichtigerem zuwenden können.

Nachdem wir die anstrengende Zeit überstanden haben, in der wir länger und härter arbeiten mußten, um den Anschluß nicht zu verpassen, wird der kreative und ökonomische Umgang mit der Zeit zum Statussymbol des nächsten Jahrzehnts werden.

Wir müssen uns einen besseren Überblick über die Veränderungen und Möglichkeiten verschaffen, die sich in Bezug auf unsere Arbeit und unsere Investitionen sowie im Alltag ergeben werden. Damit wir in dieser Zeit der dramatischen Veränderungen bestehen können, müssen wir sowohl die Bedeutung der neuen Technologien verstehen als auch die sozialen Veränderungen, die sie mit sich bringen werden. Die wichtigsten dieser Veränderungen sind vorhersagbar. Wenn wir sie jetzt verstehen, haben wir genug Zeit und Ressourcen, um intelligent auf die zufälligen und chaotischen Veränderungen zu reagieren, die wir nicht vorhersagen können.

Die neuen Möglichkeiten setzen eine weitverbreitete Vertrautheit im Umgang mit Computern voraus, die sich in den Jahrzehnten, die vor uns liegen, zwangsläufig ergeben wird, da mehr und mehr Menschen mit Computern aufwachsen. Warten Sie nicht, bis alle anderen auf den Zug aufgesprungen sind. Machen Sie sich jetzt mit der Nutzung von Computern vertraut und bereiten Sie sich auf die nächste Informationsrevolution und den größten Boom aller Zeiten vor!

VON DER EINBAHNSTRASSE ZUR AUTOBAHN

Um die Geschichte des Computers und die zentrale Bedeutung des Internets besser verstehen zu können, wollen wir einen Blick auf die Geschichte des Automobils werfen. Sie werden schnell die Parallelen zwischen dem Auto und dem Computer erkennen, wie auch die Parallelen zwischen dem riesigen Netz aus und Straßen und Autobahnen, das unser ganzes Land durchzieht, und dem Internet.

Als das Automobil eingeführt wurde, konzentrierten sich die Autohersteller darauf, ihre Autos der Allgemeinheit zu erschwinglichen Preisen anzubieten. Henry Ford standardisierte zum Beispiel das Design und die Einzelteile des Model T und setzte dann als erster eine Fertigungsstraße ein, um Autos in Massen zu produzieren. Danach führte General Motors die Finanzierung durch Ratenzahlung ein, um das Auto für die größtmögliche Zahl von Verbrauchern erschwinglich zu machen. In den darauffolgenden Jahren entwickelten die Autohersteller immer neue Technologien, um ihre Autos einfacher bedienbar und für den Durchschnittsverbraucher attraktiver zu machen. Elektronische Zündung, luftgefüllte Reifen, Servolenkung, Bremskraftverstärker und automatische Getriebe – durch sie wurde das Grundkonzept des Autos aufgewertet. All das gehörte zur Phase Eins – der Phase des Einsatzes neuer Technologien zur Verbesserung eines Produkts, in diesem Fall des Automobils.

In Phase Zwei konzentrierte man sich darauf, das Automobil noch nützlicher zu machen. Man teerte bestehende Straßen und baute neue, um die Reichweite und die Reisegeschwindigkeit der Autos zugunsten ihrer Besitzer erhöhen zu können. Im Verlauf dieses Jahrhunderts sind ständig Verbesserungen unserer Verkehrsinfrastruktur durchgeführt worden – Autobahnen, Schnellstraßen, Brücken und Tunnels wurden gebaut, Verkehrsschilder und -ampeln wurden eingeführt. Heute erachten die Menschen ihre Personen- und Lastkraftwagen als unverzichtbar und gebrauchen sie weit häufiger als zur der Zeit, zu der das Auto auf den breiten Markt gelangte.

Phase Eins, die Fertigung von Autos, wurde also durch Phase Zwei, den Bau eines weitläufigen und komplexen Straßennetzes, deutlich positiv verstärkt.

Bezüglich der Entwicklung und Vermarktung des Personalcomputers läßt sich ein ähnlicher Zwei-Phasen-Verlauf erkennen. In den meisten Unternehmen und vielen Haushalten hat heute das Gerät auf dem Schreibtisch die Leistungsfähigkeit eines Großrechners der frühen achtziger Jahre. Innovative Softwarehersteller haben die Personalcomputer inzwischen weit „persönlicher" gemacht, wenn es auch noch viel zu verbessern gibt. Die graphische Darstellung von Informationen und der Gebrauch von Bildschirmsymbolen zum Anklicken machen den Umgang mit Computern um vieles leichter. Computer sind so leistungsfähig, daß sie auch anspruchsvolle geschäftliche Aufgaben übernehmen können. Darüber hinaus können sie so alltägliche Dinge wie die Buchführung oder das Schreiben von Briefen stark vereinfachen. Dies alles stellt noch Phase Eins dar.

Wir erleben derzeit den Beginn der Verwirklichung von Phase Zwei der Computerrevolution: der Konstruktion der Datenautobahnen, die uns einfach und bequem durch ein weitläufiges Informationsnetzwerk reisen lassen werden. Allein in den letzten fünf Jahren hat es unglaubliche Software-Neuentwicklungen gegeben, die dazu beitragen, den Verkehrsfluß zu bewältigen, darunter schnellere Switches und Router, Webbrowser und Suchmaschinen sowie eine mobile Software, die Java heißt und eingesetzt wird, um den Austausch zwischen den Computern der Endbenutzer und den sogenannten Hostrechnern oder Servern zu erleichtern. Andere Innovationen der letzten Zeit gestatten es uns, mittels Standleitungen, die direkt ins Haus führen, die Bandbreite zu vergrößern; Satelliten in niedrigen Umlaufbahnen ermöglichen auch ländlichen und mobilen Benutzern den Zugang. Kurz gesagt: Die Internet- und die expandierende Bandbreitentechnologie sind für das Computerzeitalter, was Jahrzehnte des Straßenbaus für das Auto waren: Sie werden den Computer zu einem persönlichen und im Beruf wie im Haushalt unverzichtbaren Hilfsmittel machen.

Phase Eins, der Bau von Personalcomputern und geschäftlich genutzten Rechnern, wird also durch Phase Zwei positiv verstärkt werden – dem Bau eines immensen und komplexen Netzwerks zur Computerkommunikation, das durch benutzerfreundliche Computertechnik unterstützt wird. Bedenken Sie bitte, daß Autos einst so schwer bedienbar waren wie es heute Computer sind.

Die Goldenen 2000er Jahre werden endlich die wahre Computer-Informationsrevolution bringen: das Zusammenspiel von leicht bedienbaren Computern und leistungsfähigen Informations-Servern. In dieser Phase wird der Verbraucher dafür sorgen, daß die Computer- und Kommunikationsindustrie ihm liefert, was er will, wie er es will und wann er es will. Dann wird endlich der einzelne Bürger und Verbraucher wieder ein Mitspracherecht erhalten und das Versprechen eingelöst werden, das uns allen zu Beginn der Personalcomputer-Revolution gegeben wurde.

INTERAKTION: DER SCHLÜSSEL ZU MEHR WOHLSTAND

Wenn man den wirtschaftlichen Fortschritt im Verlauf der Geschichte betrachtet, so wird eines klar: Je mehr wir interagieren, desto wohlhabender werden wir. Die großen Reiche wurden geschaffen, um Handel und Kommunikation zu erleichtern. Aber der größte Fortschritt im Hinblick auf menschliche Interaktion ereignete sich in den USA Ende des 19. Jahrhunderts, als die Amerikaner in großer Zahl vom Land in die Großstadt zogen. Die Produktivität und der Lebensstandard haben sich in den vergangenen 100 Jahren mehr erhöht als jemals zuvor in der Geschichte. Zum Beispiel lag die durchschnittliche Produktivitätsrate von 1900 bis Ende der sechziger Jahre bei 3 Prozent im Jahr, wohingegen im 19. Jahrhundert trotz der technologischen Leistungskraft der industriellen Revolution noch 1-1,5 Prozent die Norm waren. Warum ist das so? Großstadtbewohner sind besonders interaktiv, innovativ und spezialisiert. Dann dehnten sich die Großstädte plötzlich aus, bis sie von Vorstädten umgeben waren. Somit erhöhte sich die Bevölkerungsdichte und die Interaktivität bis weit jenseits der eingegrenzten Innenstadtgebiete.

Sehen Sie sich bei Gelegenheit einmal einen Computerchip etwas genauer an. Sie werden feststellen, daß er einer dichtbevölkerten Stadt im Miniaturformat ähnelt und somit vielleicht unsere Entwicklung hin zu einer immer kompakteren und immer interaktiveren Welt symbolisiert. Ähnlich wie die Leistungsfähigkeit des Microchips durch die Bereitstellung von immer mehr Kommunikationspfaden verbessert wird, steigt heute zusehends die Leistungsfähigkeit der direkten Kommunikation von Mensch zu Mensch – und die traditionellen bürokratischen Hierarchien brechen zusammen. Das gibt uns die Freiheit, sowohl mehr als auch sinnvoller zu kommunizieren. Vor einem Jahrhundert machten zum Beispiel sehr wenige Menschen Auslandsreisen. Heute haben manche Jugendliche mehr Freunde irgendwo auf der Welt, die sie durch das Internet kennengelernt haben, als in ihrer Nachbarschaft oder Schule. Das kommt daher, daß sie mit interaktiven Kommunikationstechnologien aufgewachsen sind, die wir uns niemals hätten träumen lassen.

Wenn das Internet erst allgemeine Akzeptanz gefunden hat, wird dies die zweite Informationsrevolution innerhalb von 500 Jahren bedeuten. Durch sie wird es uns möglich sein, praktisch jeden Menschen auf der Welt kennenzulernen, ohne zu verreisen. Durch sie werden wir einfachen und direkten Zugang zu Informationen, Produkten und Dienstleistungen erhalten. Und durch die Automatisierung zahlreicher zeitaufwendiger Arbeiten im Beruf wie im Haushalt wird uns mehr Zeit für die Dinge zur Verfügung stehen, denen wir uns wirklich widmen wollen.

Wie wäre es beispielsweise, wenn Sie in einem kleinen Erholungsort leben, persönliche Besprechungen mittels eines videofähigen Internetanschlusses abhalten und nur für wirklich wichtige Treffen von Angesicht zu Angesicht oder in den Ferien verreisen würden? Um Ihnen eine Vorstellung von dem zu vermitteln, was uns schon bald erwartet, werde ich einige der Schlüsseltechnologien umreißen, die unsere Möglichkeiten, zu interagieren und zu lernen, mitgestalten werden.

Smart Cards – unsere persönlichen Assistenten

Die persönlichste Computertechnologie, die wir nutzen werden, wird die Smart Card sein. Sie wird noch leichter zu verstauen sein als der brieftaschengroße Computer, den Bill Gates vorhersagte. Eines Tages wird sie alle Daten über uns enthalten, die man benötigt, um mit der digitalen Welt in Verbindung zu treten. Dazu werden gehören:

- Finanzdaten, zum Beispiel die Bank- und Investmentkonten, Kredit-karten, Kreditlimits und die persönliche Kreditgeschichte;
- Gesundheitsdaten, zum Beispiel alle behandelnden Ärzte, die per-sönliche Krankengeschichte, Krankenhausaufenthalte, Operationen, medikamentöse Therapien und Allergien;
- Versicherungsdaten sowie andere urkundliche Nachweise wie Testa-mente oder Anwaltsvollmachten;
- Informationen über persönliche Vorlieben, zum Beispiel die bevor-zugte Fluggesellschaft, das Vielflieger-Programm sowie geschäftliche und persönliche Kontakte.

Wir werden die Smart Card benutzen können, um mit jedem beliebi-gen digitalen Gerät an jedem Ort, zu jeder Zeit und ohne unser Zutun in Kontakt zu treten. Sie wird alle Informationen und Codierungen tra-gen, die für die Kommunikation mit anderen digitalen Geräten nötig sind, ohne daß wir uns mit der digitalen Technologie auseinandersetzen müssen. Und das Beste: Die Smart Cards werden Unternehmen prakti-sche, sinnvolle Informationen zur Verfügung stellen und so den enor-men Verwaltungsaufwand reduzieren, der heute nötig ist, damit wir richtig bedient werden. Der Abbau der Bürokratie wird die Kosten sen-ken und den Service verbessern: Haben Sie in letzter Zeit Bekanntschaft mit der Aufnahmeabteilung eines Krankenhauses gemacht?

Wenn wir zum Beispiel mit einem Online-Reisebüro in Verbindung treten, helfen uns die Daten auf unserer Smart Card, eine Fluggesell-schaft auszuwählen; sie stellt sicher, daß dem Büro unsere Vielflieger-Nummer vorliegt, und unterstützt uns bei der Auswahl derjenigen Flug-route, die am ehesten unseren Vorlieben und finanziellen Möglichkeiten entspricht. Wenn wir uns dann entschieden haben, wird das Ticket auf die Chipkarte geladen, und wenn wir am Flughafen ankommen, müs-sen wir die Karte am Flugsteig nur noch durch ein Lesegerät ziehen, unser Gepäck an der Zugangstür zum Rollfeld abgeben und das Flug-zeug besteigen. Es wird nicht mehr nötig sein, beim Check-in oder am Ticketschalter lange anzustehen.

Wenn wir auf dem Transport ins Krankenhaus bewußtlos sind, kann die Smart Card in ein Lesegerät gesteckt werden und den Sanitätern Aufschluß darüber geben, wer wir sind, wie unser Versicherungsschutz aussieht und wie sie unseren Hausarzt erreichen können. Außerdem enthält sie detaillierte Informationen über unsere Krankengeschichte und erforderliche Pflegemaßnahmen. Die Technik wird die wichtigen Informationen einfach bei Bedarf liefern, ganz automatisch.

Da sie für praktisch alle Transaktionen benutzt wird, ist eine Smart Card so etwas wie ein persönlicher Buchhalter, der 24 Stunden am Tag erreichbar ist. Um zu verfolgen, wie und wo wir unser Geld ausgeben, werden wir einfach die aufgezeichneten Daten unserer Transaktionen in ein Finanz-Softwareprogramm einspeichern und prompt alle Anworten bekommen, die wir suchen.

Tragbare Smart Phones und Personalcomputer – mobiler Zugang zu Menschen und Daten

Die Automatisierung von Routinearbeiten im Beruf und im Haushalt bedeutet, daß wir wahrscheinlich aktiver und mobiler werden; aber auch dann müssen wir mit anderen in Kontakt bleiben. Einer der größten Computertrends wird die zunehmende Popularität tragbarer „Smart Phones" und kleiner Personalcomputer sein, die bald sprachaktiviert und sogar videofähig sein werden. Sie werden durch analoge Funktelefonnetze, Personal Communications Systems (PCS), digitale Funktelefonnetze und Satelliten in niedrigen Umlaufbahnen miteinander verbunden sein und uns somit den Zugang zu riesigen Datenmengen erleichtern – und zwar überall und zu jeder Zeit.

Die drahtlose Kommunikation – besonders Voice- und E-Mail – wird zum meistgenutzten Teil der Datenautobahn avancieren. Schon heute ist es einfacher, auf den Web-Seiten von Federal Express den Lieferstatus einer Sendung abzufragen, als sich mittels eines Anrufs zu erkundigen, während dessen man automatisch durch ein endloses Menü mit verschiedensten Optionen geführt oder von Operatoren und Service-Angestellten durch ein bürokratisches Labyrinth geleitet wird.

Eines Tages wird jedes Ihrer Familienmitglieder ein tragbares Smart Phone oder einen tragbaren Computer besitzen und wie selbstverständlich immer bei sich haben. Die Unterschiede werden nur die Ausstattung der Geräte betreffen: Manche werden nur einfache Telefone für E-Mails, Gespräche und Faxe brauchen, während andere videofähige tragbare Computer mit Farbmonitoren besitzen werden. Aber gleich, welches tragbare Gerät wir auch auswählen: es wird einfacher für uns sein, mit unseren Geschäftspartnern, Familienmitgliedern und Freunden in Kontakt zu bleiben, wenn wir unterwegs sind.

Computerkioske – mobiler Zugang zu noch mehr Daten

Wenn der Durchschnittsverbraucher tragbare digitale Geräte benutzt, wird dies den Erfolg der Informationsrevolution bedeuten. Einerseits werden Smart Cards, Smart Phones und tragbare Computer immer leistungsfähiger und benutzerfreundlicher. Andererseits wird zum Erfolg solcher Geräte eine Kommunikationsinfrastruktur beitragen, die ihren

Einsatz sinnvoll macht. Dazu werden auch intelligente stationäre Computer gehören, die mit den tragbaren Geräten Kommunikationsverbindungen eingehen und schnell ungeheure Mengen von Daten senden und empfangen können.

Wenn Sie sich gerade nicht zu Hause oder im Büro befinden, können Ihnen in praktischen Kiosken untergebrachte, stationäre Computer die Informationen verschaffen, die Sie gerade nicht auf ihrem tragbaren Gerät mit sich führen. Denken Sie einmal an den Geldautomaten in der nächstgelegenen Bank. Stellen Sie sich jetzt vor, er würde statt mit Bargeld oder dem Stand Ihres Sparguthabens mit einer Vielzahl unterschiedlicher Informationen und Dienste aufwarten. In den nächsten Jahrzehnten werden wir Maschinen sehen, die Geldautomaten zwar sehr ähnlich sein werden, sich aber zu leistungsfähigen Informationszugangsstationen für Berufstätige und Verbraucher unterwegs entwickelt haben werden. Sie werden in einem Einkaufszentrum, in einem Lebensmittelladen, auf einem Flughafen, in einem Hotel oder in einem Bürogebäude an eine solche Maschine herantreten und nach Entrichtung einer geringen Gebühr spezielle Informationen versenden oder empfangen können, die auf Ihrem tragbaren Computer nicht ständig gespeichert sein könnten.

Wenn Sie sich beispielsweise auf Reisen befänden, dann könnten Sie eine farbige Landkarte oder einen Reiseführer auf Ihren PC herunterladen. Oder Sie könnten direkt mit einem Online-Unternehmen oder einem Online-Katalogversand in Kontakt treten und sich bestimmte Waren schicken lassen. Oder Sie könnten Bestellungen Ihrer Kunden direkt an das Bestellannahme- und Versandsystem Ihrer Firma weiterleiten. Solche Computerkioske werden Menschen Informationen liefern, die gerade unterwegs sind und keinen Zugang zu ihren leistungsfähigen, stationären Computern zu Hause oder im Büro haben.

Stationäre Computer – die Informations-, Geschäfts- und Unterhaltungscenter im Haushalt und im Büro

Die leistungsfähigsten Informationssysteme werden die in Haushalten und Büros eingesetzten stationären Computer sein. Diese zuverlässigen Geräte werden die aufwendige Datenverarbeitung erledigen, die Unternehmen erfordern, sowie gleichzeitig die komplexe häusliche und berufliche Kommunikation – vor allem mittels Videoübertragung – übernehmen.

Im Haushalt werden Desktop-Computer leistungsstarke Unterhaltungsmedien darstellen und der Abwicklung persönlicher Geschäfte dienen. Mit ihrer Hilfe wird man Videofilme bestellen können, einen schnellen Zugang zum Internet haben und Kabelfernsehen, E-Mail- und Faxfunktionen, Spiele, Lernsoftware und vieles mehr geboten bekommen. Es wird wenig geben, das Sie mit einem Desktop-Computer nicht erledigen können, und wenige Daten und Unterhaltungsmöglichkeiten, die Ihnen in den eigenen vier Wänden verwehrt bleiben.

In Unternehmen werden mächtige Großrechner gigantische Datenbanken mit komplexen Informationen gespeichert haben, von denen ein Teil auf sogenannte Server oder spezialisierte, auf den Großrechnern untergebrachte Datenbanken sowie auf Minicomputer, Arbeitsplatzrechner und Personalcomputer heruntergeladen werden wird. Die Großrechner werden durch das Internet verbunden sein, so daß Informationen kosteneffektiv über das ganze Netzwerk verteilt werden können und verfügbar sind, wann und wo immer sie am dringendsten benötigt werden.

Zum Beispiel könnte ein kleiner Videoserver Filme speichern, die 80 Prozent der Filme beinhalten, die die Kunden in der Gegend normalerweise sehen wollen. Und da sich der Server vor Ort befindet, könnten der Zeitaufwand und die Kosten für die Lieferung dieser 80 Prozent dramatisch reduziert werden. Die restlichen 20 Prozent müßten dann auf Bestellung – und zu einem höheren Preis – von einer auf einem Großrechner befindlichen, zentralen Filmdatenbank bezogen werden. Ein anderes Beispiel: Verkaufsvertreter und mobile Serviceangestellte könnten die am häufigsten benötigten Kundendaten auf ihren tragbaren Computern speichern. Größere Datenmengen könnten auf einem Arbeitsplatzrechner im örtlichen Verkaufsbüro abgelegt werden, und die gesamten Geschäftsinformationen wären dann auf einem Großrechner am Hauptsitz der Firma gespeichert. Je leistungsfähiger die tragbaren Computer werden, desto mehr Daten werden sofort verfügbar sein, was die Qualität des Kundendienstes verbessern wird.

Da aufgrund der zunehmenden Leistungsfähigkeit der Halbleiterchips und der größeren zur Kommunikation verfügbaren Bandbreite die Informationskosten sinken, werden immer mehr Informationen dezentralisiert und an die Peripherie verlagert, wo sie den Angestellten an der externen Schnittstelle und damit den Kunden unmittelbar zur Verfügung stehen.

So wird nicht nur der Kundendienst verbessert, es wird auch billiger, gute Dienstleitungen anzubieten. Da ein Personalcomputer etwa 60 mal effizienter ist als ein Großrechner, zahlt es sich aus, immer mehr Informationen direkt den Endbenutzern zukommen zu lassen. Die größeren Computer dienen dazu, die Daten an der Peripherie aufzunehmen und zu so effizient wie möglich zu verteilen. Je mehr Unternehmen diesen Wettbewerbsvorteil erkennen, desto mehr können wir uns darauf einstellen, daß der von den lokalen Desktops und tragbaren Computern erzeugte Informationsfluß für regen Verkehr auf der Datenautobahn sorgen wird.

Fortschritte auf dem Gebiet der Computer- und Kommunikationstechnologie sind aber nicht die einzigen Innovationen, die unsere Welt in den kommenden Jahrzehnten kleiner machen werden. Eine neue Generation von Düsenflugzeugen und kommerziellen Raumfahrzeugen wird in den nächsten Jahrzehnten den Globus all jenen kleiner erscheinen lassen, die auf Kommunikation von Angesicht zu Angesicht angewiesen sind.

NIE WIEDER JET-LAG

Wir haben bis jetzt den fünfhundertjährigen Abstand zwischen den Informationsrevolutionen diskutiert – von der Druckerpresse in den fünfziger Jahren des 15. Jahrhunderts bis zum Computer in den fünfziger Jahren des 20. Jahrhunderts – und einige der Folgeerscheinungen skizziert. Betrachten Sie den Computer als eine Art persönlich gestaltbare Multimedia-Druckerpresse. Aber es gibt noch eine Reihe von anderen, genauso wichtigen Entdeckungen, zwischen denen ebenfalls 500 Jahre lagen.

Das Zeitalter der Entdeckungen im 15. Jahrhundert wurde durch die Einführung der astronomischen Navigation und den Bau von Segelschiffen im großen Stil ermöglicht. In diesem Jahrhundert – also 500 Jahre später – drängt es uns, unsere Erkundungen über die Grenzen unseres eigenen, so verletzlichen Planeten hinaus fortzusetzen. Wir greifen heute nach den Sternen und richten nicht mehr nur den Blick gen Himmel. Statt unserer Vorstellungskraft setzen wir die „Segelschiffe" der Moderne ein. Wie schon vor 500 Jahren, so stützt sich auch dieses neue Zeitalter der Entdeckungen auf zwei bedeutende Innovationen: die Radarnavigation und den Düsenantrieb. So wie die massenhafte Nutzung des Internets die virtuelle Kommunikation alltäglich machen wird, so werden Düsenflugzeuge und Reisen durch den Weltraum die Kommunikation von Angesicht zu Angesicht für eine zunehmende Anzahl von Menschen alltäglich machen. Wenn all dies zur Realität wird, können wir uns mit mehr Recht als jemals zuvor als Weltbürger betrachten.

Innerhalb der Zeitspanne von 500 Jahren gibt es noch einen weiteren, kleineren Zyklus, den Historiker erkannt haben und dem wir gerade jetzt besondere Aufmerksamkeit widmen müssen. Etwa alle 60 Jahre macht die Transporttechnologie einen großen Entwicklungssprung. Der letzte solche Entwicklungssprung ereignete sich 1943 mit der Einführung des Düsentriebwerks. 1886 feierte der Verbrennungsmotor seine

Premiere. Die Eisenbahn fuhr in den zwanziger Jahren des 19. Jahrhunderts zum erstenmal und die Dampfmaschine und das Dampfschiff wurden in den sechziger Jahren des 18. Jahrhunderts eingeführt. Von allen Innovationen verbreitete sich der Düsenantrieb am schnellsten. Innerhalb von weniger als einem Jahrzehnt wurden Propellerflugzeuge größtenteils durch Düsenflugzeuge verdrängt. Seitdem haben die Düsenflugzeuge die Welt deutlich kleiner und für eine große Zahl von Reisenden weit zugänglicher gemacht. Täglich haben Urlaubsreisende die Möglichkeit, ihr Land oder auch die halbe Welt zu durchqueren – und sie tun es auch. Geschäftsleute können um 9 Uhr an einer Konferenz in New York teilnehmen und dann rechtzeitig in Los Angeles eintreffen, um am selben Nachmittag noch weitere Konferenzen folgen zu lassen.

Der nächste Entwicklungssprung im Bereich der Transporttechnologie – der möglicherweise in den nächsten fünf Jahren erfolgen wird – wird Düsentriebwerke das Zehnfache ihrer Ausgangsgeschwindigkeit erreichen lassen. Das würde Fluggeschwindigkeiten von bis zu 5000 Stundenkilometern oder mehr bedeuten. Wie ich aus verläßlicher Quelle erfahren habe, ist ein solcher Jet bereits in der Entwicklung – ein Prototyp soll bereits 1998 getestet werden. Die entscheidende Innovation: eine Flügelkonstruktion, die es dem Flugzeug erlaubt, bei höherer Antriebsleistung in einem steilen Winkel noch schneller zu beschleunigen und dabei weniger Lärm zu verursachen. Ein solcher Jet könnte nicht nur in zwei bis drei Stunden von Los Angeles nach Tokio oder Sydney fliegen, sondern der Flugpreis läge auch – anders als bei der hochpreisigen Concorde – etwa 20 Prozent unter den jetzigen Normaltarifen. Solche in der Herstellung zwar teureren Flugzeuge könnten nämlich viel mehr Flüge pro Tag absolvieren, wodurch sich die sehr hohen fixen Kosten und die teure Crew amortisieren würden. Bei einer derartigen Fluggeschwindigkeit wäre es genauso einfach, in Sydney Urlaub zu machen, wie von New York nach Disneyworld bei Orlando zu fliegen. Geschäftsleute, für die Kontakte von Angesicht zu Angesicht unerläßlich sind, könnten mit der Geschwindigkeit einer Rakete von Land zu Land fliegen und, wenn nötig, gleich am nächsten Tag wieder zurückkehren. Das Internet wird die nichtmaterielle Welt der Information kleiner und leichter zugänglich machen – ein 5000 Stundenkilometer schnelles Flugzeug wird die materielle Welt für den Einzelnen wesentlich kleiner und leichter zugänglich machen. Das bedeutet, daß wir im nächsten oder in den nächsten beiden Jahrzehnten wirklich den Übergang zur globalen Wirtschaft vollziehen werden.

Hier eine weitere Innovation, die sich bereits abzeichnet und kaum mehr als ein Jahrzehnt von ihrer praktischen Anwendung entfernt ist:

Ein Team von Ingenieuren der Firmen Boeing und McDonnell Douglas und der Astronaut Pete Conrad haben ein Konsortium gegründet. Das Projekt nennt sich DC-X, und sein Ziel ist es, Raumfahrzeuge zu kommerziellen Zwecken umzukonstruieren. Das geplante Flugzeug würde von einer kleinen Startrampe aus bis in eine Höhe von 150 Kilometer schießen, dann jedes beliebige Ziel auf unserem Planeten innerhalb von 45 Minuten anfliegen und auf einem Landeplatz, der kaum größer wäre als ein Hubschrauberlandeplatz, wieder aufsetzen. Anders als im Fall der heutigen Raumfähre, wären für eine unkomplizierte und sichere Landung weder Bremsfallschirme noch schwere Tragflächen wie beim Space Shuttle erforderlich, sondern nur ein nochmaliges Zünden des Antriebs in einer Höhe von etwa 3000 Metern. Die zum Bau benötigten leichten und äußerst stabilen Materialien, die Antriebe und die Computertechnik existieren bereits heute; die Planer der DC-X müssen lediglich weitere Experimente durchführen, um die Konstruktion zu verbessern. Dennoch erwarten sie, daß ein solches Fluggerät in zehn, vielleicht auch zwanzig Jahren einsatzfähig sein wird.

Natürlich wird in erster Linie die NASA als Kundin eines solchen Unternehmens in Frage kommen, in zweiter Linie dann kommerzielle Frachttransportunternehmen und schließlich auch Unternehmensleiter und Eilzustellungsfirmen. Letzten Endes werden die Kosten soweit sinken, daß die Flüge auch für Geschäftsleute und Durchschnittsverbraucher erschwinglich werden und ein Flug nur etwa soviel kostet wie ein Ticket erster Klasse bei einer heutigen, konventionellen Fluggesellschaft.

Die enorme Steigerung der Reisegeschwindigkeit wird unseren Lebensstil und unsere Geschäftspraktiken verändern, da sie für einen größeren Austausch zwischen weit voneinander entfernten Kulturen sorgen wird. Kommunikation wird dann eine wahrhaft globale, nicht nur lokale Angelegenheit sein – was uns vor neue Herausforderungen stellt, uns aber auch neuen Gewinn verspricht.

Die Computer-Informationsrevolution, verstärkt durch den nächsten vorhersagbaren Entwicklungsschub in der Transporttechnik, wird unsere Lebens- und Arbeitsbedingungen sowie unsere Freizeitgewohnheiten radikal verändern. Sie wird tiefgreifende Auswirkungen auf öffentliche Institutionen, private Unternehmen, soziale Einrichtungen sowie unsere Lebensqualität und die unserer Familien haben.

BIOTECHNIK: DIE ULTIMATIVE INFORMATIONSREVOLUTION

Eine Erörterung der Technologie wäre nicht vollständig ohne die Erwähnung der größten potentiellen Revolution unserer Zeit: der angewandten Biotechnik.

Stellen Sie sich die DNA einfach als das menschliche Gegenstück zum Computerchip vor. Sie ist der biologische Computer, auf dem die Software gespeichert ist, die unserem Körper sagt, wie er wachsen, sich verändern und auf die höchst komplexe Welt, in der wir leben, reagieren soll. Man versucht schon weit länger, die Rätsel der DNA zu lösen, als es dauerte, bis die Computerchips programmiert waren, die heutzutage viele geschäftliche Routinearbeiten erledigen. Das rührt daher, daß zwei menschliche Augen mehr Informationsverarbeitungskapazität besitzen als alle Supercomputer der Welt zusammengenommen. Unser Nervensystem hat etwa 160 Milliarden Neuronen, die das menschliche Gegenstück zu den Transistoren auf einem Computerchip darstellen. Trotz der enormen Leistungsfähigkeit, die Mikroprozessoren im nächsten Jahrzehnt voraussichtlich besitzen werden – ein Chip wird etwa die Leistungsfähigkeit von 16 Cray-Supercomputern auf dem ungefähren Stand von 1989 aufweisen (und damit leistungsfähiger als die heutigen Großrechner sein) –, werden unsere Computer trotzdem nur etwa eine Milliarde Transistoren enthalten, also nur einen kleinen Bruchteil der menschlichen Kapazität. Ferner stellt die Anzahl der Synapsen – der Verbindungen zwischen den Milliarden Neuronen – die Zahl der Switches und Router in unserem Telefonsystem oder im Internet bei weitem in den Schatten. Der springende Punkt: Da unsere biologischen Systeme um vieles komplexer sind als Computer, hat es wesentlich länger gedauert, bis die biotechnische Forschung nützliche und brauchbare Informationen und Technologien ergab.

Im nächsten Jahrzehnt dürfte die biotechnische Forschung die ersten konkreten Früchte tragen. Es werden verschiedenste Arten von neuen Nutzpflanzen, Lebensmitteln, Medikamenten und Präventivmaßnahmen zur Eindämmung oder Ausrottung von Seuchen entstehen. Wahrscheinlich wird unser Gesundheitssystem den Bedürfnissen des Einzelnen besser Rechnung tragen können und dadurch den meisten Menschen ein längeres und qualitativ besseres Leben ermöglichen.

Am wichtigsten ist vielleicht folgendes: Es ist sehr gut möglich, daß wir, wenn wir verstehen, wie der menschliche Körper Informationen organisiert und verarbeitet, eher in der Lage sein werden, die High-Tech-Werkzeuge und Organisationen zu erschaffen, die wir brauchen, um für einen persönlichen Service sowie eine anpassungsfähigere Wirtschaft und Gesellschaft zu sorgen. Daß Fortschritte im Bereich der Computertechnologie die biotechnische Forschung beschleunigen, steht außer Frage. Doch die biotechnische Forschung, die uns Einblick in das komplexe und anpassungsfähige System des menschlichen Körpers gibt, wird uns befähigen, komplexe, anpassungsfähige Informationssysteme zu konstruieren, die überall dort einsetzbar sind, wo Menschen zusammenleben und aktiv sind.

ZUSAMMENFASSUNG

Auch wenn der Einzug der Computertechnologie in unser All-
tagsleben in den letzten Jahrzehnten recht schleppend vonstatten
ging, brauchen wir nicht etwa anzunehmen, daß dies auch in den
nächsten Jahrzehnten der Fall sein wird. Neue Technologien werden zunächst immer in der Wirtschaft angewandt und erst später
benutzerfreundlich und preiswert genug für die Haushalte. Wir
stehen vor dem Übergang von der Unternehmensphase zur Ver-
braucherphase. In Kapitel 5 werden die acht entscheidenden
Technologietrends beleuchtet werden, die das Internet zu einer
massenhaft genutzten Technologie machen und die wirkliche, im
nächsten Jahrzehnt beginnende Informationsrevolution vorantreiben werden.

KAPITEL 5:
Die acht entscheidenden technologischen Trends, die unser tägliches Leben und unsere Arbeit verändern werden

Bereits jetzt zeichnen sich acht wichtige Trends auf dem Gebiet der Informationstechnologie ab. Sie werden die wirkliche Konsumrevolution sowie nie dagewesene Produktivitätzuwächse und persönlichen Wohlstand mit sich bringen.

Diese Trends sind im einzelnen:

Trend 1: Stark verbesserte Computerleistung.

Trend 2: Weitverbreitete Nutzung von tragbaren Computern und Heimcomputern.

Trend 3: Computer werden zu einfachen und preiswerten Haushaltsgeräten.

Trend 4: Haushaltsgeräte mit eingebauten Mikroprozessoren, die durch das Internet verbunden sind.

Trend 5: Verbraucher gehen auf breiter Front online.

Trend 6: Erhöhung der Kommunikationsbandbreite.

Trend 7: Objektorientierte Programmierung kundenorientierter Software.

Trend 8: Mehr Computererfahrung aufgrund des Älterwerdens der Bevölkerung.

Diese Trends sind die Anzeichen der zweiten Informationsrevolution, der Revolution also, die im nächsten Jahrzehnt und darüber hinaus die Entstehung einer ganz neuen Wirtschaft bedeuten wird. Durch diese Trends wird die Informationsrevolution weite Teile der Bevölkerung erreichen. Diese Trends muß jeder Investor, Unternehmer, Manager und Haushaltsvorstand erkennen und verstehen, denn unser Leben und unsere Arbeit werden sich stärker als jemals zuvor in der Geschichte verändern.

TREND 1:
STARK VERBESSERTE COMPUTERLEISTUNG

Die Leistungsfähigkeit des Halbleiterchips – und damit der dynamischsten Technologie aller Zeiten – hat bisher nach einem berechenbaren Muster, dem sogenannten „Mooreschen Gesetz", stetig zugenommen; gleichzeitig ist die Technologie kostengünstiger geworden. Die Leistungsfähigkeit der Chips verdoppelt sich etwa alle 18 Monate, während die Kosten pro Jahr um 30 Prozent sinken. Günstige tragbare und Desktop-Computer sind heute so leistungsfähig wie in früheren Zeiten die Großrechner.

Im nächsten Jahrzehnt wird sich die Computerleistung mindestens verhundertfachen! Wie ich bereits bemerkte, steht zu erwarten, daß bis zum Jahr 2009 ein Chip die Leistungsfähigkeit von 16 Cray-Supercomputern (Stand 1989) besitzen und die Herstellung dieses Chips weniger als 100 Dollar kosten wird. Der Mikroprozessorchip wird wahrscheinlich mit dem Arbeitsspeicherchip verschmelzen; auch dadurch wird sich in den nächsten Jahren die Effizienz erhöhen. Anspruchsvolle Funktionen wie Sprachaktivierung oder Videokonferenzen werden so auch für durchschnittliche Verbraucher oder Arbeitnehmer erschwinglich; die Benutzerfreundlichkeit verbessert sich.

Wenn ein Computer erst zur Standardausstattung im Büro und im Haushalt gehört, wird sich daraus eine direktere Kommunikation zwischen Produzenten und Verbrauchern ergeben. Es werden Geschäftsbeziehungen entstehen, die nahezu keinen Verwaltungsaufwand mehr erfordern. Zudem wird die neue Generation von äußerst leistungsfähigen Rechnern eher in der Lage sein, die vielen zeitintensiven und mühsamen, von der linken Hirnhälfte gesteuerten Funktionen zu übernehmen, die heute im Haushalt und bei der Arbeit anfallen. Die Computer werden uns so die Möglichkeit verleihen, unsere natürlichen kreativen Fähigkeiten zu entfalten, für die die rechte Hirnhälfte zuständig ist.

Computer sind nichts weiter als Maschinen, die wie unsere linke Gehirnhälfte arbeiten. Sogar die Etymologie des Wortes „digital" hat mit „linksseitigen Gehirnwindungen" zu tun. Stellen Sie sich einen Computer ganz einfach als einen idealen Büroangestellten ohne emotionale Probleme vor, der keine Mittagspause, keinen Urlaub und keine Kranken- oder Rentenversicherung benötigt. Er kann die meisten der von der linken Hirnhälfte gesteuerten routinemäßigen, systematischen und linearen Tätigkeiten ausführen, die auf allen Ebenen der Organisationshierarchie anfallen. Auf ähnliche Weise automatisierten elektrisch betriebene Maschinen bereits die körperliche Arbeit. Wenn wir den Computern die der linken Hirnhälfte zugeordneten Arbeiten überlassen, die sie so gut beherrschen, dann werden wir uns den Aufgaben widmen können, die unsere komplexen intuitiven und relationalen Fähigkeiten ansprechen.

In den Unternehmen der Zukunft werden menschliche Fähigkeiten auch für menschliche Ziele eingesetzt werden. Wir werden als Führungskräfte, Unternehmer, Vermittler, Designer und freiberufliche Fachleute arbeiten. Genauso werden wir uns in unserer Freizeit den Dingen widmen, die menschlichen Wert haben und menschliche Anerkennung einbringen, und wir werden die Computer einen Großteil immer gleicher Aufgaben erledigen lassen, zum Beispiel routinemäßige Analysen, Recherchen, Einkäufe und Überweisungen.

Zwei Technologien, die sich auf die enorme Leistungsfähigkeit der neuen Halbleiterchips stützen, werden Computer endlich zu einfachen, angenehmen und überall verbreiteten Hilfsmitteln machen. Die Rede ist von der Sprachaktivierung und von Videokonferenzen.

Sprachaktivierung

Bis zum heutigen Tage war Computererfahrung gleichbedeutend mit Erfahrung im Umgang mit der Tastatur, denn bisher können wir dem Computer eben noch nicht sagen, was er tun soll. Aber stellen Sie sich vor, genau das wäre möglich – und man wäre nicht mehr länger an die Tastatur gebunden! Sie erhalten einen Vorgeschmack vom wichtigsten Ergebnis der wachsenden Leistungsfähigkeit von Computerchips: der Technologie der Sprachaktivierung.

Diese Innovation wird schon seit Jahren vorhergesagt und versprochen. IBM, Microsoft und andere Firmen verfügen bereits über Software, die sich zwar noch im Entwicklungsstadium befindet, aber auf gesprochene Befehle reagieren kann. Obwohl die Sprachaktivierung sich immer noch im Entwicklungsstadium befindet, geht man davon aus, daß sie in zwei bis vier Jahren recht erschwinglich sein und zu einem Bestandteil der meisten Computersysteme werden wird. Das heißt aber nicht, daß Sie sich dann genauso entspannt mit Ihrem Computer unterhalten können wie mit einem Menschen. Die Software wird lediglich in der Lage sein, im Rahmen bestimmter Anwendungen auf Ihre Stimme zu reagieren. Ein Beispiel wäre die Buchung einer Reise. Das Vokabular wäre hierzu auf etwa 2000 Wörter beschränkt und die Sinnzusammenhänge wären ebenfalls eng eingegrenzt. Es gibt viele solcher Anwendungsmöglichkeiten, die Ihr Leben und Ihren Umgang mit Computern einfacher machen könnten. Die Bedeutung dieser Technologie liegt darin, daß wir „die Welt" künftig durch das gesprochene Wort steuern können und nicht mehr auf eine Tastatur angewiesen sind.

Videokonferenzen

Eine zweite bedeutende Innovation, die die neuen, leistungsfähigeren Computer verfügbar machen werden, ist die Live-Video-Funktion. Dank der neuen Computer und der vorhergesagten Erhöhung der Bandbreite – des Datenvolumens, das in einer bestimmten Zeit von und zu ihrem Computer übertragen werden kann – wird man die Menschen, mit denen man in Kontakt steht, bald auch sehen und hören können. Stellen Sie sich vor, Sie könnten direkt mit weit entfernten Arbeitskollegen kommunizieren, ohne ihr Büro verlassen zu müssen! Stellen Sie sich vor, Sie könnten von Ihrem Wohnzimmer aus einen Urlaubsort für Ihre Familie unter die Lupe nehmen! Und denken Sie einmal darüber nach, was es hieße, wenn Sie Experten auf der ganzen Welt direkt konsultieren könnten, und zwar genau dann, wenn Sie Rat brauchen, und obendrein zu einem drastisch reduzierten Preis!

Dank verbesserter Computerleistung und höherer Bandbreite werden wir bereits im nächsten Jahrzehnt ein videofähiges, interaktives Internet erleben, das Ihnen zeigen kann, wen oder was Sie sehen wollen, anstatt Ihnen nur davon zu erzählen. Darin liegt die wahre Macht des Internets: Es verbindet nicht nur Informationen, sondern auch Menschen, und macht den Austausch zwischen den Menschen vielfältiger und leichter. Viele Menschen sträuben sich gegen das Einkaufen per Internet, da es einfach zu schwierig ist, die Dinge zu finden, die man kaufen will, und weder menschliche Hilfestellung noch ein Gedankenaustausch mit Menschen möglich ist. Das wird sich aber ändern – abgesehen von den Produkten, die Sie wirklich berühren oder vorgeführt bekommen müssen, bevor Sie sie kaufen. Wir bestellen heute schon zahlreiche Dinge aus Katalogen. Sagen Sie also nicht, daß ein videofähiges, interaktives Internet nicht eine entscheidende Verbesserung bedeuten würde.

TREND 2:
WEITVERBREITETE NUTZUNG VON TRAGBAREN COMPUTERN UND HEIMCOMPUTERN

Wie wir aus dem Modell der S-Kurve bereits ersehen konnten, verläuft die Markteinführung von Produkten, die auf neuen Technologien basieren, in zwei Phasen. Zuerst erwerben nur etwa 10 Prozent der Bevölkerung ein innovatives Produkt, so daß die Produktakzeptanz mangelhaft scheint. Aber wenn dann die Masse der Verbraucher die Vorteile und die Nützlichkeit eines Produkts erkennt, erfährt es recht plötzlich einen Popularitätsschub und erobert den breiten Markt. Genau das geschah im Falle des Automobils zwischen 1914 und 1928 und im Falle des

Fernsehens in den fünfziger Jahren – und es geschieht heute mit dem Internet und dem Heimcomputer. Wenn man den Verlauf vieler S-Kurven betrachtet, so wird ersichtlich, daß Konsumprodukte in zwei Gruppen zerfallen: die einen brauchen 10-15 Jahre, um den breiten Markt zu erobern, und die anderen brauchen dafür 25-30 Jahre. Wie schon die Elektrizität und das Telefon zu Beginn des 20. Jahrhunderts, so nehmen auch die Personalcomputer den langsameren Weg, da sie im Vergleich zu anderen Haushaltsgeräten relativ teuer sind. Überdies ist ihre Bedienung schwer zu erlernen und die Wartung recht kompliziert. Das Internet fällt dagegen wie schon Auto, Kino, Radio, Fernsehen und Düsenflugzeuge in die Gruppe der sich schneller entwickelnden Produkte, da es die Bedienung von Computern erleichtert und uns darüber hinaus weitere willkommene Annehmlichkeiten bietet. Erinnern Sie sich daran, daß wir in Teil 1 feststellten, daß die Entwicklung des Internets und die des PCs konvergieren, genau wie es im Falle des Autos, der Elektrizität und des Telefons geschah? Zusammengenommen werden uns das Internet und der PC eine verbraucherorientierte Revolution großen Maßstabs bescheren.

Um dieses Wachstum zu verstehen, wollen wir nun die Revolution der Personalcomputer Revue passieren lassen und unseren Blick dafür schärfen, wohin die Entwicklung gehen wird.

Phase Eins (1977-1983):
Eine Innovation namens „Personalcomputer"

Während des Zeitraums von der Einführung des ersten Altair 8800-Computers und den Anfängen von Apple Computer bis zur Einführung des Macintosh konnten wir verfolgen, wie der PC sich zu einem brauchbaren Produkt entwickelte. Dennoch erfreuten sich Personalcomputer lediglich bei Hackern und den Vertretern technischer Berufe größerer Beliebtheit. Für den Durchschnittsverbraucher ergaben sich trotz all der Stimmungsmache und technologischen Verbesserungen nur wenige Verwendungsmöglichkeiten. Der PC war ganz klar ein Nischenprodukt und fand nicht einmal in den Unternehmen weite Verbreitung.

Phase Zwei (1984-1994):
PCs werden zu einem unverzichtbarer Bestandteil
des Geschäftslebens

Die zweite Phase war die der PC-Revolution. Sie begann mit dem Macintosh und führte dazu, daß eine wachsende Anzahl von Menschen den Umgang mit Desktop-Computern und tragbaren Rechnern erlernte, die in Unternehmen oder im Beruf zum Einsatz kamen. Die Nutzung von Heimcomputern war wegen des großen Zeit- und Energieaufwands, der zum Betrieb eines Geräts nötig war, eher ein Wunschtraum als eine Realität. Aber während dieser zweiten Phase wurden wichtige Fortschritte im Bereich der Standardisierung von Betriebssystemsoftware erzielt und die Rechenleistung wurde erhöht. Drei der bedeutendsten Beiträge zu dieser Entwicklung kamen von Apple und Microsoft, die gemeinsam die graphische, per Mausklick bedienbare Software populär machten, sowie von der Firma Intel, die leistungsfähige und standardisierte Computerchips entwickelte.

Phase Drei (1995-2001): Netzanbindung sorgt für eine beträchtliche Steigerung der geschäftlichen Produktivität

Wir kennen alle den von Scott McNeally von Sun Microsystems geprägten Ausspruch: „Das Netzwerk ist der Computer." Durch die Verbindung von PCs zu einem riesigen Kommunikationssystem eröffnen sich zur Zeit neue Wege zur Verbesserung der Computerleistung. Wir erleben die dritte Phase der PC-Revolution, die sich jetzt, in den späten Neunzigern, vollzieht. Während Unternehmen bereits zu sogenannten Intranets – leistungsfähigen internen Kommunikationssystemen – übergehen, beginnen die Verbraucher gerade mit der Nutzung des Computers und des Internets. Das bedeutet auch, daß in diesem Stadium die Geräte für die Verbraucher recht einfach gehalten werden müssen und die Servercomputer des Internets die meisten komplexen Abläufe übernehmen werden. Die Nutzung des Internets durch die Verbraucher wird sich zunächst in der Suche nach Informationen und Unterhaltung erschöpfen.

Die bedeutendste Innovation dieser revolutionären Phase der Netzanbindung ist die Java-Software von Sun Microsystems. Diese digitalen Applets, oder mobilen Softwareprogramme, sind mit jedem Computer kompatibel und können mit allen Betriebssystemen kommunizieren.

Das ermöglicht eine Kommunikation zwischen leistungsfähigen Servercomputern und gewöhnlichen Personalcomputern. Die Java-Software wird es dem Verbraucher in Verbindung mit den neuen Webbrowsern und Suchmaschinen erleichtern, die volle Kapazität des Internets auszuschöpfen, da er sich nicht mit den komplexen Aspekten der Netzwerkkommunikation auseinandersetzen muß – das erledigen die Servercomputer. Außerdem macht es Java den Unternehmen leichter, neue Rechnersysteme zu installieren, die mit den bisher vorhandenen Systemen kompatibel sind.

Die Serversysteme, die Hardware und Software für Kommunikation und Datenverarbeitung auf fortschrittliche Weise integrieren, werden das Rückgrat des Internets bilden. Diese Server werden auf Wunsch den Zugang zu riesigen Datenbanken ermöglichen und Software jederzeit dorthin überspielen, wo wir sie brauchen, so daß sie nicht mehr auf der Festplatte oder im Betriebssystem unserer Computer gespeichert werden muß. Durch die Übernahme bestimmter Aufgaben wie der Verwaltung und Speicherung großer Datenmengen werden die Server auch die Neuentwicklung von einfacheren, stärker spezialisierten Computergeräten anregen, die leichter zu bedienen und zu warten sein werden. Die von den Unternehmen auf dem Gebiet der Netzwerktechnologie erzielten Verbesserungen werden dem Verbraucher den Weg zu einer ernsthaften Nutzung des Internets ebnen. Die Verbraucher werden immer öfter mit dem Internet und mit manchen der neuen, einfacher bedienbaren Computern experimentieren, aber der Alltagseinkauf per Internet und ähnliche Vorgänge werden erst in der nächsten Phase aktuell werden.

Phase Vier (2002-2010): Einfache, leistungsstarke Computergeräte in Verbindung mit fortschrittlichen Informationsservern beschleunigen die Informationsrevolution

Diese vierte Phase der PC-Revolution – deren Beginn in die Zeit der Goldenen 2000er Jahre fallen wird – wird von der Verbindung noch leistungsstärkerer, eher individuell gestalteter und leichter bedienbarer Computergeräte mit den fortschrittlichen Netzwerken derjenigen leistungsfähigen Informationsserver gekennzeichnet sein, die in der vorangegangenen Phase geschaffen wurden. Die Verbraucher werden sich erst in dieser Phase in großer Zahl auf die Datenautobahn begeben – und dann wird auch die Abwicklung von Handelsgeschäften über das Internet Wirklichkeit werden.

Neue Kommunikationstechnologien werden Verkehrsstaus auf der Datenautobahn der Vergangenheit angehören lassen und hochentwickelte Webbrowser und Suchmaschinen werden auf Wunsch ausgewählte Inhalte liefern, die genau unseren Interessen entsprechen. Wir werden das Internet nicht mehr durchsuchen und uns Inhalte selbst beschaffen müssen. Stattdessen wird intelligente Software unsere Vorlieben kennen und uns die passenden Informationen liefern. Die Leistungsfähigkeit der Computer und ihre Netzwerkanbindung wird das Internet von einem unbeherrschbaren Riesen in ein effizientes und verläßliches Werkzeug verwandeln.

Das wird dann den Beginn der eigentlichen Informationsrevolution bedeuten! Unternehmen werden große wirtschaftliche Vorteile darin sehen, mit ihren Kunden direkt über das Internet zu kommunizieren. Dies wiederum wird radikale Veränderungen in der Struktur der Unternehmen erzwingen und Unternehmen hervorbringen, die wirklich vom Kunden ausgehen (statt dies nur zu behaupten).

Wenn sich die Kunden erst an den Umgang mit Computern sowie den besseren Service und bequemeren Zugang zu Produkten und Informationen gewöhnt haben, wird eine große Anzahl von Verbrauchern ihre alten Geräte gegen bessere eintauschen. Wir werden uns weit leistungsfähigere Computer und computergestütze Geräte kaufen und zu weit erfahreneren Nutzern von Computerprodukten werden. Der Computer und die Erfahrung im Umgang mit ihm werden unverzichtbar sein.

Wenn ein Produkt den breiten Markt erreicht, kommt es zu einem exponentiellen Wachstum des Konsums des betreffenden Produkts. Mehrere Indikatoren lassen keinen Zweifel daran, daß dies zur Zeit auf PCs und andere Datengeräte zutrifft.

- Seit den späten achtziger Jahren ist der Grad der Verbreitung von Computern in den Haushalten von 10 auf 45 Prozent gestiegen. In den nächsten sieben bis zehn Jahren werden Computer eine siebzig- bis neunzigprozentige Marktdurchdringung erreichen.
- Tragbare Laptop-Computer weisen ein schnelleres Wachstum auf als Desktop-Systeme. Ihre Marktdurchdringung verläuft nach dem Muster der S-Kurve und sie haben vor kurzem die 10-Prozent-Marke überschritten.
- Mobiltelefone gelangen derzeit zügig auf den breiten Markt und haben die 30-Prozent-Marke passiert. Smart Phones und persönliche digitale Assistenten sind dagegen bisher nur auf Nischenmärkten anzutreffen und werden wahrscheinlich in zwei bis vier Jahren die 10-Prozent-Marke passieren.
- Die ersten kostengünstigen Internetgeräte kamen Ende 1996 auf den Markt. Diese ersten Geräte sollen aber eher dazu dienen, die Kosten zu senken, die durch innerbetriebliche Informationsnetzwerke beziehungsweise Intranets entstehen. Angesichts der Popularität des Internets, des niedrigen Preises und der potentiell einfachen Bedienung der Geräte könnte sich aber dieser Trend in wenigen Jahren auch auf dem Konsumgütermarkt durchsetzen.

Wenn wir in Rechnung stellen, daß ein einzelner Chip die enorme Leistungsfähigkeit von 16-Cray-Computern besitzen wird, und wenn wir die Leistungsmerkmale berücksichtigen, die ein solcher Chip unter-

stützen wird, dann können wir uns leicht ausmalen, daß Personalcomputer und Kommunikationsgeräte den Konsumgütermarkt weiterhin zügig durchdringen werden. Seit 1997 ist außerdem bereits eine
Minderheit von Verbrauchern zur Abwicklung von Handelsgeschäften
per Internet übergegangen.

TREND 3:
COMPUTER WERDEN ZU EINFACHEN UND
PREISWERTEN HAUSHALTSGERÄTEN

David Kline, der Autor des Buchs *Road Warriors* (Plume, 1996), vergleicht das Aufkommen der Computer mit dem Aufkommen des Elek-
tromotors. Solche Motoren waren zunächst selbst für Unternehmen zu
groß und zu unpraktisch, wurden dann aber kompakter und leistungsfähiger und durchdrangen schließlich den Markt für Heimbedarf. Die
Elektrizität und der Elektromotor wurden 1886 erfunden, doch erst 1918
brachte Sears den ersten Motor für den Hausgebrauch heraus. Er wog
nur zweieinhalb Kilogramm und würde in heutigem Geld etwa 85 Dollar kosten. Dieser Motor stellte den Antrieb für viele der ersten elektrischen Haushaltsgeräte wie Rührgeräte, Ventilatoren, Mixer, Polierschei-
ben und Fleischwölfe. Seitdem sind Elektromotoren immer kleiner und
unauffälliger geworden. Sie sind heute in viele Haushaltsgeräte eingebaut, die einfach zu bedienen sind. Sie haben die Hausarbeit automatisiert und unser Leben in vielerlei Hinsicht verändert.

Die Computer- und Internettechnologie wird wahrscheinlich dem
gleichen Muster folgen. Sowohl der Computer als auch das Internet
werden sich zu alltäglichen Produkten entwickeln und für die breite
Masse bald unverzichtbar sein, da sie einfach zu handhaben und zudem
erschwinglich sein werden; die Komplexität solcher Geräte werden wir
im Alltag nicht mehr wahrnehmen, da sie in den unsichtbaren Chips
und der Software verborgen liegt.

Die weite Verbreitung von Mikroprozessoren, die bereits in gewöhnliche Haushaltsgeräte wie Waschmaschinen und Wäschetrockner eingebaut sind, beweist, daß die Computertechnologie sich am besten verkauft, wenn sie einfach und zielgerichtet eingesetzt wird und unsichtbar
ist. Verbraucher wollen nicht Wochen und Monate damit zubringen, die
Bedienung eines großen und komplexen Systems zu erlernen. Und für
die wenigen alltäglichen Dinge, die uns der Computer erleichtern kann
– den Zugang zu Unterhaltung und Informationen, die Textverarbeitung, das Führen eines Terminkalenders, das Senden und Empfangen
von Nachrichten oder die Planung der Haushaltsfinanzen – sollte so
etwas auch nicht erforderlich sein.

Einige innovative Computerfirmen und Großunternehmen im Bereich der Unterhaltungselektronik wie Sony haben dies verstanden. Wir können bereits jetzt den Beginn eines Trends beobachten, der seinen Höhepunkt im nächsten Jahrzehnt erreichen wird. Er besteht in der Einführung von preiswerten Geräten, die einem ganz bestimmten Zweck dienen und dabei genauso einfach zu handhaben sind wie normale Haushaltsgeräte. Wenn Sie ein solches Gerät anschalten, wird es genau das tun, wofür es entwickelt wurde, und für seine Benutzung werden kaum technische Kenntnisse erforderlich sein. Zwei Beispiele hierfür sind die 1996 eingeführten Computergeräte WebTV und Palm Pilot.

WebTV ist ein simples Zusatzgerät zum Fernseher, das einen einfachen Zugang zum Internet ermöglicht. Mit dem Gerät kann man Webseiten betrachten oder E-Mails verschicken und empfangen, und mit der Fernsteuerung von WebTV ist das Surfen im Datennetz so leicht wie die Bedienung eines Fernsehers. WebTV ist bei den Verbrauchern noch nicht auf breite Zustimmung gestoßen, doch der Aufkauf des Konzepts durch Microsoft deutet darauf hin, daß dies in den nächsten Jahren geschehen wird.

Der Palm Pilot war der erste zielgerichtet konzipierte digitale Assistent. Er kann nicht im Datennetz surfen, keine Schriftstücke faxen und auch keine elektronische Post verwalten. Er übernimmt einfach die Organisation unseres Tagesablaufs, trägt Termine ein, speichert Telefonnummern und Adressen und kann zur Aktualisierung der gespeicherten Daten ganz einfach an den Desktop-Computer zu Hause oder im Büro angeschlossen werden. Im Vergleich zu den ersten digitalen Assistenten, die auf den Markt gelangten, ist der Pilot ein riesiger Erfolg.

Im Jahr 1997 brachte Brother sein sogenanntes GeoBook für 599 Dollar auf den Markt. Das Gerät ist ein einfacher Notebook-Computer, der zur Textverarbeitung und zum Versenden und Empfangen von E-Mails dient und etwa so viel kostet wie bisher ein Organizer.

TREND 4:
HAUSHALTSGERÄTE MIT EINGEBAUTEN MIKROPROZESSOREN, DIE DURCH DAS INTERNET VERBUNDEN SIND

Viele Menschen wissen gar nicht, daß nur etwa jeder zehnte Mikroprozessor in einen Personalcomputer eingebaut ist. Neun von zehn Prozessoren sind zur Verbesserung der Leistungsfähigkeit in alltägliche Konsumprodukte vom Auto bis zur Waschmaschine integriert. Deshalb benutzt der Durchschnittsbürger bereits heutzutage nicht nur einen, sondern fünfzehn Computer!

Aufgrund der Einführung der Software Java wird voraussichtlich die Masse der für bestimmte Aufgaben in alltägliche Produkte eingebauten Computer ans Internet angeschlossen werden können. Diese Geräte können dann untereinander und auch mit uns kommunizieren, ohne daß wir dafür technischen Sachverstand besitzen müßten. Mobile und automatisierte Software wird unseren Fernseher, den CD-Spieler, das Telefon, die Heizung, die Küchengeräte, die Büroausstattung, den PC und viele weitere Geräte in ein weltweites Netzwerk einbinden. Auf diese Weise wird das Internet für praktische Anwendungen genutzt werden und damit eher einen greifbaren Nutzen bieten als etwa globale Chatrooms. Hier ein paar einfache Beispiele für die praktische Anwendung des Internets:

- Eine Überwachungseinrichtung überprüft alle Ihre Haushalts- und sonstigen elektrischen Geräte auf ihre Reparaturbedürftigkeit, macht den preiswertesten Reparaturservice ausfindig, gibt automatisch die Reparatur in Auftrag und vereinbart sogar einen Termin dafür.
- Wenn Sie eine Notrufnummer wählen oder einen bestimmten Knopf drücken oder Ihr „Herzmonitor" ein Problem erkennt, verständigt ein Gerät automatisch das nächstgelegene Krankenhaus beziehungsweise Sie selbst.
- Ein elektronisches Leitsystem in ihrem Auto teilt Ihnen genau mit, wo Sie sich gerade befinden und wie Sie am schnellsten an Ihren Zielort gelangen können.
- Ihre häusliche Alarmanlage verständigt bei einem Einbruch automatisch die Polizei und Sie selbst über Ihr Mobiltelefon.
- Ihr Wecker erhält Informationen zu Verkehrslage und Wetter und bestimmt danach die entsprechende Uhrzeit, zu der Sie geweckt werden müssen, um rechtzeitig zur Arbeit zu gelangen.
- Die Beleuchtung Ihres Hauses und Ihre Haushaltsgeräte – von der Stereoanlage über den Fernseher bis zum Herd – schalten sich automatisch ein, wenn Ihr Auto sich dem Haus nähert, oder reagieren auf Befehle, die Sie von Ihrem Wagen aus senden.
- Ein in die tragbaren Computer Ihrer Kinder integriertes globales Positionierungssystem benachrichtigt Sie, wenn sich Ihre Kinder in bestimmte Gefahrenbereiche begeben oder sich verirrt haben.

TREND 5:
VERBRAUCHER GEHEN AUF BREITER FRONT ONLINE

Die betreffende S-Kurve zeigt uns, daß zur Zeit große Zahlen von Verbrauchern online gehen. Diese Entwicklung verläuft viel schneller als diejenige der zunehmenden Nutzung von Personalcomputern. Die Verbraucher werden vom Internet aufgrund seiner steigenden Popularität sowie der vielfältigen und immer zahlreicheren Serviceangebote angezogen werden, die ihnen helfen, sowohl Zeit als auch Geld zu sparen. Zwei konvergierende Trends werden das Internet bis 2002 oder kurz danach zu einer unverzichtbaren Einrichtung gemacht haben: erstens die Nutzung von Computern im Haushalt und zweitens die Verbreitung von Online-Serviceangeboten. Das Internet wird es Unternehmen ermöglichen, dem Kunden auf direkte, einfache und kostengünstige Weise individuell gestaltete Produkte und Dienstleistungen anzubieten. Wenn das Internet erst zu einem Verteilungssystem wird, das Produzenten und Kunden direkt verbindet, wird dies den Einzelhandel in allen Bereichen tiefgreifend verändern.

Von der Bestellung per Post zur Bestellung per E-Mail

Stellen Sie sich das Internet als einen riesigen Online-Katalog vor, der durch Interaktivität, Videoanimationen und dreidimensionale Graphiken immer weiter verbessert wird. Im Internet können Sie Produktbeschreibungen nachlesen, wann und wie Sie wollen, und nicht nur, wenn sie Ihnen gerade von einem Verkäufer dargeboten werden. Hilfebefehle werden Sie bei der Suche begleiten und Ihnen vielleicht neue Möglichkeiten aufzeigen, Informationen zu finden. Vor einem Kauf werden Sie sich von Experten beraten lassen können, wenn Sie dies wünschen. Das wird den Dienst am Kunden um vieles verbessern und in Direktmarketingfirmen den größten Kostenfaktor eliminieren: die Porto- und Druckkosten. Konkurrenzfähige Unternehmen werden ihre Kunden an den Folgen dieser Einsparungen teilhaben lassen.

Der Online-Service ersetzt umständliche Besorgungen

Online-Bankgeschäfte werden derzeit für viele von uns zur Realität. Was wir gerade erleben, ist aber nur ein Vorgeschmack dessen, was uns bevorsteht. Die größte Innovation wird darin bestehen, daß unsere täglichen Einkäufe automatisiert und online erledigt werden. Ein Beispiel: Der Großteil der Käufe, die wir in Lebensmittelläden tätigen, fällt in die Kategorie der Wiederholungskäufe. Auch Ihr Haushalt benötigt wahrscheinlich jede Woche eine ähnliche Menge an Grundnahrungsmitteln wie Milch, Eier, Gemüse, Obst und Brot. Mit Hilfe der leistungsfähigen Smart Card, die unter Trend 2 besprochen wurde, läßt sich unser Konsumverhalten leicht analysieren. Danach kann eine wöchentliche Einkaufsliste zusammengestellt werden, die nach Einberechnung der günstigsten Mengenrabatte festlegt, wie viel von jeweils einem Produkt gekauft wird. Digitale Software wird dann während Ihrer Schlafens-, Arbeits- oder Freizeit mit elektronischen Warenlagern und Produzenten die besten Preise aushandeln und eine Lieferung vereinbaren. Und wer wird die Produkte liefern? Wahrscheinlich UPS oder Federal Express. Schließlich werden wir in einer Zeit, in der sich Dateien mit Farbanimationen in Sekundenschnelle und fast kostenlos über das Internet versenden lassen, immer seltener Eilzustellungen in Auftrag geben!

Der mit einer Eilzustellung verbundene Online-Einkauf hat mit Dienstleistungsanbietern wie Peapod begonnen. Peapod ist auf Lebensmittel spezialisiert und liefert auf Bestellung Produkte, die von bestehenden Supermärkten bezogen werden. Die Preise sind entsprechend hoch. Wir haben es hier also mit einem sehr kleinen Nischenmarkt zu tun, der auf wohlhabendere Verbraucher ausgerichtet ist. Auf der S-Kurve befindet sich dieser Trend weit unterhalb der kritischen 10-Prozent-Marke: Er liegt eher bei 0,1 Prozent. Wir müssen also die Fortschritte im Bereich des Online-Einkaufs von Artikeln des täglichen Bedarfs in den nächsten Jahren weiterhin beobachten. Meinen Erwartungen zufolge wird dieser Service in den Jahren 2002-2003 allmählich auf den breiten Markt gelangen.

Der stärker automatisierte Service der Bostoner Home-Shopping-Firma Streamline scheint auf ein viel praktikableres Konzept gestützt zu sein. Man kommt direkt zu Ihnen nach Hause und analysiert Ihre Bedürfnisse, um dann über ein hochautomatisiertes Warenbestandslager die preisgünstigsten Produkte und Dienstleistungen für Sie herauszufinden.

Hier eine weitere Innovation auf dem Gebiet des Online-Einkaufs: den Online-Musikvertrieb Firefly. Wenn Sie die Webseiten von Firefly aufsuchen, können Sie sich eine ungeheure Auswahl von Musikbeispielen anhören und dann nach ihren Wünschen bestellen oder die Stücke sofort gegen Bezahlung herunterladen. Noch praktischer ist, daß Firefly auf ein fortschrittliches Programm zur Datenbankanalyse zurückgreifen kann, um Ihre Musikauswahl mit der anderer Menschen mit ähnlichem Geschmack zu vergleichen und dann neue Titel zu empfehlen, die Ihnen vielleicht gefallen könnten. Das ist nur ein Beispiel für eine Spitzenleistung auf dem Gebiet des individuellen Services in der neuen Welt des Internets!

Die Online-Buchhandlung Amazon ist ein weiteres sehr erfolgreiches Unternehmen im Bereich des Internet-Handels. Auf den Webseiten von Amazon können Sie leicht eine Million Buchtitel finden und bestellen; die Lieferung erfolgt innerhalb weniger Tage. Können Sie eine derart große Anzahl von Titeln genauso schnell bei Ihrem Buchhändler am Ort finden? Andererseits zeigt der jüngste Erfolg von Buchkaufhäusern wie

Borders und Barnes & Noble, daß der Verkauf über das Internet ein hochwertiges Einkaufserlebnis nicht ersetzen kann. Der Besuch solcher sogenannter Megastores macht Spaß. Man kann sich einen Espresso bestellen, Bücher und Zeitschriften ansehen, neue Musiktitel anhören und Leute kennenlernen. Sie werden dort eher zufällig Dinge finden und auch kaufen, die Ihnen gefallen und die Ihnen auf der Website von Amazon gar nicht aufgefallen wären. Wenn es Ihnen aber an Zeit mangelt und Sie wissen, was Sie wollen, dann wird die Bestellung per Internet für Sie die beste Lösung sein. Barnes & Noble startet gerade eine Großoffensive im Bereich des Direktverkaufs per Internet.

Der springende Punkt ist folgender: Einkaufen im Zeitalter des Internets bedeutet, daß wir viel weniger Zeit für langwierige Besorgungen aufwenden müssen und mehr Zeit für die Dinge haben werden, die wir wirklich gerne tun, Dinge also, für die der direkte Kontakt von Mensch zu Mensch nötig ist. Das Einkaufen im Internet wird aber traditionelle Freizeitbeschäftigungen genausowenig ersetzen wie den Einkaufsbummel! Das genaue Gegenteil wird der Fall sein: Wir werden mehr Zeit haben, um Restaurants, Konzerte, Opern, Symphoniehäuser, Kinos, Parks, Unterhaltungsarenen und Sportveranstaltungen zu besuchen – bis hin zum „All-Star-Wrestling".

Wir werden auch weiterhin die Dinge im Geschäft kaufen, die wir sehen, anfassen, ausprobieren oder vorgeführt bekommen müssen. Wir werden dort einkaufen, wo Familienunterhaltung geboten wird. Wir werden die spezialisierten Markthallen in unserer Nähe aufsuchen, wo es frisches Obst und Gemüse und Spezialitäten gibt, also Dinge, die das Leben lebenswert machen. Wir werden in ein Schuhgeschäft gehen, um uns paßgenaue, handgearbeitete Schuhe nach Maß anfertigen lassen. Wenn aber Ihre Daten erst einmal erfaßt sind, können Sie sich das nächste Paar auch über das Internet bestellen. Mit anderen Worten: Wir erhalten künftig stets besseren Service und haben überdies mehr Spaß am Einkaufen, wenn wir uns dazu unter Menschen begeben!

Professionelle Hilfe per Internet

Wenn wir zum Arzt gehen, um uns rundum untersuchen zu lassen, wird er die besten Experten der Welt konsultieren können, sofern ein Problem vorliegt. Wir werden in der Lage sein, eine noch größere Anzahl einfacher medizinischer Tests selbst durchzuführen und sie von zu Hause aus mit unserem Hausarzt zu besprechen. Wir werden den gleichen bequemen Zugang zu einer ganzen Reihe von Fachleuten haben, zum Beispiel zu Anwälten, Finanzplanern und Steuerberatern. Anstatt Wochen im voraus einen Termin zu vereinbaren, uns dann zur Kanzlei oder dem Büro zu begeben und womöglich noch warten zu müssen, bis wir an der Reihe sind, können wir über das Internet in persönlichen Kontakt zu diesen Fachleuten treten.

In manchen Fällen werden wir unseren Bedarf an fachmännischer Hilfe minimieren können oder gar nicht mehr auf sie angewiesen sein. Statt beispielsweise in einem Stadtteil herumzufahren und anhand der Aushangschilder von Immobilienbüros nach lohnenden Objekten Ausschau zu halten, könnten wir stattdessen eine Immobilien-Website aufrufen und uns dort aktuelle Informationen über die in einer bestimmten Gegend zum Verkauf stehenden Häuser zeigen lassen. Wir könnten uns dann rasch einen ersten Eindruck von allen Häusern verschaffen – irgendwann werden dafür sogar dreidimensionale Bilder zur Verfügung stehen. Da wir nun sofort einige Häuser, für die wir uns nicht interessieren, von unserer Liste streichen können, haben wir mehr Zeit zur Verfügung, um uns die Häuser anzusehen, die uns wirklich gefallen. So können wir uns ein noch genaueres Bild von jedem einzelnen Objekt machen.

Ein anderes Beispiel: Ist es Ihnen schon einmal passiert, daß Sie an einem Urlaubsziel oder in einem Hotel nicht das geboten bekamen, was sie sich vorgestellt hatten? Mit per Internet eingespielten Daten und Videofilmen können die Unwägbarkeiten der Ferienplanung um vieles reduziert werden. Wir werden zum Beispiel alle zur Auswahl stehenden Reiseziele zu Hause oder über ein spezialisiertes Reisebüro erkunden können. Wir werden in der Lage sein, eine Ferienreise so zu planen, daß sie genau unseren finanziellen Möglichkeiten entspricht. Wir werden uns Farbfotos und Videofilme über unser Reiseziel ansehen können, die uns dabei helfen werden, unseren Aufenthalt umfassend zu planen und wirklich zu „sehen", wohin wir uns begeben.

Immer mehr Menschen werden damit beginnen, mit dem Internet zu experimentieren, sobald ein einfacher zu bedienender Computer oder ein Fernsehzusatzgerät für wenige hundert Dollar auf den Markt kommt. Solche Geräte werden den Verbraucher dazu verlocken, sich das Internet näher anzusehen. Und was wird dann Ihrer Meinung nach passieren? Wenn die Verbraucher das Internet erst benutzen, werden sie lestungsfähigere Computer und einen schnelleren Zugang verlangen, damit sie auch wirklich von der Fülle des Angebots an Information und Unterhaltung profitieren können. Darüber hinaus werden solche Geräte die Leistungsfähigkeit des Internets weiter erhöhen, da sie in der Lage sein werden, miteinander zu kommunizieren, und wir sie mittels einer Fernsteuerung bedienen können werden. Wenn alltägliche Gebrauchsgegenstände computerisiert werden, wird die Computer- und Internettechnologie mit einem Schlag den breiten Markt erobern.

TREND 6:
DIE ERHÖHUNG DER KOMMUNIKATIONSBANDBREITE

Heute und in den kommenden Jahrzehnten wird die Bandbreite der entscheidende Faktor sein, der die Leistungsfähigkeit und Vielseitigkeit der Computer bestimmen wird – sie wird noch bedeutsamer sein als die Leistungsfähigkeit der Computerchips. Es läßt sich absehen, daß der steigende Bedarf an Internetzugängen die Investitionen in zwei verschiedene neue Kommunikationstechnologien anregen und deren Entwicklung fördern wird. Die Rede ist hier zum einen von Glasfaser- und anderen Kabeln, die in dicht besiedelten urbanen und suburbanen Räumen eingesetzt werden, und zum anderen von Satellitensystemen für die ländlichen Gebiete. Da sich diese Technologien immer noch im Anfangsstadium befinden, wird sich die Entwicklung der Bandbreite in zwei Phasen vollziehen, die jeweils der Größe des Verkehrsaufkommens im globalen Datennetz angemessen sein werden. In der ersten oder Zwischenphase, die etwa 3-5 Jahre dauern wird, wird man eine ganze Reihe von Technologien dazu benutzen, die sich öffnende Lücke zu schließen. In der darauffolgenden Reifephase werden Technologien mit weit größerer Kapazität den Platz der einstigen provisorischen Lösungen einnehmen.

Provisorische Lösungen:
ISDN, ATM, Kabelmodems und Satellitenübertragung

In der zur Zeit stattfindenden Zwischenphase ermöglichen mehrere Technologien die bessere Anbindung an das Datennetz, die wir brauchen, um unsere intelligenten Personalcomputer besser einsetzen und den Druck, der auf dem Internet lastet, etwas verringern zu können. Zu diesen Technologien zählen ISDN-Telefonanschlüsse, ATM-Telefonanschlüsse, Kabelmodems, die direkte Satellitenübertragung und sogenannte „drahtlose Kabel". Telekommunikations- und Computerunternehmen bemühen sich aufs äußerste, eine temporäre Infrastruktur zu schaffen, um die gegenwärtige Nachfrage nach Anbindung ans Datennetz so gut wie möglich zu befriedigen.

Diese Lösungen sind teilweise sehr beschränkt: ISDN-Anschlüsse bringen nur marginale Verbesserungen und sind immer noch sehr schwierig zu installieren. ATM-Telefonanschlüsse scheinen attraktiver, ihre Kapazität zur Bewältigung von hohem Datendurchsatz und Videoanwendungen ist allerdings immer noch beschränkt. Kabelmodems weisen eine wesentlich höhere Kapazität auf, sind aber teurer und nicht in der Lage, eine interaktive Kommunikation zu bewältigen. Die direkte

Satellitenabstrahlung ermöglicht zwar das Herunterladen von Daten zu einem geringeren Preis, aber ebenfalls keine bidirektionale Kommunikation. Und das „drahtlose Kabelnetz" kann Daten nicht durch Hügel oder Gebäude hindurch übermitteln. Kabelmodems scheinen hier deshalb die vielversprechendste Alternative darzustellen.

Es gibt eine ganze Reihe innovativer neuer Unternehmen, die nach kreativen Wegen zur Bereitstellung eines zuverlässigen und bezahlbaren Zugangs zu Fernseh- und Filmprogrammen sowie zum Internet suchen. Mir ist beispielsweise eine Theorie bekannt, nach der kleine, auf lokaler Ebene tätige Telefongesellschaften eine höhere Datenkapazität und einen stärker zielgerichteten Internetzugang als die Telekommunikationsriesen ermöglichen könnten, wenn sie die überschüssigen Kapazitäten der Großen aufkaufen und sie mit leistungsfähigen Switches und Modems kombinieren würden.

Auf eines können Sie sich jedoch verlassen: Unternehmer und große Konzerne werden Möglichkeiten finden, das Bandbreitenproblem zu umgehen, das den wichtigsten Hemmschuh der Kommunikationsrevolution darstellt. Adäquate Lösungen versprechen außerdem einen immensen Profit.

Wie jede andere Technologie auch, so wird das Internet im Verlauf seiner dramatischen Expansion weiterhin auf Hindernisse stoßen. Aber es wäre verfehlt zu glauben, daß solche Beschränkungen das Internet zu Fall bringen könnten. Auch alle anderen bedeutenden technologische Revolution ließen sich durch solche Hindernisse nicht aufhalten.

Die nahe Zukunft:
Glasfaserkabel und erdnahe Satelliten

Die Telekommunikationsfirmen blicken aber auch in die Zukunft und beginnen mit dem Bau der Datenautobahnen, die das zu erwartende hohe Datenverkehrsaufkommen bewältigen sollen. Sie haben eingesehen, daß die massenhafte Verbreitung von Personalcomputergeräten auch teure Technologien wie Glasfaserkabel oder erdnahe Satelliten zu einer interessanten und lohnenden Investition, und am Ende das Internet zu einem wirklich globalen Phänomen machen wird.

Obwohl Glasfaserkabel das potentiell beste bidirektionale, interaktive Kommunikationsmedium sind, hat sich diese Technologie nicht in vorhergesagtem Umfang entwickelt. Glasfaserkabel können zwar enorme Datenmengen transportieren, ihre Installation ist aber sehr teuer. Da wir aber bei der Arbeit und in unserer Freizeit immer mobiler werden und immer mehr Menschen in Gebiete außerhalb der Großstädte und der dazugehörigen Vorstädte ziehen, in denen das Leben preiswerter und die Lebensqualität höher ist, erscheint die Satellitenkommunikations-technologie zur Zeit vielversprechender. Es ist zwar um vieles teurer, Satelliten ins All zu befördern, aber sie sind flexibel genug, um sowohl feste als auch mobile Empfangspunkte zu erreichen. Dieser Vorteil wird sich besonders bei der Anbindung dünnbesiedelter Gebiete in den Industrienationen und bei der Einbeziehung der vielen wachstumsstarken Länder der Dritten Welt als wichtig erweisen.

In den nächsten fünf bis zwölf Jahren wird die Kommunikation zwischen leistungsfähigen stationären Computern auf zweierlei Arten vonstatten gehen. In dicht besiedelten Gebieten und in großen Firmennetzwerken werden die Computer durch Glasfaserkabel mit dem Internet verbunden sein. Weniger dicht besiedelten Gebieten und mobilen Nutzern großer Bandbreiten werden sehr erdnahe Satelliten die Anbindung an die Datenströme ermöglichen. Das wird den Bedarf an breitbandigen Zugängen decken und die videofähige, interaktive Nutzung des Internets für Haushalte und Unternehmen in Stadt und Land zur Realität machen.

• Glasfaserkabel werden in den Großstädten stationäre Anwendungen mit hohem Bandbreitenbedarf übernehmen. Wenn die Kosten dieser Technologie sinken, wird das Glasfaserkabel auch im weiter gefaßten

	Hohe Dichte	Niedrige Dichte
Hohe Bandbreite	Glasfaserkabel	Sehr erdnahe Satellitensysteme
Niedrige Bandbreite	PCS und andere Mobilfunknetze	Erdnahe Satellitensysteme

Schautafel 5.1: Die vier Dimensionen der Datenautobahn
Diese Schautafel zeigt die vier Quadranten der Datenautobahn und welche Übertragungstechnologien diese im nächsten Jahrzehnt wahrscheinlich zunehmend beherrschen werden.

Gebiet der Vorstädte für stationäre Anwendungen mit hohem Bandbreitenbedarf eingesetzt werden.

- Sehr erdnahe Satellitensysteme wie Teledisc werden mobile Anwendungen mit hohem Bandbreitenbedarf sowie entsprechende Anwendungen in dünner besiedelten und ländlichen Gebieten unterstützen.
- PCS-Funkstationen und andere engmaschige Mobilfunknetze (sowie mit Abstrichen auch weitmaschige digitale Mobilfunknetze) werden Anwendungen mit geringerem Bandbreitenbedarf für den mobilen Einsatz und den Einsatz in Großstädten unterstützen.
- Erdnahe Satellitensysteme wie Iridium oder Orbcomm werden Anwendungen mit geringerem Bandbreitenbedarf für den mobilen Einsatz sowie den Einsatz in ländlichen Gebieten übernehmen.

PCS (Personal Communications System) besteht einfach aus kleineren digitalen Funkstationen, die sehr eng beieinander liegen. Deshalb übertragen sie Gesprochenes und Daten auch besser und kostengünstiger als herkömmliche Mobilfunkstationen. Sie machen es außerdem möglich, Mobiltelefone und Computer zu niedrigeren Kosten zu produzieren und ihren Strombedarf zu verringern. Der Trend geht zu sehr engmaschigen Mobilfunknetzen mit immer kleineren, noch enger beieinanderstehenden Übertragungsstationen, die in dichtbesiedelten urbanen Räumen noch kostengünstiger betrieben werden können.

Die Dynamik der Satellitensysteme ist ganz einfach: Je erdnäher die Umlaufbahn, desto höher die Bandbreite, denn die Übertragung in beiden Richtungen kann weit schneller erfolgen als im Fall weiter entfernter Systeme. Je erdnäher die Umlaufbahn, desto mehr Satelliten sind wegen der Erdkrümmung auch nötig, um die Erdoberfläche abzudecken. Alles wäre viel einfacher, wenn die Erde flach wäre!

Nach der Veröffentlichung von Bill Gates' Buch *The Road Ahead* [dt. *„Der Weg nach vorn"*] machte Craig McCaw, der Gründer von McCaw Cellular, eine erstaunliche Ankündigung: Er plane, in den Jahren 2000-2002 in Zusammenarbeit mit der Firma Boeing 430 Satelliten in sehr ernahe Umlaufbahnen zu schießen. Boeing hat bereits 100 Millionen Dollar in das Projekt investiert. Das neue Unternehmen, das sich Teledisc nennt, wird weniger dicht besiedelten Gebieten und mobilen Nutzern einen breitbandigen Internetzugang bieten. Ein derart enormer technologischer Durchbruch wurde von niemandem – nicht einmal von einem Insider wie Bill Gates – vorhergesagt. Doch der technologische Visionär und Geschäftsmann Gates war einer der ersten, der in Teledisc investierte.

McCaws Teledisc-Plan ist die Art von Entwicklung, die die Geschwindigkeit und die Verfügbarkeit der Datenautobahn erhöhen wird. Die meisten Prognosen sprechen davon, daß das Internet etwa 20 Jahre brauchen wird, um zu einer voll entwickelten, breitbandigen Datenautobahn zu werden. Ich gehe davon aus, daß dabei die größten Fortschritte in den nächsten zehn Jahren erzielt werden.

Um den breitbandigen Zugang bieten zu können, der für wirklich interaktiven Austausch nötig ist, wird McCaws Teledisc-System auf eine äußerst hohe Zahl sehr erdnaher Satelliten zurückgreifen müssen. Die Risiken, die Aufbau und Betrieb eines derart komplexen Satellitennetzwerks bergen, sind groß. Aber schreiben Sie McCaw, Boeing und Bill Gates nicht ab. Wenn Teledisc erfolgreich ist – und wir alle glauben, daß das letztlich der Fall sein wird –, dann wird dies die Kosten für den Internetzugang außerhalb größerer Städte und teurer Firmennetzwerke beträchtlich senken. So wird die Datenautobahn in solchen Gebieten leichter nutzbar werden und vielen Menschen das Leben erleichtern. Sie wird Menschen, die in einer Kleinstadt, einem Ferienort oder gar einem Land der Dritten Welt leben, dabei helfen, einzukaufen, Informations- und Bildungsangebote wahrzunehmen und zu arbeiten. Aber selbst, wenn McCaws Satelliten erfolgreich in die Umlaufbahn gelangen, gestattet die geschätzte Kapazität des Systems nur 20000 Nutzern gleichzeitig den Zugang, was einige Millionen Zugriffe pro Tag zuließe. Das ist zwar kurzfristig genug, aber langfristig wird man nach neuen Lösungen suchen müssen, um den Bedarf zu decken.

Es werden andere Systeme entstehen, die Teledisc ähnlich sind und Satelliten zur dominierenden Kommunikationstechnologie für abgelegene Gebiete erheben werden. Der Grund dieser Entwicklung liegt darin, daß die Installation von Glasfaserkabeln in diesen Gebieten einfach zu teuer ist, als daß der Bedarf kostengünstig gedeckt werden könnte. Wenn die mit ihnen verbundenen Kosten weiter fallen, könnten sich Satelliten als die wichtigste Spur der Datenautobahn herausstellen.

Viele Unternehmen haben bereits Satelliten eingesetzt, um ländliche Gebiete direkt mit Fernsehprogrammen und einem Videoservice zu versorgen. Die Firma Hughes Direct Satellite System hat beispielsweise einen sehr leistungsstarken Satelliten, der von der Erde weit genug entfernt ist, um alle Haushalte zu erreichen, und gleichzeitig über genug Bandbreite für die bidirektionale Bildübertragung verfügt. Orbcomm, ein System mit 23 Satelliten, ist in der Lage, überall auf der Welt Kommunikation mit sehr geringer Bandbreite anzubieten, was für einfache Pager-Dienste ideal ist. Iridium ist ein System mit 66 erdnahen Satelliten, das in Kürze ein interaktives und weltweit zugängliches Funktelefonnetz anbieten wird.

TREND 7:
OBJEKTORIENTIERTE PROGRAMMIERUNG
KUNDENORIENTIERTER SOFTWARE

Es gibt eine neue Art der Erstellung von Software, die die Computer-benutzung einfacher machen und es uns erlauben wird, den Computer unseren individuellen Bedürfnissen anzupassen. Dieser neue Ansatz nennt sich „objektorientierte Programmierung". Bei der objektorientier-ten Programmierung erstellen Teams von Software-Designern einzelne Code-Module, sogenannte Objekte, die sehr spezifische Funktionen er-füllen – so wie etwa die Bildschirmsymbole auf den ersten Macintosh-Computern. Programmierer können nun diese Objekte zu maßge-schneiderten Anwendungen kombinieren, aber auch jederzeit leicht wieder auf andere Weise zusammenstellen, um die Anwendung auf den neuesten Stand zu bringen, neue Merkmale hinzuzufügen oder den Ge-brauch zu erleichtern.

Der Vorteil der objektorientierten Programmierung besteht in der er-höhten Geschwindigkeit der Softwareentwicklung, die uns leistungsfä-hige und auf unsere Bedürfnisse abgestimmte Anwendungen für den Gebrauch im Haushalt und am Arbeitsplatz bietet. Dank der Verbrei-tung von Java – das heißt, mobiler digitaler Agenten, die sich je nach aktueller Bedarfslage Zugang zu Softwareprogrammen und Informatio-nen verschaffen und so die Arbeitsweise des Netzwerks verbessern – können diese Objekte noch komplexer und mobiler werden.

Aufgrund der explosionsartigen Entwicklung des Internets erfolgen Fortschritte im Bereich der Computersoftware und der Kommunika-tionstechnologie so schnell, daß die Firmen immer nach Möglichkeiten suchen, heute eine Software zu schreiben, die den Bedürfnissen von morgen leicht angepaßt werden kann. Unabhängig davon, wer in der objektorientierten Programmierung führend ist, steht fest, daß diese Softwareinnovation der Schlüssel zu einer kundenorientierten Wirt-schaft sein wird, in der Handel und Kommunikation dominieren und die Verbraucher, nicht die Produzenten, den Ton angeben.

Die Zukunft der objektorientierten Programmierung sieht wahr-scheinlich so aus, daß es immer leichter für uns sein wird, einen leis-tungsfähigen Computer für die Erledigung spezieller Aufgaben selbst zu konfigurieren. Am Ende werden die Personalcomputer mehr als nur persönlich sein. Sie werden individuell und ganz genau auf die Bedürf-nisse unserer Person abgestimmt sein. Die Anfänge lassen sich in Soft-ware wie CyberDog erkennen. CyberDog erlaubt es uns, genau die Arten von Nachrichten, Sportberichten und Wettermeldungen festzu-legen, die wir jeden Morgen erhalten wollen. Die Kundenorientierung ist der wahre Trend dieser Informationsrevolution, nicht etwa billige, massenhaft produzierte technologische Geräte. Dies bedeutet, daß Firmen wie Microsoft in der Zukunft wahrscheinlich weit ernstere Herausforderungen zu bestehen haben werden, nicht aber, daß zum Beispiel Intel einen Rückgang der Nachfrage nach leistungsfähigeren Chips erleben wird. Wer sich ein Bild von der Zukunft der Computer- und Kommunikationstechnologie machen will, braucht einen breiten Überblick über die Neuerungen auf dem Gebiet der Soft- und Hardware. Deshalb ist Intels Strategie unter Andy Grove nicht nur auf leistungsfähigere Halbleiterchips beschränkt, sondern neuerdings verstärkt auf die Entwicklung innovativer Software und leicht bedienbarer Computergeräte ausgerichtet.

TREND 8:
MEHR COMPUTERERFAHRUNG AUFGRUND
DES ÄLTERWERDENS DER BEVÖLKERUNG

Jüngere Menschen neigen eher dazu, Geldautomaten und PCs zu benutzen und haben E-Mail-Kontakte mit Menschen auf der ganzen Welt, von denen sie manche vielleicht noch nie persönlich kennengelernt haben. Warum? Sie sind mit dem Computer aufgewachsen, genau wie die vorherige Generation mit dem Auto, dem Fernseher oder der Kaffeemaschine aufwuchs. Im nächsten Jahrzehnt werden wir den Übergang zu einer Arbeiterschaft und einer Konsumgesellschaft vollzogen haben, die ganz aus Baby-Boomern (Jahrgang 1936-1961), Mitgliedern der Generation X (Jahrgang 1962-1975) und den Kindern der Baby-Boom-Generation beziehungsweise der „Jahrtausendgeneration" (Jahrgang 1976 und später) bestehen wird. Jede dieser aufeinanderfolgenden Generationen ist im Umgang mit dem Computer erfahrener als die vorherige.

Andererseits ist die Bob-Hope-Generation, die vor den Baby-Boomern kam, immer noch größtenteils computerfeindlich eingestellt. Obwohl manche durchaus die nötige Freizeit und das Interesse besitzen, den Umgang mit dem Personalcomputer und dem Internet zu erlernen, sträuben sie sich aus einem einfachen Grund immer noch dagegen, einen Computer zu benutzen: Sie sind nicht damit aufgewachsen. Als ich beispielsweise in den späten Achtzigern als Berater für die Geldautomatenbranche tätig war, sah ich eine Marktforschungsstudie, die indirekt aussagte, daß der typische Bürger über 50 wahrscheinlich nicht einmal dann einen Geldautomaten benutzen würde, wenn dieser in seinem Schlafzimmer aufgestellt wäre und morgens Kaffee kochen und ihn mit einem Kuß wecken würde!

Im nächsten Jahrzehnt wird die Mehrzahl der Baby-Boomer die Vierziger erreichen, während eine Minderheit in die späten Fünfziger und frühen Sechziger kommt. Zur selben Zeit kommen die Mitglieder der Generation X in die Dreißiger und die Jahrtausendgeneration tritt ins Arbeitsleben ein. Das bedeutet, daß die gesamte Gruppe der Erwerbstätigen im Alter von 19-65 Jahren aus Menschen bestehen wird, die mit Computern aufgewachsen sind. Die überwältigende Mehrheit derjenigen, die sich auf dem Höhepunkt ihres Ausgabeverhaltens befinden, wird erfahren im Umgang mit Computern sein. Das bedeutet aber, daß die Computerprodukte und -dienstleistungen, die die Informationsrevolution auslösten, ganz sicher auch zu weitverbreiteten Konsumartikeln werden. Es steht beispielsweise zu erwarten, daß die folgenden Annehmlichkeiten bald für die Mehrheit der Verbraucher erhältlich sein werden:

- Eingebaute Mikroprozessoren werden viele praktische, alltägliche und körperliche Tätigkeiten ohne unser Zutun für uns verrichten. Wenn wir den Haushaltsgeräten und Maschinen Intelligenz verleihen, werden sie viele Haushaltstätigkeiten koordinieren und viel besser auf unsere Bedürfnisse und Befehle reagieren können, sogar wenn diese aus der Ferne zu ihnen gelangen.
- Intelligente digitale Softwareagenten werden als unsere persönlichen Butler oder Sekretäre fungieren. Wir werden sie auf unsere persönlichen Vorlieben programmieren, und sie werden für uns das Internet durchsuchen und uns die Nachrichten und Informationen liefern, die wir brauchen. Außerdem werden sie ständig benötigte Waren bestellen und Dienstleistungen in Auftrag geben. Auch dies wird weitestgehend ohne unser Zutun vonstatten gehen.
- Wenn wir eine Entscheidung zu treffen haben, für die wir Informationen benötigen, werden wir leistungsstarke Browser, Suchmaschinen und Filter, die unsere persönlichen Vorlieben berücksichtigen, im Internet einsetzen und auf diese Weise nur die Informationen bekommen, die wir brauchen. Diese Hilfsmittel unterstützen uns dabei, schnell die richtigen Produkte und Dienstleistungen ausfindig zu machen, ohne dabei unser Haus oder Büro verlassen zu müssen. Sie richten sich nach unserem Informationsbedarf und nicht nach den Verkaufszielen der Werbestrategen.

Wenn intelligente Computer und Kommunikationsgeräte unsere Routinearbeiten erledigen, werden wir mehr Zeit für diejenigen wirklich genüßlichen Aufgaben haben, die sich am besten unter Einsatz all unserer Sinne erledigen lassen. Auf Märkten unter freiem Himmel werden wir Blumen und Frischprodukte einkaufen; wir werden uns in aller Ruhe in einem Buchladen umsehen und einen Espresso trinken oder unsere Fingerspitzen über die glatte Oberfläche edler Möbelstücke gleiten lassen. Oder wir werden einen jener neuen, vielseitigen menschlichen Agenten aufsuchen, die die verschiedensten zur Wahl stehenden Produkte und Dienstleistungen – vom Investment bis zur Gesundheitsfürsorge – zu einfachen, exakt auf unsere Bedürfnisse zugeschnittenen integrierten Lösungen kombinieren. Unter dem Strich werden wir die Erhöhung unserer Lebensqualität ausgiebig genießen können.

ZUSAMMENFASSUNG

Das Zusammenwirken technologischer Schlüsseltrends und des Alterungsprozesses unserer Bevölkerung wird die Informationsrevolution beschleunigen, so daß sie im nächsten Jahrzehnt den breiten Markt erobert. Dies wird eine Produktivitätsrevolution auf breiter Basis hervorrufen, von der stärkere Veränderungen unseres Lebens- und Arbeitsstils ausgehen werden als jemals zuvor in der Geschichte. Wenn wir zusätzlich zu dieser Entwicklung die wirtschaftlichen Auswirkungen des Konsumhöhepunkts der Baby-Boom-Generation berücksichtigen, der genau zur gleichen Zeit erreicht werden wird, dann kann es als sicher gelten, daß wir den größten Boom aller Zeiten erleben werden. Was in den Goldenen Zwanziger Jahren zwangsläufig geschah, wird sich während der Goldenen 2000er Jahre in weit größerem Umfang wiederholen. Überlegen Sie sich bereits jetzt, wie Sie ihre persönlichen, investmentbezogenen und geschäftlichen Strategien ändern müssen, um dieses neue Zeitalter des Wohlstands bestmöglich nutzen zu können.

TEIL 3

Das neue Netzwerkunternehmen

KAPITEL 6:
Menschliche Browser/Server-Organisationen, die nicht von einem hierarchischen System, sondern vom Kunden ausgehen

Wir hören ständig, daß die Umstrukturierung von Unternehmen den Anteilseignern nie dagewesenen Reichtum beschert und ebenso zu beispielloser Furcht und Verwirrung unter den Arbeitnehmern führt, deren Arbeitsplätze auf dem Spiel stehen. In der Zukunft – wenn wir in der Lage sein werden, auf die jetzige Zeit zurückzublicken – werden wir erkennen, daß die Umstrukturierung in Wirklichkeit ein Segen für die verängstigten Arbeitnehmer und ein Nachteil für die Unternehmensführer war, die sich durch ihren scheinbaren Erfolg zur Selbstgefälligkeit verleiten ließen.

Die Umstrukturierung wird dazu führen, daß viele Mitarbeiter von Unternehmen, die veraltete Strukturen und geringe Zukunftsaussichten aufweisen, in neue Unternehmen gedrängt werden, die in puncto Wachstum und Aufstiegsmöglichkeiten einen Vorsprung haben. Letztere Unternehmen werden die größte Ära in der Geschichte des Unternehmertums einläuten. Sie werden viele der umstrukturierten Giganten mit ihren Führungskräften der alten Schule hinter sich lassen.

Das auf paradoxe Weise Problematische an der Umstrukturierung ist, daß sie funktioniert! Die Umstrukturierung führt zu so großen Kosteneinsparungen und zusätzlichen Verbesserungen des Service und der Qualität, daß sie außerordentlich profitabel ist. Diese offensichtlichen Ergebnisse lassen zahlreiche Unternehmensführer zu der Überzeugung kommen, daß Umstrukturierung die richtige Lösung ist, so daß sie damit fortfahren, ihren Verwaltungsapparat zu verschlanken und ihre Angestellten bei der Schulung dazu anzuhalten, den Kunden mehr Aufmerksamkeit zu schenken.

Die Risiken der Umstrukturierung liegen jedoch darin, daß sie nur die hierarchischen Organisationsmodelle des letzten Jahrhunderts festigt und dies als revolutionären Wandel verkauft, obwohl es weder revolutionär noch die Art von Wandel ist, die diesen Unternehmen letztendlich am besten dient. Die wahre Revolution nahm ihren Anfang, als das Internet Mitte der neunziger Jahre zum einem Massenmedium wurde.

Die Börse ist von dieser Entwicklung begeistert. In den letzten Jahren nahmen die Gewinne der Unternehmen doppelt so schnell zu wie die Wirtschaftswachstumsrate.

Was wir derzeit erleben, ist ein vollständiger Wandel der Geschäftsstrukturen, des Managements und der Firmenkultur, der die Umstrukturierung als die oberflächliche Flickschusterei erkennen lassen wird, die sie ist. In den neunziger Jahren sind zahlreiche Unternehmen zu Client-Server-Netzwerken übergegangen, um ihrem Bedarf an Wirtschaftsdaten gerecht zu werden. Dabei lassen sie außer acht, daß Netzwerke die technischen Vorläufer des nächsten erfolgreichen Modells menschlicher Arbeit und Organisation sind. Unsere Investitionen in Computer- und Informationstechnologien stellen schlicht den ersten Schritt dar, der nötig ist, um ganze Unternehmen umzuorganisieren – und sie liefern aussagekräftige Hinweise darauf, wie wir in Zukunft Geschäfte betreiben werden.

Die Einteilung ihrer menschlichen Ressourcen nach dem Vorbild des Netzwerkmodells wird sich für diese Unternehmen außerordentlich bezahlt machen. Allein eine vernetzte Organisation wird in der Lage sein, anspruchsvollen Kunden Produkte nach Maß sowie einen auf persönliche Bedürfnisse zugeschnittenen Service zu geringen Kosten zu bieten.

Unsere Welt wird zunehmend komplex und immer mehr von wechselseitigen Abhängigkeiten bestimmt. Die Kunden werden individualistischer und verlangen eine breitere Auswahl und persönlichen Service. Die Technologien verändern sich sogar noch schneller. Die Unternehmen, die in der Lage sein werden, auf diese Veränderungen effizient zu reagieren, sind jene, die vom Kunden ausgehen – wie das Internet. Es sind jene Unternehmen, die mit der komplexen Kommunikation und den raschen Veränderungen umgehen können, die ein persönlicher Service erfordert. Die meisten Entscheidungen werden im direkten Kontakt mit den Kunden ihren Ursprung haben und nicht innerhalb der Firma.

Unternehmen, die mit traditionellen Verwaltungshierarchien operieren, können einfach nicht schnell genug reagieren, wie sehr sie ihre Verwaltung auch verschlanken. Netzwerke besitzen keine schwerfällige Bürokratie. Was sich auszahlt, ist die prompte Lieferung von Informationen an den gewünschten Ort und zu dem Zeitpunkt, zu dem sie benötigt werden, nicht die Verlangsamung durch einen endlosen Papierkrieg, kleinkarierte Machtspiele und persönliche Probleme. Das neue Netzwerkmodell stellt einen radikalen Wandel in der Geschäftsstruktur und -praxis dar, der die Rolle jedes einzelnen in der Organisation verändern wird.

DIE NEUE NETZWERKORGANISATION

Die Hinwendung zum Modell der Netzwerkorganisation ist die größte Veränderung, die sich aus der Informationsrevolution ergeben wird. Wie ich im ersten Kapitel bereits ausgeführt habe, handelt es sich dabei um die erste derartige Revolution seit der Erfindung der Druckerpresse vor 500 Jahren. Da diese 500-Jahres-Zyklen stets radikale Veränderungen mit sich bringen, sollten Sie die jetzigen nicht einfach als eine weitere Stufe der Industrierevolution betrachten, denn das werden sie nicht sein.

Am Anfang dieses Jahrhunderts revolutionierte das Fließband die Produktion von Gütern und das Dienstleistungswesen. Am Ende dieses Jahrhunderts wird die Netzwerkorganisation allmählich die Vermarktung und den Vertrieb von Produkten wie auch die Dienstleistungen revolutionieren. Als das Fließband den Handwerker ersetzte, gingen die Herstellungskosten für die meisten Güter drastisch zurück. Heute decken etwa 20 Prozent des Kaufpreises die Herstellungskosten ab, während Vertrieb, Vermarktung und Verwaltung etwa 80 Prozent des Preises ausmachen.

Nun wird zum ersten Mal seit der Erfindung des Computers eine weitverbreitete Kommunikationstechnologie direkten Handel zwischen dem Hersteller und den Kunden ermöglichen und den Bürokraten und Mittelsmann ersetzen. Dies wird die Art und Weise, wie wir Produkte und Dienstleistungen kaufen und verkaufen, von Grund auf verändern. In den kommenden Jahrzehnten werden die Vertriebskosten ebenso dramatisch sinken, wie dies im vergangenen Jahrhundert bei den Herstellungskosten der Fall war.

Das Wesen der neuen Netzwerkorganisation läßt sich in einem Satz ausdrücken: Die neue Netzwerkorganisation besteht aus Führungskräften, richtungsweisenden Unternehmern und teilautonomen Teams, die an einem chaotischen Echtzeitprozeß teilnehmen, der auf die sich ständig ändernden Bedürfnisse des einzelnen Kunden eingerichtet ist.

Wenn Sie finden, daß sich das nicht nach den umstrukturierten Unternehmen anhört, für die Sie arbeiten oder mit denen Sie zu tun haben, dann haben Sie recht! Netzwerkorganisationen bieten maßgeschneiderte Lösungen und sind dort direkt, reaktionsschnell und innovativ, wo die einzige Möglichkeit darin besteht, mit dem Strom zu schwimmen. Hierarchische Fließbandorganisationen sind das genaue Gegenteil: langsam, unflexibel, stets nur auf den Normalfall eingestellt und geprägt von aufwendiger Verwaltung, Planung und Koordination.

Die Haupteigenschaften des Netzwerkmodells für Organisationen sind:

- Führung vom Zentrum aus, nicht von oben.
- Menschliche Browser-Teams, die im direkten Kontakt zu den Kunden stehen und individuelle Lösungen erarbeiten. Sie repräsentieren die Kunden, indem sie diesen direkte Verbindungen zu Servern oder spezialisierten Produkten und Fachleuten bieten.
- Die radikale Eliminierung der Bürokratie anstelle einer reinen Verschlankung oder Verbesserung der bestehenden Systeme eines Unternehmens.
- Ein innerbetrieblicher freier Markt, der jedes externe oder interne Team ebenso verantwortlich für die Zufriedenheit der Kunden sowie für Gewinn und Verlust macht wie dies bei Einzelunternehmen der Fall sein würde.

Führung vom Zentrum aus

Netzwerkorganisationen bestehen aus konzentrisch angeordneten Einflußbereichen, deren Zentrum die Führungsmannschaft darstellt. Die Unternehmensleitung arbeitet nicht von der Spitze einer Hierarchie aus, indem sie die Unternehmenspolitik und einzelne Abläufe durch einen umfangreichen Verwaltungsapparat diktiert, sondern sie trifft nur noch Entscheidungen für den innersten Bereich. Die Führungskräfte legen jedoch die Zielsetzung der Organisation, eine effiziente Unternehmenskultur und eine Netzwerkstruktur fest, die diese Zielsetzung unterstützt, sowie die Regeln für die Entscheidungsprozesse innerhalb des Netzwerks. Dadurch ermöglichen sie es anderen – vor allem an den Schnittstellen zu den Kunden –, effektivere Entscheidungen zu treffen.

In einer solchen Organisation ist die Unternehmensleitung wie eine selbstregulierende Datenbank im Zentrum eines Computernetzwerks. Sie kümmert sich um die wichtigsten Unternehmensprinzipien und die Informationsbeschaffung, versucht ständig, die Organisation zu verbessern, stellt jedem die jeweils benötigten Daten zur Verfügung (einschließlich der Führungsmannschaft selbst) und garantiert, daß derartige Informationen in Echtzeit abrufbar sind – und zwar genau dort, wo sie innerhalb der Organisation gebraucht werden.

Kundenorientierte externe Browser-Teams

Netzwerkorganisationen weisen Strukturen und Arbeitsweisen auf, die die Betreuung des einzelnen Kunden erleichtern. Ich nenne das „vom Kunden ausgehend agieren". In dieser Art von Organisation spezialisieren sich kleine externe Teams auf ein einzelnes Segment des Gesamtkundenkreises. Das Wichtigste dabei ist, daß sie den Kunden objektiv repräsentieren, statt ihm einfach das zu verkaufen, was die internen Systeme des Unternehmens loswerden wollen.

Diese Unternehmer an der Schnittstelle zum Kunden werden von internen Teams – oder den Servern – des Unternehmens unterstützt, die bei Bedarf spezifische Produkte oder Fachwissen zur Verfügung stellen, anstatt Entscheidungen zu diktieren. Tatsächlich sind die Kunden, für die die internen Teams zuständig sind, deren Mitarbeiter an den externen Schnittstellen! Sie müssen sich das so vorstellen: Die externen Teams fügen das Puzzle zusammen, die firmeninternen Teams sorgen für die Teile. Ein solches Unternehmen kann den individuellen Kunden schnell und effizient maßgeschneiderte Produkte bieten und sich so organisieren, wie es der Kunde tun würde, indem es auf sich verändernde Bedürfnisse sofort und unbürokratisch reagiert.

Die radikale Eliminierung der Bürokratie

In einer Netzwerkorganisation ist die Bürokratie nicht einfach verschlankt, sondern vollkommen eliminiert. Immer gleiche Routinetätigkeiten, die sonst die linke Hirnhälfte steuert, werden von intelligenten Computersystemen übernommen und automatisiert, wodurch der einzelne auf allen Ebenen der Organisation genug Freiraum bekommt, um sich mit kreativerer und kundenorientierter Arbeit zu befassen, für die die rechte Hirnhälfte zuständig ist. Die Systeme des Computernetzwerks stellen die Informationen zur Verfügung, die die Angestellten brauchen, um Geschäftsentscheidungen rechtzeitig zu treffen, und zeichnen zudem die zur Kontrolle der Leistung der Angestellten benötigten Daten auf.

Die meisten Umstrukturierungspläne werden von der obersten Führungsebene, firmeninternen Teams und MIS-Abteilungen (Management-Informationsservice) durchgeführt, die nicht die erforderliche Objektivität besitzen, um die Eliminierung, Automatisierung oder Delegierung vieler Teilbereiche ihrer eigenen Funktionen und Aufgaben in Erwägung zu ziehen. Deshalb verschlanken sie immerzu ihre bestehenden Systeme, behalten aber den bürokratischen Grundcharakter und einen von oben nach unten gerichteten Entscheidungsfluß bei, der nie vollständig durch Kunden oder externe Angestellte vorangetrieben werden kann.

Ein innerbetrieblicher freier Markt

Jeder einzelne Mitarbeiter und jedes Team bilden eine Unternehmenseinheit und besitzen eine klare Vorstellung davon, wer die Kunden sind und wie sie zufriedengestellt werden können. Sie werden selbst für ihre Rentabilität gegenüber der Organisation verantwortlich. Individuelle Beiträge und Verantwortlichkeit werden in einer Netzwerkorganisation deutlicher erkennbar. In eine Netzwerkorganisation sind Wissen und Information die wertvollsten Güter. Daher bietet sie die zur Verbindung der kundenorientierten und firmeninternen Abteilungen benötigte kommunikative Infrastruktur, damit diese Entscheidungen in Echtzeit treffen können. Gleichzeitig versorgt das Informationssystem die Unternehmensleitung mit maßgeblichen Leistungsdaten, wodurch die ständige Verantwortlichkeit für die qualitativen wie auch die quantitativen Saldoergebnisse sichergestellt wird, die von der Zufriedenstellung der Kunden über die Produktivität bis zur Rentabilität reichen.

Diese Stufe der Echtzeitinformation und Verantwortlichkeit des Einzelnen erlaubt es einem Unternehmen heute, nach denselben Prinzipien des freien Marktes zu verfahren wie ganze Branchen und die Gesamtheit der in ihnen eingeschlossenen Unternehmen. Daher schwindet der Bedarf an Unternehmensführung und bürokratischer Koordination weitgehend, wie dies in breiter gefächerteren Branchen, im Internet oder auf den Finanzmärkten der Fall ist, welche bereits Beispiele für die im ersten Kapitel besprochenen Prinzipien des Netzwerks beziehungsweise des freien Marktes darstellen.

Unternehmen, die das Modell der Netzwerkorganisation übernehmen, werden in den Genuß von nie dagewesenen Produktivitätszuwächsen kommen, die selbst die aus der Einführung des Fließbands am Anfang des 20. Jahrhunderts resultierenden übertreffen werden. Diese Unternehmen werden ihre Erträge und ihren Marktanteil steigern, indem sie effizient die besten Güter und Dienstleistungen für individuelle Ansprüche oder Massenerzeugnisse zu weitaus geringeren Kosten anbieten. Als Verbraucher werden wir eine deutliche Verbesserung des Dienstleistungssektors und unseres Lebensstandards erleben und gleichzeitig mehr Einfluß auf unseren Arbeitsplatz haben. Wir werden zu Unternehmern und Geschäftsleuten werden und nicht mehr nur Angestellte oder Arbeitsgruppen sein.

DER WAL UND DER FISCHSCHWARM

Ich verwende eine Metapher, um die enormen Unterschiede zwischen dem alten Organisationsmodell und dem neuen zu erklären: Auf der einen Seite befindet sich ein Wal, auf der anderen ein Schwarm von kleinen Fischen.

Die Wale repräsentieren die alte Geschäftsstruktur. Sie sind gewaltige und mächtige Unternehmen, die eine vertikale Struktur bilden und darauf ausgerichtet sind, eine Sache gut zu erledigen: mit geringstem Kostenaufwand standardisierte Produkte und Dienstleistungen anzubieten. Solche Firmen sind erfolgreich, wenn die Angestellten sich an die Spielregeln halten, die an der Spitze entwickelt und durch einen komplizierten Verwaltungsapparat nach unten weitergegeben werden.

Solche Firmen sind erfolgreich, wenn sich die standardisierten Güter, die sie produzieren, an Kunden verkaufen lassen, die von deren Wert aufgrund von Massenwerbung und starken Verkaufstechniken überzeugt sind. In solchen Unternehmen ist die Analyse des Ablaufs – die Frage, wie sie das, was sie machen, noch besser machen können – weitaus wichtiger als das Eingehen auf den Kunden, Innovation oder Einfallsreichtum. Wer braucht schon Innovationen, wenn die Kunden immer dasselbe kaufen? Außerdem trennt der Verwaltungsapparat viele Angestellte von den Kunden und oftmals auch vom fertigen Produkt selbst, so daß Angestellten eigentlich gar nicht wissen, wessen Bedürfnissen oder Interessen sie dienen – außer natürlich den in der betriebsinternen Bürokratie des Wals Beschäftigten. An diesem Punkt beginnen die Machtkämpfe.

Die neue Netzwerkorganisation verhält sich wie ein Fischschwarm und nicht wie ein Wal. Sie besteht aus Einzelpersonen und teilautonomen Teams, die essentielle Informationen teilen, um in Echtzeit schnelle und fundierte Entscheidungen zu fällen. Jeder Einzelne ist direkt mit der Großfertigung, hochspezialisierten Fachleuten und Informationssystemen verbunden und orientiert sich an der zentralisierten Unternehmensleitung, die den strategischen Schwerpunkt des Unternehmens festlegt und ihre Hauptkompetenzen bestimmt. Dadurch wird es den Einzelnen möglich, sich nach einer gemeinsamen Strategie zusammen in eine bestimmte Richtung zu bewegen, jedoch nicht auf einer linearen, berechneten und geplanten Bahn. Solche Organisationen besitzen also zwar die Masse eines Wals, können jedoch wie ein Schwarm von Fischen die Richtung oder die Formation verändern und unmittelbar reagieren – genau diese Eigenschaften sind in unserer Welt der sich schnell verändernden Technologien und individualistischen Kunden vonnöten.

Wale können nicht tanzen

Die meisten größeren und etablierteren Unternehmen behaupten, daß sie auf ihre Kunden hören und ihre Produkte und Dienstleistungen genau abstimmen. Ich habe mit diesen Unternehmen ebenso zu tun wie Sie und habe festgestellt, daß die meisten von ihnen nur verkappte Wale sind. Ihre hierarchische Organisation – ganz gleich, wie sehr diese verschlankt sein mag – ist schlichtweg nicht mit dem persönlichen Service vereinbar, den die Kunden wünschen. Zudem bietet sie auch nicht das innovationsfreudige Umfeld, das sich die produktivsten und kreativsten Arbeitnehmer wünschen.

Netzwerkorganisationen verbinden die Originalität und Reaktionsschnelligkeit unverbrauchter Strukturen mit der größenbedingten Wirtschaftlichkeit von Großunternehmen. Mit anderen Worten: Sie vereinen alle Vorteile in sich. Um den Informationsfluß und die Reaktionsschnelligkeit zu optimieren, gehen sie nicht von einem hierarchischen System aus, sondern vom Kunden. Dies stellt einen elementaren Unterschied im Verhalten des Unternehmens und zudem die nächste Revolution der Geschäftswelt dar.

ÜBER DIE UMSTRUKTURIERUNG HINAUS: DIE NETZWERK-REVOLUTION IN DER GESCHÄFTSWELT

Wir können in die Zukunft blicken, wenn wir von innovativen Menschen lernen, die ihrer Zeit stets voraus sind. Henry Ford gelang 1914 die Herstellung von Automobilen am Montageband. Allein im ersten Jahr nach dessen Inbetriebnahme reduzierte er den Preis für das Model T um die Hälfte, während er die Löhne der Fabrikarbeiter verdoppelte. Er betrieb keine Umstrukturierung oder Verschlankung eines konventionellen Unternehmens. Er machte etwas vollkommen Neues. Infolgedessen wandelte sich das Wesen der Arbeit wie der Unternehmensführung von Grund auf.

Ford war ein Neuerer, der wirtschaftliche Maßstäbe für fast alle Unternehmen und Institutionen der folgenden Jahrzehnte setzte. Ford sagte sogar viele der jüngsten Innovationen in der Fertigungsindustrie – wie beispielsweise die fertigungssynchrone Materialwirtschaft – voraus. Ein Grund dafür war, daß er ein so tiefgehendes Verständnis der hierarchischen, sequentiellen Logik des Fließbandsystems mitbrachte, die von der linken Hirnhälfte bestimmt wird. Wie Henry Ford können auch wir die zukünftige Organisation unserer Gesellschaft und Ökonomie vorhersehen, indem wir die intuitiven, die rechte Hirnhälfte ansprechenden Denkmuster der neuen, vernetzten Welt verstehen.

DIREKTE HERSTELLER-VERBRAUCHER-VERTRIEBSSYSTEME – DREI NEUE GESCHÄFTSMODELLE

Das bisher Besprochene läßt sich so zusammenfassen: Wir werden derzeit Zeugen der Revolution des Netzwerkes beziehungsweise der rechten Hirnhälfte – der wahren Informationsrevolution, die Mitte der neunziger Jahre begann und sich im nächsten Jahrhundert voll entfalten wird. Diese Revolution wird zwei Komponenten haben: die wachsende Automatisierung jener Routineaufgaben, für die bisher die linke Hirnhälfte zuständig war, und die Integrierung aller Kunden, Arbeitnehmer und Organisationen in ein Echtzeitkommunikationssystem mit Hilfe von Netzwerk- und Internet-Technologien. Diese Veränderungen werden es uns erlauben, immer mehr zu einem direkten Hersteller-Verbraucher-Vertriebssystem bzw. einem Netzwerksystem überzugehen. Die ersten Unternehmen, die dies begreifen, werden ähnlich wie Henry Ford vor 80 Jahren auch die ersten sein, die davon profitieren. Drei neue Unternehmensmodelle für das Internetzeitalter zeichnen sich ab. Welches eignet sich am besten für Ihr Unternehmen?

Direkt vom Hersteller zum Verbraucher – Dell Computer

Für Produkte und Dienstleistungen der gehobenen Preisklasse, die für die breite Masse gedacht oder leicht auf individuelle Bedürfnisse abzustimmen sind, stellt Dell Computer das Modell dar. Der Kunde ruft direkt bei Dell an oder wählt sich in die Internetseite des Unternehmens ein. Wenn der Kunde weiß, was er will, gibt er die Bestellung auf. Wenn sich der Kunde nicht sicher ist, stellt ihm der Verkaufsberater eine Reihe von einfachen Fragen, um die richtige Computerkonfiguration für diesen Kunden ermitteln. Daraufhin produziert Dell anhand dieser Spezifikationen noch am selben Tag einen maßgeschneiderten Computer und liefert ihn am nächsten Tag zusammen mit leichtverständlichen Installationshinweisen aus, wobei im Bedarfsfall auch Hilfe per Telefon oder Internet erhältlich ist.

Indem die Geschäfte direkt mit dem Kunden abgewickelt werden, spart Dell die Verkaufsfiliale, die Vertriebsangestellten, die Lagerräume und die Inventur sowie einen Großteil der Kosten ein, die durch Verwaltung und Datenverarbeitung entstehen. Und der Käufer braucht sein Zuhause oder sein Büro nicht zu verlassen. Diese maßgeschneiderte Dienstleistung kann zu niedrigeren Kosten und mit größerem Komfort angeboten werden, als dies beim Kauf eines Computers im Laden der Fall ist.

Direkt vom Lager zum Verbraucher – Streamline

Niemand würde eine Suppenkonserve direkt bei Campbell's bestellen wollen. Bei vielen Verbrauchsgütern, die immer wieder gekauft werden, wie den meisten Dingen, die wir gemeinhin in Lebensmittelläden, Drogerien, Supermärkten und Niederlassungen von Franchise-Unternehmen kaufen, wird sich eine Tendenz zum Modell des direkten Vertriebs vom Lager zum Verbraucher herausbilden.

Streamline ist ein neues Unternehmen mit Sitz in Boston, das das Kaufverhalten unserer Haushalte verfolgt und dann ein intelligentes Lager- und Einkaufssystem einsetzt, um Güter des täglichen Gebrauchs zu den niedrigsten Preisen zu einzukaufen und sie dem Verbraucher vor die Haustür zu liefern. Streamline ist in höherem Maße automatisiert als andere Lebensmittellieferdienste wie Peapod und hat somit Chancen, für die breite Masse erschwinglich zu werden, wenn das Unternehmen weiter wächst. Streamline bietet außer Lebensmitteln auch andere Produkte und Dienstleistungen des täglichen Lebens an. Letztendlich wird, so sage ich voraus, die Heimlieferung der meisten Verbrauchsgüter, die wir kaufen, billiger werden als der Einkauf im Laden, wobei sich dem Kunden noch der Vorteil einer unglaublichen Zeitersparnis bietet.

Durch die Eliminierung teurer Einzelhandelsgeschäfte und den direkten Verkauf aus dem Lager werden die Kosten sinken. Der Großteil der Konsumgüterverkaufs- und Franchisekonzepte wird im kommenden Jahrzehnt durch die direkte Lieferung aus dem Lager nach Hause oder ins Büro abgelöst werden. Unsere Computer und intelligenten Kreditkarten werden schließlich in der Lage sein, unsere Bedürfnisse und Vorlieben in bezug auf Verbrauchsgüter zu bestimmen und automatisch zu bestellen, über Preise zu verhandeln und liefern zu lassen, ohne daß es uns Zeit oder Mühe kostet.

Kundennahe Produktoptimierung – Finanzplaner

Die größte Auswirkung der Netzwerkrevolution wird eine neuartige, verbesserte Art der Kundenbetreuung sein, die ich den menschlichen Browser nenne. Bei höherwertigen oder komplexeren Produkten und Dienstleistungen, die eine intensive Anpassung an den individuellen Kunden verlangen, werden wir mit neuen Verkäufern und Beratern sowie Verkaufs- und Servicestellen zu tun haben. Dieses neu entstehende Geschäftsmodell wird in diesem Kapitel und vor allem diesem Abschnitt ausführlich beschrieben.

In einer komplexen Welt mit beinahe unbegrenzter Auswahl benötigen Kunden in zunehmendem Maße einen neuen Vermittler, um bei dem breiten Angebot an Produkten und/oder Dienstleistungen die für sie geeignete Lösung zu erhalten. Dies läßt sich zu vertretbaren Kosten ausschließlich durch hochspezialisierte, auf den individuellen Kunden eingerichtete Geschäfte, persönliche Agenten oder teilautonome Teams erreichen, die sich auf eine begrenzte Klientel konzentrieren. Da sie deren Bedürfnisse genauestens kennen, wenden sich diese Browser an die Server, das heißt, die Teams oder Abteilungen, die sich darauf spezialisiert haben, eine eingeschränkte Auswahl von Produkten oder Dienstleistungen anzubieten.

Die Browserteams an der Schnittstelle zum Kunden finden bei den Servern genau die richtigen Teile, um das Puzzle beziehungsweise die Lösung für den Kunden zu vervollständigen. Sie repräsentieren den Kunden, nicht die Hersteller. Sie vereinfachen ein komplizierte Welt und bieten denjenigen Kunden einen Vorteil, die nicht die Zeit oder das Fachwissen besitzen, um sich direkt an die Hersteller zu wenden.

In der Anlagebranche etablieren sich derzeit Finanzplaner und -berater, die ein komplettes Finanz- und Anlagesystem auf Einzelpersonen abstimmen. Diese Finanzberater, die als Browser agieren, vereinen Investmentfonds, variable Rentenpläne, Lebensversicherungen, Hypotheken und Gelddispositionskonten zahlreicher Spezialanbieter zu maßgeschneiderten Finanzplänen. Für besonders Beschäftigte, die weniger Zeit und weniger komplexe Anlagebedürfnisse haben, kann 1-800-Mutuals per Telefon ein individuelles Investmentfonds-Portfolio zusammenstellen – zu niedrigeren Preisen und ähnlich dem, was Dell im Computerhandel tut. Spezialisierte Versandhandelsunternehmen und Fachgeschäfte repräsentieren dieses Browser/Server-Modell. Sie wählen eine kleine Produktpalette aus, die auf eine eingegrenzte Klientel ausgerichtet ist.

Die tatsächlichen Auswirkungen der Informationsrevolution werden sich im nächsten Jahrzehnt zeigen, wenn ein Großteil der Verbraucher online geht. Dadurch wird sich der Markt dramatisch zugunsten jener Unternehmen verschieben, die das Netzwerkmodell einführen. Sie werden die ersten sein, die innerbetriebliche Bürokratie eliminieren, wie auch die unnötigen Vertriebswege innerhalb der Branchen. Das Ergebnis wird die größte Produktivitätsrevolution seit Menschengedenken sein. Die Unternehmen werden die realen Gewinne sehen, die aus der direkten Abwicklung von Geschäften mit den Kunden entstehen, wenn schließlich die Mehrheit von uns online ist. Ich sage voraus, daß diese Entwicklungen um das Jahr 2002 oder kurz danach am dramatischsten sein werden.

Das Ergebnis dieser Informationsrevolution wird sein, daß wir uns in zunehmendem Maße an maßgeschneiderten Produkten und Dienstleistungen zu günstigen Preisen erfreuen können. Während Computer immer mehr Routineaufgaben effizient erledigen, werden wir uns als Unternehmer, Leiter, Planer und Vermittler den von der rechten Hirnhälfte gesteuerten kreativen, intuitiven und relationalen Aufgaben zuwenden.

DAS ENDE DER BÜROARBEIT WIE WIR SIE KENNEN

Die größten Auswirkungen neuer Technologien im Laufe der Geschichte brachten bisher die Automatisierung vieler gewöhnlicher beruflicher Tätigkeiten und der Wandel der Rolle der Arbeiter in den Bereichen Fertigung und Dienstleistungen. Die jetzige Einführung des Netzwerkmodells in Unternehmen beschränkt sich nicht auf eine bloße Verschlankung der Bürokratie, sondern eliminiert diese vollkommen. Sie bürdet die Last der bisherigen, von der linken Hirnhälfte gesteuerten Routinetätigkeiten hochentwickelten Computersystemen auf, während sich die Arbeitnehmer in zunehmendem Maße mit den menschlichen Aspekten ihrer Tätigkeit befassen, die eher intuitives Urteilsvermögen und Einfallsreichtum erfordern. Schließlich wird es im Netzwerkunternehmen keine sichtbare Bürokratie mehr geben. Die Bürokraten der Zukunft werden Computer sein.

Sie fragen sich vielleicht, wie dies möglich sein soll. Schließlich werden Computer heute zwar von Büroangestellten als Hilfsmittel benutzt, sie ersetzen jedoch nicht die Bürokratie! Die Antwort liegt in der Entwicklung der Technologie selbst. Nach dem Mooreschen Gesetz des vorhersagbaren Fortschritts verdoppelt sich die Rechenleistung von Computerchips alle 18 Monate, während die Kosten jedes Jahr um 30 Prozent sinken.

Wenn ein einzelner Chip eine enorme Rechenleistung besitzt und der typische Desktop-Computer Eigenschaften wie Sprachsteuerung und Full-Motion-Video bietet, werden die Computer tatsächlich zu den perfekten Büroangestellten werden – und sie kennen keine emotionalen Probleme! Computer brauchen keine Ferien, keinen Genesungsurlaub und keine Kaffeepausen. Sie brauchen keine Altersversorgung und keine Kassenleistungen. Und sie verklagen Sie nicht wegen ungerechtfertigter Kündigung oder sexueller Belästigung! Statt dessen werden die neuen Computer die Routineaufgaben im Büro übernehmen, die für alle Arbeitnehmer, unabhängig davon, ob sie in der Poststelle oder im Vorstandszimmer arbeiten, eine Last bedeuten.

Wir haben keine Chance, bei rationalen, von der linken Hirnhälfte gesteuerten Routinetätigkeiten mit derart leistungsfähigen Computern mitzuhalten, ebenso wie die Menschen im letzten Jahrhundert nicht mit den Maschinen mithalten konnten, die ihnen den Großteil der körperlichen Arbeit abnahmen. Ein kurzer Blick auf die Statistik ist eindrucksvoll genug:

- 1820 machte landwirtschaftliche Arbeit 70 Prozent der Arbeitsplätze in der amerikanischen Wirtschaft aus. 1890 waren es 43 Prozent, und heute sind es nur noch 1,9 Prozent.

- Fabrikarbeit machte in den vierziger Jahren etwa 50 Prozent der amerikanischen Wirtschaft und 40 Prozent der Arbeitsplätze aus. Heute umfaßt ihr Anteil nur noch 15 Prozent – Tendenz fallend.
- Leitende, fachmännische, technische, dienstleistungsbezogene und bürokratische Tätigkeiten stellten 1850 nur 4 Prozent, 1900 dann 13 Prozent der Arbeitsplätze in der amerikanischen Wirtschaft; heute machen sie die überwältigende Mehrheit der Arbeitsplätze aus.

Viele Aspekte dieser letzten Arbeitsplatzkategorie – leitende, fachmännische, technische, Dienstleistungs- und Bürotätigkeiten – erfordern vor allem die linearen, systematischen und rationalen Fähigkeiten, die ihren Sitz in der linken Hirnhälfte haben. Computer werden immer größere Teile dieser Arbeitsplätze übernehmen – in dem Maße, in dem ihre Rechenleistung steigt und sie leichter bedienbar werden. Folglich werden die entscheidenden menschlichen Eigenschaften in der Zukunft die intuitiven, kreativen, innovativen und relationalen Fähigkeiten sein, die die rechte Hirnhälfte ermöglicht. Es sollte nicht überraschen, daß es genau diese Fähigkeiten sind, die die Arbeit interessant, sinnvoll und lohnend machen – und mit denen Computer überhaupt nicht zurechtkommen!

Denken Sie daran, daß zwei menschliche Augen mehr Datenverarbeitungskapazität besitzen als alle Großrechner der Welt zusammen. Ein zweijähriges Kind vermag die einfachsten Aufgaben, die gesunden Menschenverstand erfordern, besser zu lösen als die besten Großrechner unserer Tage. Wir dürfen nicht mit den Computern konkurrieren, sondern sollten diese als Werkzeuge einsetzen, um unseren menschlichen Einfallsreichtum besser zu nutzen.

Ein offensichtliches Problem der Umstrukturierungsrevolution besteht darin, daß diese nur versucht, das bestehende Liefersystem zu verbessern, wenn dabei auch oftmals radikale Methoden angewandt werden. Warum sollten wir den Großteil unserer Zeit darauf verwenden, rationale und sich wiederholende Arbeiten zu modernisieren und zu optimieren, wenn wir uns darauf konzentrieren könnten, die entscheidenden kreativen Fähigkeiten des Menschen zu erkennen, die für unseren langfristigen Erfolg ausschlaggebend sein werden – und Computer dazu verwenden könnten, diese Fähigkeiten zu unterstützen? Warum sollten wir uns überlegen, wie wir die Büroarbeit besser erledigen können, wenn wir uns auf das Anbieten von hochwertigen, kundenspezifischen Dienstleistungen und Produkten auf einem noch nie dagewesenen Niveau konzentrieren könnten? Warum sollten wir eine bessere Bürokratie schaffen, die unsere Kunden niemals zu Gesicht bekommen – und worauf sie auch verzichten können –, wenn wir bessere direkte

Hersteller-Verbraucher-Verbindungen zu diesen Kunden schaffen können? Der einzige Weg, den Dienst am Kunden entscheidend zu verbessern, ist, die Bürokratie zu eliminieren, nicht, sie zu verschlanken! Lassen wir die Computer die Buchführung übernehmen. Lassen wir die Computer die fixen und variablen Kosten für jeden einzelnen oder kleine Gruppen von Angestellten berechnen. Lassen wir die Computer den Angestellten an der Schnittstelle zum Kunden auf direktem Weg Regeln und Prinzipien für die Entscheidungsfindung sowie fachliche Logik liefern. Lassen wir die Computer für die direkte Verbindung der externen Angestellten mit den internen Fachleuten sorgen, wenn sie deren Fachwissen benötigen, um das Problem des Kunden zu lösen. Lassen wir die Computer dabei helfen, die Symptome eines Patienten in der Notaufnahme eines Krankenhauses zu diagnostizieren.

Mit anderen Worten: Wir sollten die Computer die Arbeit erledigen lassen, für die sie geschaffen sind, damit die menschlichen Angestellten die Freiräume erhalten, das zu tun, was Computer nicht können: die besorgten Angehörigen im Krankenhaus beruhigen; sich mit Kunden unterhalten und herausfinden, was diese wirklich brauchen; originelle und innovative Produktideen entwickeln; sich Gedanken über Verbesserungen der Produktqualität und des Service machen; am Puls des Unternehmens bleiben, um immer zu wissen, wohin es sich entwickelt; und innovative Lösungen finden, die es auf den richtigen Weg bringen.

DIE AUTOMATISIERUNG DES MANAGEMENTS

Die weitreichendste Auswirkung des Modells der Netzwerkorganisation wird nicht darin bestehen, wie es das Leben der durchschnittlichen Arbeitnehmer verändert, sondern darin, wie es die Rolle des Managements verändert. Wir bekommen eine gewisse Vorstellung davon, indem wir uns an die beiden Beispiele für Netzwerkorganisationen im großen Maßstab aus dem ersten Kapitel erinnern: das Internet und die New York Stock Exchange.

Das Internet und die Börsen funktionieren nach einer Reihe von Regeln und mittels hochentwickelter Echtzeitinformationssysteme. Als Netzwerkorganisationen besitzen sie eine Art unsichtbare Leitung im Zentrum, kein sichtbares Management an der Spitze. Es ist keineswegs so, daß das Management mit seinen Zielen, Systemen, Vorgehensweisen und Prinzipien sowie seiner Informationsauswertung nicht unbedingt notwendig wäre, um ein Unternehmen effizient zu führen. Allerdings können sehr viele dieser Funktionen automatisch in die leistungsfähigen rationalen Informationssysteme eines Unternehmens integriert werden. Sie werden jedoch nur dann zum neuen Modell der Unternehmensstruktur werden, wenn das Führungspersonal begreift, daß seine Aufgabe darin besteht, diesen Übergang zu fördern. Die Führungsangestellten müssen erkennen, welche Aspekte ihrer Aufgaben von Software-Programmen übernommen werden können, damit sie genug Freiräume bekommen, um zu Führern und Vermittlern zu werden, anstatt nur die Aufpasserrolle im Unternehmen zu spielen.

Diese Netzwerke ohne erkennbares Management sind der Inbegriff der neuen Kommunikations- und Organisationssysteme, die die von der rechten Hirnhälfte gesteuerten Aufgaben betonen und die Wirtschaft in Zukunft beherrschen werden. Ich habe mit vielen führenden Unternehmen zusammengearbeitet, die dieses Modell der Netzwerkorganisation bereits erfolgreich verwenden, um Produkte und Dienstleistungen des täglichen Lebens anzubieten. Es handelt sich nicht nur um eine theoretische Möglichkeit. Das Modell funktioniert, und zwar mittlerweile in den verschiedensten Branchen. Doch diese Unternehmen gehören zu einer sehr kleinen Minderheit, ganz wie Henry Ford im Jahre 1914. Das Netzwerkmodell ist unsere Zukunft; es ist ebenso naheliegend, wie es am Anfang des 20. Jahrhunderts das Fließband für Henry Ford war.

Schon Ford machte die Erfahrung, daß die ersten Unternehmer, die ein neues Modell akzeptieren, die wenigen Visionäre sind, die mutig genug sind, die Last der Tradition abzuwerfen. Diese Unternehmen werden als erste belohnt werden, bevor das Modell der Netzwerkorganisation zur ersten Wahl für die breite Masse wird. Diese Unternehmen werden den Rest von uns dazu zwingen, entweder schnell zum Wirtschaftssystem des Netzwerks überzugehen oder die Konsequenzen zu tragen, das heißt, noch schneller unseren Marktanteil zu verlieren.

Das Ende der Verkaufsabteilung

Für die Verbraucher ist das Wichtigste an dieser Revolution, daß sich Netzwerkunternehmen weitaus weniger darauf konzentrieren werden, uns die Waren zu verkaufen, die wir ihrer Ansicht nach kaufen sollten. Die externen Verkaufs- und Serviceleute werden zu Beratern, die unsere Interessen vertreten und uns dabei helfen, unsere Bedürfnisse zu klären und innerhalb des enormen Angebots das beste Produkt zu finden. Das ist der Inbegriff des menschlichen Browser/Server-Modells, das ich weiter hinten in diesem Kapitel beschreiben werde. Was für eine Erleichterung! Anstatt uns „abzufertigen" – ein Ausdruck aus dem Verkaufsjargon, der eher klingt, als wären wir erfolgreich zu einem Geschäftsabschluß gezwungen worden –, wird man uns Kunden nach unserer Meinung fragen. Unser Bedürfnis nach gutem Service wird zusammen mit dem Fachwissen der Berater das System antreiben.

MENSCHLICHE BROWSER UND SERVER IN DER NETZ-
WERKORGANISATION

Unsere rationalen Computersysteme, wie sie im Geschäftsleben verwendet werden, haben sich bereits mit organisatorischem Erfolg zu
einem eindeutigen Netzwerkmodell entwickelt. Schautafel 6.1 zeigt den
typischen Aufbau großer Datenverarbeitungs- und -verbreitungssysteme.
Mit zunehmender Leistungsstärke der Personalcomputer werden immer mehr Computeraufgaben an die im Außendienst eingesetzten tragbaren PCs und die Desktop-Systeme in örtlichen Büros abgegeben.
Diese Computer haben bei Bedarf Zugriff auf riesige Datenserver, damit
sie an die Informationen kommen, die auf einem PC nicht gespeichert
oder analysiert werden können.

Diese Verteilung von Daten auf eine Reihe von Computersystemen,
von denen jedes einzelne darauf ausgerichtet ist, das zu übernehmen, was
es am besten und effizientesten kann, stellt vielleicht den größten struk-
turellen Wandel dar, der den raschen Anstieg der Unternehmensgewinne
Mitte der neunziger Jahre antrieb. Dank Computernetzwerken, die den

Aufbau eines Computernetzwerks

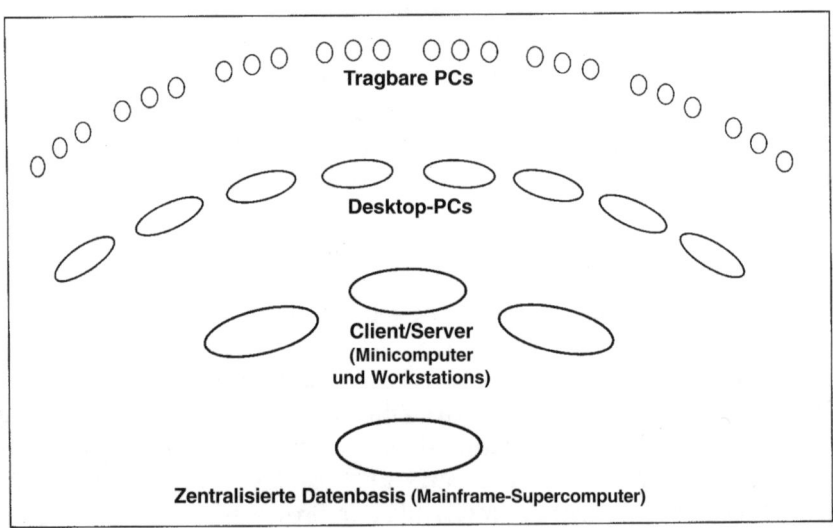

Schautafel 6.1: Organisation eines Computernetzwerks.
Diese Schautafel zeigt die Organisation eines Computernetzwerks. Vernetzte Systeme
sollen vor allem so viel Informationen wie möglich an die Peripherie liefern, damit den
PC-Nutzern die Daten, die sie benötigen, unmittelbar zur Verfügung stehen. Seltener
verwendete, spezifischere Informationen werden auf größeren Rechnern gespeichert, wo
sie immer noch schnell abrufbar sind.

Zugriff auf diese verteilten Daten regeln, konnte die Verarbeitung von Informationen, dem wertvollsten Gut heutiger Zeit, eine wirtschaftlich rentable Größenordnung erreichen. Man Spricht hierbei vom „Client/Server-Modell" oder, im heutigen Intranet-Jargon, vom „Browser/Server-Modell".

Beim Browser/Server-Modell können Endbenutzer direkt auf spezielle Informationen, die bei Bedarf von einem leistungsstarken Server abrufbar sind, zugreifen oder nach ihnen „browsen". Die Browser-Software stellt die benutzerfreundliche Schnittstelle für die Navigation im Netzwerk dar. Tatsächlich trugen die hochentwickelte Browser-Software und die plattformunabhängige Software (Java), die die Computer der Endbenutzer und die Server auf einfache Art verbindet, dazu bei, das Internet populär zu machen und als routinemäßig genutzten Dienst in Firmen und schließlich auch Privathaushalten zu etablieren.

Unsere menschlichen Organisationen müssen sich in dieselbe Richtung entwickeln. Anstelle der typischen vertikal strukturierten Organisationsschemata, die auch heute noch in vielen Unternehmen vorherrschen, müssen wir das Netzwerk-Organisationsmodell übernehmen. Die externen Angestellten im Außendienst stellen die Triebfeder der Organisation dar, indem sie die wichtigen Entscheidungen treffen, die den Bedürfnissen ihrer Kunden dienen. Betriebsintern arbeitende Ange-

Aufbau eines menschlichen Netzwerks

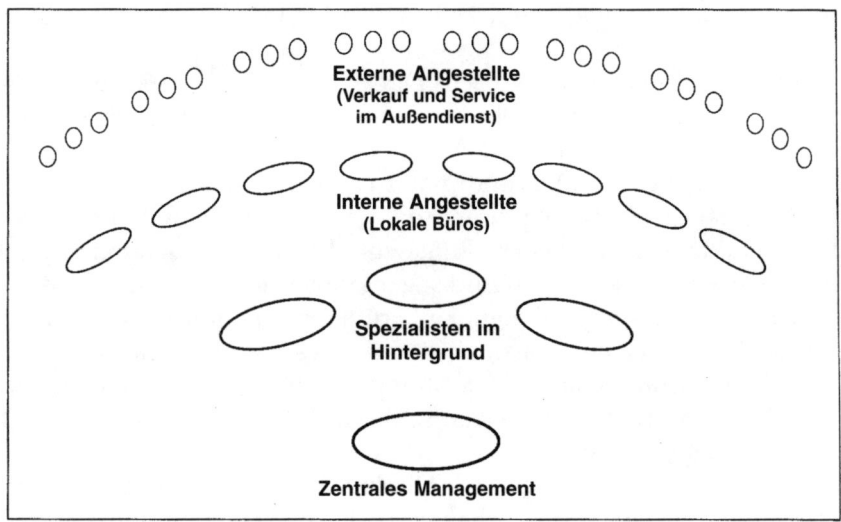

Schautafel 6.2: Organisation eines menschlichen Netzwerks.
Diese Schautafel veranschaulicht die Struktur einer menschlichen Organisation, die nach dem Modell eines Computernetzwerks aufgebaut ist.

stellte, die sich auf bestimmte Produktarten oder Fachwissen spezialisieren, unterstützen die externen Angestellten. Schautafel 6.2 veranschaulicht diese Art der Organisation.

Wir müssen damit beginnen, uns unsere Unternehmen einfach als Netzwerke aus menschlichen externen Browsern und internen Servern vorzustellen. Wir müssen die Bürokratie eliminieren, die das effiziente Zusammenspiel zwischen diesen beiden Gruppen stört, damit diese mittels nicht-linearer Interaktion unmittelbar und kreativ auf die jeweiligen Bedürfnisse ihrer Kunden eingehen können. Die Leitung eines Netzwerks ist nicht wie das „Dirigieren einer Symphonie", wie dies metaphorisch beschrieben worden ist. Dies würde noch immer einen von oben nach unten gerichteten Ansatz und ein vorgegebenes Endprodukt implizieren. Nicht nur einzelne Unternehmen, sondern ganze Branchen können sich nach derselben Logik reorganisieren. Tatsächlich entwickeln sich viele Branchen zum Netzwerkmodell hin, noch ehe die in ihnen tätigen Einzelunternehmen dies tun. Werfen wir einen Blick auf eine Branche, die das gerade tut – und infolgedessen ein sprunghaftes Wachstum erfährt.

DER VERSANDHANDEL WEIST DEN WEG

Hätten Sie gedacht, daß miteinander konkurrierende Unternehmen sich ihre wichtigsten und strategisch bedeutsamsten Informationen teilen? Hier zeigt sich, wie grundsätzlich verschieden Netzwerkstrukturen sind!

Über eine Firma namens Abacus Direct teilen sich über 600 der größten US-Direktversandunternehmen anonym ihre Kundeninformationen. Dadurch erhalten alle ein weitaus umfassenderes Bild des Kaufverhaltens ihrer eigenen Kunden und praktisch aller Haushalte in den USA. Die Abacus-Datenbank gibt ihren Abonnenten Aufschluß darüber, welche Produkte einzelne Haushalte gewöhnlich über Versandhäuser erwerben, wie sie diese kaufen und sogar zu welchem Zeitpunkt. Abacus kann genau bestimmen, ob Leute im Frühjahr oder im Herbst, im März oder im Dezember und sogar, ob sie montags oder freitags einkaufen. Dies hilft den Unternehmen dabei, ihre Werbung zielgerichtet anzulegen, was wiederum die Versandkosten senkt und die Kundenzufriedenheit und -bindung verbessert.

Warum ist dies nun wichtig? Die Direktversandfirmen stehen im Wettbewerb mit Einzelhandelsgeschäften, dem Telemarketing und anderen Absatz- und Vertriebskanälen. Durch die gemeinsame Datenerhebung und Nutzung ihres Fachwissens verbessern alle Einzelunternehmen ihren Marktanteil und ihre Erträge, während gleichzeitig die Wettbewerbsfähigkeit und Attraktivität der gesamten Direktversandbranche wächst. Tatsächlich verfügen Direktversandfirmen über weitaus detailliertere Produkt- und Kundendaten als ein typisches Einzelhandelsgeschäft. Jedoch könnten es sich die einzelnen Unternehmen einfach nicht leisten, eine eigene interne Datenbank mit demselben Informationsreichtum, den Abacus anbietet, anzulegen und zu unterhalten. Die Software und die Dienstleistungen, die Abacus zur Verfügung stellt, erlauben es den Kunden, zusammenzuarbeiten und die Datenbank ständig nach ihren Bedürfnissen zu gestalten und zu aktualisieren. Abacus befriedigt einen echten Bedarf, indem die Firma die Informationen sammelt und liefert, die den browserartigen Unternehmen dabei helfen, neue Märkte zu erschließen oder ihre Stellung auf bestehenden Märkten zu festigen.

Es stimmt, daß einige Direktversandfirmen miteinander konkurrieren. Die meisten tun dies jedoch nicht, da sie sich vollkommen auf Produktkategorien und Kundentypen konzentrieren. Dadurch werden sie zu Browsern. Sie kennen die individuellen Bedürfnisse eines eng abgesteckten Kundenkreises. Nicht umsonst spricht man auch von Direktmarketing. Denken Sie daran, daß dies das Wesen der vernetzten Wirtschaft ist. Hersteller verkaufen ihre spezialisierten Produkte direkt an interessierte Kunden, ohne dafür zusätzliche Vertriebsebenen oder Einzelhandelsgeschäfte zu benötigen.

Abacus und alle anderen Direktversandfirmen sind nicht die einzigen Server der Branche. Auch viele Spezialisten für bestimmte Produkte agieren als Server. Diese Hersteller von Spezialbedarfsgütern konzentrieren sich auf bestimmte Erzeugnisse und versuchen, die Aufmerksamkeit des Fachversandhandels und anderer Einzelhandelsunternehmen auf sich zu ziehen, die sich ihrerseits auf einen bestimmten Kundenkreis konzentrieren. Diese Browser-Unternehmen müssen die richtigen Produkte auswählen und das Fachwissen ihrer Zulieferer nutzen, um den Bedürfnissen ihrer Kunden bestmöglich gerecht zu werden. Zulieferern, die diese Anforderungen nicht erfüllen, entgleitet das Geschäft rasch.

Das Direktversandgeschäft erlebte in den letzten Jahrzehnten einen Aufschwung, weil die Verbraucher angesichts der verwirrenden Vielfalt von Produkten und Dienstleistungen Hilfe benötigen, um den Überblick zu behalten. Viele Produkte können über den Versandhandel bequemer und billiger bezogen werden. Der Erfolg des Direktversandhandels beruht hauptsächlich auf der Tatsache, daß er genau wie unsere Computernetzwerke nach dem Browser/Server-Modell funktioniert. Einzelne Versandunternehmen sind wie Browser, die einer Gruppe von Kunden mit ähnlichen Interessen helfen, Server oder die speziellen Produkte zu finden, die sie am meisten interessieren. Dies gelingt ihnen mit wenig oder ohne jegliche Bürokratie. Zudem kennen sie ihre Kunden sehr genau und können sich rasch auf deren veränderliche Bedürfnisse einstellen.

Die Verwendung von Direktversandkatalogen zum Einkauf von Waren ähnelt sehr der Tätigkeit, die zum Beispiel die Filmkritiker Siskel und Ebert übernehmen, wenn Sie nach einer Beratung bei der Auswahl eines Filmes suchen. Siskel und Ebert sehen sich alle Filme für Sie an. Sie fassen sie zusammen, ordnen sie ein und bewerten sie; anhand dieser Informationen können Sie eine fundierte Entscheidung treffen. Entscheiden sich nicht die meisten von uns sehr schnell, mit welchem der beiden Kritiker, Siskel oder Ebert, sie eher übereinstimmen? Und ist das nicht genau das, was Versandhäuser wie Hammacher-Schlemmer tun?

DER WANDEL DER FINANZDIENSTLEISTUNGS-UNTERNEHMEN

Wenden wir uns wieder der Finanzdienstleistungsbranche zu, die sich schnell das Netzwerkmodell zu Eigen machen wird. Da es sich um eine sehr informationsintensive Branche handelt, werden Computer dort bereits in großem Umfang eingesetzt. Sie haben den Großteil der Tätigkeiten, für die im letzten Jahrhundert noch die Broker selbst zuständig waren, automatisiert: die Ausführung der Orders und die Bereitstellung von Performance- und Kursdaten.

Infolge dieses Wandels werden Broker zu Finanzplanern oder -beratern. Oftmals erschließen diese Broker eine Marktnische, ähnlich wie die Kataloge der Direktversandfirmen ein spezifisches Bevölkerungssegment ansprechen. Zum Beispiel könnte ein Broker einen Kundenstamm aus Eigentümern von Kleinunternehmen mit hohem Eigenkapital aufbauen oder aus Frauen, die kürzlich beträchtliche Scheidungsabfindungen erhalten haben, oder aus hochrangigen Führungskräften mit komplizierten Vergütungsvereinbarungen oder aus jungen berufstätigen Paaren mit hohem Einkommen und geringem Eigenkapital.

Werfen wir einen Blick auf eine solche Marktnische: die Kleinunternehmer. Die meisten sind so mit der Leitung ihres Betriebs beschäftigt, daß sie keine Zeit haben, ihre Investitionen zu verwalten, geschweige denn, die für die Wahl eines ausgewogenen Portefeuilles nötigen Erkundigungen einzuholen. Wußten Sie zum Beispiel, daß momentan 8000 Investmentfonds erhältlich sind? Außerdem kommt es oft vor, daß Kleinunternehmer den Großteil ihres Eigenkapitals als stille Reserve betrachten, so daß sie steuerbegünstigte Mittel finden müssen, um ihr Kapital zu streuen. Sie sehen sich einzigartigen Herausforderungen bei der Vorausberechnung der Einkommens- und Erbschaftssteuer gegenüber und müssen beispielsweise wissen, welchen Wert ihre Unternehmen hätten, wenn sie verkauft würden.

Eigentümer von kleinen Unternehmen wollen nicht einfach einen Vertreter, der ihnen bestimmte Fonds, Versicherungsangebote oder andere Anlageformen verkauft. Sie wollen jemanden, der mit ihrem Konto ebenso objektiv wie fachkundig umgeht. Der Berater sollte in der Lage sein, ihnen die Finanzplanung näherzubringen, ein durchführbares System zu erstellen, das ihren Zielen innerhalb ihrer persönlichen Risikotoleranz entspricht, und die für das Erreichen langfristiger Ziele erforderliche Übersicht über die Anlagen, Versicherungen und Steuerfaktoren zu behalten. Der Unternehmer muß außerdem in der Lage sein, seine Investments mit anderen Fachleuten wie zum Beispiel Steuerberatern und Anwälten abzustimmen, mit denen er in seiner Branche zusammenarbeitet – und die tatsächlich sogar zum Finanzberater in Konkurrenz stehen könnten.

Ein Finanzplaner, der über die Bedürfnisse dieser Anlegerklientel genauestens Bescheid weiß, wird zu einem menschlichem Browser. Der Berater ahnt die meisten, wenn nicht alle Fragen und Bedenken des Klienten voraus, stellt entscheidende Informationen zur Verfügung und entwickelt maßgeschneiderte Finanzlösungen. Er ist ein Experte, der für die Klienten aus der überwältigenden Menge von Wahlmöglichkeiten die wenigen ausgezeichneten herausfiltert, die deren Bedürfnissen entsprechen, während er sie vor denjenigen abschirmt, die nicht für sie geeignet sind. Selbstverständlich ist es die Klientel, die von der Glaubwürdigkeit eines Beraters zeugt. Wenn die erfolgreichsten Kleinunternehmer in Ihrer Region gewöhnlich einen bestimmten Berater wählen, würden Sie dann nicht auch davon ausgehen, daß er der richtige für Sie ist?

Die Aufgabe des Finanzberaters ist es, eine komplizierte Welt einfacher zu machen und maßgeschneiderte Lösungen für beschäftigte Klienten zu entwickeln, die weder die Zeit haben noch den Wunsch verspüren, selbst zu Finanz- oder Anlageexperten zu werden.

Die Übernahme der organisatorischen Prinzipien des Netzwerkmodells, das Browser und Server einschließt, ist ideal für Beschäftigte und Unternehmer im Bereich der Finanzdienstleistungen. Viele solche Fachleute können die Rentabilitätsvorteile eines Zusammenschlusses nutzen und von ihrem gemeinsamen Fachwissen profitieren, indem sie als Brokerfirma oder als Netzwerk von unabhängigen Finanzplanern zu einem Fischschwarm werden. Die größeren Brokerfirmen lassen ihre Broker immer mehr zu Finanzberatern werden, die ihre unglaublichen Forschungsnetzwerke und den Wiedererkennungswert ihrer Marken optimal ausnutzen können. Gleichzeitig bilden viele unabhängige Finanzplaner Netzwerke um neue Unternehmen, die für sie als Server fungieren, oder um etabliertere Unternehmen wie Charles Schwab oder Jack White, die Marketingkontakte und Berichtssysteme anbieten und Geschäfte kostengünstig abwickeln.

Wenn wir dieses Modell auf die Branche als Ganzes anwenden, können wir Finanzdienstleistungsunternehmen, nicht nur einzelne Berater, mit Netzwerk-Browsern vergleichen. Aktienanalysten, Versicherungspolicen, Investmentfonds, Steuerexperten und Konjunkturprognostiker werden zu den Servern. Das heißt, sie bieten eine Vielzahl von Anlagemöglichkeiten an, aus denen der Browser auswählen kann. Tatsächlich wird es für Finanzdienstleistungsunternehmen immer schwerer werden, ihre eigenen Investmentfonds zu verkaufen. Die Kunden werden diesem Service mißtrauen und sich an andere Berater wenden, die alle relevanten Angebote objektiv bewerten. Mit anderen Worten, die Kunden werden nach Browsern suchen, die wirklich ihre Bedürfnisse repräsentieren und nicht die der Hersteller oder Server – und die in erster Linie im Interesse des Kunden handeln. Solche Firmen wiederum werden interne Spezialisten benötigen, die sie bei der Analyse dieser Produkte und Dienstleistungen unterstützen.

Die Anwendung des Netzwerkmodells auf ein Finanzdienstleistungsunternehmen

Was ließe sich erkennen, wenn wir das Netzwerkmodell auf ein Finanzdienstleistungsunternehmen anwendeten? Das Unternehmen wäre auf die Bedürfnisse des Kunden ausgerichtet und besäße ein zentralisiertes Führungsteam, das sich auf die strategischen Vorgaben konzentrieren und die Entscheidungen an die Peripherie verlagern würde, wo sich externe Finanzberater direkt mit den Kunden beschäftigten. Jedes dieser Teams an der Schnittstelle zum Kunden würde sich auf die Zusammenstellung von Portefeuilles für ein bestimmtes Marktsegment konzentrieren. Kurz gesagt, sie würden als Browser für einen bestimmten Kundenkreis dienen. Wenn sich potentielle Kunden, die aus dieser Klientel herausfallen, an sie wendeten, würden sie diese (gegen angemessene Provisionen) an einen auf die jeweiligen Bedürfnisse spezialisierten Berater innerhalb der Firma oder des Netzwerkes verweisen.

Das externe Finanzberaterteam erhielte ständige Unterstützung von Expertenteams, die wie Computerserver Quellen für spezielle Informationen und Produkte darstellen. Diese firmeninternen Teams würden die externen mit dem notwendigen Fachwissen und den Produkten versorgen, die diese benötigten, um die Kunden ohne unnötigen Verwaltungsaufwand auf flexible Weise zufriedenzustellen. Beispielsweise würden die internen Teams (oder Server) die Ergebnisse von Investmentfonds analysieren, Nachforschungen zur Vermögensstrukturierung, Steuer- und Immobilienplanung anstellen, Konjunkturprognosen und die Analyse politischer Risiken übernehmen und Informationen zu anderen relevanten Themen wie den besten Versicherungsangeboten und Hypothekendarlehen anbieten.

Für spezielle Investmentfonds oder Versicherungen wären außenstehende Firmen zuständig. Hauseigene Fonds würden wie die außenstehender Anbieter zusätzlich angeboten und mit betriebsfremden Anlagemöglichkeiten verglichen, um dem Kunden vollkommene Objektivität zu garantieren. Infolge ihrer Konzentration auf einen kleinen Kundenkreis würden kleine Firmen in Marktnischen oder einzelne Finanzberater meist eine begrenzte Auswahl von Fonds und Fachleuten repräsentieren, die die Bedürfnisse ihres eng abgesteckten Kundenstammes am besten befriedigten. Dadurch könnten sie ihre Kunden stets über die Erfolge und die Leistungsbeständigkeit dieser Fonds und Experten auf dem laufenden halten.

BROWSER UND SERVER IM BILDUNGSWESEN

Beschäftigen wir uns kurz mit der Frage, wie das Modell der Netzwerkorganisation unser Bildungssystem verändern könnte. Wie könnten unsere Kinder in der Zukunft unterrichtet werden?

In einer Netzwerkorganisation ist der Lehrer kein Lehrer mehr. Er wird zu einem menschlichem Browser oder einem Kinderpsychologen, der versteht, wie sich Kinder entwickeln, wie sie lernen und was sie motiviert. Lehrer müssen die psychologische Fähigkeit besitzen, eine Beziehung zu jedem einzelnen Schüler aufzubauen. Sie müssen genau erkennen, auf welcher Stufe seines Entwicklungsprozesses sich jedes Kind gerade befindet und wo seine besonderen Lernstärken und -schwächen liegen. Sie müssen jedem Kind die individuelle Aufmerksamkeit zuteil werden lassen, die es braucht, um sich als Mensch respektiert zu fühlen, und so seine Selbstachtung und Motivation fördern.

Durch die Herstellung einer persönlichen Beziehung zu jedem Kind können die Lehrer bestimmen, welche Fächer und Fähigkeiten auf dessen jeweiliger Entwicklungsstufe betont werden müssen. Sie können die Kinder vor der oft grausamen Kritik anderer schützen, indem sie sie nicht Leistungsgruppen oder Lernerfahrungen aussetzen, die sie noch überfordern. Sie können einen Schüler dazu antreiben oder herausfordern, die nächste Stufe zu erklimmen, wenn ihm dies guttut. Mit anderen Worten: In einem Modell der Netzwerkorganisation werden Lehrer zu Experten, die individuell gestalteten Unterricht anbieten. Sie wenden nicht bei jedem Schüler in der Klasse ungeachtet der individuellen Unterschiede dieselben standardisierten Unterrichts- und Prüfungsmethoden an.

Die als direkte Schnittstelle fungierenden Lehrer, die sich jeden Tag einer Schulklasse gegenübersehen, werden von internen Experten oder Servern unterstützt. Sie können bei dieser riesigen Gemeinschaft von Fachleuten – den besten der Welt – über das Internet und viele andere Medien Rat einholen. Sie können jedes Kind an speziellen Kursen teilnehmen lassen – ob mit Selbstkontrolle oder online und interaktiv. Wenn eine ausreichend große Gruppe von Schülern daraus Nutzen zieht, können ortsansässige oder reisende Experten Live-Präsentationen abhalten, sowohl in der Schule als auch außerhalb. Und selbstverständlich wird es gewöhnliche Kurse geben, an denen fast alle Schüler teilnehmen, allerdings zum geeigneten Zeitpunkt.

Durch die Übernahme des Modells der Netzwerkorganisation wird die Schule mit einer größeren Gemeinschaft verbunden. Die Gemeinschaft kann ergänzende finanzielle Unterstützung bieten, eine den geschäftlichen Interessen der Gemeinschaft entsprechende berufsbezogene Ausbildung sowie Gastvorträge von pensionierten Experten. Mit internetfähigen Computern im Klassenzimmer kann der Lehrer eine Auswahl von Online-Programmen, Videokassetten und Tonaufnahmen sowie Arbeits- und Handbüchern als Unterrichtsmittel einsetzen. Auch die Eltern können sich vermehrt einbringen, indem sie häusliche und sonstige außerschulische Aktivitäten anregen, die den Lehrplan ergänzen.

Unser vertikal ausgerichtetes, rationales Massenerziehungssystem kann nicht die individuelle Ausbildung bieten, die unsere Kinder brauchen, um ihre persönliche Kreativität und ihre intuitiven Fähigkeiten zu entwickeln, auf die es in der Zukunft ankommen wird. Ein Experte glaubt, daß allein durch den Eintritt in unser Schulsystem ein durchschnittliches Kind 90 Prozent seiner kreativen Fähigkeiten im Alter zwischen fünf und sieben Jahren einbüßt. Dies hat zwar zum Teil natürliche Ursachen, da der Entwicklungsprozeß der Kinder deren unkontrollierte natürliche Kreativität überlagert. Aber ist es wirklich unvermeidbar, daß sie ihre kreativen Fähigkeiten beinahe vollständig verlieren, wenn sich ihre Fähigkeit zu logischem und linearem Denken weiterentwickelt?

Ebenso, wie die Fixierung auf eine Befehls- und Kontrollhierarchie, die das Management davon abhält, die offensichtlichen Vorzüge des Netzwerkmodells zu erkennen und Innovationen unmöglich macht, hindern der Beamtenstand und die Sehnsucht nach der guten alten Zeit der autoritären Unterrichtsmethoden viele Erzieher und Eltern daran, die radikalen Veränderungen des Bildungssystems in Betracht zu ziehen, die wir so dringend brauchen. Viele Lehrer und Verwalter berichten mir, es seien die Eltern, die die neuen interaktiven und kreativen Lernansätze blockierten. Die Eltern bestünden darauf, daß die Schulen zu den bewährten und erprobten Methoden der Vergangenheit zurückkehrten. Mein Ratschlag: Wenn Sie Kinder haben und möchten, daß sie nur die linearen, von der linken Hirnhälfte gesteuerten Fähigkeiten erwerben, die sie eines Tages den Kampf gegen die Computer aufnehmen lassen werden, so ist dieser Ansatz der richtige. Wenn nicht, dann sollten Sie vielleicht die Vorteile des neuen Modells der Netzwerkorganisation in Betracht ziehen und damit beginnen, einen tatsächlichen Wandel unseres Erziehungssystems anstatt einer einfältigen Rückkehr zu veralteten Traditionen zu fordern.

BROWSER UND SERVER IM GESUNDHEITSWESEN

Der heutige Trend bei den Unternehmen des US-Gesundheitswesens ist so innovativ wie Wal-Mart im Einzelhandel: er stellt lediglich eine bloße Umstrukturierung des vertikal angelegten, standardisierten Gesundheitswesens und des auf den Krankenhäusern aufbauenden Systems aus dem letzten Jahrhundert dar. Die wahre Revolution wird erst stattfinden, wenn unsere medizinischen Einrichtungen das Modell der Netzwerkorganisation übernehmen und sich zu einer kundenorientierten Branche entwickeln.

Dies wird nur geschehen, wenn an die Stelle des jetzigen Gesundheitsfürsorgesystems dienstleistungsorientierte menschliche Browser und Server treten. Dadurch würden die Routineaufgaben automatisiert, die für den erdrückenden Verwaltungsaufwand ursächlich sind. Wichtiger noch ist, daß durch die Umwandlung Zeit gewonnen würde, die nötig ist, um den persönlichen Bedürfnissen und Gefühlen der Patienten mit Respekt zu begegnen. Warum sollte ein Routinebesuch beim Arzt oder eine einfache Wundnaht einen halben Tag in Anspruch nehmen?

Die Gesundheitsfürsorge ist sicherlich eine derjenigen Branchen, die die mangelhafteste Kundenorientiertheit zur Schau trägt. Das bedeutet nichts anderes, als daß sich Firmen, die ihre Geschäftsmethoden radikal ändern, ungeahnte Möglichkeiten bieten. Oxford Medical war beispielsweise eines der am schnellsten wachsenden Gesundheitsfürsorgeprogramme, und das nicht etwa, weil es mehr Kosten einsparte als die Konkurrenz, sondern weil es individuellen Service auf höherem Niveau bietet und eine Anzahl von alternativen Behandlungsmethoden in den Leistungskatalog aufgenommen hat – etwas, worauf immer mehr Menschen Wert legen. Trotz aller Marketingerfolge führte jedoch das Fehlen einer soliden Systemgestaltung bei Oxford Medical jüngst zu einer Krise.

Wie die vorangegangenen Beispiele ahnen lassen, werden Ärzte für Allgemeinmedizin in einer Netzwerkorganisation zu menschlichen Browsern, die den Gesundheitszustand ihrer Patienten überwachen und Informationen zu Vorsorgemaßnahmen und Behandlungsmethoden anbieten. Viele Ärzte werden sich auf bestimmte Bevölkerungsgruppen wie zum Beispiel ältere Menschen, junge Familien, streßgeplagte Berufstätige und so weiter spezialisieren und daher in der Lage sein, die meisten Fragen zu beantworten und die meisten Probleme vorherzusehen. Wenn jedoch eine außergewöhnliche Situation eintritt, wird Ihr Arzt Experten hinzuziehen, die im Krankenhaus oder an einem anderen Ort in der Stadt, ja auf der ganzen Welt, tätig sind – und das alles, wenn nötig, über das Internet. Ihr Arzt wird in der Lage sein, diesem Experten unverzüglich und automatisch alle relevanten Unterlagen und Testergebnisse zur Konsultation zu senden. Anders ausgedrückt: Ihr Arzt wird durch das medizinische System – die Server – browsen, um Ihnen die bestmögliche Diagnose zu stellen oder die beste Behandlung zuteil werden zu lassen.

Sie werden Ihre persönlichen und medizinischen Daten voraussichtlich nur einmal bei Ihrem erstversorgenden Arzt angeben müssen. Danach wird jeder Spezialist direkt vom Computer auf diese zurückgreifen können. Die Verwaltungskosten, die der Alptraum der meisten modernen Krankenhäuser und Arztpraxen sind, wird es einfach nicht mehr geben. Bald wird jeder Patient eine eigene intelligente Chipkarte besitzen – eine computerlesbare Karte, die Ihren gesamten medizinischen Lebenslauf, Daten über den Versicherungsschutz und so weiter enthält. Ein Computersystem wird die Daten auf dieser Karte lesen können und Sie ohne Papierkrieg in einer stationären oder ambulanten Abteilung anmelden. Selbst wenn Sie bewußtlos zum Krankenhaus gefahren würden, könnte ihre intelligente Chipkarte den Sanitätern alles mitteilen, was diese wissen müßten, um Sie sicher einzuliefern.

Viele Menschen werden je einen Arzt für die drei Hauptgebiete der Gesundheitsfürsorge haben – Allgemeinmedizin, Zahnheilkunde und Psychologie. Einige Kliniken werden diese drei Fachgebiete unter einem Dach anbieten und sich auf eine bestimmte Klientel spezialisieren. Es ist wahrscheinlich, daß Sie Ihre Krankenversicherung in der Zukunft direkt bei dem Arzt oder der Allgemeinklinik Ihrer Wahl abschließen werden – eine Art Gesundheitsfürsorge nach Maß. Dann werden Ärzte und Kliniken sowohl für die Qualität der Versorgung als auch die Kosten voll verantwortlich sein.

Die Computer der Krankenhäuser und professionellen Pflegezentren werden ständig die Nachfrage nach verschiedenen Arten von Dienstleistungen analysieren und ihre Kapazitäten so verändern, daß sie Ihren Bedürfnissen entsprechen. Wenn derartige Analysetechniken zur Verfügung stehen, werden Sie nicht mehr fünf Stunden warten müssen, um eine Wunde mit drei Stichen nähen zu lassen. Damit die medizinischen Einrichtungen noch effizienter genutzt werden können, werden zur Beschleunigung Polikliniken zahlreiche Spezialaufgaben übernehmen. Einfachere Diagnosegeräte werden die Durchführung medizinischer Untersuchungen in der Wohnung des Patienten ermöglichen und es Ihnen erlauben, Ihren Gesundheitszustand selbst zu überwachen. Das professionelle Fachwissen wird im Gerät mit enthalten sein.

ZUSAMMENFASSUNG

Das Modell der Netzwerkorganisation stellt für uns die einzige Möglichkeit dar, zu den qualifizierten Dienstleistungen mit hohem Persönlichkeitsgrad früherer Tage zurückzukehren, ohne dabei die unglaubliche Kosteneffizienz aufzugeben, die wir durch die Fließbandrevolution errungen haben. Das wird uns nicht gelingen, wenn wir immerzu nur unsere alten hierarchisch operierenden Unternehmen verschlanken. Es wird uns auch nicht gelingen, wenn wir an den Arbeitsplätzen und Rollen festhalten, die zu diesen Unternehmen paßten. Alle – nicht nur das Management – müssen ihre berufliche Laufbahn, ihre Fähigkeiten, Geschäftspraktiken und Überzeugungen unter dem Gesichtspunkt dessen, was uns das Netzwerkmodell vermitteln kann, neu bewerten.

KAPITEL 7:
Das neue Gesicht der Arbeit: Jeder ist ein Unternehmen

Da ein menschliches Augenpaar mehr Informationen verarbeiten kann als alle Computer dieser Welt zusammen, zielt die gesamte Informationsrevolution darauf ab, dieses Potential – die Augen aller Kunden und aller Arbeitnehmer – auf sämtlichen Ebenen eines Unternehmens besser zu nutzen. Nach dieser Revolution wird jeder Kunde ein Markt und jeder Angestellte ein Unternehmen sein. Angestellte werden innerhalb ihres eigenen Einflußbereichs Entscheidungen treffen, wie es Führungskräfte schon immer tun. Belohnt wird dann die Fähigkeit, zahlreichere und fundiertere Entscheidungen zu treffen, was die neue Generation von Arbeitnehmern beflügeln und den großen Produktivitätszuwachs in den kommenden Jahrzehnten noch steigern wird.

Innerhalb eines nach dem Netzwerkmodell organisierten Unternehmens werden alle Angestellten und Arbeitsgruppen an einem von zwei Orten arbeiten: entweder an der externen Schnittstelle zu den Kunden – wo sie sich auf bestimmte Kundenkreise konzentrieren – oder im firmeninternen Apparat – wo sie sich auf einen eng abgesteckten Wissensbereich spezialisieren und die externen Schnittstellen unterstützen. Das heißt, daß die externen Arbeitnehmer die Funktion von Browsern und die internen Arbeitnehmer die von Servern übernehmen werden. Bürokraten wird es nicht mehr geben. So einfach ist das! Aus jedem einzelnen Mitarbeiter und jedem kleinen Team wird ein Spezialist oder ein eigenes Unternehmen werden. Alle werden echte Kunden haben und tatsächliche Verantwortung gegenüber diesen Kunden tragen – und letztendlich sogar für den Gewinn.

EIN NETZWERKUNTERNEHMEN BEI DER ARBEIT

Betrachten wir einmal ein praktisches Beispiel dafür, wie ein Netzwerkunternehmen eine typische Geschäftstransaktion mit Hilfe eines externen menschlichen Browser abwickeln könnte. Ich verwende hierfür ein telefonisches Verkaufsgespräch aus meinem Buch *The Great Jobs Ahead*.

Bei einem Versandhandelsunternehmen geht ein Kundenanruf ein.

Noch während das Telefon läutet, analysiert ein Computer im Hintergrund die Nummer, um herauszufinden, ob es sich um einen bereits bekannten Kunden handelt. Wenn ja, greift der Computer auf die Kundendatei zu, um für den Handel wichtige statistische Größen wie Alter, Einkommen, vorangegangene Einkäufe, Kreditbewilligungen, Alter und Geburtstag von Familienmitgliedern, bekannte Vorlieben und Erfahrungen, Kreditkartennummern und so weiter herauszufinden. Die Daten werden zusammen mit dem Anruf an die Verkaufsvertreterin weitergeleitet, die beim letzten Mal mit dem Kunden gesprochen hat, damit diese auch diesmal das Geschäft abwickeln kann.

Wenn der Anruf nicht von einem bereits bekannten Kunden stammt, bestimmt der Computer anhand der Nummer die genaue Adresse oder ordnet zumindest die Vorwahl ein und greift dann auf eine Online-Marketingdatenbank zu, um ein typisches Profil mit Angaben zu Einkommen, Alter und Lebensstil sowie Kaufbereitschaft und Produktvorlieben zu erhalten. Das alles wird in Millisekunden erledigt – noch bevor die Verkäuferin sich am Telefon melden kann:

„Guten Tag, hier ist Customers 'R' Us. Wie kann ich Ihnen behilflich sein?"

„Also, ich wollte eine Jacke aus Ihrem Katalog bestellen."

„Oh, sind Sie Mr. Kearny? Ich bin Linda. Ich war Ihnen letztes Jahr behilflich, als Sie angerufen haben. Hat Ihre Frau nicht bald Geburtstag, am 24. Juni? Ich kann mich erinnern, daß Sie letztes Jahr das Lederensemble aus Hose und Weste bestellt haben. Wie hat es ihr gefallen?"

„Ausgezeichnet. Aber wieso wissen Sie das noch alles?"

„Wir wissen gerne über unsere Kunden Bescheid – so wie in einer großen Familie, wissen Sie."

„Hmmm. Also, ich hatte an diesen roten Mantel auf Seite 25 gedacht, den mit den Straßknöpfen."

„Mr. Kearny, Sie haben sich für einen unserer beliebtesten Artikel entschieden. Diese Mäntel sind unserem Lager gerade ausgegangen, und ich muß Ihnen leider mitteilen, daß wir erst am 25. Juli wieder welche hereinbekommen. Das wird zu spät für den Geburtstag Ihrer Frau."

„Verflixt", sagt Mr. Kearny, *„ich hätte eher anrufen sollen."*

„Na, lassen Sie mich mal sehen, was ich für Sie tun kann. Wir haben vielleicht auch etwas anderes für Sie."

Linda sieht sich kurz die Daten zu vorherigen Einkäufen an und stellt fest, daß Mr. Kearnys Frau dazu tendiert, höherwertige Markenartikel als ihr Mann zu kaufen. Außerdem berücksichtigt Linda das Lederensemble, das letztes Jahr zum Geburtstag von Mr. Kearnys Frau gekauft wurde. Linda sieht noch rasch eine andere Datei ein, die neue Artikel auflistet, und findet eine rote Lederjacke.

„Mr. Kearny, ich glaube, ich habe eine Lösung für Sie gefunden. Wir bieten eine schöne rote Lederjacke an, die zu der Lederhose und der Weste passen würde, die Sie letztes Jahr gekauft haben, und sie kostet nur 200 Dollar mehr als der Mantel mit den Straßknöpfen. Ich bin mir sicher, daß die Jacke Ihrer Frau ausgezeichnet gefallen würde!"

„Glauben Sie wirklich, daß das klappt? Es sind nur noch zwei Wochen bis zu ihrem Geburtstag, und ich will ihr dieses Jahr etwas richtig Schönes schenken. Wahrscheinlich hätte ihr der Straßmantel ohnehin nicht gefallen. Sie sagt immer, ich habe einen hoffnungslos schlechten Geschmack."

„Nun, diese Jacke könnte ihre Meinung vielleicht ändern. Wie wär's damit: Ich schicke Ihnen die Jacke bis morgen zu, kostenlos," – Linda darf solche Sendungen autorisieren, wenn sie glaubt, daß sie zu einem Verkaufsabschluß führen, oder wenn die Kaufsumme hoch genug ist, – *„und Sie können sie sich in Ruhe anschauen und vielleicht auch eine Freundin ihrer Frau um ihre Meinung bitten. Wenn Sie die Jacke doch nicht haben wollen, rufen Sie mich einfach morgen noch mal an, dann lasse ich sie wieder kostenlos abholen und wir können uns etwas anderes überlegen."*

Mr. Kearny ist beeindruckt und erleichtert. *„Das klingt vielversprechend."*

„Gut", sagt Linda, aufrichtig froh darüber, ihrem Kunden helfen zu können. *„Soll ich es wie beim letzten Mal Ihrer VISA-Card in Rechnung stellen?"*

„Ja, gerne", sagt Mr. Kearny.

„Gut. Ich erledige dann alle Formalitäten von hier aus, Mr. Kearny. Wenn Sie wieder einmal etwas brauchen oder irgendeine Frage haben, sagen Sie, daß Sie mit mir sprechen möchten, und ich bin Ihnen gerne behilflich."

„Danke, Linda, das werde ich tun. Sie waren mir eine große Hilfe."

Die Vorteile für jemanden wie Mr. Kearny liegen auf der Hand: Er erhält die persönliche Aufmerksamkeit von jemandem, der sich – natürlich dank der Unterstützung durch den Computer – an seine Vorlieben und die Daten von wichtigen Familienfeiern erinnert. Mr. Kearny muß sich nicht auf eine anstrengende und verwirrende Einkaufsexpedition begeben. Statt dessen bekommt er – weil die Firma Informationen über andere Einkäufe für seine Frau besitzt – ein Geschenk, das seiner Frau gefallen wird, direkt an die Haustür geliefert.

Die Vorteile für Linda sind ebenso bedeutend: Sie genießt die Gelegenheit, ihr Geschick im Umgang mit Menschen und die dank der Schnelligkeit und Effizienz des Computernetzwerks verfügbaren Informationen einzusetzen, um jemandem wirklich behilflich zu sein und ihn zufriedenzustellen. Sie bekommt heute viel mehr Geld, als sie in der Vergangenheit in der Kreditorenbuchhaltung verdiente. Außerdem kann Linda wichtigere Entscheidungen übernehmen – den Artikel zum Beispiel kostenlos versenden lassen –, wenn sie der Ansicht ist, daß dies zum Verkaufsabschluß beitragen wird. Da ihr Arbeitgeber außerdem herausgefunden hat, daß Verkäufer, die von zu Hause aus arbeiten, um 28 Prozent produktiver sind, verbringt sie nun nicht mehr jeden Tag zwei Stunden im Pendelverkehr und hat somit mehr Zeit für sich selbst und ihre Familie übrig.

Das Entscheidende aber ist, daß Linda ihr eigenes Unternehmen ist. Sie wird von den Computern nach Verrechnung ihrer gesamten variablen und festen Kosten anhand ihres Nettoertrags für die Firma bewertet. Sie erhält einen prozentualen Anteil an diesen Erträgen als Grundbestandteil ihres Gehalts und kann sich aussuchen, wie viel davon sie für die von ihrer Firma gebotenen Vergünstigungen aufwenden will, die sie am meisten schätzt. Linda glaubt, daß ihr dies in einem eigenen Unternehmen niemals so gut gelingen würde. Sie erhält Unterstützung von einem echten Netzwerk: Sie hat eine Ausbildung abgeschlossen, genießt das Vertrauen eines etablierten Unternehmens mit Markenprofil und kann auf ein leistungsstarkes Computernetzwerk zurückgreifen, das ihr die Informationen liefert, die sie braucht, um einen persönlichen Service auf hohem Niveau anzubieten.

FÜHRUNG BEDEUTET, DEN ANGESTELLTEN DABEI ZU HELFEN, UNTERNEHMEN ZU WERDEN

Die eigentliche Informationsrevolution geht nicht von überdurchschnittlich kreativen Unternehmern aus, die in ihren Garagen Softwarefirmen gründen. So sahen vor Jahren die Anfänge aus – und wir alle haben vom Mut und vom Weitblick dieser Menschen profitiert. Die eigentliche Informationsrevolution – diejenige, die derzeit stattfindet – handelt von Firmen, die den Computer, das Telefon und die Internet-Technologien in Form einer Netzwerkorganisation verwenden. Es geht um Unternehmen, die weitsichtig genug sind, um die Leistungen normaler Arbeitnehmer enorm zu verbessern, indem sie sie in eine Struktur integrieren, die persönliche Produktivität und Kundenzufriedenheit belohnt. Solche Unternehmen geben ihren Angestellten unmittelbaren Zugriff auf entscheidende Informationen, statten sie mit Entscheidungsbefugnissen in ihrem Bereich aus und lassen sie ohne Wenn und Aber die Verantwortung für Leistung und Erfolg übernehmen.

Hört sich das nach einem zukunftsweisenden Modell an? Das ist es auch! Das Unternehmen der Zukunft wird ein Netzwerk aus Browsern und Servern sein, das auf menschliche Bedürfnisse zugeschnitten ist. Und scheint die Schaffung eines solchen zweipoligen Unternehmens nicht viel einfacher als die endlosen Umstrukturierungen der heutigen Geschäftswelt?

Werfen wir einen Blick auf die offensichtlicheren Auswirkungen, die all dies auf die Tätigkeitsbereiche sowohl innerbetrieblicher als auch außenstehender Unternehmer haben wird.

In der neuen vernetzten Wirtschaft wird es keine Arbeitsplätze mehr geben, sondern nur noch Unternehmen. Wir werden alle zu Unternehmern, entweder im externen Bereich als menschliche Browser oder betriebsintern als menschliche Server oder Berater der externen Schnittstellen. Folglich werden es die externen Angestellten sein, die Netzwerkunternehmen eigentlich leiten. Das Personal im Hintergrund – wie zum Beispiel auch das Management – wird dafür zuständig sein, das Unternehmen in die richtige Richtung zu dirigieren und ihm die Leistungskraft und das Fachwissen zur Verfügung zu stellen, die dieses braucht, um seine übergeordneten Ziele effizient zu erreichen.

Anders als die nach dem Vorbild des Fließbandes gestalteten, streng hierarchisch organisierten Unternehmen besitzen Netzwerkorganisationen ein Zentrum und keine Spitze. Die Unternehmensführung wird in solchen Organisationen eine vollkommen andere Rolle spielen, ihre entscheidende Bedeutung jedoch beibehalten. Das zentrale Management wird in jedem Unternehmen, in jeder Branche und auf jedem Markt die Informationen koordinieren, die für die strategische und finanzielle Planung, grundlegende Produktforschung und -innovationen, die Erstellung von Markenprofilen sowie für Marktbewertung und Werbung notwendig sind.

Die vielen Einzelpersonen und Kleinunternehmer-Teams innerhalb einer Organisation werden von einem Rahmen aus gemeinsamen Regeln und logischen Entscheidungsmechanismen ebenso profitieren wie vom Zugriff auf eine zentralisierte Unternehmensdatenbank. Schließlich wäre auch das nicht-lineare, beliebig abrufbare und nach dem Vorbild der rechten Gehirnhälfte funktionierende, basisorientierte Internet ohne konventionelle Protokolle nicht möglich. Diese wenigen Regeln und Strukturen bilden die Grundlage, auf der die enormen Innovationen des Handelsverkehrs und der Kommunikation im Internet aufbauen. Solche Verhaltensregeln bilden das Zentrum, die Grundvoraussetzung für jedes Netzwerk. Das Management oder die Führungsetage im neuen Netzwerkunternehmen wird schlicht zum Hüter dieser Verhaltensregeln sowie der Ziele und Werte, aus denen sie sich ergeben.

Netzwerkunternehmen geben den Verbrauchern die Macht, nach ihren individuellen Vorstellungen ein System mit geringen Kosten und einem flexiblen Service zu formen. Deswegen sind die Menschen, die direkt mit den Kunden zu tun haben, von entscheidender Bedeutung. Sie befinden sich dort, wo die Loyalität gegenüber dem Arbeitgeber und die Kundenbindung sich überschneiden. Alle anderen innerhalb der Organisation, vom zentralen Management bis zu den betriebsinternen Experten, sind dazu da, die externen Schnittstellen zu unterstützen. Ihre Tätigkeiten werden je nach Bedarf flexibler und befristeter sein.

DIE EXTERNE LAUFBAHN: BROWSER IN AKTION

Unternehmen, die das Netzwerkmodell übernehmen, werden ihren Betrieb so gestalten, daß er auf die Kunden und die externen Angestellten ausgerichtet ist, die direkten Kontakt zu diesen Kunden haben. Die externen Schnittstellen zum Kunden werden sich aus einzelnen Mitarbeitern und kleinen Teams zusammensetzen, die sich ausschließlich auf die individuellen Bedürfnisse eines spezifischen Kundenkreises konzentrieren. Die Spezialisierung auf bestimmte Kunden steht im Mittelpunkt, nicht die funktionale Spezialisierung der Vergangenheit.

Externe Positionen werden im nächsten Jahrzehnt die berufliche Laufbahn in Netzwerkunternehmen darstellen, die den meisten Zulauf erhalten wird. Wie in einem für eine Marktnische produzierenden Kleinbetrieb müssen diese externen Angestellten Unternehmer sein – kreative Generalisten mit fachübergreifenden Fähigkeiten, die sich auf die individuellen Bedürfnisse eines bestimmten Kundensegments konzentrieren und diese befriedigen können. Da die kleinsten Teams am innovativsten sein, am schnellsten reagieren und sich am stärksten spezialisieren können, müssen die Leute in solchen externen Browser-Funktionen umfassendes Wissen besitzen und einfallsreich genug sein, um dieses auf immer neue Fälle anzuwenden. Darüber hinaus müssen sie sich leicht auf neue Situationen einstellen und ständig dazulernen können. Ich nenne diese Leute „spezialisierte Generalisten". Ihr Fachgebiet ist das Wissen über den Kunden, doch sind sie insofern Generalisten, als sie ihre Fähigkeiten flexibel einsetzen.

Mit der Einrichtung der externen Schnittstellen zielt das Unternehmen darauf ab, gerade so viele Menschen mit fachübergreifenden Fähigkeiten zusammenzubringen, daß diese die meisten Kundenprobleme noch weitestgehend ohne betriebsinterne Einflußnahme lösen können. Oft erfordert die Lösung von Kundenproblemen ein Team aus Mitarbeitern, die zwar spezielle Kenntnisse in Fachbereichen besitzen, jedoch auch in der Lage sind, diese Kenntnisse zu verallgemeinern und auf die Bedürfnisse des gesamten Teams anzuwenden. Diese Mitarbeiter sollten auch die Aufgaben ihrer Teamkollegen bei Bedarf kurzzeitig übernehmen können.

Die Menschen, die sich für die Arbeit als spezialisierte Generalisten im Rahmen dieser neuen externen Laufbahn am besten eignen,

- übernehmen gerne relationale und kundendienstbezogene Aufgaben und gehen gern mit Menschen um,
- bringen ein natürliches Interesse an den Bedürfnissen der Kunden mit, die sie zufriedenstellen werden, und besitzen entsprechende Erfahrung,
- genießen kreatives Problemlösen mit Hilfe verschiedener allgemeiner Fähigkeiten und Kenntnisse,
- sind von Natur aus handlungsorientiert und experimentierfreudig und kommen auch in kleinen Gruppen meist ausgezeichnet mit neuen Situationen zurecht,
- suchen eine langfristige Beschäftigung und wollen dafür belohnt werden, daß sie die Beziehungen zu Dauerkunden konsequent festigen,
- besitzen hervorragende Kommunikationsfähigkeiten und arbeiten gut mit Kunden und Kollegen zusammen.

Die Leute, die an der externen Schnittstelle zum Kunden arbeiten, müssen gerne eigenverantwortlich Entscheidungen treffen und bereit sein, aus Fehlern zu lernen. Die Geschichten, die sie über ihre Laufbahn zu erzählen haben, beinhalten wahrscheinlich eine Vielzahl von praktischen Erfahrungen und Lektionen, die sie durch die Konfrontation mit neuen Situationen und oft auch aus ihrem Scheitern gelernt haben. Selbstverständlich werden solche externen Teams auch Mitglieder brauchen, die sich um die Organisation und die Buchhaltung sowie die Wartung der Computerausrüstung kümmern. Daher werden sich für Arbeitnehmer, die man traditionell zwar in unterstützenden Funktionen findet, die jedoch lieber an der externen Schnittstelle den persönlichen

Kontakt zum Kunden suchen und Entscheidungen treffen wollen, vielfältige Möglichkeiten ergeben. Da immer mehr Routinetätigkeiten automatisiert werden, werden viele dieser Arbeitnehmer zu externen Teams stoßen, die sich um die Kunden kümmern. Solche Arbeitnehmer können sich nicht auf eine spezielle Funktion beschränken wie beispielsweise die eines Kreditorenbuchhalters. Statt dessen werden sie vor der Herausforderung stehen, ihre Fähigkeiten zu erweitern, so daß sie eher in die Rolle von Controllern in Kleinunternehmen oder MIS-Leitern schlüpfen können.

Große Unternehmen müssen im Grunde nur die Strukturen von Kleinstbetrieben studieren, um sich deren Funktionsweisen anzueignen. Aus der Notwendigkeit heraus haben kleine Unternehmen bereits das Konzept des fachübergreifenden Teams perfektioniert, weil kein anderes Modell besser den Anforderungen eines veränderlichen, vom Konkurrenzkampf geprägten Umfelds entspricht.

DIE BETRIEBSINTERNE LAUFBAHN: SERVER IN AKTION

Die andere wichtige Laufbahn in Netzwerkunternehmen werden die Experten einschlagen, die die externen Angestellten unterstützen. Die betriebsinternen Experten werden die speziellen Informationen, Produkte und Dienstleistungen bieten, welche die externen Angestellten benötigen, um die individuellen und veränderlichen Bedürfnisse ihrer Kunden zu befriedigen. Diese Experten müssen bei Bedarf Fachwissen zur Verfügung stellen können, ähnlich wie die Computerserver der Browsersoftware Daten liefern.

So wie die externen Arbeitnehmer die Verantwortung gegenüber Ihren Kunden tragen, so sind auch die firmeninternen Angestellten verantwortlich gegenüber ihren Kunden, nämlich den Kollegen an den externen Schnittstellen. Die internen Spezialisten stellen diesen externen Teams entweder nützliche Informationen und Produkte zur Verfügung – oder sie sind rasch aus dem Geschäft!

Die internen Angestellten müssen ihr Augenmerk statt auf ein Kundensegment auf spezielle Wissens- und Produktbereiche richten. Ich nenne sie deshalb „generalisierte Spezialisten"; sie sind das Gegenstück zu den an den externen Schnittstellen tätigen „spezialisierten Generalisten". Sie verstehen sich auf bestimmte Tätigkeiten und Produkte (was sie zu Spezialisten macht), die allgemein für viele Arten von Kunden und für verschiedenste Zwecke verwendet werden können.

Vor kurzem unterhielt ich mich mit einer Führungskraft von Hewlett-Packard über diese Art von organisatorischem Wandel. Das Unternehmen hatte seine Abteilung für strategische Planung in eine hauseigene

Beratungsfirma umgewandelt, deren Aufgabe es war, den verschiedenen Abteilungen bei der Erkennung von Geschäftsgelegenheiten zu helfen. Die strategischen Planer waren nun gezwungen, den Abteilungen ihre Dienstleistungen zu verkaufen. Die hauseigenen Unternehmensberater mußten ihren Nutzen für die internen Kunden – also die Einzelabteilungen – unter Beweis stellen, denen es nun freistand, auf sie zurückzugreifen oder nicht. Kurz gesagt: Die strategischen Planer wurden zu Servern und die Einzelabteilungen zu Browsern, wie in dem von mir beschriebenen Modell eines Netzwerkunternehmens.

Zunächst bedeutete dies eine schwierige Umstellung für die strategischen Planer. Sie waren daran gewöhnt, dank der Unterstützung durch die oberste Führungsetage ihre Autorität und Position innerhalb des Unternehmens zu behaupten. Die Regeln der freien Marktwirtschaft waren demnach außer Kraft gesetzt. Nachdem sie sich aber auf die Reorganisation eingestellt hatten, erzielten die strategischen Planer schließlich durch die Belebung des Geschäfts höhere Einnahmen (die nun gemessen wurden) als zuvor. Dies bedeutete im Gegenzug höhere Gehälter und bessere Aufstiegschancen. Entscheidend war letztlich, daß die strategischen Planer mehr Spaß an der Arbeit hatten. Ihr Wert für das Unternehmen und ihr Einfluß auf den Betrieb waren größer und deutlicher als jemals zuvor. Ich bin mir sicher, daß die Einzelabteilungen sogar noch erfreuter waren, denn sie hatten nun jemanden, der sie unterstützte, anstatt ihnen Vorgehensweisen zu diktieren.

Einige Beispiele für generalisierte Spezialisten sind Werbefachleute, Buchhalter, Anwälte für Erbschaftssteuerangelegenheiten, strategische Planer, Konjunkturprognostiker, Web-Designer und Wirtschaftspsychologen. Die Menschen, die am besten als generalisierte Spezialisten für diese neue betriebsinterne Laufbahn geeignet sind,

- werden fundiertes Fachwissen in einem Aufgabenbereich besitzen,
- werden vor allem von der linken Hirnhälfte gesteuerte Fähigkeiten besitzen, diese jedoch kreativer zur Unterstützung von externen Teams und Mitarbeitern anwenden,
- werden sich mehr mit ihrem Beruf identifizieren und eher fachlich interessiert als menschenorientiert sein,
- werden in häufig wechselnden Projektgruppen mit anderen Fachleuten zusammenarbeiten, um spezifische Probleme zu lösen, und sich dann wieder neuen Kunden und Projekten zuwenden,
- werden in punkto Leistungsfähigkeit und Effektivität mit außenstehenden Spezialisten konkurrieren müssen (andernfalls riskieren sie, daß ihre Aufgaben an fremde Unternehmen delegiert werden),
- werden sich ständiger Weiterbildung widmen, um in ihren von steti-

gem Wandel geprägten Fachbereichen auf dem neuesten Stand zu bleiben (andernfalls besteht die Gefahr, daß ihre speziellen Fähigkeiten eines Tages nicht mehr gefragt sind).

Diese betriebsinternen Spezialaufgaben haben sich im Verlauf des letzten Jahrhunderts zu vollwertigen beruflichen und technischen Laufbahnen entwickelt. Mit der Einführung des Netzwerkunternehmens werden die damit befaßten Arbeitnehmer ihre Fachkenntnisse vertiefen und ihr Hauptaugenmerk auf die Befriedigung der Bedürfnisse von externen Angestellten und Kunden richten. Beachten Sie, wie unterschiedlich oder, besser gesagt, wie gegensätzlich diese Fähigkeiten und diejenigen der externen Mitarbeiter sind. Somit ist es am besten, sich innerhalb der eigenen Interessengebiete für eine der beiden Laufbahnen zu entscheiden und dann dabei zu bleiben.

Ein wesentliches Merkmal des Netzwerkunternehmens hat damit zu tun, für wen die internen generalisierten Spezialisten letztendlich arbeiten. In der Vergangenheit waren solche Experten der Führungsetage gegenüber verantwortlich und handelten so, daß sie deren Bedürfnissen nach Entscheidungsgewalt nachkamen. Nun werden diese Experten sich in zunehmendem Maße der Unterstützung von nicht spezialisierten externen Mitarbeitern und Mitarbeiterteams widmen, die einen direkten, unkomplizierten und individuellen Kundendienst benötigen.

Die traditionell nach Denkmustern der linken Hirnhälfte vorgehenden Spezialisten werden vor der Herausforderung stehen, den externen Generalisten essentielle Inhalte ihres Fachwissens zugänglich zu machen. Das bedeutet, daß festgestellt werden muß, welche Arten von Fachwissen automatisiert und auf die Informationssysteme der externen Teams übertragen werden können. Weshalb? Je mehr Expertenwissen automatisiert werden kann, desto stärker wird die Anzahl der Fälle reduziert, in denen ein externer Unternehmer auf die persönliche Unterstützung durch Fachleute angewiesen ist, und desto leichter wird es für das Unternehmen, die 80/20-Regel zu erfüllen – das heißt, 20 Prozent des Fachwissens, das für 80 Prozent der Kundenbedürfnisse verantwortlich ist, automatisch den externen Mitarbeitern zur Verfügung zu stellen.

Vor allem aber bedeutet dies, daß kein Fachjargon mehr gesprochen wird! Spezialisten, die daran gewöhnt waren, in hierarchischen Organisationen zu arbeiten, müssen ihrer Berufsterminologie abschwören und ihre Sprache wie ihre Prioritäten den Kunden und dem Markt anpassen. Ihre Aufgabe wird hauptsächlich darin bestehen, den externen Teams ihr Wissen möglichst effektiv zu vermitteln. In dem neuen Unternehmen, das seine Impulse von den externen Arbeitnehmern erhält, werden Experten nicht länger gefragt sein, die nicht in der Lage sind, die externen Schnittstellen zu unterstützen. Ihre spezialisierten Aufgaben werden in diesem Fall außenstehenden Beratungsfirmen übertragen oder gänzlich abgeschafft. Dies wird einen starken Markt für professionelle dienstleistungsbezogene Spezialfirmen kreieren, die so kundenorientiert sind, wie die Unternehmen es brauchen und wünschen.

ZUSAMMENFASSUNG

Im Modell der Netzwerkorganisation gibt es eine Vielzahl von hervorragenden Arbeitsmöglichkeiten. Die Unternehmen werden Ausübende spezieller akademischer und technischer Berufe ebenso benötigen wie Mitarbeiter, die eher für den zwischenmenschlichen Bereich zuständig sind, professionelle Dienstleistungen anbieten und sich für verschiedene Produkte und Märkte interessieren. Wir können statt der Rolle des Arbeitnehmers eine andere annehmen und innerhalb der von uns gewählten Laufbahn auf eine von zwei möglichen Arten unsere Ambitionen und Entgeltvorstellungen verwirklichen: entweder selbständig – das heißt als Freiberufler – oder als unabhängige Abteilung eines Netzwerkunternehmens.
Erreichen können wir dies durch die Gründung eines eigenen Unternehmens in einer Marktnische, in der Expertenwissen gefragt ist, oder indem wir zu generalisierten Browsern werden und einen Bedarf erkennen, den andere Unternehmen übersehen haben. Oder wir können für eine Firma arbeiten, die Spezialisten und kundenorientierten Mitarbeitern helfen möchte, zu Unternehmen innerhalb des Unternehmens zu werden. Auf diese Weise wird uns das Zusammenwirken von internationalen Markennamen, Größenvorteilen und Fachwissen zu Erfolg verhelfen. Und behaupten Sie nicht, daß die alten Jobs besser gewesen wären! Wir müssen den Wandel nur ebenso bereitwillig akzeptieren, wie dies unsere besten Unternehmen tun müssen.
Das nächste Kapitel beschäftigt sich mit der Frage, wie Unternehmen das Modell der Netzwerkorganisation effektiv übernehmen können. Obwohl die Netzwerkorganisation ein einfaches Konzept darstellt, kann ihre Verwirklichung komplexe Probleme mit sich bringen, und zwar aus einem ganz simplen Grund: Der Mensch sträubt sich gegen radikalen Wandel, selbst wenn dieser zu seinem Besten ist.

KAPITEL 8:
Die Kunst der Umwandlung von Unternehmen

Viele Firmen, die mit ungünstigen wirtschaftlichen Bedingungen zu kämpfen haben, versuchen, ihre Organisation umzustrukturieren, legen Prioritäten fest und fordern dazu auf, dem demokratischen und innovativen Zeitgeist zu gehorchen, der die Befriedigung der Kunden in den Vordergrund stellt. Meiner Erfahrung nach passiert jedoch in den meisten Fällen folgendes:

Die Spitzenmanager beteuern aufrichtig, ihr Unternehmen sei „kundenorientiert", und sprechen immer wieder davon, daß ihre Angestellten ihr „wertvollstes Kapital" seien. Sie reden von wachsendem Wettbewerb und immer schneller vonstatten gehenden Veränderungen. Sie treten dafür ein, auf die Kunden zu hören und individuelle Lösungen anzubieten, und beschreiben, wie jeder einzelne Gelegenheiten, etwas zu bewirken, wahrnehmen kann. Das gibt den Führungskräften – und oftmals auch den Angestellten – ein gutes Gefühl. Die Führungskräfte glauben, sie würden die radikale Revolution predigen und alle Grundgedanken aus dem neuesten Buch von Tom Peters umsetzen.

Die Angestellten wiederum sind der Überzeugung, daß sie besser darüber Bescheid wissen, was wirklich vor sich geht, als irgend jemand an der Spitze. Außerdem sehen sie viele Dinge, die man verändern könnte, um den Betrieb ihrer Abteilung zu verbessern oder effizienter zu gestalten und die Kundenzufriedenheit zu steigern. Dieses Wissen und die Aufforderung der Manager, es auch anzuwenden, macht den Angestellten Mut: Irgendwie werden sich die Dinge ändern, irgend jemand wird die Routinearbeit im Verwaltungsapparat weniger langweilig gestalten und eines Tages werden die betriebsinternen Machtkämpfe aufhören. Und das Beste an allem ist – so glauben sie –, daß sie in den Genuß dieser lange überfälligen Veränderungen kommen können, ohne ihre Arbeitsplatzsicherheit, ihre Altersversorgung und die automatischen Gehaltserhöhungen opfern zu müssen.

Die Angestellten wollen mehr Mitspracherecht, und es trifft sicherlich zu, daß sie dem Management wertvolle Anregungen liefern könnten – doch viele wollen keine Verantwortung übernehmen, nicht in vermehrtem Maße zur Rechenschaft gezogen werden. Sie wollen die vorübergehenden schmerzhaften Einschnitte, die Teil eines bedeutsamen Wandels sind, nicht hinnehmen. In Wirklichkeit wollen in vielen traditionellen Unternehmen weder die Führungskräfte noch die Angestellten einen echten Wandel – wenn sie ihn wollten, würden sie bereits in einer Umgebung arbeiten, in der Eigeninitiative gefördert wird. Weshalb? Es liegt einfach in der Natur des Menschen, daß bei weitem die meisten von uns den Status Quo bevorzugen, weil er vertrauter und weniger riskant ist.

Tatsächlich hat die Genforschung bewiesen, daß 70 Prozent aller Menschen eine genetisch bedingte Abneigung gegen Risiken besitzen. Außerdem gibt es zumindest einen bedeutenden Beweis, der diesen Befund untermauert: Amerikanische Wachstumsunternehmen finden nicht genügend Arbeitskräfte für ihre schnelllebigen, anspruchsvollen Aufgabenbereiche. Die meisten Bewerber wollen nicht von sich aus mit der Umstellung beginnen und sind nicht bereit, neue Fähigkeiten und Arbeitsmethoden zu erlernen.

Die Natur des Menschen macht die Kunst des Wandels zu etwas ziemlich Einfachem und Offensichtlichem: Die meisten Menschen verändern sich nur, wenn sie ein Notfall oder ein radikaler struktureller Wandel ihrer Lebens- und Arbeitsbedingungen dazu zwingt. In Krisenzeiten – aber auch nur dann – werden ganz normale Menschen zu Helden. Die meisten Menschen sträuben sich schlichtweg gegen den Wandel!

Trotz aller guten Absichten werden Unternehmensführer und Angestellte niemals einen bedeutenden Wandel verwirklichen, solange sie keine Krise durchleben, die ihre Existenz gefährdet, und solange ausschließlich die Unternehmensleitung Entscheidungen trifft, die die Arbeits- und Lohnbedingungen radikal verändern. Wenn man von radikalem Wandel spricht und zugleich an einer traditionellen Struktur festhält, bringt dies wenig oder gar nichts: Das System belohnt Konformität, nicht Risiko; es beschäftigt sich mit den internen Machtkämpfen und ihren subtilen Manövern und nicht mit den Bedürfnissen und Prioritäten der Kunden. Und dieses System hat ein sicheres Gefüge aus automatischen Gehaltserhöhungen und Beförderungen errichtet, auf die jeder einen selbstverständlichen Anspruch zu haben glaubt, statt sie als Anerkennung für persönliche Ergebnisse und Produktivität zu betrachten.

Wer weiß noch, wer die Verantwortung trägt, wenn alle Einzelschritte eines Vorgangs von verschiedenen Spezialisten übernommen und von Leuten koordiniert werden, die den Kunden niemals zu Gesicht bekommen? Die meisten Angestellten in hierarchischen bürokratischen Unternehmen tun einfach, was ihnen gesagt wird, arrangieren sich mit den richtigen Leuten und geben dann einer anderen Abteilung oder der Unternehmensleitung die Schuld, wenn etwas schiefläuft.

Meine typische Beobachtung ist, daß das Management den Angestellten vorwirft, keinerlei Verantwortung tragen zu wollen. Die Angestellten werfen den Managern vor, Veränderungen nicht konsequent durchzusetzen und trotz aller Lippenbekenntnisse selbst nicht das zu tun, was sie fordern. In den meisten Fällen haben beide Seiten recht, und so vermeiden es auch beide, wirkliche Veränderungen vorzunehmen!

Alle Erklärungen, alle Motivationsseminare und alle Gewinnbeteiligungspläne, die jedem eine geringfügige Belohnung für den Fall versprechen, daß das Unternehmen bestimmte Ziele erreicht, werden das Verhalten der meisten Angestellten in einem derartigen System niemals grundsätzlich verändern. Warum? Es gibt zwei Gründe, aus denen Menschen nicht selbst Entscheidungsträger werden und Eigenverantwortung ablehnen. Zum einen würden sie lieber das alte Spiel weiterspielen und das alte, vertraute System manipulieren, statt sich auf ein neues einzulassen, das zwar viel verspricht, sich aber noch nicht bewährt hat. Zum anderen hat die Unternehmensleitung zu einer Veränderung des Verhaltens aufgerufen, ohne die organisatorische Struktur zu verändern und die neue Struktur, die sie einführen möchte, auf nachvollziehbare Weise zu vermitteln. Ich habe festgestellt, daß die Struktur das Verhalten bestimmt. Der einzige Weg, tatsächlich eine dauerhafte Verhaltensänderung herbeizuführen, besteht in der Veränderung der Struktur eines Unternehmens – und damit auch seines Bewertungs- und Gehaltssystems.

Die Kunst, Veränderungen in einem Unternehmen herbeizuführen, besteht darin, zuerst das alte System umzukrempeln und eine neue Struktur zu schaffen.

DIE ZWEI MÖGLICHKEITEN, RADIKALE VERÄNDERUNGEN ZU BEWIRKEN

Echter Strukturwandel innerhalb eines Unternehmens kann nur während einer echten Krise – wenn das geschäftliche Aus droht – zügig und auf breiter Front verwirklicht werden. Solch umfassender und radikaler Wandel wird notwendig, wenn die Existenz einer Firma oder Branche unvermittelt von wichtigen Konkurrenten, grundlegenden technischen Neuerungen oder bedeutenden Veränderungen auf dem Markt bedroht wird. Manchmal macht sich im Laufe der Zeit eine gefährliche Selbstgefälligkeit breit, die irgendwann plötzlich zu der bedrohlichen Situation führt, die den nötigen Anstoß zum Wandel gibt.

Bedrohliche Situationen, aus welchem Anlaß auch immer, tragen dazu bei, den in der Natur des Menschen liegenden Widerstand gegen das Neue auszuschalten. Sie stellen einen echten Segen für Unternehmensleiter und Projektgruppen dar, die Veränderungen anstreben, da die meisten Leute der Realität direkter ins Gesicht blicken, weniger eigennützig reagieren und zu heldenhaften Anstrengungen fähig sind, wenn sie mit einer wirklich brisanten Situation konfrontiert werden. Solch eine Krisensituation können Sie ausnützen, um innerhalb weniger Monate radikale Veränderungen vorzunehmen, die in einem relativ erfolgreichen und gefestigten Unternehmen möglicherweise Jahre beanspruchen würden.

Wenn sich Ihre Firma nicht in einer Krise befindet, gibt es einen besseren Weg, radikalen organisatorischen Wandel zu bewerkstelligen: die Pilotprojekt-Methode. Stellen Sie die neue Struktur zunächst einem kleinen Kreis von Menschen innerhalb des Unternehmens vor, der Veränderungen gegenüber aufgeschlossen zu sein scheint – etwa einer Projektgruppe oder Unterabteilung. Beziehen Sie Ihre besten und progressivsten Kunden mit ein, jene, die von Ihrem Unternehmen einen besseren Service und mehr Flexibilität fordern. Finden Sie zusammen mit dieser prototypischen Gruppe durch chaotisches Experimentieren heraus, woran es vor allem hapert.

Nutzen Sie die Energie und den Einfallsreichtum dieser Gruppe und nehmen Sie sie vor dem Rest des Unternehmens in Schutz. Fördern Sie den Wandlungsprozeß, wo Sie können, und lassen Sie der Gruppe Anerkennung und sichtbare, konkrete Belohnungen dafür zuteil werden, daß sie dieses Risiko auf sich nimmt. Danach – wenn Sie auf diesen erfolgreichen Prototyp verweisen können – führen Sie die neue Struktur in anderen Unternehmensbereichen ein. Dadurch wird ein Großteil des natürlichen menschlichen Widerstands gegen das Neue ausgeschaltet, denn die Leute fürchten vor allem das Unbekannte und nicht das Bekannte. Wenn sie sehen, daß das neue Modell praktikabel und attraktiv ist, werden sie eher bereit sein, ihm eine echte Chance zu geben.

Unabhängig von der Methode, also davon, ob man nun das ganze Unternehmen oder nur einen Teil umkrempelt, ist der einzige effektive Weg, eine grundsätzliche Verhaltensänderung zu erreichen, die Schaffung einer neuen Struktur, neuer Kompetenzen und neuer Anreize.

GESUCHT: DIE VORZÜGE VON GROSS UND KLEIN

Beschäftigen wir uns nun mit einer einfachen Erkenntnis, die ich durch meine Erfahrungen mit tiefgreifenden organisatorischen Veränderungen in großen wie auch kleinen Unternehmen gewonnen habe: Die meisten Probleme, mit denen Großunternehmen derzeit zu kämpfen haben, sind anders als die, die kleine Unternehmen belasten. Ebenso werden Kleinunternehmen mit Problemen konfrontiert, die größere Unternehmen nicht kennen.

Ein Beispiel: Einem Großunternehmen fällt die Aufteilung des Betriebes in teilautonome Teams besonders schwer, da die Belegschaft so lange an ein Umfeld gewöhnt war, das von übertriebener Spezialisierung, Bürokratie und einem Mangel an Verantwortung geprägt war. Der Leiter eines Umstrukturierungsprojekts erzählte mir, daß seine Firma von einer neuen Idee begeistert war: Das Gehalt aller Mitglieder jedes einzelnen Teams sollte von den anderen Mitgliedern festgelegt werden. Das ist vollkommen absurd! Kein Kleinunternehmen würde so etwas je in Erwägung ziehen. Jedes kleine Unternehmen oder Team innerhalb eines Unternehmens verfügt über eine Führungskraft, die solche Entscheidungen trifft. Warum soll man dem Team eine Aufgabe aufbürden, die am Ende nur zu Zwistigkeiten unter den Mitgliedern führen wird?

Angestellten in großen Unternehmen bereitet es auch die größten Schwierigkeiten, zu lernen, die Initiative zu ergreifen und die Verantwortung für ihre Entscheidungen zu übernehmen. In kleinen Unternehmen ist die Bereitschaft zur Eigeninitiative und -verantwortung hingegen zwangsläufig gegeben, denn dort gibt es keinen vielschichtigen, erdrückenden Verwaltungsapparat, keine über die Maßen spezialisierten Angestellten und auch keine Aktenordner voll mit Vorschriften und Prozeduren, die jene beschützen, die der Firma nur zur Last fallen. In einem kleinen Betrieb ist jedem klar, wer tatsächlich Leistung bringt.

Kleinbetriebe, in denen Kundennähe und Aufmerksamkeit ohnehin das A und O sind, müssen ihre Angestellten nicht erst dazu anhalten, auf die Kunden einzugehen. Die Kunden sind stets in hohem Maße präsent. Diese Konzentration auf den Kunden spiegelt sich oft in der Struktur und den Prioritäten der Firma wieder. Die meisten Kleinunternehmen können in kürzester Zeit untergehen, wenn sie die Bedürfnisse der Kunden nicht befriedigen – und jeder Angestellte weiß das.

Jeder Angestellte eines kleinen Unternehmens muß wissen, wer seine Kunden sind und was sie brauchen; er muß Interesse an der Produktivität und dem Ergebnis unter dem Strich zeigen und seine persönliche Verantwortlichkeit gegenüber der Firma anerkennen.

Allerdings bedeuten die unterschiedlichen Größenordnungen, daß Kleinunternehmen in aller Regel weniger wirtschaftlich als Großunternehmen arbeiten. Außerdem fehlt Kleinunternehmen das Fachwissen, das ihnen helfen würde, bessere strategische Entscheidungen zu fällen. Mit anderen Worten: Kleinere Unternehmen sind gewöhnlich hervorragende Browser, das heißt, ihr Vorteil ist die Konzentration auf den Kunden, jedoch fehlen ihnen die Leistungskraft der Server, das riesige Reservoir an Fachwissen und die höhere Kostenrentabilität großer Unternehmen. Eine Folge davon ist, daß in Marktnischen der Vorteil oft auf Seiten kleinerer Unternehmen liegt. Auf den riesigen Massenmärkten hingegen sind Großunternehmen klar im Vorteil.

Der wesentliche Vorzug des Netzwerk-Organisationsmodells ist, daß es einem Unternehmen ermöglicht, die Vorteile beider Größenordnungen zu vereinen, genau so, wie es innerhalb von Branchen geschieht. Netzwerkunternehmen können von der optimalen Wirtschaftlichkeit großer Massengüterproduktionssysteme und der Spezialisierung auf Fachbereiche profitieren, während sie die individuellen und veränderlichen Bedürfnisse ihrer Kunden im Auge behalten.

Ein derartiges Netzwerkmodell beginnt nicht mit der Gestaltung eines Computersystems, nicht mit einer MIS-Abteilung oder irgendeinem anderen hierarchischen Ansatz, sondern mit einem klaren Verständnis der Bedürfnisse der Kunden und der Bereiche, in denen sich die Firma hinsichtlich der Befriedigung dieser Bedürfnisse einen Wettbewerbsvorteil gegenüber anderen Unternehmen erarbeiten kann.

Das Geheimnis des Wandels lautet: Beginnen Sie bei den Kunden und gestalten Sie Ihre Firma von Grund auf so um, wie Ihre Kunden und Ihre Angestellten es tun würden.

Was kann Ihr Unternehmen in Bezug auf einen bestimmten Kundenkreis besser als alle anderen? In welcher Hinsicht unterscheiden sich die Kunden, die Sie am besten bedienen, von anderen? Wie können Sie effektive, kleine Teams aus Leuten zusammenstellen, die die nötigen fachübergreifenden Fähigkeiten besitzen, um die Bedürfnisse jeder einzelnen Kundengruppe zu befriedigen? Wie können Sie Ihr Unternehmen oder Ihre Institution so organisieren, daß der Kunde und nicht ein hierarchisches System Vorrang hat? Wie können Sie statt betriebsinterner Instanzen beziehungsweise des zentralen Managements die externen Mitarbeiter, die im Kontakt zu den Kunden stehen, möglichst viel Verantwortung für eigene Entscheidungen übernehmen lassen? Wie eliminieren oder automatisieren Sie den Verwaltungsapparat, anstatt ihn zu verbessern oder zu verschlanken? Wie bringen Sie jeden Einzelnen und jedes Team dazu, so eigenverantwortlich zu werden wie ein Kleinunternehmer? Wie verbinden Sie alle Angestellten Ihres Unternehmens mittels eines Echtzeit-Informationssystems, damit sie zusammen schneller lernen und sowohl unmittelbar als auch individuell auf Veränderungen reagieren können?

DER RICHTIGE UMGANG MIT DER VERUNSICHERUNG DER ARBEITNEHMER

So sehen die Grundsatzfragen aus, die wir beantworten müssen, um unsere Unternehmen auf die neue Wirtschaftsordnung der Netzwerkorganisation vorzubereiten. Zunächst müssen Manager und Unternehmer mehr Verständnis für die Verunsicherung zeigen, die viele Arbeitnehmer aufgrund der rapiden und überwältigenden Veränderungen verspüren, die heute bereits stattfinden. Unsere Angestellten fürchten nicht nur generell den Wandel, sie verstehen auch einfach die Veränderungen nicht, die um sie herum geschehen. Sie haben keinen Einfluß auf die Verschlankung und Umstrukturierung. Sie bekommen nur die Folgen zu spüren.

In Wirklichkeit sollten die Angestellten diejenigen sein, die unsere Unternehmen umstrukturieren. Ihnen fällt die Aufgabe zu, die kleinen, selbständig agierenden Arbeitsgruppen zu bilden, die die Kunden verstehen und den Betrieb im Einklang mit den Kundenbedürfnissen neu gestalten. Das wird erst geschehen, wenn wir die Struktur unserer Unternehmen und das Gehaltssystem radikal verändern und die Arbeitnehmer in höherem Maße verantwortlich werden.

Andererseits müssen die Angestellten erkennen, daß diese Revolution der Organisation und Kommunikation letzten Endes positiv ist und zum einen die Wettbewerbsfähigkeit des Unternehmens erhöhen und zum anderen ihr Arbeitsumfeld und ihre Bezahlung verbessern wird. Die Angestellten müssen erkennen, daß es ihre Aufgabe ist, das Unternehmen nach grundsätzlichen strategischen Vorgaben der Unternehmensleitung umzustrukturieren. Sie müssen mehr Verantwortung übernehmen und sich freiwillig fortbilden. Sie müssen sich um die Bedürfnisse der Kunden kümmern, gleich, ob es sich dabei um einen Endverbraucher oder einen firmeninternen Kunden handelt. Sie müssen ihre Karriere selbst in die Hand nehmen. Sie müssen entweder zu externen Browsern werden, die sich auf bestimmte Kundenbedürfnisse konzentrieren, oder zu betriebsinternen Servern, die die externen Schnittstellen mit Fachwissen oder spezifischen Produkten versorgen.

Anders ausgedrückt: Wir müssen als Arbeitgeber unsere Angestellten in den Prozeß des organisatorischen Wandels einbeziehen und sie dabei unterstützen, sich auf ihre Leistung und ihren Erfolg zu konzentrieren und für beides Verantwortung zu übernehmen. Wir müssen ihnen genau erklären, warum diese Veränderungen notwendig sind und wie sie dem Unternehmen helfen werden, zu wachsen und wettbewerbsfähig zu bleiben. Wir müssen den Angestellten auch erläutern, welche Art von Fähigkeiten und Einstellungen das Unternehmen von ihnen erwartet und wie sie selbst von den Veränderungen profitieren werden. Wir müssen deutlich machen, daß einzelne Angestellte und kleine Teams nach ihrem unternehmerischen Denken beurteilt und entsprechend entlohnt werden, und daß sie als kleine Unternehmen innerhalb des Betriebs mehr Verantwortung für die Endergebnisse tragen werden, auf die sie jetzt auch mehr Einfluß haben.

Vor allem aber müssen wir eine nachvollziehbare und schlüssige Sichtweise des Netzwerk-Organisationsmodells sowie der Ziele und Werte des Unternehmens vermitteln, damit sich jeder vorstellen kann, wie das Ergebnis nach der Übergangszeit aussehen wird. Wir müssen in ständiger Verbindung zu allen Mitarbeitern des Unternehmens stehen, um ihnen zuzuhören, Fragen zu stellen und sie durch den chaotischen, verwirrenden und beängstigenden Wandlungsprozeß zu geleiten.

Wenn Ihr Unternehmen nur Geschäftsbereiche und Abteilungen verschlankt und von den Leuten erwartet, daß sie ihre Aufgaben schneller erledigen und länger arbeiten, oder zwei bisherige Arbeitsplätze zu einem zusammenfaßt, dann strukturieren Sie ihre Firma nicht um. Sie sorgen nur für zusätzlichen Streß in einer ohnehin schwierigen Situation. Wenn Sie andererseits wirklich daran interessiert sind, das Netzwerk-Organisationsmodell zu übernehmen, das Ihrer Firma helfen wird, in den kommenden Jahrzehnten kreativ und wettbewerbsfähig zu sein, werden Sie auf fundamentale Veränderungen hinarbeiten.

Als erstes werden Sie die Eigeninitiative von Einzelnen und kleinen Teams fördern, so daß wichtige Entscheidungen über Produkte und Dienstleistungen vermehrt an den externen Schnittstellen getroffen werden. Zweitens werden Sie Ihre Angestellten für problemlösendes Denken belohnen, das Möglichkeiten schafft, Produkte und Dienstleistungen zu geringen Kosten auf die Bedürfnisse jedes einzelnen Kunden abzustimmen. Drittens werden Sie radikal mit den kostspieligen Auswüchsen einer vielschichtigen Bürokratie aufräumen. Und viertens werden Sie konsequent mit jeder Entscheidung und allem, was Sie tun, eine entschlußfreudige, aufgeschlossene und ergebnisorientierte Unternehmenskultur unterstützen.

EINE NEUE LOGISCHE GRUNDLAGE FÜR DIE UMWANDLUNG IHRES UNTERNEHMENS

Es gibt vier Grundsätze, die – wie ich beobachtet habe – von den erfolgreichsten kleinen bis mittleren Unternehmen befolgt werden, die als erste den Wandel zum Netzwerkunternehmen vollzogen haben. Kurz gesagt lauten diese Grundsätze wie folgt:

1. Stecken Sie die strategischen Ziele Ihres Unternehmens ab.
2. Gehen Sie bei der Organisation des Unternehmens vom Kunden aus.
3. Machen Sie aus jedem einzelnen Arbeitnehmer und jedem Team ein eigenständiges Unternehmen.
4. Schaffen Sie zur Vernetzung des Unternehmens ein Echtzeit-Informationssystem.

Diesem Prozeß liegt zudem eine logische Abfolge zugrunde, da die Grundsätze größtenteils aufeinander aufbauen. Somit sollten Sie diese Grundsätze – obgleich einige davon gleichzeitig verwirklicht werden können – im allgemeinen der Reihe nach angehen und versuchen, sich von der erfolgreichen Realisierung jedes Grundsatzes zu überzeugen, ehe Sie sich gänzlich dem nächsten Schritt widmen. So sollten Sie beispielsweise weder Zeit noch Geld darauf verwenden, die Organisation Ihrer Firma nach den Kunden auszurichten (Grundsatz 2), wenn Sie Ihre strategischen Ziele noch nicht klar definiert haben (Grundsatz 1), denn letzterer Grundsatz hilft Ihnen dabei, herauszufinden, was Sie am besten können und auf welche Kunden Sie sich konzentrieren sollten, um sich einen nachhaltigen Wettbewerbsvorteil zu sichern. Und warum sollten Sie umfangreiche Investitionen in Echtzeit-Informationssysteme tätigen (Grundsatz 4), wenn Ihre Leute nicht die nötige Ausbildung besitzen, um solche Informationen zu nutzen, oder nicht für die Kosten der Informationen und Dienstleistungen, auf die sie zurückgreifen, geradestehen müssen (Grundsatz 3)?

Im folgenden werden die vier Grundsätze nun ausführlicher erklärt.

Grundsatz 1:
Stecken Sie die strategischen Ziele Ihres Unternehmens ab

In einer Zeit höchst veränderlicher Märkte und extremer Spezialisierung kann niemand alles gut erledigen und dabei im Wettbewerb bestehen. Ihre erste Aufgabe ist also, festzustellen, was Ihr Unternehmen am besten kann und was den größten strategischen Wert für Ihre Kunden darstellt. Wenn Sie das geklärt haben, besteht der nächste Schritt darin, nicht-strategische Aufgaben vertraglich an ein Netzwerk von außenstehenden Partnern zu vergeben.

Um diesen Grundsatz zu verwirklichen, sollten Sie sich folgende Fragen stellen:

- Was hat unsere Firma während ihrer gesamten Existenz konstant gut erledigt? Welche besondere Funktion erfüllen wir für unsere zufriedensten Kunden und wie wichtig sind wir für sie? Würden sie unserer Einschätzung zustimmen oder nicht?
- Was stellt von allen Dingen, die wir für unsere direkten Kunden erledigen, für diese den größten Wert dar? Für welche Produkte oder Dienstleistungen werden sie am meisten bezahlen, ohne den Preis in Frage zu stellen? Was von den Dingen, die unsere direkten und indirekten Konkurrenten gut erledigen, besitzt für unsere Kunden großen Wert?

- Gibt es ein anderes Unternehmen innerhalb oder außerhalb unserer Branche, das ähnliche strategische Ziele hat und bessere Leistungen erzielen kann oder könnte, sei es aufgrund von Größenvorteilen, aufgrund eines breiteren Grundstocks an geteiltem Fachwissen oder wegen besserer Beziehungen zu den Kunden?
- Gibt es andere potentielle Kunden, die von unseren erwiesenen Stärken profitieren könnten und deren Geschäft uns helfen würde, eine dominantere Marktposition einzunehmen?
- Wer sind die außenstehenden Anbieter, mit denen wir strategische Bündnisse eingehen und eine enge langfristige Beziehung aufbauen können und die zu geringen Kosten qualitativ hochwertige Produkte oder Leistungen anbieten, welche wir unseren Kunden nicht bieten können?

Wenn Sie am Ende dieser Liste von Fragen angekommen sind, sollten Sie eine klare Vorstellung davon haben, was Ihr Unternehmen am besten kann und wer Ihre Kunden sind. Wenn Sie den nächsten Grundsatz befolgen, richten Sie die Organisation Ihres Unternehmens nach den Bedürfnissen eben dieser Kunden aus und nicht nach den Interessen der unternehmensinternen Bürokratie.

Grundsatz 2:
Gehen Sie bei der Organisation des Unternehmens vom Kunden aus

Wenn Sie einmal damit begonnen haben, die strategischen Ziele Ihres Unternehmens zu klären, können Sie sich der Organisation des Unternehmens widmen, wobei Sie sich an den Kundenkreisen orientieren, die Sie als strategisch bedeutsam erkannt haben. An diesem Punkt unterscheidet sich die Netzwerkmethode am deutlichsten von den typischen Umstrukturierungsmethoden. Sie analysieren nicht Ihre gegebenen Systeme und Abläufe und konzentrieren sich nicht darauf, deren Geschwindigkeit zu verbessern und Kosten einzusparen; Sie gestalten das Unternehmen wirklich von Grund auf neu, und zwar so, wie es Ihre Kunden und Ihre Kundenbetreuer an der externen Schnittstelle tun würden. Das wichtigste Ergebnis der Umsetzung dieses Prinzips wird die Eliminierung der Bürokratie Ihres Unternehmens sein. Wenn Sie dies bewerkstelligt haben, sollte die Struktur Ihrer Firma vollkommen anders aussehen.

Um die Struktur Ihrer externen und internen Teams festlegen zu können, sollten Sie sich folgende Fragen stellen:

- Welche Mitarbeiter, Fähigkeiten, Informationen, Weiterbildungssysteme und technischen Einrichtungen sind notwendig, um die Bedürfnisse jedes einzelnen Kundenkreises zu befriedigen, den wir als strategisch bedeutsam erkannt haben?

- Wie viele vielseitig einsetzbare Leute benötigen wir mindestens in jedem externen Team, um maximale Flexibilität mit minimalem Verwaltungs- und Kostenaufwand zu verbinden?
- Welche hochspezialisierten Aufgaben sollten nicht von den externen Schnittstellen übernommen werden, weil sie zu kompliziert sind oder von mehreren externen Teams übernommen werden müßten, damit eine wirtschaftlich optimale Größenordnung erreicht würde?

Ihr Ziel bei der Verwirklichung dieses Grundsatzes ist, den externen Schnittstellen des Unternehmens möglichst viel Verantwortung und Entscheidungskompetenzen zu übertragen. Deshalb sollte sich ein Unternehmensleiter beim Aufbau einer Netzwerk-Organisationsstruktur vor allem beständig diese Frage stellen: Warum kann das nicht an den externen Schnittstellen erledigt werden? Sie sollten sich diese Frage immer wieder stellen, da der technische Fortschritt es den externen Schnittstellen vielleicht schon bald ermöglichen wird, Dinge zu übernehmen, die heute noch nicht praktikabel sind.

Stellen Sie sich zur Orientierung während dieses Prozesses die folgenden fünf Fragen in Bezug auf jede betriebsinterne Aufgabe, und zwar in der angegebenen Reihenfolge:

- Können wir diese Aufgabe abschaffen? Müssen wir zum Beispiel die Kreditwürdigkeit aller Kunden überprüfen oder können wir unsere Nachfragen ohne weiteres auf die mit dem höchsten Risiko behafteten fünf Prozent der Kunden beschränken?
- Können wir diese Aufgabe automatisieren? Viele von der linken Hirnhälfte gesteuerten Routineaufgaben können schneller und billiger von Computern erledigt werden. Lassen Sie beispielsweise Ihren externen Verkäufer eine Kreditüberprüfung mit einem einfachen Programm durchführen, das auf seinem PC installiert ist.
- Können wir diese Aufgabe an die externe Schnittstelle verlagern und vereinfachen? Sie können zum Beispiel Ihren Verkäufern oder deren Assistenten die Kreditprüfung überlassen – unabhängig davon, ob diese automatisch durchgeführt werden kann oder nicht –, anstatt die Buchhaltungs- oder Kreditabteilung mit der Überprüfung zu beauftragen.
- Können wir diese Aufgabe an andere Firmen delegieren? Außenstehende Anbieter zu finden, die eine Aufgabe besser oder effizienter erledigen können als Sie selbst, wird Ihnen dabei helfen, die schwerfällige

Bürokratie zu eliminieren und die strategischen Ziele Ihres Unternehmens im Auge zu behalten, wenn eine Aufgabe zu komplex ist, um automatisiert oder an die externen Schnittstellen verlagert zu werden.

- Können wir ein hauseigenes Unterstützungsteam, das genauso reaktionsschnell wie eine außenstehende Beratungsfirma ist, mit dieser Aufgabe betrauen? Das kann als letzte Möglichkeit in Betracht kommen, wenn die Delegierung an eine andere Firma angesichts der Abwicklungskosten und des Zeitaufwands sowie der Gefahr der Preisgabe von Betriebsgeheimnissen wirtschaftlich unvernünftig wäre oder die Aufgabe als Teil der Kernkompetenz des Unternehmens angesehen wird.

Wenn Sie den in Grundsatz 2 beschriebenen Prozeß abschließen, sollten Sie eindeutig festgelegt haben, welche einzelnen Angestellten und Teams die externen Browser darstellen, von denen jeder für einen klar umrissenen Kundenkreis zuständig ist, und welche hauseigenen und fremden Teams die unterstützenden Server darstellen, die bereit sind, den externen Schnittstellen bei Bedarf zu helfen. Es liegt auf der Hand, daß betriebsfremde Server Ihr Netzwerk genau kennen und sich integrieren müssen, damit sie effektiv sein können. Das ist es, was partnerschaftliche Zusammenarbeit mit Zulieferern bedeutet. Das Resultat wird eine radikal dezentralisierte Organisation sein, die sich vollkommen von der Befehlshierarchie traditioneller Unternehmen unterscheidet. Wenn Sie den nächsten Grundsatz anwenden, werden Sie jedem Team und jedem Einzelnen innerhalb Ihres Unternehmens geschäftliche Eigenverantwortung ohne Wenn und Aber übertragen.

Grundsatz 3:
Machen Sie aus jedem einzelnen Arbeitnehmer und jedem Team ein eigenständiges Unternehmen

Das Ziel der Umsetzung dieses Prinzips besteht darin, eine Situation im Unternehmen zu schaffen, in der auch die kleinsten effizienten Teams die Notwendigkeit verspüren und die Möglichkeit haben, kreativ zu sein, die Initiative zu ergreifen und Verantwortung zu übernehmen. Um dies zu erreichen, müssen Sie ständig darum bemüht sein, die Verantwortung für jeden Vorgang, den Ihre Firma abwickelt, einem einzelnen Angestellten oder einem teilautonomen Team zu übertragen. Um erfolgreich zu sein, muß jedes Team, das Sie zusammenstellen:

- eine klare Vorstellung davon haben, wie sich ihr externer oder interner Kundenkreis zusammensetzt,

- für die Zufriedenstellung der Kunden in quantitativer wie qualitativer Hinsicht verantwortlich sein,
- einen Begriff davon haben, was Produktivität für dieses Team bedeutet und wie dessen Produktivität gemessen wird,
- Verantwortung für die Erwirtschaftung der Erträge übernehmen (jedes Team braucht eine eigene Gewinn-und Verlustrechnung).

Die betriebsinternen und externen Teams, die Sie zusammenstellen, können erst wirklich autonom sein, wenn sie auch selbst für Erträge, Kosten, Produktivität und die Zufriedenstellung der Kunden verantwortlich sind. Dazu ist eine Investition in Software nötig, mit deren Hilfe jedes einzelne Team Zielvorgaben sowie Maßstäbe für die Produktivität und Kundenzufriedenheit erhält, feste und variable Kosten verrechnet werden sowie der Anteil an den Einnahmen bestimmt wird, der allen Abteilungen zusteht, auch denjenigen, die wie die Buchhaltungsabteilung keinen Mehrwert erzeugen. Diese Maßstäbe müssen aus Ihrem Informationssystem ohne nennenswerte Verzögerung ersichtlich sein. Anderenfalls laufen Sie Gefahr, Informationen und Rückmeldungen nicht rechtzeitig zu erhalten. Wenn die Teams sich nicht verantwortlich fühlen, werden sie wahrscheinlich schlechte Geschäftsentscheidungen treffen und Verlustgeschäfte machen. Ihre Aufgabe ist es, den Teams beizubringen, wie sie zum Manager ihres eigenen Geschäftsbereichs innerhalb der Firma werden, und nicht, ihnen die Entscheidungen abzunehmen.

Wenn Sie den Empfehlungen aus Grundsatz 3 gefolgt sind, sollten Sie über ein Netzwerk aus Browser- und Server-Teams verfügen, die für ihre Ergebnisse sowie ihre Betriebskosten und die Kosten ihrer Informationen verantwortlich sind. Im nächsten Schritt verbinden Sie alle Teams mit Hilfe eines schnellen entscheidungsunterstützendenden Netzwerks. Dieser Schritt steht an letzter Stelle des Prozesses, da er normalerweise die größte Investition bedeutet, die Ihr Unternehmen tätigt.

Grundsatz 4:
Echtzeit-Informationssysteme zur Vernetzung des Unternehmens

Der Zweck der Umsetzung des Netzwerk-Organisationsmodells besteht darin, autonomen Teams mehr Entscheidungsgewalt zu überlassen und die Verwaltungskosten zu eliminieren, damit Sie Ihren Kunden maßgeschneiderte Qualitätsprodukte und Dienstleistungen bieten können. Die spinnennetzartige Struktur, die all Ihre Unternehmerteams zusammenhält, sind Echtzeit-Informationssysteme. Solche Systeme liefern den Angestellten Informationen und Empfehlungen mit der nötigen Schnelligkeit, damit diese rechtzeitig gute Entscheidungen treffen können.

Die wichtigsten Aspekte von Echtzeit-Informationssystemen sind die vertikalen und horizontalen Verbindungen, die das Unternehmen vernetzen.

Die vertikalen beziehungsweise bearbeitenden Verbindungen vernetzen alle kleinen Teams und betriebsfremden Anbieter, die letztlich im Rahmen eines größeren Prozesses mit dem Endverbraucher Geschäfte tätigen, so daß sie miteinander kommunizieren und ihre Arbeit aufeinander abstimmen können, während gleichzeitig alle gemeinsam darauf hinarbeiten, die Bedürfnisse des Kunden zu befriedigen. Die vertikalen Verbindungen vernetzen auch die externen Teams, die in direktem Kontakt zu den Kunden stehen, mit den betriebsinternen Expertenteams, deren fachliche Informationen erstere bei der Entscheidungsfindung unterstützen können.

Die horizontalen oder kollegialen Verbindungen vernetzen vergleichbare Mitarbeiter in verschiedenen Teams und an verschiedenen Orten, die vergleichbare Erfahrungen gemacht haben und voneinander lernen können. Das unterstützt die dynamischen Lernorganisationen, deren Bedeutung viele Zukunftsforscher hervorheben. Diese Verbindungsarten müssen selbstverständlich durch gemeinschaftliche Veranstaltungen und persönliche Kontakte über das Netzwerk ergänzt werden.

Wenn Sie alle vier Grundsätze voll und ganz befolgt haben, sollten Sie über ein Unternehmen verfügen, das nach dem Prinzip des Netzwerkmodells gestaltet und auf die Herausforderungen des 21. Jahrhunderts vorbereitet ist. In Ihrem Unternehmen werden die meisten Entscheidungen an den externen Schnittstellen getroffen, die schnell, praktisch und ohne Verwaltungskosten oder Verzögerungen auf die Wünsche der Kunden eingehen. Sie gehören damit zu den Neuerern, die die Unternehmenskultur der Zukunft prägen werden – die Kultur der individuellen Gestaltung.

ZUSAMMENFASSUNG

Die Umwandlung Ihrer Firma in ein Netzwerkunternehmen ist ein mühseliger, verwirrender und chaotischer Prozeß. Das Festhalten an einfachsten Grundprinzipien wird Ihnen helfen, den Kurs zu halten. Eine offene Kommunikation im Hinblick auf diese elementare Vision wird dafür sorgen, daß sich Ihre Angestellten und Ihre Verbündeten in der Branche selbst während der Zeiten chaotischer und turbulenter Veränderungen über Ihre Ziele stets im Klaren sind. Als Endresultat wird Ihr Unternehmen zusammen mit seinen strategischen Partnern die kollektive Intelligenz und Reaktionsfähigkeit eines Fischschwarms besitzen und nicht die träge, unbewegliche Masse eines Wals. Sie werden auf den Einfallsreichtum und das Fachwissen Ihrer entschlußfreudigen Angestellten zurückgreifen können und in Bezug auf Informationen – dem wichtigsten Produkt, mit dem Ihr Unternehmen handelt – eine wirtschaftlich vorteilhafte Größenordnung erreichen. Außerdem wird Ihr Unternehmen in der Lage sein, sich problemlos auf geänderte Verhältnisse einzustellen und in einer sich schnell verändernden Welt zielorientiert und wettbewerbsfähig zu bleiben.

Das Netzwerkunternehmen wird es Ihnen ermöglichen, Ihren Vorsprung im Rennen um die Vorherrschaft in den neuen Wachstumsbereichen sämtlicher Branchen zu halten. Die Unternehmen, die dieses Modell schon heute übernehmen, werden bereit sein, aus den enormen technologischen Veränderungen, die in unserer Gesellschaft und Wirtschaft vonstatten gehen, Kapital zu schlagen. Vergeuden Sie also keine Zeit damit, Ihr Unternehmen umzustrukturieren. Die Zeit, in der wir leben, verlangt einen revolutionären Wandel statt einer bloßen Weiterentwicklung. Diejenigen Führungskräfte, die so mutig und weitsichtig sind, voranzugehen, werden letztendlich am reichsten belohnt werden. Werden auch Sie dazugehören?

Derart dynamische Unternehmen profitieren auf allen Ebenen von entsprechenden Führungspersönlichkeiten, die die talentiertesten Mitarbeiter anziehen und zu höheren Leistungen motivieren können, anstatt den Regeln einer vergangenen Zeit zu folgen. Wir müssen attraktive Aufgaben und ein bereicherndes Umfeld schaffen, um die besten Leute anzuziehen, und wir müssen sie in ihrem Willen, Wachstum und Erfolg zu erzielen, bestärken. Sind Sie bereit, eine derartige Führungspersönlichkeit oder eigenständig handelnde Fachkraft zu werden?

KAPITEL 9:
Die revolutionäre Rolle der rechten Gehirnhälfte

Stephen Coveys *The Seven Habits of Highly Effective People* (Simon and Schuster, 1989) ist das meistverkaufte Wirtschaftsbuch aller Zeiten. Covey weist darauf hin, daß in Betrieben nicht Manager gefragt sind, sondern Führungspersönlichkeiten; nicht Aufsicht, sondern konstruktive Zusammenarbeit; nicht Angestellte, sondern selbständige Mitarbeiter beziehungsweise Teams; nicht Bürokraten, sondern Unternehmer. Covey ist wie viele andere der Auffassung, daß Menschen sich nur mit Organisationen identifizieren, die ihnen das Gefühl geben, an etwas Sinnvollem und Wichtigem mitzuwirken. Heutzutage schaffen die erfolgreichsten Unternehmer ein Arbeitsumfeld, das diese Prinzipien und Verhaltensweisen berücksichtigt, und lassen so andere kreativer, produktiver und zufriedener arbeiten.

Gehaltsschecks und andere herkömmliche Anreize reichen – wenn sie auch immer noch wichtig sind – nicht länger aus. Jeder muß seine eigenen Prinzipien und Maßstäbe entwickeln sowie die Fähigkeit, Chancen selbständig zu erkennen und wichtige Entscheidungen zu treffen. Dies ist besonders in der heutigen Zeit wichtig, in der sich Veränderungen so schnell vollziehen, daß Unternehmen und Institutionen die Innovationen nicht länger für uns bewältigen können. Die Unternehmensvorstände spielen dabei eine wichtige Rolle. Sie können den Übergang von der im Zeitalter des Fließbands und hierarchischer Managementstrukturen so nützlichen Gefolgschaftsmentalität zu einer verantwortungsvollen und selbstbewußten Geisteshaltung – wie sie heutzutage in erfolgreichen Unternehmen verlangt wird – erleichtern.

Handelt es sich bei diesem Mentalitätswandel nur um eine Modeerscheinung im Bereich der Arbeitsorganisation oder um ein Anzeichen dafür, daß uns bedeutende Veränderungen bevorstehen? Setzt man sich ernsthaft mit der Entwicklung des menschlichen Geistes auseinander, läßt sich deutlich erkennen, daß uns ein neues Stadium menschlichen Bewußtseins bevorsteht. Wir sind bereit, in das Zeitalter des nichtlinearen, von der rechten Gehirnhälfte gesteuerten Denkens einzutreten. Nicht nur unsere Technologien und Unternehmen verändern sich, wir selbst verändern uns – und wir sind es, die die Strukturen unserer Gesellschaft grundlegend verändern werden. Allerdings können wir das nicht, ohne uns neue Fähigkeiten anzueignen und unsere alten Verhaltensweisen zu ändern.

Erinnern wir uns an einen Punkt, über den ich bereits in vorangegangenen Kapiteln gesprochen habe. Computer werden in der Zukunft die meisten der Bürotätigkeiten, die heute von unserer linken Gehirnhälfte gesteuert werden, automatisieren, so wie Maschinen und die Elektrizität im vergangenen Jahrhundert den Großteil unserer körperlichen Arbeit sowohl im Beruf als auch im Haushalt automatisierten. Wir könnten so naiv sein zu glauben, daß allein neue Technologien für diesen Wandel ausschlaggebend sind. Aber sie sind nur zum Teil dafür verantwortlich – und vielleicht nicht einmal zum größten Teil. Tatsächlich gibt es ein einfaches Prinzip, das wir verstehen müssen, um den Wandel, der sich an unserem Arbeitsplatz und in unseren Institutionen abzeichnet, vollständig begreifen zu können. Es sind nicht nur neue Technologien, die den menschlichen Fortschritt anfachen. Es ist die Entwicklung des menschlichen Bewußtseins, die den technologischen, organisatorischen und sozialen Fortschritt ermöglicht.

DIE REALITÄT DER MENSCHLICHEN ENTWICKLUNGSGESCHICHTE

Wenn wir die Geschichte der Menschheit betrachten, gehen wir in der Regel davon aus, daß sich die Menschen, die vor Jahrhunderten lebten, nicht von uns unterschieden. Der einzige Unterschied ist nach dieser Argumentation, daß sie andere Technologien entwickelten – wie das Rad, den Pflug, die Druckerpresse oder die Dampfmaschine – und daß diese Technologien ihr Leben prägten. Aber das ist eine völlig falsche Vorstellung von der Geschichte.

Fast während der gesamten Menschheitsgeschichte – vom primitiven Höhlenmenschen bis zu dem Bauern, der im 19. Jahrhundert sein Feld pflügte – hat sich das Bewußtsein des durchschnittlichen Menschen grundlegend verändert. Tatsache ist, daß uns unsere Vorfahren in vielen wichtigen Punkten nicht glichen. Zugegeben, außergewöhnliche Menschen erreichten auch schon damals das Alter, das heute unsere durchschnittliche Lebenserwartung darstellt, und wurden 70, 80 und sogar über 90 Jahre alt. Und die Oberschicht hatte genug Zeit, um ihre Interessen zu verfolgen, die oft darin bestanden, andere Länder zu erobern oder bestenfalls eine neue Philosophie, Lebensweise oder mathematische Formel zu entwickeln. Aber das Intelligenzniveau der meisten Menschen und ihre Fähigkeit, über sich selbst und ihre Beziehung zur Außenwelt zu reflektieren, waren ungleich geringer als heute.

Verglichen mit dem über Tausende von Jahren äußerst langsamen

Tempo der Evolution waren die Fortschritte im vergangenen Jahrhundert phänomenal. Würde heute der durchschnittliche Bürger der Vereinigten Staaten ein Dasein als Sklave oder Diener ertragen, an die Götter der griechischen Mythologie glauben oder die Sonne anbeten? Man sollte nicht vergessen, daß bis zum 16. Jahrhundert allgemein angenommen wurde, daß sich die Erde im Mittelpunkt des Universums befindet und die Sonne sich um sie dreht. Und natürlich war die Welt flach! Gab es in früheren Zivilisationen ein Umweltbewußtsein? Oder fehlte den Menschen einfach nur unsere heutige Technologie, die die ungeheure Macht besitzt, unseren Planeten zu zerstören? War im 19. Jahrhundert das Leben auf dem Bauernhof wirklich idyllisch oder haben unsere romantischen Vorstellungen die Wahrheit geschönt? Boten die neuen Großstädte dem Durchschnittsbürger nicht trotz allen Lärms und aller Hektik auch etwas Positives? Wenn sie tatsächlich nichts Positives brachten, wieso strömten dann Ende des 19. und Anfang des 20. Jahrhunderts die meisten Menschen freiwillig vom Land in die Großstädte?

Wir halten unseren heutigen Lebensstandard und Bewußtseinsstand für selbstverständlich. Auf einer Reise in die Vergangenheit würden wir eher einen Kulturschock verspüren als das Gefühl haben, eine Sehnsucht zu stillen. In der Vergangenheit mag das Leben einfacher gewesen sein, eigentlich war es aber eher fürchterlich primitiv. Die meisten von uns haben ja bereits auf einem Campingausflug am Wochenende ihre Schwierigkeiten!

MASLOWS HIERARCHIE DER BEDÜRFNISSE

Ehe wir die menschliche Entwicklung näher untersuchen, möchte ich auf ein höchst einfaches Konzept zu sprechen kommen, das Anfang des 19. Jahrhunderts von Abraham Maslow, einem Mitbegründer der modernen Psychologie, eingeführt wurde. Die Rede ist von der Hierarchie der menschlichen Bedürfnisse. Maslow entwickelte ein leicht verständliches und anwendbares Schema, das es erlaubt, menschliche Entwicklungsstadien zu klassifizieren. Anhand von Schautafel 9.1 läßt sich diese Entwicklungstheorie einfacher verstehen.

Maslow weist darauf hin, daß unser ursprünglichstes Bedürfnis, unsere erste Priorität, dem Überleben gilt. Ehe das elementare Bedürfnis des Menschen nach Nahrung und Obdach nicht befriedigt ist, kann er sich nicht mit der eigenen Entwicklung oder anderen höherrangigen Bedürfnissen beschäftigen. Ein Mensch, der ums Überleben kämpft, ist in der Regel stark auf sich selbst bezogen und kann sogar gewalttätig werden, wenn sein Leben auf dem Spiel steht. In gewisser Hinsicht sind Kleinkinder hauptsächlich mit dem Kampf ums Überleben beschäftigt. In den

USA leben die meisten verarmten Menschen, derzeitig ungefähr 10-20 Prozent unserer Gesellschaft, noch lange nach ihrer Kindheit am Existenzminimum oder knapp darüber. In Entwicklungsländern prägen elementare Bedürfnisse das Leben des größten Teils der Bevölkerung. Für Milliarden Menschen ist der Hungertod eine reelle tägliche Bedrohung.

Das zweite Stadium menschlicher Entwicklung, das Maslow erkannte, ist das Stadium der sozialen Bindungen. Ist sein Überleben gesichert, konzentriert sich der Mensch auf seine Zugehörigkeit zu einer Gruppe, einer Familie, einer Gemeinschaft, einem Stamm oder einer Nation. Dies ist der erste Schritt in Richtung einer Sozialisierung, eines Aufbaus von zwischenmenschlichen Beziehungen, die nicht nur dem Überleben dienen. Langsam lernt man, Verhaltensregeln zu befolgen. Die Gruppe oder Gemeinschaft ist nunmehr das einzige, was zählt, und alles außerhalb der Gemeinschaft erscheint fremd und daher verdächtig. Soziale Bindungen stehen vor allem für Kinder von 6-12 Jahren im Vordergrund, aber auch für den typischen Fabrik- oder Büroarbeiter aus der Mittelschicht, eine Beschäftigtengruppe, die im Lauf des letzten Jahrhunderts unsere Gesellschaft zunehmend dominiert hat. Heute noch

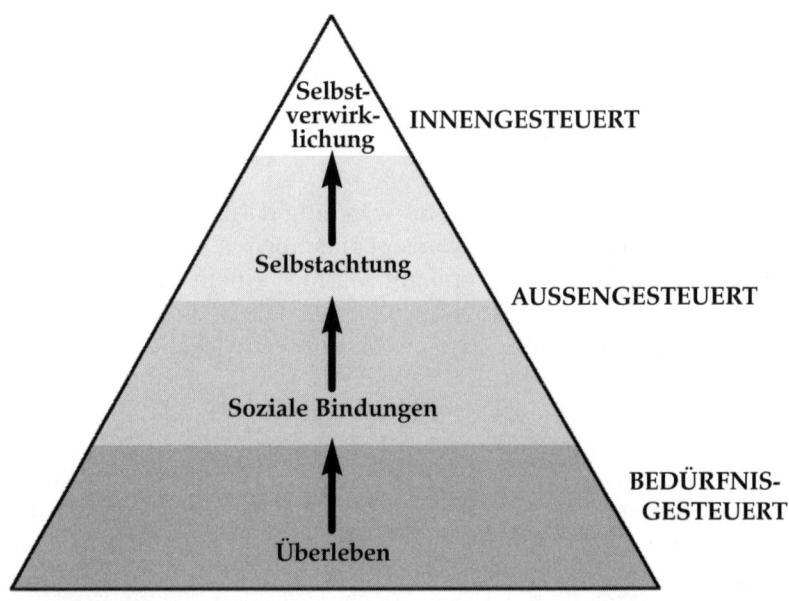

Schautafel 9.1: Maslows Hierarchie menschlicher Bedürfnisse.
Diese Schautafel veranschaulicht die vier Stadien von Abraham Maslows Hierarchie menschlicher Bedürfnisse und zeigt, wie wir uns in der Regel entwickeln, wenn unser Lebensstandard wächst.

umfaßt diese Gruppe ungefähr 60 Prozent unserer Gesellschaft, obgleich sich diese Zahl schnell verringert.

Maslows drittes Stadium ist das der Selbstachtung. Hat der Mensch einmal die Sicherheit erlangt, die eine Gemeinschaft bietet, ist er bemüht, sich von den anderen abzuheben und etwas Besonderes zu erreichen. Dieser Drang nach Individualität wird allerdings durch die in der Gruppe oder Gemeinschaft herrschenden Werte und akzeptierten Verhaltensmuster eingeschränkt. Teenager stehen beispielsweise häufig miteinander in Konkurrenz, wahren aber ihre Gruppenzugehörigkeit durch äußerst konformes Verhalten. Der Gegenstand ihres Konkurrenzkampfes und ihr Abschneiden bestimmen für den Rest ihres Lebens maßgeblich ihre beruflichen Interessen und ihr Selbstwertgefühl. Dieses Entwicklungsstadium entspricht dem der oberen Mittelschicht, die in technischen oder akademischen Berufen und in der Unternehmensführung beschäftigt ist. Selbstachtung ist für ungefähr 20-30 Prozent unserer Gesellschaft von vorrangiger Bedeutung. Dieser Prozentsatz erfährt im Gegensatz zu der Anzahl von Menschen, die sich im zweiten Stadium befinden, gerade einen raschen Zuwachs.

Maslows viertes Stadium ist die Selbstverwirklichung, das höchste von ihm beobachtete und benannte Entwicklungsstadium. Selbst heute befinden sich nur wenige Menschen in diesem Stadium – realistisch betrachtet, zwischen 0,5 Prozent und im besten Fall 4 Prozent. Diese Menschen haben es geschafft, Selbstachtung zu empfinden, und sie haben materiellen Erfolg. Darum beschließen sie, ihr Schicksal in die eigene Hand zu nehmen. Konformismus gehört nicht zu ihren Eigenschaften. Sie haben zwei Fähigkeiten entwickelt: zunächst – im Stadium der Selbstachtung – kritisches Denken, später die Fähigkeit zur Introspektion. So verstehen sie ihre eigenen Bedürfnisse, Stärken und Schwächen. Infolgedessen ist es ihnen möglich, ihrem Leben selbst eine Richtung zu geben und ihre Entwicklung und Bildung selbst zu bestimmen. Diese Menschen sind die außergewöhnlichen Führungspersönlichkeiten und Visionäre, die die bedeutendsten Innovationen in unserer Gesellschaft hervorbringen. Besonders reife Menschen entwickeln diese Qualitäten in ihren zwanziger und frühen dreißiger Jahren. In dieser Phase werden die meisten von ihnen sich darüber klar, welche Karriere sie anstreben und welchen Lebensstil sie bevorzugen.

Im letzten Jahrhundert schaffte in Industrienationen wie den Vereinigten Staaten eine hohe Anzahl von Menschen den Schritt vom Stadium des Überlebens zum Stadium der sozialen Bindungen. Zur gleichen Zeit gelang einer beträchtlichen Minderheit der Schritt vom Stadium der sozialen Bindungen zum Stadium der Selbstachtung. Dies alles vollzog sich schneller als je zuvor – die Folge einer nie dagewesenen

Steigerung unseres Lebensstandards, die durch die Entstehung neuer Technologien im Zeitalter des Fließbands ausgelöst wurde. Die Netzwerkrevolution, die sich bereits heute in Unternehmen vollzieht und bis zum Anfang des neuen Jahrhunderts andauern wird, wird für eine noch schnellere Erhöhung unseres Lebensstandards sorgen. Wenn Computer unsere Routinearbeit automatisieren und die Verbraucher einen schnelleren, besseren Service und maßgeschneiderte Produkte verlangen und auch erhalten, kommt es zwangsläufig zu einer Verbesserung des Lebensstandards. Erinnern Sie sich an das, was wir in Kapitel 7 gelernt haben: Jeder Kunde wird ein Markt und jeder Angestellte ein Unternehmen sein! Aber vergessen Sie auch nicht, daß sich diese technologische Revolution nicht in einem Vakuum abspielte. Sie wurde von einer großen, gut ausgebildeten und kreativen Generation eingeleitet. Der Prozentsatz der Angehörigen dieser Generation, die Maslows Entwicklungsstadien der Selbstachtung und Selbstverwirklichung erreichten, ist in der Geschichte ohnegleichen. Diese Generation, die bald Ihre größte Reife und Leistungsfähigkeit erreichen wird, wird unsere Organisationen und Institutionen auch in den vor uns liegenden Jahrzehnten weiter prägen.

IMMER MEHR MENSCHEN ERREICHEN DIE HÖHEREN MASLOWSCHEN STADIEN

Gewöhnliche Büro- und Fabrikarbeiter werden heute zunehmend zu eigenverantwortlichen Teams zusammengefaßt, die in ihren Fachbereichen eigene Entscheidungen treffen können. Sie haben ihren eigenen internen oder externen Kundenkreis, gegenüber dem sie verantwortlich sind. Sie verschaffen sich die Informationen, die sie benötigen, um selbständig Entscheidungen zu treffen, anstatt auf Anleitung zu warten oder die Erlaubnis eines Vorgesetzten einzuholen. Diese Arbeiter entwickeln Selbstachtung und sind nicht einfach Teil eines Systems, dem sie sich fügen.

Immer mehr Manager werden zu Führungspersönlichkeiten, die die Zusammenarbeit suchen und zwischen diesen eigenverantwortlichen Arbeitern vermitteln, denn diese lassen sich nicht einfach Anweisungen erteilen! Ein noch geringerer Prozentsatz scheidet gänzlich aus der Unternehmensstruktur aus oder wird Teil eines Eliteteams. Ein Beispiel hierfür sind innovative Unternehmer, die für neue Produkte oder Märkte Pionierarbeit leisten. Da sich für die Vorbereitung radikaler Veränderungen und der Konzeption neuer Methoden keine festen Regeln aufstellen lassen, müssen diese Menschen sich selbst verwirklichen, kreativ sein und eigene Visionen haben.

Milliarden Menschen in Entwicklungsländern, die zum ersten Mal den Lebensstandard der Mittelschicht genießen, gelingt nun der Schritt ins Stadium der sozialen Bindungen. In diesen Ländern wird sich die Industrialisierung schneller vollziehen als einst in unserem Land. Die Menschen dort werden von unseren Technologien, unserem Kapital und unserer Managementerfahrung profitieren. Das kann bedeuten, daß sie auch schneller den Schritt ins Stadium der Selbstachtung schaffen. Der Elite dieser Länder gelingt dies bereits.

Es besteht kein Zweifel daran, daß wir den größten Fortschritt in der Psychologie und Entwicklungsgeschichte des Menschen erleben, auch wenn Chaos und Verwirrung mit ihm einhergehen. Aber wie könnte es auch anders sein?

Die bedeutendsten Veränderungen in unserer Gesellschaft sind offenkundig. Zum ersten Mal in der Geschichte schafft eine große Anzahl von Menschen den Schritt in Maslows Entwicklungsstadium der Selbstachtung, während einer bedeutenden Minderheit der Schritt ins Stadium der Selbstverwirklichung gelingt. Um die besten Kräfte, die sich im höchsten Bewußtseinsstadium befinden, für sich zu gewinnen, werden Unternehmen mehr als nur finanzielle Anreize bieten müssen. Das Gefühl, etwas Sinnvolles und Wichtiges zu leisten, ist für Menschen, die bereits die elementaren Stadien des Überlebens und der sozialen Bindungen gemeistert haben, ein weit größerer Anreiz. So sieht die beste Motivation für die Gruppe derer aus, die sich selbst verwirklichen, ihr Leben nach höheren inneren Prinzipen gestalten und mehr Verantwortung für die Art und Weise übernehmen, wie sie ihre Mitmenschen und ihre Umwelt beeinflussen.

URSACHE UND WIRKUNG

Wenn Angestellte, für die soziale Bindungen und Selbstachtung eine wichtige Rolle spielen, die Wirkung oder Effektivität ihrer Handlungen motiviert, dann motiviert die Ursache beziehungsweise der Handlungszweck diejenigen, für die in der neuen Welt der Netzwerke vor allem Selbstachtung und Selbstverwirklichung zählen. Diese Menschen erreichen einen hohen Grad an Effizienz, indem sie die Aufgabenverteilung und die jeweiligen Arbeitsverfahren ebenso mit Hilfe ausgeklügelter Computernetzwerke regeln wie die Koordination von Menschen und Ideen und die Bemessung und Vergabe von Belohnungen. Eigenaktive, sich selbst verwirklichende Mitarbeiter verleihen dem System durch ständige Innovation und Kommunikation sowie kreative Entscheidungen seinen Sinn: Sie geben nicht nur die Richtung vor, sondern auch Ziele, die mit denen der gesamten Organisation vereinbar sind.

Allen Mitarbeitern in der Organisation muß die Fähigkeit zugetraut werden, vernünftige Entscheidungen zu treffen; alle müssen für ihre Bereitschaft, Risiken einzugehen, belohnt werden. Um intelligente Entscheidungen fällen zu können, benötigen sie Fachwissen sowie die entsprechenden Fähigkeiten und Informationen. Vor allem aber müssen sie die Ziele der Organisation verstehen. Aus diesem Grund müssen im Zentrum unserer Unternehmen und Institutionen geeignete Führungskräfte stehen, die in der Lage sind, die Ziele des Unternehmens zu vermitteln und den Einfallsreichtum ihrer Angestellten zu nutzen, damit diese erreicht werden. Diese Führungspersönlichkeiten müssen zu jenem kleinen Prozentsatz der Bevölkerung gehören, dem es gelingt, sich selbst zu verwirklichen, denn sie wiederum sind es, die ihre Unternehmen auf dem Weg zur Selbstverwirklichung führen.

EINE KURZE ENTWICKLUNGSGESCHICHTE DER MENSCHHEIT

Zwei neue Bücher sind von großer Hilfe, wenn man den Lauf menschlicher Entwicklung besser verstehen und einen Einblick in das faszinierende Stadium gewinnen will, das vor uns liegt. Das erste Buch heißt *A Brief History of Everything* und stammt von Ken Wilbur (Shambhala, 1996). Wilbur hat sich auf ebenso scharfsinnige wie nachvollziehbare Weise mit entwicklungspsychologischen Fragen, geistigen Traditionen und Aspekten der menschlichen Entwicklung auseinandergesetzt. Das Buch, in dem Wilbur sogar die geschichtliche Bedeutung von Technologie und Ökonomie dokumentiert, ist die umfassendste Darstellung menschlicher Entwicklung, die ich bisher gelesen habe.

Wilbur argumentiert sehr sachlich und überzeugend und erklärt, daß die Konzepte der Entwicklungspsychologie, die in der Regel auf die Lebensspanne eines Einzelnen angewendet werden, auch auf Kollektive übertragen werden können, und beispielsweise auch auf weite Teile der Geschichte und Evolution des Menschen. So wie wir die Entwicklungsphasen eines Kindes verfolgen und feststellen können, wann es verschiedene Fähigkeiten und Intelligenzformen erwirbt, können wir auch die Entwicklung einer ganzen Kultur oder Zivilisation verfolgen.

Sowohl der Einzelne als auch das Kollektiv durchschreiten bestimmte Entwicklungsphasen. Doch obwohl die meisten von uns als Individuen im Laufe ihres Lebens das Erwachsenenalter erreichen, befindet sich die Menschheit im weiteren Sinne noch in der Kindheitsphase – in einem geistig und psychologisch unreifen Stadium. Betrachten wir beispielsweise unsere religiösen Überzeugungen, erhalten wir einen Einblick in unsere kollektive psychische Verfassung. Obwohl es heute weltweit viele verschiedene Religionen gibt, lassen sie sich doch auf einen gemeinsamen Nenner bringen. In entwickelten Ländern verehren die meisten Menschen einen väterlichen Gott, der autoritär Verhaltensweisen festlegt, Belohnungen aussetzt und Strafen verhängt. In einer Umfrage gaben vor kurzem 70 Prozent der jungen Leute an, daß sie an einen Gott glaubten, der über ihrem Leben wacht und über sie richtet. Wie einer größer angelegten Umfrage zu entnehmen ist, glauben 80 Prozent der Einwohner der USA an einen Himmel und eine Hölle, und fast die Hälfte von ihnen ist der Überzeugung, daß im Himmel Engel mit Flügeln Harfe spielen.

Viele haben bisher Institutionen als elterliche Figuren gesehen, die auf sie aufpassen. Die Firma bietet ihnen einen Arbeitsplatz auf Lebenszeit, sichert ihre Gesundheitsfürsorge und ermöglicht ihnen ein Auskommen im Ruhestand. Die Regierung bietet ihnen Annehmlichkeiten wie soziale Fürsorge, Kranken- und Sozialversicherung. Am Arbeitsplatz wird den meisten Menschen gesagt, was sie wie zu tun haben. Sie befolgen die Regeln und spielen die Rollen, die von ihren Vorgesetzten festgelegt werden. Die Vorgesetzten bestimmen das Leben ihrer Untergebenen; sie gestehen ihnen Belohnungen zu oder verweigern sie ihnen, genau wie Eltern dies tun.

Wenn jemand glaubt, mich davon überzeugen zu können, daß dies keine kindliche Lebenseinstellung ist, kann er dies gerne versuchen. Wir können uns kaum vorstellen, daß die Menschen im Alten Griechenland an Zeus und Aphrodite glaubten oder daß Stammeskulturen noch heute an Götter glauben, die Vulkane ausbrechen lassen und den Menschen reiche Ernten bescheren. Auf zukünftige Generationen wird unser Glaube an einen väterlichen Gott, der auf uns aufpaßt und uns bestraft, nicht viel anders wirken.

Ohne tiefer in das heikle Thema Religion einzudringen, möchte ich nun zum entscheidenden Punkt kommen. Unsere Anschauungen sind kein Zeichen dafür, daß etwas an unserer Gesellschaft nicht stimmt. Sie sind ein Zeichen dafür, daß wir uns in einem bestimmten natürlichen und nützlichen Entwicklungsstadium befinden. Wir erschaffen religiöse Strukturen und ethische Prinzipien, die unserem Entwicklungsstadium angemessen sind, und vertrauen auf sie. Unsere psychologische Entwicklung (andere würden von einer geistigen Entwicklung sprechen) läßt sich deutlich erkennen. Überdies sind die Verhaltensweisen, die man von uns erwartet, an diese Entwicklungsstadien gebunden. Deshalb würden wir beispielsweise von Kindern kaum erwarten, daß sie aufhören, an den Weihnachtsmann zu glauben, differenzierte Einschätzungen abgeben, die persönliche Verantwortung für ihre Handlungen übernehmen oder ihren eigenen Lebensunterhalt verdienen, ehe sie nicht alt genug dafür sind.

Phasen radikalen technologischen und gesellschaftlichen Wandels wie diese lösen in der Regel einen Entwicklungsschub aus, der eine neue Phase in der Geschichte der Menschheit einleitet. Ein höheres Bewußtsein des Entwicklungsstadiums, das wir zurücklassen, ist Teil dieses Prozesses, der uns in ein neues Stadium führt. Dieses Bewußtsein sollte uns nicht veranlassen, über das alte Stadium zu richten oder es zu verurteilen, aber es kann uns helfen, uns darüber klar zu werden, wo wir stehen und welchen Weg wir beschreiten.

DIE MENSCHHEITSENTWICKLUNG IM JUGENDALTER

Die leistungsfähigen neuen Industrietechnologien, die zu Beginn des 20. Jahrhunderts entwickelt wurden, und die beiden Weltkriege, in denen sie zur Anwendung kamen, sind unter Umständen ein Anzeichen dafür, daß unsere Gesellschaft sich anschickt, den Übergang vom Kindheitsalter zum Jugendalter zu vollziehen. Der weitverbreitete politische und gesellschaftliche Widerstand, den die Angehörigen der starken Baby-Boom-Generation autoritären Strukturen entgegenbrachten, verpflichtete uns, endlich die Kindheit hinter uns zu lassen. Und doch treten zur gleichen Zeit fünf Millionen Menschen in Entwicklungsländern auf der ganzen Welt in das industrielle Zeitalter ein, das wir gerade verlassen. Sie vollziehen den Übergang vom ersten Stadium, in dem das Überleben im Vordergrund steht, zum zweiten, präpubertären Stadium, in dem soziale Bindungen in den Vordergrund treten.

Alle Eltern können die frühen Stadien in der Entwicklung eines Kindes beschreiben, die von Entwicklungspsychologen detailliert belegt wurden. Im ersten Lebensjahr kennen Kinder noch keinen Unterschied zwischen sich und der Welt. Für sie ist alles eine formlose Masse. Etwa im Alter von einem Jahr beginnen sie, ein erstes Gefühl für ihre physische Autonomie und Identität zu entwickeln, auch wenn eine emotionale Differenzierung erst im Alter zwischen 18 Monaten und zwei Jahren einsetzt. Das ist der Punkt, an dem Kinder das erschreckende Stadium der Dualität betreten und die Trennung ihres Egos und ihrer Gefühle voranschreitet.

Einem solchen Kind erscheint die Welt magisch, wie es bei unseren Vorfahren der Fall war und noch heute in vielen Stammeskulturen der Fall ist. Alles, was geschieht, ist das Ergebnis der Bedürfnisse und Wünsche des Kindes, nicht das Ergebnis seiner eigenen Handlungen und Bemühungen. Dieser Bewußtseinszustand bedeutet, daß eine mythische, magische Welt wie aus einem Zeichentrickfilm von Walt Disney die elementare Wirklichkeit darstellt; das entspricht dem Entwicklungsstand des Kindes. Die relationalen Fähigkeiten des Kindes ergeben sich aus seinen eigenen Wünschen und Bedürfnissen und nicht aus der Fähigkeit, die Bedürfnisse anderer zu verstehen und auf sie einzugehen. Kinder wollen in diesem Alter emotionale Anerkennung; sie versuchen, die Grenzen ihrer Macht zu erweitern. Alles ist „mir, mir, mir ... meins, meins, meins." Kinder müssen erst lernen, daß sie nicht der Mittelpunkt der Welt sind und daß ihre Eltern das Sagen haben. Aus diesem Grund ist dieser Prozeß für alle Beteiligten so schwierig und bisweilen sogar schmerzhaft!

Wenn wir das klassische Zeitalter zwischen dem Entstehen der *Ilias* und dem der *Odyssee* betrachten, erkennen wir, daß das kollektive menschliche Bewußtsein den gleichen elementaren Übergang zu bewältigen hatte. Wilbur zeigt anhand einer genauen Analyse, daß das kollektive Bewußtsein vor der Blütezeit der griechischen Kultur dem eines einjährigen Kindes glich. Die Menschen hatten keine wirkliche Vorstellung von ihrem individuellen Selbst. Deswegen hatten sie auch keine Vorstellung von den Rechten des Einzelnen. Im Zeitalter Griechenlands entwickelte sich die Vorstellung von einem eigenen Selbst so weit, daß die Idee einer demokratisch verankerten Staatsbürgerschaft und die Anerkennung individueller Rechte möglich wurden. Obwohl das griechische Demokratieverständnis verglichen mit unserer heutigen Vorstellung von Demokratie sehr elitär war, handelte es sich doch um einen Begriff, der bis dahin nicht existiert hatte. Dies ist ein Anzeichen eines bemerkenswerten Bewußtseinswachstums, das dem Unterschied zwischen einem ein- und einem zweijährigen Kind entspricht.

Lassen Sie uns 2300 Jahre Entwicklungsgeschichte überspringen und den menschlichen Bewußtseinszustand und das Intelligenzniveau vor nur einem Jahrhundert untersuchen. Hierzu werden wir einige Daten aus Kapitel 1 heranziehen. Sie haben bereits erfahren, daß der heutige durchschnittliche Lebensstandard inflationsbereinigt neunmal so hoch ist wie vor 120 Jahren! Anstelle harter körperlicher Arbeit verrichtet der durchschnittliche Arbeiter heute nichtlineare Arbeit; er hat weniger Wochenstunden, arbeitet in einem Büro oder einer Fabrik mit Klimaanlage und genießt die Vorzüge einer betrieblichen Altersversorgung und Gesundheitsfürsorge.

In den neunziger Jahren des 19. Jahrhunderts waren 43 Prozent der amerikanischen Bevölkerung in der Landwirtschaft tätig. Etwa ein bis zwei Prozent hatten eine Universitätsausbildung und nur 10-14 Prozent eine High-School-Ausbildung. Die durchschnittliche Lebenserwartung lag bei etwa 45 Jahren. Die Menschen kannten weder Autos noch Elektrizität, sanitäre Einrichtungen, Narkose, Aspirin, Tiefkühlkost, Konserven, Radio, Fernsehen, Filme, Kameras, Fahrstühle, Wolkenkratzer, Haushaltsgeräte, elektrisches Licht, Klimaanlagen und so weiter. Es war eine andere Welt. Es handelte sich nicht nur im Hinblick auf Technologie und Bildung um ein anderes Zeitalter, sondern auch im Hinblick auf das menschliche Bewußtsein.

Kinder, die Anfang bis Mitte des 20. Jahrhunderts aufwuchsen – jene Angehörigen der Bob-Hope-Generation also, die sich heute im Ruhestand befinden – wurden sehr autoritär erzogen. Ihre Eltern, die der Henry-Ford-Generation angehörten, legten die Regeln fest, und die Kinder befolgten sie ohne zu fragen; taten sie es nicht, wurden sie körperlich bestraft. Die Kinder machten einfach das, was man ihnen sagte, und gingen sogar auf die Toilette, wenn man es von ihnen erwartete – notfalls wurden sie an die Toilette gefesselt. Unser gesamtes industrielles System der Fließbandproduktion verfestigte diese autoritären beziehungsweise hierarchischen Lebens- und Arbeitsweisen. Die letzten beiden Generationen – sowohl die Henry-Ford- als auch die Bob-Hope-Generation – waren an dieses System bestens angepaßt.

Die herrschenden kulturellen Werte des letzten Jahrhunderts entsprechen weitgehend dem kindlichen Entwicklungsstadium, das Wilbur als „Stadium der Regeln und Rollen" bezeichnet, und das im Alter zwischen sechs und zwölf Jahren anzusiedeln ist. In diesem Alter denken Kinder in wörtlichen oder konkreten Begriffen, die den Beginn eines linearen, von der linken Gehirnhälfte gesteuerten, konzeptuellen Denkens kennzeichnen. Sie lernen, die von den Eltern festgelegten Regeln zu befolgen und erlangen so größere Selbständigkeit. Sie lernen das erste Mal in ihrem Leben, die Rolle des anderen zu begreifen und über ihre eigenen Ich-bezogenen Bedürfnisse hinauszublicken.

Regeln und Rollen sind wichtig in einer Welt, die von hierarchischen Beziehungen strukturiert wird. Da die Regeln definieren, was eine soziale Gruppe zu tolerieren bereit ist und was nicht, sind sie für die essentiellen Beziehungen des Einzelnen zur einer klar abgegrenzten Außenwelt von entscheidender Bedeutung. Regeln und Rollen waren notwendig für die Entwicklung des linearen, mechanischen Weltbildes, die von Genies wie Newton vorbereitetet wurde.

Die Bob-Hope-Generation war die letzte, die sich im allgemeinen damit zufrieden gab, klar definierte Regeln zu befolgen und klar definierte Rollen zu übernehmen. Pflichtbewußtsein und Konformität waren ihr Credo; Recht und Ordnung waren für sie die höchsten Werte. Der Einzelne paßte sich seinem Umfeld an, statt sich von ihm abzuheben, was deutliche Parallelen zur letzten Entwicklungsphase der Kindheit erkennen läßt. Die Bob-Hope-Generation beherrschte das Stadium der Regeln und Rollen besser als jede Generation vor ihr – so sehr, daß sie dem nächsten Entwicklungsstadium den Weg ebnete.

Die Baby-Boomer waren die erste von vielen Generationen nach der

Bob-Hope-Generation. Sie wuchsen in einer Zeit des Wohlstands und der Großzügigkeit auf, die von der neuen Autorität in Erziehungsfragen, Dr. Spock, stark beeinflußt wurde. Die Baby-Boomer lernten, daß sie etwas Besonderes waren. Sie empfanden größere Selbstachtung, und daher war es für sie selbstverständlich, bereits in jungen Jahren ihrer eigenen unabhängigen Urteilskraft zu vertrauen. Als Jugendliche stellten sie Autoritäten in Frage, widersetzten sich allen Regeln, experimentierten mit Neuem und fühlten sich ihren Altersgenossen stärker verpflichtet als ihren Eltern.

Das Jugendalter ist die Phase, in der Kinder sich vom Stadium der Regeln und Rollen entfernen und ihre eigene Persönlichkeit und Selbstachtung zu entwickeln beginnen. Das geschieht nicht ohne Widerstände. Sie beginnen, kritisch zu denken und über Regeln und Rollen, über sich selbst und über die Welt, in der sie leben, zu reflektieren. Diese Entwicklung führt über das konkrete Denken hinaus zu komplexen und abstrakten Denkprozessen. In dieser Phase beginnt der Einzelne, ein Gefühl der Selbstachtung zu entwickeln, indem er eigene Urteile und Entscheidungen fällt, und findet so zu sich selbst. Wenn die Jugendlichen allmählich reif für ein Universitätsstudium werden, entwickeln sie immer mehr die Fähigkeit, relativierend zu denken und mehrere verschiedene Gesichtspunkte zu erkennen. Es handelt sich hier um ein fortgeschrittenes Stadium der Selbstachtung, das man auch als Übergangsphase zum Stadium der Selbstverwirklichung sehen könnte.

Selbstachtung zu erlangen ist ein schwieriges und riskantes Unternehmen. Wer mit seiner eigenen Autorität experimentiert, begeht zwangsläufig viele schmerzhafte Fehler. Das Leben wirkt viel einfacher und greifbarer, wenn man lediglich die Regeln befolgt, die von anderen festgelegt wurden. Aber kritisches Denken und Reflexion erlauben es dem Einzelnen, viele unterschiedliche Standpunkte zu verstehen, anstatt sich nur an festgelegte Regeln und Rollen zu halten. Ein solches Denken schenkt dem Einzelnen die Freiheit, sich vom eigenen Umfeld loszusagen und mit anderen Individuen und Gruppen in Kontakt zu treten. In diesem fortgeschrittenen Bewußtseinsstadium befinden sich heute viele Menschen in unserer Gesellschaft.

Wir werden nie wie die Menschen im 19. oder beginnenden 20. Jahrhundert sein, so wenig wie diese mit den Menschen im Europa der Renaissance oder des Alten Griechenlands zu vergleichen waren. Die mitunter chaotische Phase des Erwachsenwerdens, in der sich unsere Kultur gerade befindet, ist ein schwieriges Stadium, so wie die Pubertät für den Einzelnen ein sehr schwieriger, beängstigender und verwirrender Lebensabschnitt ist. Sie ist aber auch ein Abschnitt, den jeder durchlaufen muß, um erwachsen zu werden und sich aus eigenem Antrieb so verhalten zu können, daß das Stadium der Selbstverwirklichung näher-rückt. Was der Großteil der Bob-Hope-Generation als Zeichen mangeln-der Reife betrachtet, ist in der Tat ein Zeichen der Entwicklung. Der Übergang jedoch ist sowohl für den Einzelnen als auch für die All-gemeinheit immer mit Problemen verbunden.

DIE SCHRITTWEISE ENTWICKLUNG
MENSCHLICHER FÄHIGKEITEN

Kommen wir nun zum zweiten Buch, das ich hier besprechen möchte: *The Stages of Life* von Clifford Anderson (Atlantic Monthly Press, 1995). Wie Ken Wilbur beschreibt auch Clifford Anderson die Entwicklungs-phasen, die ein gesunder Mensch in seinem Leben durchläuft. In der ersten Phase kommt es zur Ausbildung elementarer Fähigkeiten, die die Sammlung von Informationen mit Hilfe der fünf Sinne betreffen. Diese Phase, in der sich der Mensch im Alter von ein bis fünf Jahren befindet, nennt Anderson prälinear. In der zweiten Phase entwickelt der Mensch im Alter von 6-26 Jahren lineare, abstrakte oder konzeptuelle Fähig-keiten (die überwiegend von der linken Gehirnhälfte gesteuert werden). Anderson unterteilt diese Phase in drei elementare Entwicklungsstufen: konkretes (6-12 Jahre), abstraktes (13-18 Jahre) und relativierendes Den-ken (19-26 Jahre). Als letzte Fähigkeit entwickelt der Mensch das nichtli-neare, intuitive Denken (das überwiegend von der rechten Gehirnhälfte gesteuert wird). Das geschieht in der dritten Phase, die einem Lebens-alter von 26-36 Jahren entspricht. Ich möchte diese Phasen kurz mit der Entwicklung der Fertigkeiten vergleichen, die am Arbeitsplatz zum Ein-satz kommen: Ich setze konkretes Denken mit einfachen Büroarbeiten gleich; abstraktes Denken mit anspruchsvolleren Büroarbeiten, Überwa-chungstätigkeiten und technischen Arbeiten; relativierendes Denken mit akademischen Berufen und Aufgaben im Managementbereich; und intuitives Denken mit Führungsqualitäten und visionären Fähigkeiten. Auch unsere Bildungsgrade entsprechen diesen Entwicklungsphasen auf ganz ähnliche Weise. So läßt sich konkretes Denken der Grundschule zu-ordnen, abstraktes Denken der High School beziehungsweise techni-schen Schulen und Junior Colleges, relativierendes Denken Colleges und Universitäten sowie intuitives Denken dem Berufsleben (die meisten Menschen in dieser Entwicklungsphase müssen ihre Fertigkeiten außer-halb des Bildungssystems zur vollen Entfaltung bringen). Der Besuch ei-ner Bildungseinrichtung reicht natürlich in keiner dieser Phasen aus, um die entsprechenden Fertigkeiten zu erlangen und in diesen Aufgaben-feldern tätig zu werden. Ich beziehe mich auf die höheren Leistungsbe-reiche in den jeweiligen Ausbildungs- und Entwicklungsphasen.

Anderson verdeutlicht, daß alle Fähigkeiten an eine bestimmte Entwicklungsphase geknüpft sind. Man muß erst die für eine bestimmte Entwicklungsphase relevanten Fähigkeiten beherrschen, ehe man die nächste Phase erreichen kann. Der Schluß, den Anderson daraus zieht, ist denkbar einfach: Wenn der Einzelne die richtige Ausbildung erhält und im Laufe seiner Entwicklung vor Herausforderungen gestellt wird, werden sich seine elementaren Fähigkeiten und seine Intelligenz auf natürliche und absehbare Weise entwickeln. Wird seine Entwicklung hingegen an irgendeinem Punkt gestört oder der Lernprozeß unterbrochen – beispielsweise von der Notwendigkeit, Vollzeit zu arbeiten oder eine Familie zu ernähren –, entwickeln sich seine elementaren Fähigkeiten kaum oder gar nicht.

Anderson unterscheidet auch mehrere Arten von grundlegenden Fähigkeiten, die er als Fähigkeiten der ersten Kategorie bezeichnet und die es dem Einzelnen erlauben, sich bestimmte elementare Fertigkeiten anzueignen. Innerhalb eines Bereichs von Fähigkeiten der ersten Kategorie – ein Beispiel für einen solchen Bereich ist abstraktes Denken - gibt es daneben auch spezifische und anwendungsorientierte Fertigkeiten, wie die Geometrie. Manche Menschen haben beispielsweise Schwierigkeiten, komplexe, abstrakte, akademische Fertigkeiten wie zum Beispiel die Grundlagen der Buchhaltung zu erlernen, weil sie die dafür nötige Phase menschlicher Entwicklung nie erreicht haben. Ist der Betreffende aber psychologisch für diese Entwicklungsphase nicht reif genug, werden alle Bemühungen, ihm Fähigkeiten der zweiten Kategorie beizubringen, vergeblich sein. Dies wird in unserem Schulsystem in der Regel nicht berücksichtigt.

Anderson erläutert, daß der Durchschnittsbürger in unserer Gesellschaft erst im letzten Jahrhundert die elementare Fähigkeit, konkret beziehungsweise linear zu denken, ausbildete (die wiederum weniger anspruchsvolle Büroarbeit kennzeichnet), während immer mehr Angehörige der Oberschicht abstrakte und relativierende Denkfähigkeiten entwickelten (wie sie in technischen und akademischen Berufen benötigt werden). Hierauf habe ich in meinen Seminaren und auch in meinem Buch *The Great Jobs Ahead* immer wieder hingewiesen. In den letzten 100 Jahren haben wir den Schritt von einer vor allem auf körperlicher Arbeit beruhenden Wirtschaftsform zu einer anderen vollzogen, die vor allem auf linearem, von der linken Gehirnhälfte gesteuertem Denken beruht. Diese Entwicklung ist das Ergebnis von zwei Revolutionen: der technologischen Revolution am Ende des 19. Jahrhunderts und der Fließbandrevolution, die in den ersten Jahrzehnten des 20. Jahrhunderts zu großen Veränderungen am Arbeitsplatz und im Managementbereich führte.

Anderson Entwicklungsphasen zeigen genau wie Wilburs Analyse, daß sich die von der linken Gehirnhälfte gesteuerte Fähigkeit konzeptuell-linearen Denkens erst im Jugendalter voll entwickelt, wenn der Mensch die Entwicklungsstufe konkreten und nüchternen Denkens hinter sich läßt. Wenn der Prozeß des Erwachsenwerdens unterbrochen wird, kommt die Entwicklung zum Stillstand. Genau dies widerfuhr dem durchschnittlichen Menschen zur Jahrhundertwende. In der Regel folgte auf die Kindheit sofort das Erwachsenenalter! Bereits in der Pubertät begannen viele, auf dem Bauernhof zu arbeiten. Manche heirateten sogar bereits in diesem Alter und mußten eine Familie ernähren. Die meisten hatten nie eine Jugend, wie wir sie heute kennen. So besuchten vor 100 Jahren nur wenig mehr als zehn Prozent eine HighSchool. Kein Wunder, daß viele Eltern voller Sehnsucht an die gute alte Zeit und das Häuschen im Grünen zurückdenken. Keine pubertären Krisen, keine Jugendrebellion – statt dessen Kinder, die bereits im Jugendalter ihren Lebensunterhalt verdienen!

Das Fehlen einer Jugend erklärt, warum zu Beginn des 20. Jahrhunderts nur so wenige die Fähigkeit erwarben, sich abstraktes Wissen anzueignen und kritisch zu denken. Es erklärt auch, warum so wenige Berufe solche Fähigkeiten voraussetzten. Tatsächlich konnte die Fließbandrevolution nur stattfinden und sich rentieren, weil auf ungelernte, nicht abstrakt denkende Arbeitskräfte zurückgegriffen werden konnte. Diese Eigenschaften beschreiben einen Großteil der Arbeiter zur Zeit der Jahrhundertwende. Arbeitern wurde genau gesagt, was sie zu tun hatten. Sie wurden dafür bezahlt, dieselben einfachen körperlichen Tätigkeiten wieder und wieder zu verrichten – was heute für die meisten von uns keine Herausforderung wäre und was die wenigsten von uns akzeptieren würden.

Als immer mehr Menschen zur Koordination und Kontrolle der Fließbandorganisation benötigt wurden, mußten auch immer mehr Menschen mathematische, statistische, technische, wissenschaftliche, akademische und andere von der linken Gehirnhälfte gesteuerte Fertigkeiten entwickeln; außerdem waren Führungsqualitäten und eine erhöhte Kommunikationsfähigkeit gefragt. Für die meisten Berufe, die im letzten Jahrhundert entstanden, mußte man hingegen nur lesen und schreiben können.

Um diesen Bedarf an Arbeitskräften decken zu können, benötigte man ein besseres Bildungssystem. Eine umfassendere Schulbildung und die Tatsache, daß dem Menschen zum ersten Mal in der Geschichte eine Jugend im heutigen Sinne gewährt wurde, führten zur Entwicklung der linearen, abstrakten Fähigkeiten der zweiten Phase, die sich nur in der Jugend ausbilden. Im Lauf der letzten 100 Jahre haben wir uns auf die

Entwicklung abstrakter Lernprozesse und von der linken Gehirnhälfte gesteuerter Denkmuster konzentriert. Diese Fähigkeiten haben zunehmend unser Bildungssystem sowie unsere Institutionen und Wirtschaftsstrukturen geprägt. Heute ist der Großteil unserer qualifizierten Arbeiterschaft auf konkrete Denkmuster (beim Befolgen von Regeln und Verfahrensweisen), abstraktes Denken (bei technischen Arbeiten) und relativierendes Denken (in Form von komplexem Fachwissen und schwierigen Entscheidungsprozessen) angewiesen. Dies alles sind lineare, von der linken Gehirnhälfte gesteuerte Fertigkeiten, die wir nicht nur im Büro benötigen, sondern auch, um in der Fabrik und in der Landwirtschaft unseren Lebensunterhalt zu verdienen.

Die ersten standardisierten Intelligenztests – die sogenannten SATs (Scholastic Aptitude Tests), die vor allem von der linken Gehirnhälfte gesteuerte, mathematische und sprachliche Fertigkeiten messen – wurden offiziell erst 1926 entwickelt. Sie folgten dem Aufkommen des Fließbandsystems und der schnellen Automatisierung physischer Arbeit, die den von der linken Gehirnhälfte gesteuerten Fertigkeiten größere wirtschaftliche Bedeutung zukommen ließ. Die Ursprünge der SATs liegen im 1. Weltkrieg, der den Bedarf an derartigen Intelligenztests schnell wachsen ließ. Mit Hilfe der Intelligenztests, die in der Folgezeit entstanden, ließ sich bestimmen, welche Kinder im Alter von sieben Jahren die höchste in der linken Gehirnhälfte verankerte Intelligenz aufwiesen. Auf diese Weise konnte das Schulsystem die Schüler mit guten Resultaten besonders fördern und sie an die Fachberufe heranführen, in denen sie am meisten verdienen würden.

Im letzten Jahrhundert kam es in den meisten westlichen Industriestaaten zu einer sehr starken Expansion der in der linken Gehirnhälfte verankerten Intelligenz. Heute herrscht ein immer intensiver werdender Wettkampf zwischen dem Westen und östlichen Ländern, die im Bereich der Fließbandproduktion dem Westen kaum noch unterlegen sind und deren Ergebnisse in Intelligenztests diejenigen im Westen sogar oft übertreffen. Wir müssen begreifen, daß die am höchsten entwickelten westlichen Gesellschaften am Beginn einer Epoche stehen, die von nichtlinearem, von der rechten Gehirnhälfte gesteuertem Denken geprägt sein wird, und in der intuitive, relativierende und kreative Fertigkeiten in den Vordergrund treten. Aus diesem Grund dominiert der Westen im Bereich neuer, aufstrebender Industriezweige. Hierzu zählt neben der Software- und der biotechnischen Industrie auch die Unterhaltungsbranche, also Bereiche, in denen kreatives Denken verlangt wird und in denen andere Länder keine Konkurrenz darstellen – noch nicht!

DER BEGINN DES NICHTLINEAREN, VON DER RECHTEN GEHIRNHÄLFTE GEPRÄGTEN ZEITALTERS

Clifford Anderson weist darauf hin, daß unsere Welt immer komplexer und die Geschwindigkeit, mit der sich Veränderungen vollziehen, immer höher wird. Nichtlineares, intuitives Denken ist immer öfter gefragt und nichts ungewöhnliches mehr. Dieser Übergang vollzieht sich jetzt, da gegenwärtig der Zeitraum, in dem wir lernen und uns aufs Leben vorbereiten, länger denn je zuvor ist. Während dieser verlängerten Entwicklungsphase vor dem Eintritt ins Berufsleben werden neue elementare und funktionale Lernfähigkeiten erworben. Im frühen Erwachsenenalter zeichnen sich intuitive, nichtlineare, von der rechten Gehirnhälfte gesteuerte Denkmuster ab. Dieses Bewußtseinsstadium wird von Wilbur als visionär-logisch bezeichnet. Anderson weist sogleich darauf hin, daß dieser Begriff über unsere herkömmliche Definition des Wortes „kreativ„ hinausgeht. Derartige nichtlineare Denkmuster entwickeln sich in einem gesunden, reifen Individuum erst in seinen späten Zwanzigern beziehungsweise frühen Dreißigern.

In den vergangenen Jahrzehnten erlebte das relativierende Denken den größten Fortschritt – die Fähigkeit, Denkmuster zu analysieren, die von manchen auch als kritisches Denken bezeichnet wird. Um dieser Entwicklung Rechnung zu tragen, haben Anderson und andere führende Entwicklungspsychologen ihrem Modell eine weitere Phase des Lernens und der Entwicklung hinzugefügt. Sie nennen sie „Jugend".

Dieses neue Entwicklungsstadium trat in den sechziger und siebziger Jahren des 20. Jahrhunderts in Erscheinung und löste die größte soziale Revolution der amerikanischen Geschichte aus. Sie begann, als immer mehr Baby-Boomer das College besuchten. Es war das erste Mal, daß ein großer Teil einer Generation das College besuchte. Zu dieser Zeit begann sich das relativierende Denken herauszubilden. Heute besucht fast die Hälfte (46 Prozent) eines Geburtenjahrgangs das College oder bemüht sich um eine höhere Ausbildung. Etwa 25 Prozent erwerben nach vier Jahren den Studiengrad eines „Bachelors", während ungefähr zehn Prozent weiterstudieren, um einen „Master"-Abschluß oder einen noch höheren zu erlangen. Baby-Boomer, die eine College-Ausbildung haben, sind kreativer, unternehmerischer veranlagt und innengesteuerter als ihre Eltern. Dies rührt einfach daher, daß eine längere Entwicklungsphase die Herausbildung dieser elementaren Fähigkeiten begünstigt. Da diese Baby-Boomer in höherem Maße fähig sind, sich eine fundierte Meinung zu bilden und sich Fachwissen anzueignen, sehen sie die Welt aus einem neuen, weiteren Blickwinkel. Anstatt eine Reihe konkreter Regeln zu befolgen oder sich an eine abstrakte Sichtweise zu halten, die nur eine Verfahrensweise zuläßt, können sie viele unterschiedliche Standpunkte verstehen.

Die Angehörigen der Bob-Hope-Generation, die Konkretes und Abstraktes streng trennen und eine Art Schwarz-Weiß-Denken offenbaren, werden diese Revolution vielleicht nie verstehen. Das erklärt auch, warum sie von ihren eigenen moralischen Wertvorstellungen überzeugt sind – und davon, daß die Baby-Boom-Generation keine hat.

Wenn die Angehörigen der Generation X beziehungsweise der geburtenschwachen Jahrgänge erwachsen werden, orientieren sie sich noch stärker an relativierenden Denkmustern. Wenn Individualität – der Beginn relativierenden Denkens – das Credo der Baby-Boomer war, ist Vielfalt das ihre. Hierarchische Firmenstrukturen, in denen Entscheidungen von oben nach unten weitergereicht werden, erscheinen ihnen einfach nicht sehr sinnvoll, genau wie unser Schulsystem, das auf Fließbandstrukturen und linkshirnigen Denkprozessen beruht, den kommunikationsorientierten, technologisch bewanderten Kindern und Jugendlichen von heute nicht sehr sinnvoll erscheint (sie bilden die Generation der Jahrtausendwende beziehungsweise die sogenannte Echo-Baby-Boom-Generation). Die Bob-Hope-Generation neigt dazu, Individualität und Selbstverwirklichung als Egoismus und Narzißmus zu sehen. In ihrer Epoche zählten Konformität und die Bereitschaft, sich nach anderen zu richten, zu den wichtigsten moralischen Prinzipien. Fortschrittlichere Angehörige der Baby-Boom-Generation und der Generation X betrachten Selbstverwirklichung dagegen als eine neue Form von Freiheit und eine höhere Form von persönlicher Verantwortung.

Begünstigt durch die steigende Lebenserwartung und die verlängerte Ausbildungs- und Entwicklungszeit erwerben wir die Fähigkeit, komplexere Bewußtseinsformen zu erreichen. Wilbur betont, daß „die Welt in jedem Entwicklungsstadium anders aussieht", da uns jedes Bewußtseinsstadium eine andere Perspektive bietet. Deswegen müssen wir damit aufhören, zu versuchen, die Vergangenheit neu zu erschaffen. Die Entwicklung unseres Bewußtsein, unserer Intelligenz und der Bildungssysteme, die zu deren Kultivierung beitragen, läßt sich nicht umkehren. Statt dessen müssen wir einen Schritt weiter gehen und beginnen, in unseren Institutionen und Wirtschaftsorganisationen neue Prinzipien zu realisieren.

Längere Ausbildungszyklen für Jugendliche, anhaltende Lernprozesse im Erwachsenenalter und multiple Karrierezyklen gewinnen an Bedeutung. Wenn möglich, sollten wir ein Leben lang dazulernen und verschiedene Tätigkeiten ausprobieren, anstatt einen Berufsweg einzuschlagen, der sich als Einbahnstraße entpuppen kann. Wir sollten auch den Wunsch nach eigenen Kindern hinten anstellen, bis wir weiser und reifer geworden sind (und somit mehr von uns in die höheren Bereiche des von der rechten Gehirnhälfte gesteuerten Denkens vorstoßen können). Und warum auch nicht? Wir leben immer länger. Wie könnten wir diese Jahre besser nutzen als dazu, uns eine längere Ausbildungszeit zu gönnen, uns auf verschiedene interessante Berufe vorzubereiten, uns komplexere Fähigkeiten anzueignen und unsere Organisationssysteme (-netzwerke) auszubauen? Besser noch: Man ist nie zu alt, um zu lernen. Man kann diese vorwiegend von der rechten Gehirnhälfte gesteuerten Fähigkeiten in jedem Alter entwickeln, vorausgesetzt, man hat zuerst die von der linken Gehirnhälfte gesteuerten, elementaren Fähigkeiten entwickelt, die ihnen vorausgehen.

Ein Mensch gilt heutzutage als reif, wenn er intuitive Fähigkeiten entwickelt, mit deren Hilfe er seine eigenen Bedürfnisse, Werte und Lebensziele erkennen kann. Das setzt voraus, das man sich durch individuelle Lernprozesse selbst befähigt, seinem eigenen, individuellen Lebensweg zu folgen. Dies nennt Maslow in seiner Hierarchie menschlicher Bedürfnisse Selbstverwirklichung. Dieses Verhalten tritt vorwiegend zwischen den Entwicklungsstadien relativierenden und nichtlinearen Denkens auf. Diesen Zustand streben heutzutage viele Führungspersönlichkeiten an. Unsere führenden nichtlinearen Denker sind die Visionäre und Unternehmer, die uns in das neue Zeitalter geleiten und neue moralische Werte festlegen, die mit der neuen Wirtschaftsordnung und dem neuen Bewußtseinsstand vereinbar sind.

Das Individuum ist das neue Paradigma der von der rechten Gehirnhälfte ausgehenden Revolution. Der Einzelne bestimmt durch Introspektion und Selbsteinschätzung, welchen Platz er am besten in der Gesellschaft einnimmt. Das neue organisatorische Paradigma ist ein Fischschwarm anstelle eines Wals – ein Netzwerk vertikaler und horizontaler Intelligenz und Bildung, das auf individueller Kreativität und Verantwortlichkeit beruht. Da diese neue Organisationsform vom Kunden ausgeht, anstatt von oben nach unten zu verlaufen, benötigen derartige Organisationen einerseits selbständige Mitarbeiter, die zumindest in der Lage sind, eigene Entscheidungen zu treffen und sich im Stadium der Selbstachtung befinden, andererseits aber auch bessere Führungskräfte und Unternehmer, die sich überwiegend im Stadium der Selbstverwirklichung befinden.

Mit anderen Worten: Wir brauchen Unternehmer und keine Bürokraten. Wir brauchen mehr Anführer und weniger Fußvolk. Genau das meinen Leute wie Steve Covey und Anthony Robbins mit selbständigem Verhalten. Die eigentliche Revolution erstreckt sich auf menschliche Verhaltensweisen und nicht nur auf die von uns verwendeten Technologien. Neue Technologien, die unsere herkömmlichen Aufgaben übernehmen und Routinetätigkeiten durchführen, zwingen die meisten von uns, in ein höheres Bewußtseinsstadium einzutreten. Eines der bemerkenswertesten Dinge, die ich von Clifford Anderson gelernt habe, war, daß die höhere Scheidungsrate der geburtenstarken und -schwachen Jahrgänge wie auch ihre Tendenz, oft den Beruf zu wechseln, lediglich das Ergebnis eines Bedürfnisses ist, in diesem neuen Jugendstadium zu experimentieren und innerlich zu wachsen. Wie die Angehörigen der Generation vor ihnen beschlossen sie zunächst, zu heiraten und eine berufliche Laufbahn einzuschlagen, aber ihr Bedürfnis, zu lernen und sich die in dieser Epoche notwendigen relativierenden und intuitiven Denkmuster anzueignen, war nicht mit der herkömmlichen Sichtweise des Erwachsenwerdens vereinbar. Viele fanden heraus, daß sie nicht in der Lage waren, in ihrem Alter derartige Entscheidungen zu fällen; dies führte zu hohen Scheidungsquoten und häufigen beruflichen Veränderungen. Viele wechselten in ein kreativeres Arbeitsumfeld und experimentierten mit längeren Reisen, längeren Ausbildungszeiten und stärker unternehmerisch orientierten Berufen. Ich habe bereits erklärt, wie immer schnellere Veränderungen die Familie und institutionelle Strukturen destabilisieren, aber ich bin der Meinung, daß Anderson den tieferen Ursachen der beunruhigenden Statistiken der letzten Jahrzehnte auf der Spur ist. Wir werden in den Jahrzehnten, die vor uns liegen, voraussichtlich die Vorzüge dieses schwierigen Übergangs erkennen.

Das alles heißt sicher nicht, daß die Ehe, die Familie und erfolgreiche Karrieren der Vergangenheit angehören. Sie stellen für die neuen Generationen noch immer wichtige Werte dar – vor allem, da die reifer werdende Baby-Boom-Generation jetzt die Altersgruppen der etwa 30-60jährigen umfaßt. Die meisten, die der Baby-Boom-Generation angehören und es zu etwas gebracht haben, gewannen, als sie Ende Zwanzig bis Anfang beziehungsweise Mitte Dreißig waren, an Reife. Ihnen wurde klar, was sie wollten. Das ist der Punkt, an dem – wie Anderson darlegt – die Menschen bereit sind, längerfristige Bindungen wie eine Ehe einzugehen oder sich auf eine Laufbahn festzulegen. Meine eigene Erfahrung und die vieler anderer bestätigen dies.

Das bedeutet, daß Eltern sich hüten sollten, ihre Kinder zu früh in die Ehe oder das Berufsleben zu schicken. Es bedeutet auch, daß sich unsere ganze Einstellung zu unserer Ausbildung und unserem beruflichen Werdegang verändern muß. Verlängerte Lernprozesse und multiple Laufbahnen werden in der neuen Wirtschaftsordnung ebenso verbreitet sein wie viele andere Errungenschaften, darunter auch alternative Gesundheitsfürsorge.

ZUSAMMENFASSUNG

Die wichtigsten Veränderungen, die uns in den nächsten Jahrzehnten und darüber hinaus bevorstehen, werden die Art und Weise betreffen, wie wir leben und arbeiten, sowie die Orte, an denen wir beides tun. Wir werden bald eine neue Gesellschaftsform entwickelt haben, die von Netzwerken geprägt ist und relativierenden, nichtlinearen Fähigkeiten, die von der rechten Gehirnhälfte gesteuert werden, größere Bedeutung zukommen läßt. Diese Fähigkeiten sind zur Schaffung neuer organisatorischer Strukturen nötig, die auf dem Modell des Netzwerks beruhen. Die Rückbesinnung auf Prinzipien und Wertvorstellungen der Vergangenheit ist keine Lösung. Wir müssen statt dessen unseren Weg zum nächsten Stadium menschlichen Bewußtseins und menschlicher Intelligenz fortsetzen, hin zu neuen Formen von Arbeit und Verantwortung.

Computer sind die leistungsstarken, linearen, auf Denkstrukturen der linken Gehirnhälfte beruhenden Maschinen, die die meisten heutigen Aufgaben im Management und im Büro sowie in technischen und akademischen Berufen wahrnehmen werden, so wie Maschinen uns in der Vergangenheit einen Großteil der Arbeit auf dem Land und in der Fabrik abnahmen. Nichtlineare, vorwiegend rechtshirnige Fähigkeiten sind der Schlüssel zu einer neuen Wirtschaftsordnung. Die neue Netzwerkstruktur wird die Bereiche Management und Kommunikation in den kommenden Jahrzehnten zunehmend dominieren, so wie das Fließband und lineare, von der linken Gehirnhälfte gesteuerte Fertigkeiten die Zeit nach 1914 prägten.

Die von der rechten Gehirnhälfte ausgehende Revolution ignoriert nicht die linkshirnigen Fähigkeiten. Die menschliche Entwicklung läßt sich am besten so verstehen, daß neue Fertigkeiten den alten hinzugefügt werden und auf ihnen aufbauen. Die Informationsrevolution erlaubt einen umfangreicheren linearen, nicht von der linken Gehirnhälfte gesteuerten Input, der per Computer und Internet verarbeitet wird und unsere intuitiven, vorwiegend linkshirnigen Denkprozesse speist. Aus diesem Grund benötigen wir in den Schulen wie im Management neue Ansätze, die beide Fähigkeiten berücksichtigen und sie auf eine neue, kreative Weise miteinander verbinden. Während wir einst Praktiken, die im Rahmen der Fließbandproduktion entstanden waren, auf unser Bildungssystem ausweiteten, um so den Bedarf der Wirtschaft an von der linken Gehirnhälfte gesteuerten Fertigkeiten zu decken, müssen wir jetzt das Netzwerkmodell an unseren Schulen einführen, um die Entwicklung kreativer, rechtshirniger Fertigkeiten anzuregen, auf die es im 21. Jahrhundert ankommen wird.

Wir müssen die besten, dauerhaftesten Werte der Vergangenheit aufgreifen und sie in dieses neue, aufregende Zeitalter voller Herausforderungen einbringen. Übergänge wie diese sind vor allem in ihren frühen Stadien immer schwierig, wie wir in den letzten beiden Jahrzehnten zu spüren bekommen haben. Wie sehr wir uns auch eine Rückkehr zum einfachen Leben wünschen, „Unsere kleine Farm" und auch die heile Welt der Fernsehserien der fünziger und sechziger Jahre sind uns nun verwehrt. Wenn wir uns ein wenig eingehender mit beispielhaften neuen Unternehmen und Institutionen beziehungsweise mit innovativen und verantwortungsbewußten Angehörigen der neuen Generation beschäftigen, werden wir – davon bin ich überzeugt – einen Einblick in Dinge erhalten, für die sich selbst die größte Anstrengung lohnt.

Sie können sicher sein: Die Baby-Boomer werden die Generation mit den höchsten moralischen Ansprüchen aller Zeiten werden. Da sie so ausgiebig mit vielen Dingen experimentiert haben, haben sie die Vorzüge der neuen Lebensweisen schätzen gelernt und erkannt, welche Folgen es hat, wenn Werte, die Bestand haben sollten, verletzt werden. In den nächsten 30 Jahren werden wir erleben, wie die Baby-Boomer neue kulturelle und moralische Ziele setzen, die reflexive Intelligenz und ein ausgeprägtes Verantwortungsbewußtsein erfordern. Die Generation X und die nächste bürgerlich orientierte Generation der Jahrtausendwende werden diese Werte und Strukturen über viele Jahrzehnte hinweg weiter formen und verfeinern. Die Generation der Jahrtausendwende - Kinder, die heute im Grundschulalter sind – wird vielleicht die erste Generation sein, in der ein hoher Prozentsatz an Menschen nichtlinear denkt (nicht zuletzt, da sie mit interaktiven Spielen und Technologien aufgewachsen sind).

Dies ist nur der Beginn des Siegeszugs einer Organisationsform, die sich am Netzwerk orientiert, und eines Zeitalters, das von Denkmustern der rechten Gehirnhälfte und kreativen Verhaltensweisen und Selbstverwirklichung geprägt sein wird. Diese neuen Strukturen und Fähigkeiten werden das kommende Jahrzehnt dominieren und sich bis zur Mitte des 21. Jahrhunderts weiterentwickeln, so wie ein auf Denkmustern der linken Gehirnhälfte beruhendes und am Fließband orientiertes Bewußtsein die Goldenen Zwanziger und den größten Teil dieses Jahrhunderts geprägt hat. Dann werden wir bereit sein für die nächste Stufe menschlicher Entwicklung – aber das ist eine andere Geschichte.

TEIL 4

Die nächste große Völkerwanderung und der Immobilienboom

KAPITEL 10:

Der neue amerikanische Traum: Leben in der Kleinstadt, verdienen wie in der Großstadt

Stellen Sie sich ein Ehepaar mittleren Alters vor, erschöpft von der jahrelangen harten Arbeit, die nötig war, um die Kinder in geordneten Familienverhältnissen großzuziehen und ihnen den Besuch einer Universität zu ermöglichen. Ellen und John, beide Anfang 40, sind auch vom beruflichen Erfolgszwang erschöpft. John, der für ein großes Telekommunikationsunternehmen Computersysteme installiert, macht oft Überstunden, und zwar schon so lange, daß das Wort „Überstunden" für ihn jegliche Bedeutung verloren hat. Ein Elf-Stunden-Tag ist einfach der Normalfall. Ellen hat Jahre damit verbracht, sich durch den Besuch einer medizinischen Fakultät eine neue Karriere aufzubauen, und erst vor kurzem ihren Abschluß gemacht. Sie weiß, was Streß bedeutet. Sie gehört zu den wenigen, die das Studium überhaupt beendet haben!

Jetzt sind Ellen und John wegen Ellens Medizinstudium verschuldet und müssen noch das Studium ihrer Kindern finanzieren. Somit sind sie noch immer auf hohe Einkünfte angewiesen, auch wenn ihnen nun, da die Kinder aus dem Haus sind, mehr Zeit zur Verfügung steht. John rechnet sich kaum Chancen auf eine weitere Beförderung oder eine Gehaltserhöhung aus. Das Anfangsgehalt einer Medizinerin mit Ellens Qualifikationen ist aufgrund der jüngsten Entwicklungen im amerikanischen Gesundheitsfürsorgesystem nur noch halb so hoch wie zu Beginn ihrer Ausbildung. John ist an der Grenze seiner Belastbarkeit angekommen, doch das Gehalt, das Ellen erwarten kann, wird nicht für den Lebensunterhalt der Familie und die Abzahlung ihrer Schulden reichen – zumindest nicht in Kalifornien.

John und Ellen beginnen, sich nach anderen Städten umzusehen, in denen Ellens Qualifikationen mehr Geld einbringen könnten. Sowohl Seattle als auch Dallas bieten exzellente Aussichten. Bevor sie sich endgültig entscheiden, bekommt Ellen – womit weder sie noch John gerechnet hätten – einen Anruf von einer Arztpraxis in einer texanischen Kleinstadt, die ihren Namen von einer der Kliniken in Dallas erfahren hat. Die Gemeinschaftspraxis benötigt einen Spezialisten mit Ellens Qualifikationen und ist bereit, Ellen ein Gehalt zu zahlen, wie sie es sich vor ihrem Besuch der medizinischen Fakultät zunächst vorgestellt hatte.

Außerdem könnte sie, wenn alles gut läuft, in zwei Jahren Teilhaberin werden – also innerhalb einer weitaus kürzeren Zeitspanne als anderswo üblich.

Es klingt alles zu gut, um wahr zu sein, und es kommt sogar noch besser! Als John und Ellen die Praxis besuchen, die Leute kennenlernen und sich in der Umgebung umsehen, wird ihnen plötzlich klar, wie viel weniger es kosten würde, hier in dieser angenehmen texanischen Kleinstadt zu leben. Plötzlich rückt der Traum von einem Einkommen, wie es in der Großstadt üblich ist, und einem Leben in der Kleinstadt in greifbare Nähe. Der einzige Haken bei der Sache ist, daß John dort kein Arbeitsangebot vorliegen hat. Das Ehepaar entscheidet sich dennoch dafür, da Ellens Gehalt nun für den Unterhalt ausreicht. Ein paar Monate später findet John eine Arbeitsstelle in seiner Branche. Er wird häufiger unterwegs sein als zuvor, da er in einer Stadt dieser Größe einfach nicht so viele Computernetzwerke installieren kann, wird aber weniger Überstunden machen müssen und ein höheres Gehalt beziehen. Dafür muß Ellen, die jetzt nur ein paar Minuten von der Klinik entfernt wohnt, nicht pendeln.

In der Kleinstadt leben, wie in der Großstadt verdienen? In Zukunft werden immer mehr von uns derartige Möglichkeiten in Betracht ziehen. Warum? Weiterentwickelte Technologien und neue Tendenzen in Bezug auf die Wahl unserer Wohnorte werden uns gute Gelegenheiten in neuen kleineren und größeren Entwicklungszentren eröffnen.

BESSER LEBEN, ABER NICHT HÄRTER ARBEITEN

Die meisten Berufstätigen leben heute mit der Belastung, die die Vereinbarung zweier Ziele mit sich bringt. Die Rede ist von beruflichem Erfolg und einem angenehmen eigenen Heim. Für viele von uns bedeutete dies bisher den Kauf eines Hauses in einem Vorort. Dort waren die Lebenshaltungskosten gemäßigt, und unsere Kinder wuchsen in sicherer Umgebung auf – nur mußten wir dafür täglich die enorme Belastung durch den Pendelverkehr in Kauf nehmen. Wer beides haben wollte, zahlte in der Tat einen hohen Preis.

Wie werden schon bald Zeugen der nächsten großen Bevölkerungswanderung in den USA werden, die im kommenden Jahrzehnt die Wertsteigerung von Immobilien kraftvoll vorantreiben wird. Eine enorme Zahl von Menschen wird die überfüllten und teuren Vorstädte verlassen und in eine Vielzahl von attraktiven Kleinstädten, neuen Entwicklungszentren und exurbanen Siedlungsgebieten außerhalb der Vorstädte ziehen, ja sogar wieder zurück in moderne Innenstadtbezirke. Ob Sie nun auf der Suche nach einem neuen Heim oder einer neuen Investmentgelegenheit sind – auch Sie können zu denen gehören, die riesige Gewinne ernten werden.

Bei der nächsten Migration geht es nicht nur um finanziellen Profit; sie bietet uns vielmehr neue Möglichkeiten, unseren Lebensstil zu gestalten. Sie repräsentiert die beispiellose Auswahl an verschiedenen Lebensstilen, die wir heute genießen können. Einfach ausgedrückt sind wir heute so flexibel, daß wir uns eine Gegend aussuchen können, die unseren persönlichen und beruflichen Zielen gleichermaßen entgegenkommt. Wir sind nicht länger darauf angewiesen, zwischen Wohnung und Arbeitsplatz hin und her zu pendeln.

Wir haben es damit versucht, härter zu arbeiten. Wir haben es auch mit längeren Arbeitszeiten versucht. Wir haben uns bemüht, unsere Ausgaben und Schulden zu drücken, um nicht mehr so viel arbeiten zu müssen. Die meisten Menschen haben jedoch nicht daran gedacht, intelligenter zu leben – das heißt, ihren Wohnort und ihren Arbeitsplatz in eine Gegend zu verlegen, in der man nicht ständig mehr ausgeben muß, während die Lebensqualität sinkt. Und wären da die Geschäftskosten für Unternehmen nicht auch niedriger? Kurz gesagt, es kommt uns einfach gar nicht in den Sinn, in einen Ort mit niedrigen Lebenshaltungskosten und höherer Lebensqualität außerhalb der verstopften Vorstädte zu ziehen. Das liegt größtenteils daran, daß wir gerade erst die Möglichkeiten erkennen, die uns die Netzwerkrevolution im Unternehmensbereich bietet: Kommunikationstechnologien, die es uns ermöglichen werden, an völlig anderen Orten und unter anderen Bedingungen zu arbeiten, und uns somit mehr Freiheit bei der Wahl unseres Wohnortes geben werden.

DIE AUSWIRKUNGEN VON SCHLÜSSELTECHNOLOGIEN

Wenn bestimmte Schlüsseltechnologien – tatsächlich sogar die elementarsten – die Art, wie wir leben, von Grund auf verändern, so sollte das nicht überraschen. Wir könnten in den Vorstädten, in denen sich heute die Bevölkerung konzentriert, nicht leben, wenn es nie zur Erfindung und Kommerzialisierung des Automobils, des Telefons und der Elektrizität gekommen wäre. All diese Schlüsseltechnologien wurden ungefähr im selben Zeitraum, von 1870-1890, entwickelt. Wie wir bereits in Kapitel 1 gesehen haben, fanden sie bei den Verbrauchern aber erst 30-40 Jahre später, in den Goldenen Zwanzigern, allgemein Anklang. 1929, zur Zeit des Höhepunkts dieser Periode des wirtschaftlichen Aufschwungs, verfügten rund 90 Prozent der großstädtischen Haushalte über elektrischen Strom, ein Telefon und ein Auto.

Die Migration aus den überfüllten Städten in die Vorstädte, die sich nach den Goldenen Zwanzigern noch schneller vollzog, hatte einen einfachen Grund: Wir hatten die Möglichkeit dazu! Autos, Telefone und das Stromversorgungsnetz ermöglichten es uns, vom Arbeitsplatz entfernt zu wohnen. Wir konnten wegziehen, ohne auf den Komfort, der Stadtwohnungen so attraktiv machte, verzichten zu müssen. Als immer mehr Menschen umzogen, wurde auch die Verlegung von immer mehr Telefon- und Stromleitungen sowie der Bau von Straßen rentabel. Diese Basistechnologien verhalfen uns zu größeren Auswahlmöglichkeiten. Wir mußten nicht länger in unmittelbarer Nähe von großen Fabriken, Kraftwerken, Telegrafenämtern oder Bahnhöfen wohnen. Zudem konnten auch Unternehmen von einem Umzug profitieren, da die Grundstückspreise außerhalb der Städte weitaus niedriger waren. Seit den dreißiger Jahren bot der Umzug in die Vorstädte eine Alternative zum teuren, gefährlichen und hektischen Leben in den überfüllten Großstädten.

Als zwischen 1930 und 1980 immer mehr Menschen in die Vorstädte zogen, zeigten diese alle Anzeichen des gleichen Niedergangs, den die Großstädte erlebt hatten – und sie hatten zusätzlich unter spezifischen Problemen zu leiden. Als die Bevölkerungsdichte anstieg, schnellten auch die Immobilienpreise in den Vorstädten auf fast astronomische Höhen. Schließlich konnten sich die meisten Unternehmen und Verbraucher kaum noch Immobilien in Vorstädten leisten. Die Kriminalitätsraten in den Vorstädten steigen, doch ist der Gemeinschaftssinn zu gering, als daß man sich ernsthaft um die Opfer kümmern oder nach einer gemeinsamen Lösung suchen würde. Umweltverschmutzung und Verkehrsprobleme – bedingt durch die Tatsache, daß beim Bau der Vorstädte praktisch nie ein gutes und kostengünstiges öffentliches Personennahverkehrssystem eingeplant wurde – sind an der Tagesordnung. Die einst gepflegten Straßen, sauberen Gehsteige, wunderschönen Parkanlagen und tadellosen Schulen, die die Vorstädte für Familien attraktiv machten, müssen dringend wiederhergestellt werden. Der Traum von Suburbia ist gescheitert – und zwar gerade aufgrund ihres Wachstums und ihres Erfolgs.

Uns steht die nächste große Bevölkerungswanderung bevor, die eine Reaktion auf denselben Anreiz ist, der uns in die Vorstädte lockte: ein finanzierbarer Lebensstil mit hoher Lebensqualität. Außerdem wird diese Migration durch Innovationen in denselben drei Technologiebereichen gefördert: Kommunikation, Verkehr und Energie. Wir werden in den nächsten 30 Jahren erleben, daß mindestens 20 Prozent der amerikanischen Bevölkerung – also rund 70 Millionen Menschen – in exurbane Gebiete, Kleinstädte und neue Entwicklungszentren ziehen. Dadurch werden sich für Verbraucher, die an einer besseren Lebensqualität interessiert sind, für Immobilienanleger, die auf berechenbare Gewinne aus sind, und für Unternehmen, die dank verminderter Konkurrenz neue Kunden erreichen wollen, enorme Möglichkeiten ergeben.

VORHERSAGBARE MIGRATIONSMUSTER

Die Kunst, mit Hilfe von Immobilien, die den größten Teil der Nettovermögenswerte der meisten Menschen darstellen, zu größerem Wohlstand zu gelangen, besteht darin, vorherzusagen, wohin sich Menschen und Unternehmen in großer Zahl bewegen werden. Wenn Sie die grundlegenden technologischen Innovationen in den drei Schlüsselbereichen verstehen, die jeder Migration zugrunde liegen – Kommunikation, Verkehr und Energie –, ist dies durchaus realisierbar.

Wir können erkennen, wie wir nach einem höchst regelmäßigen Mus-

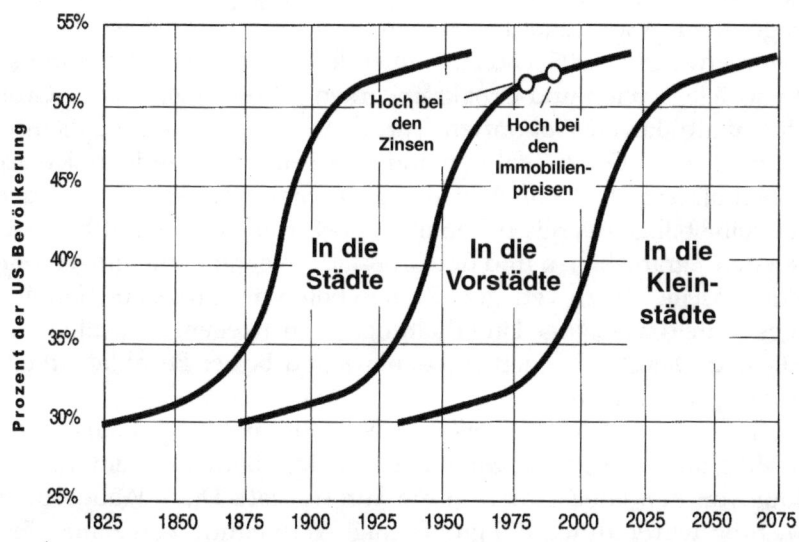

Schautafel 10.1: Drei Migrationswellen.
Diese Schautafel zeigt die drei Migrationswellen – Bevölkerungsbewegungen großen Maßstabs, deren Verlauf mit der bekannten S-Kurve sozialer und technologischer Trends sowie der Entwicklung der Produktakzeptanz übereinstimmt. Während der ersten Welle wanderte die Bevölkerung Amerikas vom Land in die Großstädte; die dynamischste Phase dauerte von etwa 1875 bis 1905. Während der zweiten Welle zog die Bevölkerung von den Großstädten in die Vorstädte; die dynamischste Phase hielt von etwa 1935 bis zur Mitte der sechziger Jahre an. Die dritte Migrationswelle, die sich derzeit abzeichnet, wird in einer massiven Bevölkerungsverlagerung von den Vorstädten in weniger dicht besiedelte, exurbane und ländliche Gebiete bestehen. Die dynamischste Phase dieser Migrationswelle wird von Mitte der neunziger Jahre bis etwa 2025 andauern.

ter vom Land in die Großstädte und von den Großstädten in die Vorstädte gezogen sind. Diese in Schautafel 10.1 dargestellten Migrationstrends treten ebenfalls in Form einer S-Kurve auf. Das heißt, daß die Wanderungsbewegung etwa 30 Jahre lang eher schleppend verläuft, bis plötzlich eine enorme Zahl von Menschen wandert. Diese Phase dauert gleichfalls etwa 30 Jahre. Sobald solche Migrationen zu einem weitverbreiteten Phänomen werden, sprechen Demographen von Bevölkerungsverlagerungen.

Genau das steht uns bevor. In den nächsten 30 Jahren wird eine enorme Anzahl von Menschen aus den Vorstädten in Gebiete ziehen, die bis vor kurzem noch als ländliche Gegenden oder Kleinstädte betrachtet wurden. Diese Gebiete werden in den nächsten 60 Jahren stetigen Zuwachs erleben, bis um das Jahr 2050 der Höhepunkt erreicht ist.

Schautafel 10.1 zeigt das erste Migrationsmuster: die Wanderung vom Land in die Großstädte. Die am deutlichsten ausgeprägte Bevölkerungsverlagerung trat während der rapiden Wachstumsphase dieser S-Kurve auf, von etwa 1875-1905. Die zunehmende Nutzung der Eisenbahn sowie von Telegraphen und Großkraftwerken führte dazu, daß die Großstädte zu attraktiven Wohnorten wurden und es am wirtschaftlichsten war, am gleichen Ort zu wohnen und zu arbeiten. Es handelte sich also um zentralisierende Technologien. Die Verbraucher konnten auf dem Land keine billige Energie bekommen, noch war es wirtschaftlich, zwischen den Agrargebieten und der Großstadt Telegraphenleitungen oder Eisenbahnschienen zu verlegen. Zudem boten die Großstädte ein neuartiges Umfeld, vielfältige Unterhaltungsmöglichkeiten, innovative Produkte und Dienstleistungen sowie neue und besser bezahlte Arbeitsplätze in den Fabriken.

Während der zweiten Migrationswelle (siehe ebenfalls Schautafel 10.1) von Mitte der dreißiger bis Mitte der sechziger Jahre fand ein Massenexodus von den Großstädten in die Vororte statt. Diese Wanderungsbewegung wurde durch die großflächige Verbreitung von Autos, Telefonen und der Elektrizität ermöglicht. Hier handelte es sich also um dezentralisierende Technologien. Sie ermöglichten es uns, zu geschäftlichen Zwecken in die Großstädte zu fahren oder mit deren Einwohnern zu kommunizieren und dennoch in den ruhigen und weniger teuren Vorstädten zu wohnen.

Die Wachstumsphase der dritten großen Bevölkerungsmigration wird Mitte der neunziger Jahre dieses Jahrhunderts einsetzen und bis Mitte der zwanziger Jahre des nächsten andauern. Während dieser Migration werden wir in kleinere Städte, die die sogenannte Penturbia bilden, und in weiter entfernte Vorstädte, die sogenannten exurbanen Siedlungen zurückkehren. Jack Lessinger von der Washington State University, der den Begriff Penturbia prägte, geht in einer Studie zu vergangenen Migrationstrends davon aus, daß rund 20 Prozent der Bevölkerung an dieser Verlagerung beteiligt sein werden. Das heißt, daß nicht weniger als 70 Millionen Menschen in Nordamerika während der nächsten 30 Jahre umziehen werden.

DER 60-JAHRES-ZYKLUS DER BASISINNOVATIONEN

Massen von Verbrauchern und Unternehmen siedeln sich an anderen Orten an, die günstige Immobilien sowie bessere Lebensstile und Arbeitsplätze versprechen. Solche Migrationen werden durch entscheidende Fortschritte auf dem Gebiet der Kommunikations- und Verkehrstechnologie sowie die Entdeckung neuer Energiequellen möglich. Derartige Umwälzungen in diesen drei Schlüsselbereichen – Kommunikation, Verkehr und Energiegewinnung – stellen sich regelmäßig alle 60 Jahre ein. Da diese Schlüsselbereiche auf unsere Wohn- und Arbeitsbedingungen so grundlegende Auswirkungen haben, spricht man von Basisinnovationen. Beschäftigen wir uns nun näher mit diesem 60-Jahres-Zyklus der Basisinnovationen, um herauszufinden, worin dieser seinen Ursprung hat und weshalb die nächste große Bevölkerungsmigration kurz bevorsteht.

Etwa alle 55 bis 60 Jahre können wir Höhepunkte in den Zyklen der Basisinnovationen, die breite Anwendung finden, erkennen. Fragen Sie mich nicht nach dem Grund für dieses Phänomen. Wir können es jedoch eindeutig belegen. (Die Zyklen der Basisinnovationen unterscheiden sich von den in vorhergehenden Kapiteln besprochenen 40-Jahres-Zyklen, die die Innovationen im Bereich der Unternehmensführung und im Arbeitsleben sowie im Hinblick auf neuartige Produkte und Dienstleistungen widerspiegeln.) Diese Basisinnovationszyklen verändern die Art und Weise, wie wir arbeiten und leben, von Grund auf. In der Geschichte finden sich mehrere Beispiele, die deutlich machen, welch fundamentale Wirkung diese Innovationen besitzen:

• Die Erfindung der Dampfmaschine, des Dampfschiffs und der Postkutsche zwischen 1760 und 1790 sowie der Bau von Kanälen legten den Grundstein für die Industrierevolution. Der Energieverbrauch stieg an; die primäre Energiequelle war Holz.
• Eisenbahn, Kraftwerk und Telegraphie, die alle zwischen 1820 und 1850 erfunden wurden, förderten die Ausbreitung der Industrialisierung in hohem Maße und ermöglichten es der Bevölkerung, mit bislang unerreichter Geschwindigkeit zu reisen beziehungsweise Botschaften zu übermitteln. Kohle wurde zur vorrangigen Energiequelle.

- Automobil, Telefon, Gleich- und Wechselstrom, Flugzeug und Elektro-motor – alles Erfindungen, die zwischen den späten siebziger Jahren des 19. Jahrhunderts und den Anfangsjahren des 20. Jahrhunderts ge-tätigt wurden – machten Verkehr und Kommunikation noch schneller und unkomplizierter. Öl entwickelte sich allmählich zur wichtigsten Energiequelle.

- Der Transistor, Grundbaustein der digitalen Computer, das Fernsehen, die Atomenergie, das Radar und das Düsentriebwerk – Erfindungen und Entdeckungen, die zwischen Mitte der dreißiger Jahre und Mitte der fünfziger Jahre gemacht wurden – verbesserten nochmals die Ge-schwindigkeit und Effizienz von Transport- und Kommunikations-technologien und stellten uns neue Energieformen zur Verfügung.

Wenn wir die Basisinnovationen eines Typs isolieren und aus diesem Blickwinkel die Geschichte betrachten, so werden die 60-Jahres-Zyklen offensichtlich. Im Bereich der Verkehrstechnologie kam es alle 60 Jahre zu bedeutenden Entwicklungen. Das Dampfschiff wurde in den siebzi-ger Jahren des 18. Jahrhunderts entwickelt, die Eisenbahn zwischen 1820 und 1840 und das Düsenflugzeug in den vierziger Jahren dieses Jahrhunderts. Was die Energietechnik betrifft, so sind wir zwischen 1760 und 1940 von Holz über Kohle auf Öl umgestiegen. In der nächsten Phase werden nicht nur die Atom-, Kernfusions-, Solar- und Windenergie immer größere Beiträge leisten, sondern wir werden auch eine Revo-lution im Bereich der Wasserstoff- und Brennstoffzellentechnik erleben, welche die kommenden Jahrzehnte beherrschen wird. Im Bereich der Kommunikationstechnologie erkennen wir denselben 60-Jahres-Zyklus: Seit den achtziger Jahren des 18. Jahrhunderts wurden Pferdekuriere eingesetzt, seit den vierziger Jahren des letzten Jahrhunderts der Tele-graph, seit Anfang dieses Jahrhunderts das Telefon und schließlich seit 1950 beziehungsweise 1960 das Fernsehen und digitale Computer. Jeder seriöse Wirtschaftswissenschaftler wird feststellen müssen, daß die so-genannte Kondratiev-Welle die Grundlage für diesen Zyklus der Basis-innovationen darstellt.

DIE NÄCHSTE MIGRATION: WEG VON DEN VORSTÄDTEN

Die zunehmende Verwendung von Personalcomputern im Privatbe-reich und die dank der fortschrittlichen Netzwerktechnologien stattfin-dende, radikale Dezentralisierung der Entscheidungsprozesse in Unter-nehmen werden aus diesem momentan noch peripheren Trend ein Massenphänomen machen. Viele von uns werden bald, anstatt zu pen-deln, teilweise oder ausschließlich zu Hause arbeiten oder – was noch

250

wahrscheinlicher ist – in näher an unseren Wohnorten gelegenen Satellitenbüros. Die Vorteile von Satellitenbüros liegen in den besseren technologischen Verbindungen und vermehrter sozialer Interaktion begründet. Die Möglichkeit, außerhalb zentralisierter Unternehmensbüros zu arbeiten, werden immer mehr Geschäftsleute nutzen – nicht nur Schriftsteller, Berater, Verkäufer und Unternehmer, die schon heute diese Freiheit genießen. Infolgedessen werden viele von uns in den kommenden Jahrzehnten den Umzug aus einer Vor- oder Großstadt in eine Kleinstadt oder exurbane Siedlung erwägen. Weshalb? Weil sich die Situation in den Vorstädten nicht verbessern, sondern noch weiter verschlechtern wird.

Innerhalb der nächsten 30 Jahre wird eine neue soziale Ethik den amerikanischen Traum neu definieren, und neue Technologien werden seine Verwirklichung ermöglichen. Wir werden schon bald eine Rückbesinnung auf die ehrwürdigen amerikanischen Ideale des Individualismus und des einfachen Gemeinschaftslebens erleben, während wir gleichzeitig dank unserer hochentwickelten Kommunikationstechnologien unmittelbaren Zugriff auf Informationen haben, mit deren Hilfe wir unseren Bedarf an Bildung und Unterhaltung weitgehend decken können.

Das stärkste Argument für die Rückkehr in die Kleinstädte ist die sich verschlechternde Situation in den Vorstädten. Gegenwärtig bekommen die Vorstädte – wie 60 Jahre zuvor die Innenbezirke der Großstädte – die Auswirkungen der steigenden Kriminalitätsrate zu spüren und stellen vor allem für ältere Menschen und Familien mit kleinen Kindern einfach nicht mehr das sichere Umfeld dar, das sie einst waren. Tatsache ist, daß Verbrechen in innerstädtischen Bezirken nicht mehr so einträglich sind wie früher. Die Stadtbewohner können mit den Gefahren des Großstadtlebens immer besser umgehen. Daher ziehen clevere Kriminelle in die Vorstädte, wo ihre Opfer – das heißt, Menschen wie Sie – noch leichtgläubiger und ahnungsloser sind.

Zwar ist die steigende Kriminalitätsrate die Hauptursache der Flucht aus den Vorstädten, doch gibt es auch andere Probleme. Verkehrsstaus und Umweltverschmutzung nehmen überhand, die Immobilienpreise schießen in die Höhe, und die einstmals vorbildliche Infrastruktur – Straßen, Geschäftsgebäude, Einkaufszentren, Schulen und so weiter – verschlechtert sich zusehends. Das Problem wird dadurch noch verschlimmert, daß den Vorstädten im allgemeinen die Steuereinnahmen aus Gewerbe und Industrie fehlen, mit denen sie die dringend notwendigen Reparaturen finanzieren könnten.

Wir können nicht damit rechnen, daß diese Entwicklungen in absehbarer Zeit zum Stillstand kommen. Das Verbrechen wird sich weiterhin in die Vorstädte verlagern, die Umweltverschmutzung wird nicht geringer werden, an den Schulen wird lange Zeit keine Trendwende möglich sein und auch die Verkehrssituation wird sich mit Sicherheit eher verschlechtern. Tatsächlich ist die Flucht aus der Vorstadt die einzig realisierbare Lösung für diese verheerenden sozialen Probleme. Dadurch wird sich der Bevölkerungsdruck verringern, der zu diesen Problemen beiträgt. In den kommenden Jahrzehnten wird genau dies eintreten – jedoch in einem weit größeren Ausmaß, als es sich die meisten Leute heute vorstellen können.

Dieser Exodus aus den Vorstädten wird zur Folge haben, daß die dortigen Immobilien trotz eines wirtschaftlichen Booms nur mäßig im Wert steigen werden. Dadurch wird die relative Steuerbelastung in den Vorstädten noch stärker ausfallen, was zu einer zunehmenden Gefährdung der Lebensqualität oder zu einem Anstieg der Lebenshaltungskosten in den Vorstädten führen wird. Die Bewohner der Vorstädte müssen sich überlegen, ob es klug ist, zu bleiben, selbst wenn sich der Bevölkerungsdruck verringert.

Andererseits bedeutet der bevorstehende suburbane Exodus nicht, daß die Vorstädte kleiner werden. Die Geschichte lehrt uns, daß Orte, von denen solche Bevölkerungsverlagerungen ausgehen, oftmals weiter wachsen. So hatten beispielsweise fast alle Großstädte vor einigen Jahrzehnten, als die Vorstädte in Mode kamen, in ihren zentrumsnahen Bereichen weniger Einwohner als heute. Der Unterschied ist nur, daß suburbane Immobilien dann weit weniger hohe Wachstums- und Wertsteigerungsraten aufweisen werden als in den siebziger und achtziger Jahren. Das tatsächliche Wachstum – und damit die Gelegenheit, echte finanzielle Gewinne zu machen – wird sich in den neuen Gebieten einstellen: den exurbanen Siedlungen, Kleinstädten, neuen Entwicklungszentren und innerstädtischen Bereichen.

DER NEUE AMERIKANISCHE TRAUM: LEBEN IN DER KLEINSTADT, VERDIENEN WIE IN DER GROSSSTADT

Würden Sie nicht auch gerne an einem sicheren Ort leben, wo Sie Ihre Nachbarn kennen, Verbrechen praktisch unbekannt ist und die Steuern niedrig sind – in einer Gegend, in der Sie sowohl auf die Lokalpolitik als auch das Schulsystem Einfluß nehmen können und dabei für ein Haus höchstens halb so viel wie in einer großen Vorstadt zahlen müssen?

Die Amerikaner haben zwei Jahrzehnte sozialer Experimente und technologischer Innovationen ertragen und genossen. Die akademisch gebildeten Baby-Boomer haben auf der Suche nach neuen Werten und neuen Lebensstilen alles ausprobiert – vom Leben als Hippie bis zum Leben als Yuppie, von Kokain bis Rogaine! Die Baby-Boomer erleben nun ihre eigene Midlife-Crisis. Wir besinnen uns wieder auf die Weisheit des Mittelweges, der alle Vorteile in sich vereint.

Die Baby-Boomer haben eine massive soziale Revolution in die Wege geleitet, die die USA in den nächsten Jahrzehnten verändern wird. Alle Revolutionen beginnen mit einer leidenschaftlichen Auflehnung gegen die Tradition. Wir schütten das Kind mit dem Bade aus. Während der folgenden Konsolidierungsphase erkennen wir, was wir ohne bösen Willen angerichtet haben, und heben das Kind wieder auf. Wir bewahren die besten Aspekte des Alten und kombinieren sie mit den besten Aspekten des Neuen. Die Baby-Boomer lehnten den Lebensstil ihrer Eltern ab: das Leben in der Vorstadt, die Konformität. Sie gaben sich weder mit standardisierten Produkten und Dienstleistungen noch mit einem leidenschaftslosen Leben zufrieden. Die Baby-Boomer wollen noch immer die Möglichkeit haben, ihrer Individualität Ausdruck zu verleihen, jedoch ohne gleichzeitig den Gemeinschaftssinn zu verlieren, auf der gute Familienbeziehungen, gute Freundschaft und gute Nachbarschaft beruhen.

Viel Baby-Boomer sehnen sich danach, wieder einen Ausgleich zwischen unseren materiellen Wünschen und dem Wunsch nach einem erfüllten Leben herzustellen, das mit mehr Bescheidenheit, Gemeinschaftssinn und einer beschaulicheren Gangart verbunden ist. Letzten Endes verbindet dieser Traum die Vorstellung der Hippie-Generation von einem einfachen Leben mit dem materiellen Überfluß, den die Yuppie-Generation genießt. Zum ersten Mal in unserer Geschichte steht uns die Technologie zu Verfügung, mit der wir dies verwirklichen können. In den letzten beiden Jahrzehnten ermöglichten es uns allein die enormen Veränderungen im Bereich der Kommunikationstechnologie, zum einfachen Kleinstadtleben zurückzukehren und dennoch in Verbindung zur Arbeitswelt der Großstädte zu bleiben.

Wie ich bereits in Kapitel 4 erwähnte, planen Craig McCaw und Boeing, bis zum Jahr 2002 insgesamt 430 Satelliten in eine erdnahe Umlaufbahn zu schicken, die die Bandweite und Informationskapazität der Faseroptik auch ländlichen Gebieten nahebringen werden. Andere Satellitensysteme werden in diesen Gebieten die Nutzung von Mobiltelefonen und Pagern sowie den preiswerten Empfang von Fernsehkanälen ermöglichen. Alles, was Sie in den größten Städten über das Internet, aus dem Fernsehen oder per Telefon erfahren können, wird Ihnen auch in einer Kleinstadt nähergebracht werden können, wenn auch oftmals zu geringfügig höheren Kosten. Wenn Sie jedoch mit einkalkulieren, welche Wohn- und Fahrtkosten Sie dadurch einsparen werden, daß Sie in einer Kleinstadt wohnen und arbeiten, fallen die zusätzlichen Belastungen praktisch nicht mehr ins Gewicht. Die satellitengestützte Kommunikation wird es vielen Freiberuflern ermöglichen, ihre Arbeit mit in die exurbanen Siedlungen zu nehmen. Andere werden Möglichkeiten entdecken, neue Unternehmen in diesen boomenden Städten zu gründen. Sie können ihr in der Großstadt erarbeitetes hohes Einkommensniveau beibehalten und gleichzeitig ihre Lebenshaltungskosten entscheidend senken. Der einzige echte Nachteil, den man beim Umzug in eine kleinere Stadt in Kauf nehmen muß, besteht in dem begrenzteren Angebot an exklusiveren Formen der Freizeitgestaltung, also zum Beispiel Theateraufführungen, Sinfoniekonzerten und Spitzenrestaurants. Deswegen werden die Bewohner dieser kleineren Städte vermehrt verreisen und häufige Wochenendausflüge in die Großstädte anstatt in idyllische Landstädtchen oder Ferienorte unternehmen. Einige werden sich sogar die ideale Kombination leisten können und sowohl über ein Ferienhaus als auch über eine Wohnung im Stadtzentrum verfügen; ihren Steuerwohnsitz werden sie jedoch in der kleineren Stadt haben. Die Stadtwohnung kann oftmals allein durch diese Steuerersparnis finanziert werden. Viele werden das Gemeinschaftsleben in renovierten Innenstadtvierteln suchen, in denen Enklaven mit dörflichem Charakter Arbeits-, Unterhaltungs- und Einkaufsmöglichkeiten auf engem Raum vereinen.

DER ULTIMATIVE TREND: WOHNGEGENDEN FÜR INDIVIDUELLE LEBENSSTILE

Die eigentliche Auswirkung der Informationsrevolution besteht darin, daß wir uns unwiderruflich von einer standardisierten Wirtschaft weg- und zu einer individualisierten Wirtschaft – wie wir sie bereits in Kapitel 2 beschrieben haben – hinbewegen. Die sich ausdehnenden suburbanen Siedlungen mit ihren identischen Häusern auf kleinen rechteckigen Grundstücken ohne Bäume, Bäche oder andere landschaftlich reizvolle Eigenschaften, repräsentieren den Inbegriff der alten Wirtschaft. Sie ließen von Anfang an keinen Raum für Kreativität – eine Situation, die sich nun aufgrund ihrer Übervölkerung noch schlimmer darstellt. Die hohen Kosten, die steigenden Kriminalitätsraten, die wachsende Steuerlast, die erdrückenden Verkehrsprobleme, die kaum erträgliche Umweltverschmutzung und die Verwahrlosung der Schulen und öffentlichen Einrichtungen führten dazu, daß die einstmals sicheren und preiswerten Wohngebiete für immer mehr Familien zum Alptraum wurden.

Wir können die meisten unserer augenblicklichen suburbanen Siedlungen nicht schlicht und einfach verändern: ihre genormte Gestaltung und das Fehlen jeglicher Art von Landschaftsarchitektur stehen bereits fest. Aus diesem Grund wird selbst in den besten suburbanen Wohnsiedlungen, die nur minimal von Kriminalitäts- und Verkehrsproblemen betroffen sind, die Wertsteigerungsrate in den kommenden Jahrzehnten beständig sinken.

Die neue individualisierte Wirtschaft bedeutet, daß wir uns eher nach einem individuellen Zuhause und interessanten Wohngegenden umsehen werden als nach den sterilen, gesichtslosen Wohnanlagen der Vergangenheit. Wir werden miterleben, wie innovative Wohnsiedlungen, für die ein neues Umfeld in wachsenden Kleinstädten, exurbanen Siedlungsbereichen und neuen Entwicklungszentren nötig sein wird, zunehmend in Erscheinung treten.

Wie wird dieses neue Wohnumfeld aussehen? Auf keinen Fall wie in den standardisierten suburbanen Siedlungen. Zunächst gilt es zu verstehen, daß es eine Vielzahl von Wohngegenden geben wird, die den neuen Lebensstilen gerecht werden, welche sich in unserer zunehmend individualisierten Wirtschaft herausbilden. Die hochentwickelten psychographischen oder Lebensstil-Modelle, die ich bereits erwähnt habe – von Claritas' *Prizm* über CACIs *Acorn* bis zu Donnellys *Lifestyle* –, teilen die amerikanischen Haushalte in 40-70 Lebensstilgruppen ein, die trotz mancher Gemeinsamkeiten hinsichtlich traditioneller demographischer Kategorien wie Einkommen, Alter und ethnischer Zugehörigkeit deutlich unterscheidbar sind.

Ich bevorzuge das Claritas-Modell wegen seiner logischen, nachvollziehbaren Einteilung und seiner anschaulichen Beschreibungen. Lebensstile wie „Blue Blood Estates" [„Hochherrschaftliche Anwesen"] oder „Shotguns and Pickups" [„Schrotflinten und Kleinlastwagen"] muß ich kaum beschreiben. Wir bekommen anhand der Namen nicht nur einen ersten Eindruck von ihnen, wir wissen auch fast sofort, ob sie unserem Lebensstil entsprechen. Jedes dieser Modelle hat seine Vorteile. Das Acorn-Modell von CACI konzentriert sich auf die Wohnmöglichkeiten, für die sich die Leute entscheiden, wodurch es vor allem für Immobiliengesellschaften und Investoren von Nutzen ist. Das Donnelly Lifestyles-Modell ist dann am besten geeignet, wenn bestimmte Lebensstilmerkmale bis hinunter zu den einzelnen Haushalten erfaßt werden sollen, und nicht nur Postleitzahlbereiche oder Wohnviertel .

Wir werden zunehmend nach Wohnsiedlungen, Gemeinden und Wohnvierteln Ausschau halten, die unseren individuellen Lebensstil widerspiegeln. Neue und attraktivere Wohngegenden, die unserem Wunsch nach einem individuellen und persönlich gestalteten Zuhause entsprechen, werden deshalb dramatisch an Wert gewinnen.

Gleich und gleich gesellt sich tatsächlich gerne. Darin besteht auch die Grundlage psychographischer Marketingmodelle. Unser Wohnumfeld spiegelt unsere Vorlieben bezüglich unseres Lebensstils wieder. Die Auswahl an solchen Lebensstilen wird sich aufgrund des Fortschritts der Informationstechnologien, die unsere Art zu arbeiten revolutionieren werden, in den nächsten Jahrzehnten beträchtlich erweitern. Wenn Sie den für Sie passenden Lebensstil oder eine Kombination von Lebensstilen bestimmt haben, können Sie preisgünstige Analysen von Unternehmen wie Claritas erwerben, die nicht in Frage kommende Städte aussieben und Ihnen so eine Menge Zeit sparen. Dann können Sie sich darauf konzentrieren, eine ausgewählte Gruppe von Städten auszuwerten, in denen es Ihnen wahrscheinlich am besten gefallen wird.

DIE SECHS AUSSCHLAGGEBENDEN EIGENSCHAFTEN DER BESTEN WOHNGEGENDEN

Es gibt sechs Eigenschaften, die die meisten erfolgreichen Wohngegenden gemein haben und nach denen Sie Ausschau halten sollten: ein neues Umfeld, das auch eine intelligente Stadtplanung für ein gesteigertes menschliches Miteinander einschließt; ein großzügiges Angebot an öffentlichen Freiflächen; die Möglichkeit zur freien Gestaltung des Eigenheims; sicherheitsorientierte Planung; öffentliche Einrichtungen; und eine hochentwickelte Kommunikationsinfrastruktur.

Siedlungsformen, die das menschliche Miteinander optimal fördern

Erstens werden diese Wohngegenden ein neues Umfeld darstellen, das zu einem der bedeutendsten Verbrauchertrends dieser Zeit paßt. Sie können sich eine Vorstellung davon machen, wie diese Wohngegenden aussehen werden, wenn Sie sich vor Augen halten, welche Ferienorte die Menschen für den Urlaub mit ihrer Familie wählen. Im allgemeinen besuchen sie saubere, sinnvoll angelegte Themen- und Vergnügungsparks wie zum Beispiel Disney World. Diese Parks besitzen den Charme einer Kleinstadt und strahlen Menschlichkeit und Lebensfreude aus, sie besitzen eine idyllische oder nostalgische Qualität und sind so angelegt, daß sie die natürlichen Gegebenheiten nutzen.

Intelligente und kreative Stadtplanung ist einer der Hauptgründe dafür, daß Urlauber in Orte wie Whistler (British Columbia) und Aspen strömen, und begründet auch die dort beständig hohen Immobilienwerte. Wie diese preisgekrönten Orte werden auch die besten neuen Wohngegenden ein neues Gesicht erhalten, das eine Rückkehr zur Vergangenheit darstellen wird. Wir werden innerstädtische Bereiche so gestaltet sehen, daß sie den angenehm altmodischen Charme von Kleinstädten um die Jahrhundertwende ausstrahlen – Bereichen also, die vor der Erfindung des Automobils geplant wurden und den beschaulicheren Fußgängerverkehr sicher und bequem machten. Die Innenstädte werden mit neuen Ideen in den Bereichen Unterhaltung und Einzelhandel aufwarten und Wohn-, Arbeits- und Einkaufsgelegenheiten miteinander verbinden. Die meisten Häuser beziehungsweise Wohnungen werden sich in zentrumsnaher Lage konzentrieren, von wo aus das Dienstleistungsviertel leicht zu erreichen sein wird.

Dies stellt eine radikale Abkehr von den Vorstädten dar. Die für die Großstadt typische Interaktion und die Spannung kehrt zurück, wird jedoch mit dem idyllischen Charme einer Kleinstadt kombiniert. Der Bedarf an Autos und die damit einhergehenden Verkehrsstaus und Parkprobleme, die Gefahr für die Fußgänger und die Umweltverschmutzung werden minimiert. Dieses dörfliche Lebensgefühl ist tatsächlich der Grund dafür, daß es viele Menschen wieder zurück in die Großstädte zieht, denn dort bilden sich vermehrt kleine Stadtviertel mit dörflichem Charakter heraus. Dörfliche Atmosphäre in der Großstadt? Das klingt widersprüchlich, ist es aber nicht. Es ist nur ein Ausdruck des Bedürfnisses nach einem Leben in einer echten Gemeinde, das viele von uns verspüren.

Der Disney-Konzern plante und errichtete vor kurzem seine erste Wohnsiedlung mit Namen „Celebration" vor den Toren von Disney World in Florida. Vielleicht ist die Siedlung nur der Anfang seines Engagements in der Immobilienbranche. Jedenfalls ist sie ein Beispiel für erfolgreiche Planung und zudem ein echter Verkaufserfolg. Weitere Beispiele für ähnlich gestaltete Siedlungen sind Seaside in Florida, MacKenzie Town in Calgary, Alberta, und Clover Valley Station in Surrey, Vancouver.

Großzügiges Angebot an öffentlichen Freiflächen

Zweitens werden die besten Siedlungen so gestaltet sein, daß ein maximales Angebot an öffentlichen Freiflächen zur Verfügung steht. Dazu gehören neben Flächen, die in ihrem naturgemäßen Zustand belassen werden, auch Parkanlagen und Erholungsgebiete mit sauberen und attraktiven Einrichtungen. Diese Freiflächen ermöglichen es der Natur, sich frei zu entfalten, und den Menschen, Ruhe zu finden – einen entspannten Spaziergang in den Wäldern zu genießen, auf einer Bank an einem Bachufer zu verweilen oder den Kindern dabei zuzuschauen, wie sie auf einem Spielplatz umhertoben.

Die Häuser und Einrichtungen werden so gestaltet sein, daß sie sich besser in die natürliche Umgebung einfügen. Auch große Städte werden zusätzliche Parkanlagen schaffen und mehr Freiflächen außerhalb der Stadt einplanen, um der Ausbreitung der Vorstädte Einhalt zu gebieten.

Möglichkeit zur freien Gestaltung des Eigenheims

Drittens wird man den Käufern innerhalb eines akzeptablen Gesamtplans ein Höchstmaß an Gestaltungsfreiheit gewähren, um ihren individuellen Vorstellungen entgegenzukommen. Beispielsweise können die Käufer über die Zahl der Schlafzimmer entscheiden, das Platzangebot und die Kommunikationsmöglichkeiten für Heimbüros, die Gestaltung der Räumlichkeiten für Familie und Freizeit, die Deckenhöhe und -form sowie weitere Details wie Oberlichter, Kamine und Swimming- oder Whirlpools.

Sicherheitsorientierte Planung

Viertens wird die Sicherheit eine wichtige Rolle in diesen neuen Gemeinden spielen. Die Geschichte der Menschheit macht deutlich, daß die meisten von uns nun in zunehmendem Maße gegen das gefährliche natürliche Umfeld geschützt sind, das einst die Lebenserwartung stark reduzierte. Wir werden weiterhin die angenehmen Seiten des Lebens genießen und die bedrohlichen Aspekte ausschließen wollen – auch wenn dies bedeutet, daß die ursprüngliche, natürliche Umwelt zum Teil aus unserem unmittelbaren Lebensraum verbannt wird. Das ist auch der Grund dafür, daß Wildwasser-Rafting den meisten Menschen zu riskant ist, obwohl es viel Spaß machen kann – oder auch dafür, daß heute die besten Zoos einerseits ihre Tiere in einer Umgebung präsentieren, die so natürlich wie möglich gestaltet ist, und andererseits Tiere und Besucher in sicherer Entfernung voneinander halten, obwohl Ausflüge in die Wildnis zur Beobachtung von Tieren sicher spannend und außerordentlich lehrreich sind. Und noch ein Beispiel: Zahllose Menschen, die von der Erdbebensimulation in den Universal-Filmstudios begeistert sind, verspüren trotzdem nicht den leisesten Wunsch, ein echtes Erdbeben mitzuerleben.

Die besten neuen Wohngegenden werden ihren Bewohnern ein Gefühl der Sicherheit vermitteln. So werden zum Beispiel Parkanlagen und Erholungsgebiete ansprechend gestaltet und gut beleuchtet sein. Bei der Planung innerstädtischer Einkaufsbereiche wird auch die Sicherheit der Fußgänger Berücksichtigung finden; vielleicht werden dazu attraktive

Einkaufszonen ausschließlich für Fußgänger geschaffen werden, damit Familien sicher umherschlendern und die gemächlichere, ungezwungene Gangart genießen können, die ein Merkmal dörflichen Lebens ist. Diese Art von sicherheitsorientierter Planung beschränkt sich nicht nur auf Kleinstädte. Santa Barbara ist ein großartiges Beispiel für eine Großstadt, die ein Einkaufsdorf inmitten des Stadtzentrums vorweisen kann. Dieses wunderschöne Viertel zieht eine riesige Zahl von einheimischen und auswärtigen Besuchern an.

Öffentliche Einrichtungen

Fünftens werden diese Gemeinden großangelegte öffentliche Einrichtungen besitzen, die für den Lebensstil, den sie ermöglichen, von entscheidender Bedeutung sind. Für die wohlhabenderen Berufstätigen ist ein Golfplatz unabdingbar. Für Gemeinden mit einem hohen Anteil an einheimischen Unternehmen ist ein zentrales Geschäftszentrum notwendig. Hausbesitzer mit Kleinkindern werden Kindertagesstätten fordern. Die meisten Gemeinden werden Wert auf Freizeitzentren mit Schwimmbädern, Turnhallen, Tennisplätzen und so weiter legen.

Kommunikationsinfrastruktur

Sechstens und letztens werden die besten neuen Wohngegenden eine gemeinsame, hochentwickelte Kommunikationsinfrastruktur besitzen, die auf elektronischem Weg für Unterhaltung, Bildung und Möglichkeiten zur Geschäftsabwicklung sorgt. Diese Entwicklung – der eigentliche Segen der Informationsrevolution – ist notwendig, damit die Nachteile, die aus der Abgelegenheit des Wohnorts entstehen, so gut wie möglich wettgemacht werden können.

Die in Bezug auf Lebensqualität und finanzielle Wertsteigerung attraktivsten Siedlungsgebiete werden die geplanten Wohngegenden in wachsenden neuen Großstädten, Kleinstädten und exurbanen Siedlungsgebieten sein. Wenn Sie planen, Ihren Wohnort zu verlegen oder Ihr Unternehmen zu vergrößern, und eine intelligente Investitionsentscheidung treffen wollen, sollten Sie darauf achten, Immobilien in Gebieten zu erwerben, die während des nächsten großen Immobilienbooms eine Wertsteigerung erleben werden. Ganz oben auf Ihrer Liste sollten Wachstumszentren stehen, die Ferienhäuser für Baby-Boomer und Mietwohnungen für die Kinder der Baby-Boomer anbieten können. Diese geplanten Wohngegenden können mit ähnlichen Eigenschaften wie die des Disney-Konzerns aufwarten: Sie bieten ein angenehmes Ambiente, Sauberkeit und Sicherheit. Sie stellen zentrale Einrichtungen zur Verfügung, die für die Gemeinde einen hohen Stellenwert besitzen und von allen zu erschwinglichen Preisen genutzt werden können. Sie bieten hochentwickelte Kommunikationseinrichtungen an, die Ihnen – abgesehen von den Möglichkeiten zur Geschäftsabwicklung – auch die Welt der elektronischen Unterhaltung und Bildung in die eigenen vier Wände bringen.

Wahrscheinlich leben Sie momentan nicht an einem solchen Ort. Vielleicht ist es an der Zeit, daß Sie sich nach einer Stadt oder einer Gemeinde umsehen, die Ihren Werten und Ihrem Lebensstil entspricht und Ihrer Familie hilft, wichtige Lebensziele beinahe mühelos zu verwirklichen. Von allen Entscheidungen, die Sie treffen, könnte diese Ihre Lebensqualität am stärksten beeinflussen und zudem die größte Auswirkung auf Ihren Vermögensstand in ein paar Jahrzehnten haben. Wenn Sie ernsthaft in Immobilien investieren wollen, kann Ihnen die Anwendung der Ratschläge in diesem Buch mit Sicherheit den Weg zu immensen Profiten ebnen.

ZIEHEN SIE IN ERWÄGUNG, IHR LEBEN JETZT ZU ÄNDERN!

Ich möchte, daß Sie – wenigstens für einen Augenblick – Ihre vorgefaßte Meinung darüber, wo Sie in Anbetracht Ihrer beruflichen und familiären Verpflichtungen leben könnten, beiseite legen. Stellen Sie sich einfach folgende Frage: Wenn ich an einem beliebigen Ort auf der Welt wohnen könnte, welchen Ort würde ich wählen?

Das soll nicht heißen, daß Sie Ihre sämtlichen Verpflichtungen fallen lassen, Ihre Familie und Ihre Freunde verlassen und am Wochenende nach Bora Bora ziehen sollen. Dennoch sollte sich jeder einmal die Freiheit nehmen, sich ernsthaft Gedanken über seinen idealen Wohnort zu machen – gerade jetzt! Die massiven Veränderungen im Bereich der Kommunikationstechnologien, deren Beginn wir gerade miterleben, werden es uns leichter denn je machen, zu leben, wo wir wollen, und den Beruf auszuüben, der uns Spaß macht. Wer kreativ und zielstrebig ist, kann sich dann an seinem idealen Zuhause erfreuen und seinen idealen Arbeitsplatz bekommen.

Die Frage: „Wo möchte ich leben?", läßt sich am einfachsten beantworten, wenn man sich Reisen ins Gedächtnis zurückruft. Wo haben Sie sich am wohlsten gefühlt? An welchem Ort waren Sie am aktivsten und zufriedensten? Diese Fragen beantwortet jeder anders. Einige lieben die Strände und das tropische Klima Mauis; andere begeistern sich für die Skipisten in der Nähe von Aspen oder das Collegestädtchen Bloomington in Indiana; die Stille der sonnendurchfluteten Wüste um Tucson; die roten Felsen in Sedona, Arizona; das Mekka der Countrymusik in Branston, Missouri; das Golf- und Tennisparadies Hilton Head; die sanften Hügel und herbstlichen Farben in der Umgebung von Stowe, Vermont; das ganzjährig geöffnete Shakespeare-Theater und die exquisiten Restaurants in Ashland, Oregon; die Hütte am ruhigen See im nördlichen Minnesota oder den altmodischen Marktplatz im kalifornischen Healdsburg und die üppigen Weinberge der Umgebung.

Sie sollten sich wirklich einmal die Zeit nehmen, sich den Ort, an dem Sie sich bisher am ehesten zuhause gefühlt haben, wieder genau vorzustellen. Denken Sie an einen Ort, den Sie auf Ihrer nächsten Urlaubsreise vielleicht wieder aufsuchen möchten – einen Ort, den Sie nicht einfach näher erkunden wollen, sondern an den Sie immer wieder zurückkehren würden. Das wird folgende Frage aufwerfen: Warum sollte ich nicht dort leben, sei es jetzt oder irgendwann in naher Zukunft? Warum bis zum Rentenalter warten, in dem viele Menschen in zunehmendem Maße körperlich eingeschränkt sind? Warum nicht schon in den besten Jahren wechseln, vor allem, wenn die Kinder anfangen, auf eigenen Füßen zu stehen? Erst wenn Sie sich darüber klar geworden sind, wo Sie gerne leben würden, wenn es keine Hindernisse gäbe, sollten Sie sich diese Hindernisse einmal näher ansehen und sie auf kreative Weise angehen. Zuerst kommt die Vision. Danach die Strategie.

Wenn Sie Ihre Kreativität einsetzen und sich nicht zu viele Beschränkungen auferlegen, ist es durchaus möglich, daß Ihnen einfällt, wie Sie dort leben können, wo Sie schon immer wollten, ohne für diesen Luxus Einkommenseinbußen hinnehmen zu müssen.

Ein kurzes Beispiel: Sie leben in einer großen Stadt wie San Francisco und Ihre Kinder gehen noch in die Sekundarschule. Die kalifornische Lebensart sagt Ihnen zu, Ihre Kinder sind mit der Schule zufrieden und haben gute Freunde, die Kriminalitätsrate steigt jedoch an, und der Drogenhandel an der Schule Ihrer Kinder wird schlimmer. Außerdem sind Ihre besten Freunde weggezogen, so daß die ruhige Vorstadtsiedlung nicht mehr dieselbe Anziehungskraft besitzt wie noch vor Jahren. Wenn Sie Ihre Steuern zusammenrechnen – von der Warenumsatzsteuer über die Einkommensteuer und Kraftfahrzeugsteuer bis hin zur Grund- und Vermögenssteuer –, kommt eine enorme Summe zusammen. Diese Unkosten lassen den extrem hohen Preis für ein nettes, einfaches Mittelklassehaus mit drei Schlafzimmern (etwa 450 000 Dollar) noch lächerlicher erscheinen. Hinzu kommt, daß Sie und Ihr Lebenspartner jeden Tag ein bis zwei Stunden für dem Weg zur Arbeit und zurück verbringen, anstatt das Eigenheim zu genießen, für dessen Finanzierung Sie so hart arbeiten.

Sie haben gerade erst ein Buch oder einen Artikel über Menschen gelesen, die wieder zurück in Kleinstädte ziehen. Sie haben sich vorgestellt, wie es wäre, wenn Sie in Colorado, Utah oder Idaho leben würden, wo es eine große Gemeinde von Menschen wie Ihnen gibt und natürlich auch ausgezeichnete Gelegenheiten zum Skifahren, Ihrem bevorzugten Zeitvertreib. Dann halten Sie sich die Hindernisse vor Augen: Sie sind Börsenmakler und haben Kunden in San Francisco. Wie sollten Sie in Park City, Utah, oder Aspen, Colorado, Ihren Lebensunterhalt verdienen? Würden Ihre Kinder den Umzug nach Aspen oder Park City verkraften? Würde Sie die Kleinstadt nicht vielleicht irgendwann langweilen?

Bevor Sie mit Ihren Kindern sprechen – woran Sie wahrscheinlich zu allererst denken werden – sollten Sie sie auf längere Urlaubsreisen von mindestens einer Woche nach Park City oder Aspen mitnehmen. Lernen sie Leute kennen, die sie sympathisch finden? Gefällt ihnen die Reise genauso gut wie Ihnen? Sind die Schulen dort gut? Wenn Ihre Kinder Gefallen an dem Ort finden, können Sie einen Umzug ernsthaft in Betracht ziehen.

Wenn Ihre Kinder kein Interesse zeigen, stehen Ihnen noch zahlreiche weitere Optionen offen. Vielleicht ist diese Stadt der ideale Ort für Sie, und Ihre Kinder wären in einem privaten Internat ohnehin besser aufgehoben. Der Besuch dieser Schulen ist teuer, könnte aber durch den Umzug finanziert werden: Durch den Verkauf Ihrer Stadtwohnung würden sich enorme Veräußerungsgewinne ergeben, und aufgrund künftig niedrigerer Steuern Einkommensvorteile. Vielleicht gibt es noch andere Orte mit einem großartigen Schulsystem, die den von Ihnen gewünschten Lebensstil ermöglichen, wie beispielsweise Stowe oder Waterbury in Vermont.

Wenn Sie glauben, Sie seien nicht in der Lage, diese Nachforschungen selbst anzustellen – einen geeigneten Wohnort für Ihre Familie zu finden und ohne eine gewisse Sicherheit ein neues Unternehmen oder einen neuen Job zu beginnen –, steht Ihnen auch Hilfe zur Verfügung. So konzentriert sich die Maklerfirma Edward Jones auf die Gründung von Maklerbüros in Kleinstädten, also genau den Orten, die Sie für einen Umzug in Betracht ziehen. Vielleicht braucht das Unternehmen einen Makler in einem der Orte, die Sie interessieren. Mit der Hilfe von Edward Jones könnte es Ihnen schnell gelingen, dort ein Unternehmen zu gründen – falls Ihre Kinder bereit sind, schon jetzt umzuziehen.

Es kann natürlich auch sein, daß Sie mit dem Umzug an einen dieser Orte einfach nur solange warten müssen, bis Ihre Kinder von der Schule abgehen. Wenn das so ist, was hält Sie dann davon ab, sich dort schon jetzt ein Haus oder eine Eigentumswohnung zu kaufen und für den Urlaub zu nutzen oder zu vermieten, wenn Sie selbst nicht dort wohnen? Auf diese Art lenen Sie die Stadt besser kennen, bevor Sie selbst dorthin ziehen, laufen nicht Gefahr, später einen weitaus höheren Preis bezahlen zu müssen, und können Ihr Vermögen in der Zwischenzeit noch vermehren.

Wenn Sie an einem Ort als Börsenmakler arbeiten und Ihr Einkommen beibehalten wollen, warum eröffnen Sie dann nicht ein Teilzeitbüro in Ihrem neuen Wohnort, während Sie noch eine Niederlassung in San Francisco unterhalten? So hätten Sie öfter einen Anlaß, an diesem neuen Ort Urlaub zu machen oder zu arbeiten. Gleichzeitig würden sich Ihnen hervorragende Steuersparmöglichkeiten bieten. Und Sie können ohne weiteres einen Assistenten und einen Anrufbeantworter an beiden Orten haben und mit Ihren Kunden von beiden Orten aus per Telefon oder Computer kommunizieren. Ist eine Stadt wie Aspen nicht genau der Ort, an dem Sie die wohlhabende Klientel vorfinden, die Ihre Dienste benötigt?

Ein derartiger Plan könnte, solange Ihre Kinder noch zur Schule gehen, die perfekte Übergangslösung sein. Außerdem könnten Sie Ihre Maklertätigkeit irgendwann ausschließlich in Aspen ausüben und Ihre Firma in San Francisco an einen anderen Makler verkaufen. So stünde Ihnen eine noch größere Summe für die Anzahlung zur Verfügung, die es Ihnen ermöglichen würde, Ihr Traumhaus zu bauen und Teilzeit zu arbeiten, oder aber als Kapitalreserve, die Ihnen einen bequemen und sorglosen Ruhestand sichern könnte.

Sie denken vielleicht, daß nicht jeder so informationsintensive Gewerbe wie den Aktienhandel, die Schriftstellerei, Analysten- oder Beratungstätigkeiten betreibt, die relativ leicht an einem neuen Ort ausgeübt werden können. Betrachten wir also ein anderes Beispiel. Sie könnten für eine Produktionsfirma arbeiten wie zum Beispiel ein Stahlunternehmen oder eine Fahrradfabrik. Da Ihr Arbeitsplatz aber an die eigentliche Produktionsstätte gebunden ist, können Sie nicht einfach eine Filiale in einer neuen Stadt eröffnen. Vielleicht glauben Sie, daß Großunternehmen wie das Ihre immer in Großstädten oder Vororten angesiedelt sind und Sie deshalb in einer Kleinstadt keine vergleichbare Stelle finden können?

Halt! Sehen Sie sich ein paar der schnell wachsenden und eher nischenorientierten Firmen in Ihrer Branche näher an, zum Beispiel Kleinbetriebe, die Stahlprodukte oder Mountainbikes herstellen. Sie werden sofort feststellen, daß es weit größere Möglichkeiten gibt, als Sie zunächst angenommen hatten. Sie stellen fest, daß es einen aufstrebenden Fahrradhersteller gibt, der noch bessere Karrieremöglichkeiten bietet und gerade erst eine Produktionsstätte in Durango, Kalifornien, in der Nähe der Skigebiete eröffnet hat. Oder Sie entdecken einen Kleinbetrieb, der in den äußersten Randbezirken von Charlotte in North Carolina eröffnet hat, in der Nähe der Berge und der Ski-Zentren.

Wichtig ist, daß Sie sich in einer Zeit, in der ein derart beispielloser Wandel vonstatten geht, ein nicht zu eng gefaßtes Bild davon machen, was Sie erreichen oder wo Sie leben können. Wenn sich Unternehmen umstrukturieren oder neu definieren können, dann können Sie das auch!

WERDEN SIE SICH ÜBER IHRE PERSÖNLICHEN BEDÜRFNISSE UND PRIORITÄTEN KLAR

Jetzt, da Ihr Interesse an den neuen Wachstumszentren geweckt ist und Sie eine Vorstellung von dem Ort, an dem Sie leben möchten, entwickelt haben, ist es an der Zeit, praktischere Überlegungen anzustellen. Wenn Sie primär aus Anlagegründen kaufen, steht der Gewinn absolut im Vordergrund. Sie können sich also an alle die Wertsteigerung betreffenden Richtlinien in diesem Kapitel und im gesamten Buch halten und Ihre persönlichen Vorlieben hintenan stellen.

Wenn Sie jedoch einen Hauptwohnsitz oder ein Ferienhaus kaufen, sollten Sie die folgende Reihe von Fragen durchgehen, um zu bestimmen, in was für einer Klein- oder Großstadt Sie gerne leben würden. Das Entscheidende ist, daß Sie Ihre Bedürfnisse hinsichtlich Ihres Lebensstils mit den Gebieten vereinbaren, die am wahrscheinlichsten an Wert gewinnen und Ihr Vermögen mehren werden. Stellen Sie sich deshalb die folgenden Fragen:

Was schätzen Sie am meisten an einer Lebensumgebung?

Verschiedene Kleinstädte und Entwicklungszentren bieten sehr unterschiedliche Lebensumgebungen. Wägen Sie sorgfältig ab, was Sie an einer Wohnumgebung schätzen und worauf Sie nicht verzichten können. Kein Detail ist zu gering, wenn es für Sie wichtig ist. Ziehen Sie zum Beispiel eine Gegend vor, die schöne Natur zu bieten hat – Strände, Grundstücke an Seen, Berge, Grünflächen, saubere Luft und viel Sonne? Legen Sie größten Wert auf gute Schulen, eine niedrige Kriminalitätsrate, bestimmte Freizeit- oder Sportmöglichkeiten, kulturelle Aktivitäten und gute Nachbarschaft? Wollen Sie Ihre Wohnkosten senken und wünschen sich ein einfacheres Leben? Suchen Sie eine homogene oder exklusive Gemeinde, die ihre Interessen teilt, oder legen Sie mehr Wert auf Vielfalt? Sehnen Sie sich nach einer gemütlichen Kleinstadt, in der vor allem Familien leben, und die eine große Auswahl an Aktivitäten für die ganze Familie bietet? Legen Sie Wert darauf, daß eine bestimmte Konfession in Ihrer Nachbarschaft stark vertreten ist?

Für viele von uns ist es keine leichte Aufgabe, ernsthaft darüber nachzudenken, was uns am meisten bedeutet, weil wir viele Dinge als selbst-verständlich erachten. Wir schenken Dingen, die uns mißfallen, weit mehr Aufmerksamkeit als denen, die wir lieben! Die Zeit, die Sie sich nehmen, um Orte auszuwählen und diese danach aufzusuchen, wird nicht verschwendet sein.

Welche beruflichen Infrastrukturen und Einrichtungen benötigen Sie?

Eine weiterer wichtiger Gesichtspunkt sind die Einrichtungen, die Sie benötigen, um Ihr Unternehmen in der neuen Region zu leiten oder mittels Telekommunikation den Betrieb an Ihrem momentanen Standort fortzuführen. Besitzt der Ort beispielsweise Grundvoraussetzungen wie Kopierläden mit umfassendem Service, eine verläßliche Postzustellung über Nacht und günstig gelegene chemische Reinigungen? Bietet er auch höherentwickelte Einrichtungen wie zum Beispiel für Videokonferenzen an? Gestattet das Telefonnetz Ihnen einen unkomplizierten Zugang zum Internet? Wenn dies nicht der Fall sein sollte, können Sie dann in privat oder geschäftlich nutzbare Technologien wie zum Beispiel Satelliten-anlagen investieren, die Ihren Ansprüchen gerecht werden? Gibt es einen Flughafen mit regelmäßigen Flügen zu wichtigen Großstädten oder Flug-verkehrsknotenpunkten, die Sie für Ihre Geschäftsreisen nutzen können? Könnten ungünstige Wetterumstände Sie daran hindern, zu Ihren Ge-schäftspartnern oder Kunden zu reisen? Wie leicht könnten Sie zu einem größeren Flughafen gelangen, wenn dies notwendig sein sollte?

Welche Möglichkeiten gibt es, ein Unternehmen zu gründen oder zu übernehmen?

Wenn Sie ein neues Unternehmen gründen oder Ihr bestehendes um-siedeln wollen, benötigen Sie Informationen über das Marktpotential, die Konkurrenz und die Gründungskosten. Stellen Sie sich folgende Fra-gen: Ist an diesem Ort eine für Ihr Unternehmen ausreichende und noch wachsende Zahl von Kunden vorhanden? Stimmt das demogra-phische oder psychographische Profil des Ortes mit Ihrem momentanen oder angestrebten Kundenstamm überein? Steht ein Unternehmen, wie Sie es leiten möchten, zu einem vernünftigen Preis zum Verkauf? Wird Ihr Potential unter Umständen entscheidend eingeschränkt, da die Art von Unternehmen, die Sie zu gründen beabsichtigen, bereits auspro-biert worden ist? Oder gibt es ein erfolgreiches Konzept, das Sie von ähnlichen Orten kennen und das in dieser Stadt bisher noch nicht ein-geführt wurde?

Gibt es Beschäftigungsmöglichkeiten, die meinen Fähigkeiten und Einkommensbedürfnissen entsprechen?

Wenn Sie nicht vorhaben, am künftigen neuen Ort ein Unternehmen zu gründen oder zu kaufen, jedoch auf eine Beschäftigung angewiesen sind, sollten Sie nicht einfach davon ausgehen, daß jede Stadt, die wächst, auch die passenden Möglichkeiten bietet.

Viele Orte beschäftigen nur Dienstleistungsangestellte mit relativ geringen Qualifikationen, die niedrige Löhne erhalten, oder werden von gesonderten Wirtschaftszweigen wie der Landwirtschaft oder dem Bergbau beherrscht. Oft sind aber auch Unternehmen, die sich neu ansiedeln, hochspezialisiert und benötigen Arbeitskräfte mit entsprechenden Qualifikationen – beispielsweise im Bereich der Softwareentwicklung. Fragen Sie sich, ob der Ort Unternehmen anzieht, für die Sie gerne arbeiten würden und die Ihre Fähigkeiten brauchen könnten. Oder überlegen Sie sich, ob Sie sich die Fähigkeiten aneignen könnten, die an dem betreffenden Ort am meisten benötigt werden, und wie viel Zeit dies in Anspruch nehmen würde. Gibt es dort Weiterbildungsprogramme an Berufsschulen beziehungsweise bieten die Arbeitgeber selbst entsprechende Schulungen an? Oder müßten Sie sich diese Fähigkeiten aneignen, bevor Sie umziehen?

Sind Ausbildungs- und Kultureinrichtungen für Sie und Ihre Kinder vorhanden?

Wenn Sie Kinder haben, sollten Sie nicht automatisch davon ausgehen, daß Kleinstädte über ausgezeichnete Schulsysteme verfügen. Die Schulen sind wahrscheinlich sicherer, bieten aber möglicherweise nicht die Bandbreite an anspruchsvollen Fächern, die Ihre Kinder zufriedenstellen würde. Sie müssen vielleicht Privatschulen oder Internate in Erwägung ziehen oder sich nach einem Ort umsehen, der solche Lehrpläne und Lehrer vorweisen kann, die Ihre Kinder genügend fordern.

Folgende weitere Fragen gilt es vorab zu klären: Werden sich Ihre Kinder gut integrieren können? Bietet der Ort ausreichend Angebote in den Bereichen Sport, Freizeit und Kultur? Wenn nicht, werden in der Nähe Sommerlager oder Wochenendaktivitäten angeboten? Und wie steht es mit Ihren eigenen Bedürfnissen hinsichtlich der Erwachsenenbildung? Können Sie diese am Ort, in einer nahegelegenen Großstadt oder über das Internet ausreichend befriedigen?

Sind Sie sicher, daß Ihnen Ihre neue idyllische Umgebung nicht irgendwann langweilig wird?

Viele Menschen machen gerne auf einer einsamen Insel oder in einem Bergdorf Urlaub. Ohne die Unterhaltung und ohne die Einkaufsmöglichkeiten, Restaurants, Bildungsangebote, öffentlichen Einrichtungen und geschäftlichen Dienstleistungen, die wir in Großstädten für selbstverständlich erachten, würden sie sich jedoch bald langweilen. Die Informationsrevolution wird uns in dieser Hinsicht künftig weitaus mehr Möglichkeiten bieten und diese Situation beträchtlich verändern – aber es wird nicht vollkommen sein.

Um sich in einer Kleinstadt einleben zu können, müssen Sie einen ruhigeren, einfacheren Lebensstil schätzen oder die Möglichkeit haben, häufig in die Großstadt zu reisen. Erwägen Sie, dort einen längeren Ferienaufenthalt oder Bildungsurlaub zu verbringen, bevor Sie umziehen. Verbringen Sie zumindest einen Monat an dem Ort, der Sie interessiert. Dadurch bekommen Sie einen umfassenden Eindruck von der Lebensart, den Menschen und den vorhandenen Möglichkeiten.

Könnte künftiges Wachstum Ihr neues häusliches Idyll zerstören?

Selbst wenn Sie die perfekte Stadt oder Wohngegend für Ihren Lebensstil und Ihre geschäftlichen Bedürfnisse gefunden haben, könnte diese eben aufgrund ihres künftigen Wachstums, das Menschen wie Sie anzieht, bald Schwachstellen aufweisen.

Vergewissern Sie sich, daß die Gemeinde eine klare Wachstums- und Raumplanung vorweisen kann, die ihre attraktiven Eigenschaften bewahrt. Welche Art von Menschen zieht dorthin? Passen sie zu Ihrem Lebensstil? Werden sie mit den Einheimischen friedlich zusammenleben oder starke Reibungen und politische Konflikte auslösen? Siedeln sich vor Ort Unternehmen an, die Umwelt- und Verkehrsprobleme verursachen oder die ruhige Atmosphäre zu stark beeinträchtigen werden? Gibt es Pläne für größere Entwicklungen, die heute noch nicht abzuschätzen sind? Besteht eine Bedrohung durch Giftmülldeponien, Pestizide oder andere Altlasten, die nicht allgemein bekannt sind?

All dies sind wichtige Fragen bei der Auswahl einer neuen Region. Sie möchten ja schließlich nicht, daß Ihr Idyll eines Tages plötzlich der Vorstadt gleicht, die Sie gerade hinter sich gelassen haben.

ZUSAMMENFASSUNG

Der wichtigste Schritt, den Sie unternehmen können, ist, sich darüber klar zu werden, was Sie am Leben schätzen und was Ihre geschäftlichen beziehungsweise beruflichen Belange erfordern. Haben Sie diese Fragen geklärt, können Sie eine Reihe von Kriterien heranziehen, um festzustellen, welcher Ort Ihren Ansprüchen genügt und zugleich das größte Geschäftspotential und die besten Aussichten auf die Wertsteigerung einer Immobilienanlage birgt. Letzten Endes gibt es keinen Ersatz für einen persönlichen Besuch – vielleicht sogar einen längeren Aufenthalt –, um einen unmittelbaren Eindruck von Ihrem auserwählten Ort zu erhalten. Ein Umzug ist eine wichtige Entscheidung, für die Sie schon entsprechend Zeit investieren sollten, selbst wenn dies bedeutet, daß Sie im Vorfeld Urlaub nehmen und zusätzliche Kosten für die Anreise und die Unterkunft aufwenden müssen. Vor einem Besuch können Sie die Auswahl allerdings rasch auf die wenigen Gebiete einschränken, die auf dem Papier einen guten Eindruck machen. Sie können hierbei auf eine riesige Menge von wertvollen Daten zu relativ geringen Kosten zurückgreifen. Lesen Sie weiter, um herauszufinden, wo und wie Sie diese Daten erhalten.

KAPITEL 11:
Die neun Gesichter Penturbias:
Neue Wachstumsbereiche
im Immobiliensektor

Die nächste Bevölkerungsverlagerung besteht nicht nur in einem Trend hin zur Kleinstadt, sondern bedeutet auch eine Rückbesinnung auf die Gemeinde. Zu den besten Anlagemöglichkeiten zählen die neuen Entwicklungszentren, die exurbanen Siedlungen und ein gewisser Teil der revitalisierten urbanen und suburbanen Viertel. Selbst die aufstrebenden Kleinstädte werden eine größere Vielfalt bieten, als Sie sich vorstellen können!

Der entscheidende Punkt ist, daß Ihnen eine breite Auswahl an Investitions- und Wohnmöglichkeiten offensteht. Man könnte sogar sagen, daß das charakteristische Merkmal dieser Bevölkerungsverlagerung die Auswahl ist. Sie müssen sich nicht zwischen Ihrem Zuhause und der Arbeit entscheiden. Sie werden erstmals ein Zuhause finden können, das zum einen Ihrer Arbeit entgegenkommt und es Ihnen zum anderen ermöglichen wird, nicht nur an den Wochenenden, sondern jeden Tag so zu leben wie Sie wollen.

Ich habe unterschiedliche Arten von Wachstumszentren in neun grobe Kategorien eingeteilt, mit deren Hilfe Sie die besten Investitionsmöglichkeiten erkennen können. Ob Sie nun ein Geschäftsmann beziehungsweise eine Geschäftsfrau auf der Suche nach einer neuen Verkaufsstelle sind, nach einer vielversprechenden Immobilienanlage Ausschau halten oder ein Eigenheim kaufen und Ihren Lebensstil ändern wollen – es gibt ein passendes Wachstumszentrum für Sie.

Ich beginne diese Zusammenfassung mit den aufstrebenden Kleinstädten, in denen die besten Aussichten auf einen hochwertigen Lebensstil, wirtschaftliches Wachstum und Kapitalwertzuwachs bestehen.

KATEGORIE 1:
ERHOLUNGSORTE

Das kraftvolle Zusammenwirken zweier Entwicklungen – der nächsten großen Bevölkerungsmigration in die Kleinstädte und des Umstandes, daß die älter werdenden Baby-Boomer immer mehr Ferienhäuser kaufen werden – wird dazu führen, daß kleine Urlaubsorte und Erholungsgebiete die besten Immobilienanlagen ermöglichen werden. Diese hochinteressanten kleineren Städte sind zumeist in abgelegenen Gegenden zu finden, und zwar einfach deswegen, weil dort gemeinhin auch die Landschaft am attraktivsten ist. Die Schönheit der Natur verleiht diesen Orten ihre Besonderheit. Dazu kommen die Erholungsmöglichkeiten, die idyllische Atmosphäre und, in einigen Fällen, die Exklusivität dieser Orte.

Da wirklich schöne Erholungszentren nur in begrenzter Zahl vorhanden sind, ziehen diese Orte gewöhnlich die wohlhabendsten Pensionäre und Baby-Boomer an. Aspen in Colorado ist ein perfektes Beispiel. Weitere Orte sind Vail, Hilton Head, St. Bart's, St. Martin's, Maui, Martha's Vineyard, South Hampton, Palm Beach, Sun Valley, Lake Tahoe, Palm Springs, Scottsdale, Jackson Hole, Santa Fe, Stowe, Bar Harbor, Carmel, Santa Barbara, Napa Valley, Taos und Park City sowie Whistler, Banff und Mont Tremblant in Kanada.

Aspen ist vielleicht das klassische Beispiel für einen bekannten Urlaubsort, der in den fünfziger Jahren eine ausgezeichnete Investition für clevere Käufer darstellte. Damals hätten Sie für ein paar Tausend Dollar Grundstücke erwerben können, die heute Millionen kosten! Aspen begann seinen Aufschwung als Anlaufstelle für eine exklusive, gemischte Gruppe von wohlhabenderen Menschen, die Gefallen am Skifahren und der dortigen Lebensart fanden. Aspen entwickelte sich beständig zu einem Rückzugsort für Reiche und Berühmte sowie begüterte Touristen. Heute besitzt Aspen sogar ein Hard Rock Café und ein Planet-Hollywood-Restaurant – was kaum der Vision derer entsprechen dürfte, die dort Immobilien kauften, als Aspen nur eines von vielen Städtchen in den Bergen Colorados war.

Was sich zunächst in den fünfziger Jahren in Aspen abspielte, ereignete sich in den sechziger Jahren in Santa Fe, in den Siebzigern in Telluride und in den achtziger Jahren in McCall, Idaho. Sie werden sich ausmalen können, welche enormen Profite sie erzielen werden, wenn Sie in den nächsten boomenden Urlaubsort investieren, bevor es alle anderen tun.

Ein Demographie- und Lebensstil-Profil von Aspen

Werfen wir einen Blick auf das Demographie und Lebensstil-Profil von Aspen, einem ausgereiften Wachstumszentrum. Aspen ist ein klassischer Ort für anspruchsvolle Urlauber und Bewohner, die ihrem Geschäft oder Beruf mittels der Telekommunikation nachgehen. Hier finden wir die höchsten Immobilienpreise und die exklusivste Ausprägung der Rückkehr zur ländlichen Lebensart. Das Wachstum ist in Aspen trotz der sehr hohen Wohnkosten und der Bevölkerungssättigung weiterhin ziemlich stark. Tatsächlich erleben derzeit Ortschaften im Umkreis von bis zu 60 Kilometern einen wirtschaftlichen Aufschwung.

Das Lebensstil-Modell Prizm von Claritas, das die amerikanische Gesellschaft in über 60 Lebensstilsegmente einteilt, zeigt, daß Aspen einen hohen Prozentsatz an richtungsweisenden Gruppen wie den Segmenten „New Ecotopia" und „God's Country" aufweist. Das Profil von Aspen stellt sich so dar:

LEBENSSTIL-PROFIL	BEVÖLKERUNGSANTEIL IN PROZENT
„Big Sky Families"	45,0
„God's Country"	19,5
„Big Fish, Small Pond"	13,8
„New Ecotopia"	11,8
„New Homesteaders"	9,7

Die prozentuale Zunahme der Zahl der Haushalte Aspens lag zwischen 1980 und 1990 bei beeindruckenden 32,1 Prozent und sank im Jahrzehnt darauf, wie die folgenden Zahlen zeigen. Aspen erlebte seine explosive Wachstumsphase in den achtziger Jahren, doch das Wachstum ist für einen derart gereiften Ort noch immer sehr stark und wird sich fortsetzen.

ZEITRAUM	ZUNAHME DER ZAHL DER HAUSHALTE IN PROZENT
1980-1990	32,1
1990-1995	7,0
1995-2000 (Schätzung)	9,0

Der entscheidende Punkt in Aspen ist, daß das durchschnittliche Haushaltseinkommen von 133 176 Dollar im Jahr 1995 nach Schätzungen bis zum Jahr 2000 auf 187 217 Dollar ansteigen wird. Hier sehen wir es also: Leben in der Kleinstadt, verdienen wie in der Großstadt! Diese Zahlen wirken sogar noch beeindruckender, wenn man sich vor Augen hält, daß die reichsten Hauseigentümer nur Ferienhäuser und keine Hauptwohnsitze in Aspen haben und bei diesen Erhebungen normalerweise nicht einberechnet werden. Die Altersstruktur tendiert stark zu Angehörigen der Baby-Boom- und Pillenknickgeneration im Alter zwischen 21 und 44 Jahren, nicht zu Minderjährigen oder Ruheständlern. Dieses aussage-

kräftige Detail bedeutet, daß die Bewohner von Aspen ihren Lebensunterhalt am Ort oder mit Tele-Arbeit verdienen. Es handelt sich also um
einen wirklich richtungsweisenden Ort, den wir als Vergleichsmaßstab
für andere heranziehen können.

Telluride: Vor einem Jahrzehnt die ideale Anlage, heute ein lehrreiches Beispiel

Wenden wir uns kurz Telluride in Colorado zu, einem großartigen Beispiel für einen Ort, der einen hochwertigen Lebensstil mit einer außergewöhnlichen Wertsteigerung im Immobilienbereich vereinte. In den
späten siebziger Jahren bestanden starke Ähnlichkeiten zwischen Telluride und Aspen, bevor letzteres schlagartig populär wurde – beide waren
reizende kleine Orte, an denen man hervorragend Ski fahren konnte.
Telluride war nicht so leicht mit dem Auto zu erreichen wie Aspen –
etwa sieben Autostunden von Denver entfernt. Tatsächlich gelangte
man nach Telluride am besten mit einem kleinen Flugzeug. Dann zogen
sehr wohlhabende Leute nach Telluride, die es sich eben leisten konnten, oft hin und her zu fliegen beziehungsweise Privatflugzeuge besaßen. Tatsächlich hatten viele, die damals nach Telluride kamen, von
der Prominentenszene in Orten wie Aspen oder Jackson Hole genug.
Hier sind die offensichtlichen Anzeichen, die Sie im Lauf der Jahre davon hätten überzeugen müssen, daß es sich lohnte, in Telluride Immobilien zu erwerben:

- die wohlhabenden Bevölkerungsgruppen, die Telluride anzog – was
  aus Demographie- und Volkszählungsstatistiken beziehungsweise der
  Beobachtung des Wachstums bestimmter Segmente im Lebensstil-
  Modell von Claritas (zum Beispiel der „New Ecotopia") klar ersichtlich war,
- das Aufblühen von im Trend liegenden Innenstadtgeschäften wie Cap-
  puccino-Cafés und internationalen Feinschmeckerrestaurants wie dem
  bekannten 221 South Oak, wo Sie Zuchtfasane mit Quinoa-Risotto
  und Portweinsauce genießen können,
- eine aufstrebende Skibranche und der Bau eines Thermalbad- und Er-
  holungszentrums von Weltrang, „The Peaks",
- die wachsende Zahl von Linienflügen, die Telluride für immer mehr
  Menschen erreichbar machten,
- und – in jüngster Zeit – die Ausweitung der Kommunikationsinfrastruktur, die einen bequemen und kostengünstigen Zugang zum Internet unterstützt.

Mit anderen Worten: Telluride ist ein klassischer vielbesuchter Erholungsort mit hohem Wertzuwachspotential. Wenn Sie dort vor kaum mehr als 10 oder 15 Jahren eine Immobilie erworben hätten, wäre deren Wert in dem kurzen seither vergangenen Zeitraum auf astronomische Höhen geklettert. Telluride ist immer noch eine großartige Investition.

Die beiden Eigenschaften, die Telluride einzigartig machen, sind die Investitionen des Ortes in ein hochentwickeltes Telefonnetz, das dem Trend zur Tele-Arbeit entgegenkommt, und die begrenzten Reserven an Bauland, die den Aufwärtstrend der Immobilienpreise noch verstärken. 1992 wurde das Telefonnetz zugunsten eines lokalen Internetzugangs modernisiert, was einen entscheidenden Schritt in der Entwicklung des Ortes bedeutete. Heute besitzen erstaunliche 40 Prozent der Bevölkerung einen Internetzugang; dem stehen etwa 10 Prozent im gesamten Gebiet der USA gegenüber. Telluride bietet unzweifelhaft eine äußerst hochentwickelte Unternehmenskultur, die auch weiterhin erfolgreiche Ausübende gehobener Berufe anziehen wird.

Telluride wurde mit seinen 1500 Einwohnern lange vor Erreichen der für sichere Investitionen erforderlichen Mindestbevölkerungszahl von 5000, die in Kapitel 11 erläutert werden wird, zu einem Wachstumszentrum. Die Bevölkerungszahl ist zum Teil deshalb niedrig geblieben, weil nur eine geringe Menge an bebaubarem Land zur Verfügung steht. Tatsächlich stellt der Mangel an derartigen Grundstücken den größten Pluspunkt Tellurides dar. Telluride ist von Berghängen umgeben, die den Ort noch reizvoller und exklusiver machen. Hinzu kommt, daß es in der Nähe nur wenige Orte gibt, die die wachsende Bevölkerung aufnehmen können. Deswegen wird Telluride eine stetig nach oben gerichtete Preisentwicklung im Immobiliensektor erleben. Obwohl die höchsten Zuwachsraten wohl in der Vergangenheit liegen, dürfte Telluride auch in den neunziger Jahren ein guter Ort für Investitionen oder eine Standortverlegung sein.

Das demographische und Lebensstil-Profil nach dem Prizm-Modell von Claritas ist eindeutig: 100 Prozent der Bevölkerung von Telluride zählen zum „New Ecotopia"-Segment, der modernsten ländlichen Lebensstilkategorie. Hierbei handelt es sich um umweltbewußte freiberufliche Tele-Arbeiter, die den Inbegriff des Megatrends verkörpern: Sie leben in einer Kleinstadt und verdienen wie in einer Großstadt.

LEBENSSTIL-PROFIL	BEVÖLKERUNGSANTEIL IN PROZENT
„New Ecotopia"	100,0

Telluride ist ein klassisches Wachstumszentrum, das sich noch immer in der Mitte seiner Wachstumskurve befindet. Die Zunahme der Zahl der Haushalte war bisher sehr hoch und wird es auch weiterhin sein. Tatsächlich hat es angesichts der unten aufgeführten Zahlen eher den Anschein, als befände sich der Ort am Anfang seiner Wachstumsphase.

ZEITRAUM	ZUNAHME DER ZAHL DER HAUSHALTE IN PROZENT
1980-1990	38,2
1990-1995	57,0
1995-2000 (Schätzung)	35,7

Aus dem begrenzten Angebot an Land, das für die Expansion zur Verfügung steht, ergibt sich jedoch, daß sich Telluride in der Mitte seiner Wachstumsphase befindet. Unter Umständen wird die Expansion schließlich in den nächstgelegenen Orten stattfinden, die im nächsten Jahrzehnt zu Wachstumszentren im Frühstadium werden könnten. Betrachten Sie das unweit gelegene Ouray, das ebenso malerisch ist und beginnt, immer mehr Fremdenverkehr anzuziehen. Oder nehmen Sie Creed als Beispiel für ein Wachstumszentrum im Frühstadium. Eines Tages wird auch dieser Ort zwangsläufig einen Aufschwung erleben.

Das durchschnittliche Familieneinkommen in Telluride ist ebenfalls sehr hoch: 1995 betrug es 87586 Dollar; Schätzungen zufolge soll es bis zum Jahr 2000 auf 117818 Dollar steigen. Die Altersstruktur ähnelt der in Aspen: die 21-44jährigen Angehörigen der Baby-Boom- und Pillenknickgeneration sind besonders stark vertreten – genau so, wie wir es uns wünschen, vor allem dann, wenn wir selbst Baby-Boomer sind, die nach einer Wohngegend Ausschau halten, in der Leute wie wir leben. Der Anteil der Ruheständler ist in Telluride niedriger als in Aspen, der Prozentsatz der Kinder hingegen höher. Daraus ist ersichtlich, daß der Ort vor allem von Freiberuflern bewohnt wird, die auch hier arbeiten und ihre Kinder großziehen.

Tellurides größter Nachteil ist seine Unzugänglichkeit. Es ist schwierig, Telluride mit dem Auto zu erreichen. Viel leichter ist die An- und Abreise mit dem Flugzeug, da die Tourismusbranche einen relativ dichten Flugplan begünstigt, vor allem während der Skisaison. In der Nebensaison sind Flüge nicht so einfach zu bekommen und schwere Schneefälle können Ihre Reisepläne ins Chaos stürzen. Einheimische, die daraus gelernt haben, planen für den Fall wetterbedingter Verzögerungen einen zusätzlichen Reisetag ein. Telluride stellt also alles in allem den idealen Ort für Freiberufler dar, die zu Arbeits- und Kommunikationszwecken vorrangig auf Computer, Videokonferenzen und das Telefon zurückgreifen können und nur gelegentlich zu persönlichen Treffen mit Kollegen oder Kunden reisen müssen. Wenn Ihr Unternehmen häufiges

Reisen und einen knapp kalkulierten Terminplan erfordert, ist Telluride wohl kaum der richtige Ort für Sie.

Die ideale Zeit für Investitionen in Telluride waren eindeutig die siebziger und die frühen achtziger Jahre. Binnen weniger Jahre stieg der Wert von Grundstücken, die für ein paar Tausend Dollar pro Hektar gekauft worden waren, auf Millionen Dollar pro Hektar. Ob es immer noch derartige Orte gibt? Ja. Das Risiko ist zwar höher, doch gibt es eindeutige Indikatoren, mit deren Hilfe Sie erkennen können, ob sich ein Ort kurz vor dem Punkt befindet, an dem seine S-Kurve rapide ansteigt, oder ob er diesen Punkt schon erreicht hat. In diesem Stadium können Sie die größten Gewinne im kürzesten Zeitraum erzielen.

Ashland: Ein eher konservativer und idyllischer Lebensstil

Ashland in Oregon ist in jeder Beziehung einer der attraktivsten Orte, die ich bisher gesehen habe, ein Ort, der sowohl eine Vielzahl von Freizeitaktivitäten bietet als auch kulturelle Attraktionen von Weltformat. Ashland ist ebenso sauber wie sicher. Es hat noch Wachstumsreserven und verspricht dennoch eine beträchtliche Wertsteigerung im Immobilienbereich. Außerdem bietet es, da es sich bereits in einem fortgeschrittenen Stadium seiner Wachstumsphase befindet, ein weitaus geringeres Verlustrisiko für jene, die dort investieren oder dorthin umsiedeln, vor allem verglichen mit dem Risiko, das ein Ort in der Gründungsphase birgt.

Ashland bietet überragende Lebensqualität ohne die Überfüllung, den exzessiven Tourismus, den Starrummel und die astronomischen Grundstückspreise von Orten wie Aspen, Jackson Hole oder Hilton Head. Die bemerkenswerteste Attraktion, mit der Ashland auftrumpfen kann, ist das ganzjährige Shakespeare-Festival an drei verschiedenen Theatern mitten im Ortszentrum, zu denen auch eine Nachbildung des Globe-Theaters zählt. Den Innenstadtbereich könnte man sich nicht angenehmer vorstellen. Altmodische Läden und Fachgeschäfte bieten Ihnen alles, von Kunsthandwerk über Schmuck, originellen und dekorativen Einrichtungsgegenständen und erlesener Mode bis hin zu Büchern – selbst einen Laden für Comicsammler gibt es. Sie können neben einer Vielzahl von ausgezeichneten Restaurants auch exklusive Bistros und Cafés besuchen. In der Hauptgeschäftsstraße gibt es einen Reformkostladen, eine altmodische Eisdiele und sogar einen Stand, an dem frischgepresste Säfte verkauft werden.

Das örtliche College hat sich auf die Künste spezialisiert, was den kulturellen Interessen des Ortes zuträglich ist. In dem nur 20 Autominuten entfernten Städtchen Medford gibt es einen schönen Golfplatz mit neun

Löchern. Ashland ist von Bergen umgeben, die eine Vielzahl von Wegen zum Wandern und Radfahren bieten sowie ein Skigebiet unmittelbar südlich des Ortes und eine Reihe von Bergseen, die nur eine halbe Autostunde in westlicher Richtung entfernt liegen. In der gesamten Umgebung finden Sie eine Anzahl von Flüssen, auf denen Sie Kajak fahren oder sich dem Wildwasser-Rafting widmen können. Ich muß wohl nicht ausdrücklich erwähnen, daß Ashland für seine reiche Palette an Kultur- und Freizeitangeboten die Note Eins verdient.

Wenn Sie sich ein etwas beschaulicheres Leben wünschen, zum Beispiel gerne auf den Markt gehen oder in einem Buchladen stöbern, ist Ashland ideal für Sie. Und das Wetter spielt fast immer mit. Die Tage im Sommer sind beinahe perfekt: tagsüber warm und trocken, nachts etwas kühler, aber noch immer angenehm. Im Winter ist das Klima zwar kalt, aber weitaus sonniger und trockener als in vielen anderen Regionen Oregons. Mit seiner Vielzahl von Attraktionen und seinem gemäßigten Klima bietet Ashland alles, was sich die meisten wohlhabenden Baby-Boomer und Ruheständler wünschen – nur fehlen Immobilienpreise in Höhe von mehreren Millionen Dollar und der Glamour und Rummel eines Planet Hollywood. Sie können nicht falschliegen, wenn Sie im Ort selbst oder in der näheren Umgebung eine Immobilie erwerben!

Der einzige Nachteil, den ich an Ashland festgestellt habe, ist seine Abgelegenheit. Von jeder größeren Stadt aus dauert die Fahrt sehr lange: etwa vier Stunden von Portland und sechs Stunden von San Francisco. Ashland ist also nicht einfach zu erreichen. Allerdings besitzt es einen eigenen kleinen Flughafen – und 20 Autominuten nördlich in Medford gibt es einen größeren. Wenn Sie nicht häufig auf Reisen gehen müssen, könnten Sie sicherlich in Ashland tele-arbeiten.

Ashlands Lebensstil- und Demographieprofil zeigt den krassen Gegensatz zu Aspen oder Telluride auf:

LEBENSSTIL-PROFIL	BEVÖLKERUNGSANTEIL IN PROZENT
„Golden Ponds"	38,7
„New Homesteaders"	25,2
„Towns and Gowns"	20,4
„Big Fish, Small Ponds"	9,0
„Gray Power"	6,6

Wir können ein ausgeprägtes Übergewicht der eher traditionell orientierten und älteren Gruppen erkennen – nicht der richtungsweisenden „God's Country"- und „Ecotopia"-Segmente, die in Aspen und Telluride vorherrschen. Dennoch weist Ashland einen hochwertigen Lebensstil und ein überdurchschnittlich hohes Pro-Kopf-Einkommen auf, wenn dieses auch nicht so hoch ist wie in Telluride und sicherlich weitaus niedriger als in Aspen.

ZEITRAUM	ZUNAHME DER ZAHL DER HAUSHALTE IN PROZENT
1980-1990	15,7
1990-1995	7,0
1995-2000 (Schätzung)	7,6

Ashland ist sicherlich im Wachstum begriffen, wenn auch nicht im gleichen Tempo wie Telluride – letzteres vermutlich deshalb, weil der Ort keinerlei neue Trends auslöst. Dadurch wird Ashland für seine Bewohner zu einem angenehmeren Ort, vor allem für Ruheständler und junge Familien.

Ashland befindet sich gerade am Anfang seiner Wachstumsphase und wird in der Zukunft vermutlich etwas wohlhabendere Bevölkerungsgruppen anziehen. Das durchschnittliche Familieneinkommen beträgt 47 927 Dollar, liegt also geringfügig über dem amerikanischen Durchschnitt. Schätzungen gehen davon aus, daß es bis zum Jahr 2000 auf 56 158 Dollar steigen wird. Die Altersstruktur weist neben einem relativ hohen Anteil an Kindern ein Vorherrschen der Ruheständler und Baby-Boomer-Familien aus. Ashland zeigt eine in allen Bereichen ausgeglichenere Altersstruktur als Aspen oder Telluride, was für seine uneingeschränkte Anziehungskraft spricht. Ashland dürfte vor allem für traditioneller orientierte Familien oder Ruheständler, die nach einer soliden und kultivierten Kleinstadt Ausschau halten, attraktiv sein.

Bisbee: Ein klassisches Beispiel für ein Wachstumszentrum im jüngsten Frühstadium

Werfen wir einen kurzen Blick auf ein typisches Beispiel für ein Wachstumszentrum im frühesten Anfangsstadium, das mir vor kurzem aufgefallen ist. Bisbee ist eine hochgelegene Ortschaft in der Wüste Arizonas, eineinhalb Autostunden südöstlich von Tucson. Es ist beinahe so hübsch wie Tucson, jedoch viel kleiner, und genießt, da es 1 600 Meter über dem Meeresspiegel liegt, ein besseres Klima. In den örtlichen Hügeln finden sich Azuritablagerungen, was ihnen eine recht kräftige blaugrüne Farbe verleiht und dieses bezaubernde Städtchen um eine künstlerische Note bereichert.

Bisbee wächst seit einigen Jahren mit gemäßigtem Tempo und scheint reif für einen Boom zu sein. Warum? Sehen wir uns einmal an, welche

Art von Menschen der Ort anzieht: kreative Menschen wie Künstler, New-Age-Anhänger und Kleinunternehmer. Beachten Sie die Kunsthandlungen, Galerien und Kunsthandwerksläden, zum Beispiel den Laden im Ortszentrum, der handgefertigte Panamahüte verkauft. Lassen Sie die Stimmung des Ortes auf sich einwirken: Die Einheimischen kommen noch immer in der Bar des größten Hotels zusammen und feiern oft bis spät in die Nacht. Es ist eine Tatsache, daß Künstler oft in äußerst preiswerte Gegenden, die Naturschönheiten zu bieten haben, ziehen und dort interessante Gemeinden gründen. Im weiteren Verlauf ziehen die Künstler reichere Leute an. Dann eröffnet zusätzlich zu Sally's Diner und der örtlichen Hotelbar ein Cappuccino-Café. Irgendwann eröffnet eine Salatbar oder ein Spezialitätenrestaurant, dann folgen ein weiteres Cafe, einige Boutiquen und ein Buchladen. Schon bald sind alle Voraussetzungen für ein Wachstumszentrum gegeben. Überrascht es da, daß die Zeitschrift *Rolling Stone* Bisbee vor kurzem als das neue Santa Fe bezeichnete? Das ist genau die Art von Hinweisen, auf die Sie bei Ihren Nachforschungen achten sollten. Sie stellen wichtige Anzeichen dafür dar, daß auch andere auf den Ort aufmerksam werden.

Nun ist Bisbee allerdings nicht Aspen, Telluride oder Ashland. Es ist ein Ort im frühen Entwicklungsstadium mit dem Potential, ein Mekka für die Oberschicht zu werden oder vielleicht auch nur ein attraktives Wachstumszentrum für die Mittelschicht. Wenn Sie sich einmal nach Bisbee begeben und sich dort umsehen, werden Sie den rauhen Charme des Ortes spüren. Steigen Sie nicht in einem Motel ab. Probieren Sie den Shady-Dell-Wohnmobilpark und den Campingplatz aus. Sie brauchen kein Wohnmobil zu besitzen. Es gibt dort restaurierte Oldtimer-Wohnwagen aus den dreißiger und fünfziger Jahren, in denen sich unter anderem ein altes *Life*-Magazin, ein Teeservice und ein authentisches Radio finden. Und alles in allem kostet Sie das nur zwischen 25 und 51 Dollar pro Nacht. Wo Sie essen sollen? Gehen Sie nebenan in Dot's Diner, einem restaurierten Imbiß, wo Sie für 1,99 Dollar das „Arbeitermenü" bestellen können.

Die Häuser in Bisbee sind zu moderaten Preisen zu haben. Baugebiete sind in großer Zahl vorhanden. Der Preis für einen Hektar beläuft sich in guten Gebieten auf etwa 5000 Dollar, ein durchschnittliches Haus kostet circa 50000 Dollar. Das ist etwa wie im Aspen der fünfziger Jahre; allerdings war Aspen damals weitaus abgelegener. Wird Bisbee das nächste Aspen? Wahrscheinlich nicht. Doch schon wenn es zum nächsten Telluride oder Sedona wird, wird das für 5000 Dollar erworbene Grundstück in rund zehn Jahren 50000, 100000 oder sogar 250000 Dollar wert sein, während gute Häuser für 200000 bis 400000 Dollar verkauft werden.

Betrachten wir das Demographie- und Lebensstil-Profil von Bisbee. Wir erkennen, daß sich dieser Ort vollkommen anders als Aspen oder Telluride präsentiert, und auch, weshalb er eine riskantere Investition darstellt. Bisbee ist eindeutig noch immer eine echte Bergarbeitersiedlung aus der amerikanischen Pionierzeit. Es weist zahlreiche Merkmale eines Ortes im frühen Anfangsstadium auf, der kurz davor steht, zu einem neuen Entwicklungszentrum im Erholungsbereich zu werden. Bisbee verfügt über eine wachsende Künstlergemeinde, interessante und exklusive Geschäfte sowie ein anziehendes Klima und eine attraktive Wüstenlandschaft. Zudem hat es die für ein neues Entwicklungszentrum ideale Mindestanzahl von Einwohnern erreicht (5000 oder mehr): 1995 betrug die Einwohnerzahl Bisbees 6771. Das Prizm-Modell von Claritas zeigt uns jedoch, daß Bisbee noch immer zum größten Teil von einkommensschwachen, ländlichen Bevölkerungssegmenten bewohnt wird:

LEBENSSTIL-PROFIL	BEVÖLKERUNGSANTEIL IN PROZENT
„Mines & Mills"	32,0
„Rustic Elders"	28,9
„Hard Scrabble"	17,9
„Golden Ponds"	14,4
„Grain Belt"	6,8

Es handelt sich also kaum um Trendsetter mit hohem Einkommen. Solange aber dieses Bevölkerungssegment nicht nach Bisbee zieht, bleibt das Investitionsrisiko vergleichsweise hoch. Andererseits finden sich bereits erste Trendsetter zu Ausflügen und Urlaubsaufenthalten in Bisbee ein. Da das Claritas-Lebensstil-Modell nur die Menschen klassifiziert, die das ganze Jahr über im Ort wohnen, nicht aber jene, die dort ein Feriendomizil besitzen, vermitteln uns diese Zahlen leider keinen vollständigen Eindruck von der Gesamtbevölkerung.

Die prozentuale Zunahme der Zahl der Haushalte ist in Bisbee – wie unten ersichtlich – relativ hoch, was einen weiteren Grund dafür liefert, den Ort tatsächlich als ein potentielles neues Wachstumszentrum zu betrachten.

ZEITRAUM	ZUNAHME DER ZAHL DER HAUSHALTE IN PROZENT
1980-1990	32,1
1990-1995	9,0
1995-2000 (Schätzung)	11,0

Eine Investition in Bisbee oder ein Umzug dorthin stellt selbstverständlich ein gewagteres Vorhaben dar als eine Investition in bereits
weiter entwickelte Orte wie Telluride; das Wachstumspotential ist jedoch enorm. Es kommt darauf an, welches Risiko Sie noch tolerieren
und was Sie sich leisten können sowie welcher Lebensstil Ihnen vor-
schwebt. Bisbee könnte der ideale Wohnort für Sie sein. Oder es könnte
für einen Anleger der richtige Ort sein, um sich Hunderte Hektar unerschlossenes Land zu sichern und sich einfach 10 oder 20 Jahre darauf
auszuruhen.

Dewees Island: So sieht ein neues Wachstumszentrum im Erholungsbereich aus

Haben Sie schon einmal etwas von Dewees Island, South Carolina,
gehört? Es handelt sich um eine Insel vor der Küste South Carolinas, die
zur Zeit als eine der letzten erschlossen wird. Dabei achtet man darauf,
daß die natürliche Schönheit, die Lebensqualität und der Reiz der Insel
bewahrt werden, die nur mit der Fähre zu erreichen ist. Die Parzellen
sind im Durchschnitt knapp einen Hektar groß und weitaus billiger als
in den nahegelegenen Erschließungsgebieten wie zum Beispiel der Isle
of Palms, werden jedoch sehr wahrscheinlich ebenso stark an Wert gewinnen. Wenn Sie noch nie etwas von Dewees Island gehört haben, ist
das ein gutes Zeichen!

Woran Sie einen aufstrebenden Erholungsort erkennen können

Jeder hat schon einmal von Orten wie Aspen, Martha's Vineyard,
Hilton Head oder Scottsdale gehört. Eine kleinere, aber immer noch be-
trächtliche Anzahl von Leuten hat bereits von Orten im Wachstumssta-
dium wie Telluride (Colorado) gehört, oder von Sedona (Arizona), Naples (Florida), McCall (Idaho), Ashland (Oregon) und Branson (Missouri).
Wer aber kennt schon Dewees Island (South Carolina), Bisbee (Arizona),
Ruidoso (New Mexico), Moab (Utah), Redstone (Colorado), Pagosa
Springs (Colorado), Seaside (Florida), Culebra (Puerto Rico) oder Hilo
(Hawaii)? Es handelt sich hier um Orte, die sich noch in ihrem frühen,
innovativen Stadium befinden und das langfristig größte Potential für
einen Immobilienwertzuwachs mitbringen. Außerdem werden die Mu-
tigen, Unkonventionellen und künstlerisch Interessierten unter uns den
wahren Pioniergeist zu schätzen wissen, den solche aufstrebenden Erholungsorte ausstrahlen.
  Woran Sie diese neuen Erholungszentren erkennen können? In Kapitel 13 wird diese Frage ausführlicher beantwortet werden, aber hier

finden Sie einstweilen ein paar grundsätzliche Ratschläge. Ein guter Ansatzpunkt sind Reise- und Fachzeitschriften. Lesen Sie *Islands, Conde Nast Traveller, Travel and Leisure* und *Outdoors* oder versuchen Sie es mit spezialisierteren Magazine wie *The Affordable Caribbean* oder *Caribbean Life and Travel*. Diese Publikationen leben davon, daß sie das nächste populäre Erholungs- oder Fremdenverkehrsgebiet frühzeitig erkennen. Ich empfehle Ihnen ebenfalls, in Gesprächen mit Ihren aufgeschlossensten und wohlhabendsten Bekannten herauszufinden, wo diese Feriendomizile erwerben oder ihre Unternehmen neu ansiedeln. Wenn Sie bereit sind, sich eingehender mit einer Region zu beschäftigen, halten Sie sich zunächst an diese einfache Checkliste:

• Achten Sie zunächst darauf, daß diese Orte das Kriterium einer minimalen Einwohnerzahl von 3000 bis 5000 erfüllen oder höchstens geringfügig weniger Einwohner haben.
• Halten Sie nach avantgardistischen Bevölkerungsgruppen Ausschau, wozu Künstler wie auch wohlhabende Unternehmer zählen können.
• Suchen Sie nach Naturschönheiten oder Freizeitattraktionen, die bislang noch nicht richtig entdeckt wurden.

Es liegt also an Ihnen. Können Sie sich vorstellen, in den nächsten Jahren in Ihr ideales Erholungsgebiet zu ziehen, zu einem Zeitpunkt, an dem Sie vom Ruhestand noch ein gutes Stück entfernt sind? Würden Sie es vorziehen, in einem sehr kleinen, noch im Aufbau befindlichen Erholungsort zu leben, oder wären Ihnen die gute Infrastruktur und die kulturellen Attraktionen eines Ortes wie Aspen lieber? Oder streben Sie einen Kompromiß an? Zahlreiche Orte und Klimazonen stehen zur Auswahl. Je eher Sie diese Fragen überdenken, um so eher können Sie Ihr Vermögen vergrößern und den Lebensstil verwirklichen, den Sie sich wirklich wünschen.

Einige Erholungsorte, die Sie im Auge behalten sollten

An dieser Stelle möchte ich Ihnen Beispiele von Orten in ganz Nordamerika geben, die sich in verschiedenen Entwicklungsstadien befinden. Die Investition in einen der Orte, die sich wie Bisbee, Pagosa Springs oder Dewees Island in der früheren Phase befinden, kann äußerst profitabel sein. Solche Orte beinhalten jedoch auch ein größeres Risiko und zwingen Sie möglicherweise auch, am längsten zu warten, bis sich Ihre Investitionen wirklich auszahlen. McCall in Idaho ist ein Beispiel für eine aufstrebende Stadt, in der sich die Entwicklung schon deutlicher abzeichnet und das Investitionsrisiko geringer ist.

Die Orte in der folgenden Aufzählung sind nach ihrem Entwicklungs-stadium von der frühesten bis zur fortgeschrittensten Reifephase geord-net. Die Aufzählung ist nicht vollständig; es gibt zahlreiche Orte, die hier nicht erwähnt werden. Zudem müssen Sie eigene Nachforschun-gen zu diesen Orten anstellen, um feststellen zu können, ob ihr Wachs-tum Ihrer Ansicht nach anhalten wird und ob sie zu Ihrem Lebensstil und Ihren Vorlieben in Bezug auf Investitionen passen.

Orte in der Innovationsphase

Bisbee (Arizona), Jerome (Arizona), Page (Arizona), Moab (Utah), Sil-ver City (New Mexico), Pagosa Springs (Colorado), Redstone (Colorado), Marble (Colorado), Basalt (Colorado), Littleton (New Hampshire), De-wees Islands (South Carolina), Lincoln City (Oregon), Culebra (Puerto Rico), die Turks- und Caicosinseln (Karibik), Saba Island (Karibik), Belize in Mittelamerika, Waterbury (Vermont), Whitefish (Montana), Angel Fire (New Mexico), Red River (New Mexico), Red Lodge (Montana), Pescadero (Kalifornien), Boulder (Utah) und Escalante (Utah).

Orte in der frühen Wachstumsphase

Ruidoso (New Mexico), Las Cruces (New Mexico), Durango (Colora-do), McCall (Idaho), Kiawah Island (South Carolina), Bend/Sun River (Oregon), Lewisburg/Hot Springs und Sulphur Springs (Virginia), Banner Elk (North Carolina), Bluffton (South Carolina), Windemere Val-ley (Alberta), Rossland (British Columbia), Oakhurst/North Fork (Kali-fornien), Healdsburg (Kalifornien), Yreka (Kalifornien), Cannon Beach (Washington), Anacortes (Washington), Cheyenne (Wyoming), Elko (Nevada), Jackpot (Nevada), Laughlin (Nevada), Gardnerville/Minden (Nevada), Yuma (Arizona), Minturn/Red Cliff (Colorado), Bozeman (Montana), Montserrat (Karibik), Grenada (Karibik), Nevis (Karibik), Costa Rica in Mittelamerika, St. Vincent und die Grenadines (Karibik), Hilo (Hawaii, Hauptinsel).

Orte in der mittleren Wachstumsphase

Naples (Florida), Ft. Myers (Florida), Sea Island (Georgia), Everett (Georgia), St. Mary's (Georgia), Amelia Island (Florida), Ashland (Ore-gon), Telluride (Colorado), Sedona (Arizona), Asheville (North Carolina), Charlottesville (Virginia), Jackson (Mississippi), Traverse City (Michi-gan), Steamboat Springs (Colorado), Glenwood Springs (Colorado), Beaver Creek (Colorado), Crested Butte (Colorado), Taos (New Mexico),

Sylvan Lake (Alberta), Shuswap Lake (British Columbia), Sonoma (Kalifornien), Mendocino (Kalifornien), Morrow Bay (Kalifornien), Gatlinburg (Tennessee), Niagara Falls (New York), Coeur d'Alene (Idaho), Carson City (Nevada), St. Kitts (Karibik), St. Lucia (Karibik), Anguilla (Karibik), Kona (Hawaii, Hauptinsel).

Orte in der späten Wachstumsphase

Jackson Hole (Wyoming), Park City (Utah), Deer Valley (Utah), Reno (Nevada), Copper Mountain (Colorado), Sarasota (Florida), Canmore (Alberta), Kelowna (British Columbia), Qualicum Beach (British Columbia), Key West (Florida), Myrtle Beach (South Carolina), Del Mar (Kalifornien), Branton (Missouri), Biloxi (Mississippi), Jasper (Alberta), Lake of the Ozarks (Mississippi), Maui (Hawaii), Kuaui (Hawaii), Martinique (Karibik), Virgin Gorda (Karibik), Tortola (Karibik).

Orte in der frühen Reifephase

Lake Tahoe (Nevada), Whistler (British Columbia), Mont Tremblant (Quebec), Banff (Alberta), Sun Valley (Idaho), Breckenridge (Colorado), Keystone (Colorado), Boulder (Colorado), St Helena (Kalifornien), Calistoga (Kalifornien), Morrow Bay (Kalifornien), Stowe (Vermont), Killington (Vermont), Bolton Landing (New York), Bar Harbour (Maine), Snowmass (Colorado), Santa Fe (New Mexico), Jamaika (Karibik), St. John's (Karibik), Cayman-Inseln (Karibik), Barbados (Karibik), Mustique (Karibik).

Orte in der späten Reifephase

Aspen, Hilton Head, Palm Beach, Martha's Vineyard/Nantucket/Cape Cod, South Hampton, The Poconos, St. Thomas, St. Croix, St. Barts, Barbados, St. Maaerten/St. Martins, Nassau, Bermuda, Vail, Carmel/Monterey, Santa Barbara, Palm Springs, Napa, Lake Tahoe, Oahu.

KATEGORIE 2:
KLEINE COLLEGE- UND UNIVERSITÄTSORTE –
LIBERALE REFUGIEN

Kleine College- und Universitätsorte zeichnen sich gemeinhin durch ihre Überschaubarkeit und ihre entspannte Atmosphäre aus und besitzen oft schöne Campus-Anlagen. Sie ziehen hochqualifiziertes Lehr- und Forschungspersonal an. Zudem ist die dortige Lebensart aufgrund des hohen Anteils an Studierenden im allgemeinen unverkrampft und modern. Das hört sich einladend an? Normalerweise sind solche Städte das auch. Ein noch wichtigerer Pluspunkt der Collegeorte besteht darin, daß sie nicht so viel Presserummel und Tourismus auf sich ziehen wie die Erholungsorte!

Die Forschungseinrichtungen und die vielen hochqualifizierten jungen Menschen in Collegeorten ziehen oftmals Unternehmen an, in denen Fachwissen entscheidend ist, beispielsweise aus den Bereichen Biotechnologie, Umwelttechnik und Computersoftware. Durch diese Firmen wird die Bevölkerung um weitere hochgebildete Fachkräfte bereichert, die hohe Einkommen beziehen und somit zum Wohl der Wirtschaft beitragen.

An vielen Colleges gibt es Theater-, Kunst- und Musikinstitute, die eine Auswahl an kulturellen Veranstaltungen bieten. Daneben gibt es oft eigene Sportmannschaften und -veranstaltungen sowie andere Formen von Live-Unterhaltung, die selbst in den besten Erholungsorten nicht einfach zu bekommen sind. Vor allem können diese Orte Refugien für fortschrittlich eingestellte, liberale und intellektuelle Menschen sein – einschließlich der Baby-Boomer und Ruheständler –, die sich die friedliche Atmosphäre einer Kleinstadt wünschen.

So ist es wahrscheinlicher, daß Sie dort auf Reformhäuser und Naturkostgeschäfte, Kunst- und Handwerksläden, unkonventionelle Buchhandlungen und Comicläden stoßen. Sie können in internationalen und Spezialitätenrestaurants essen, deren Palette von der Hausmannskost bis zur Haute Cuisine reicht. Diese anregende und gleichzeitig unverkrampfte Kultur wird in den kommenden Jahrzehnten immer mehr Menschen anziehen. Auf jeden Fall wird sie viele jener Baby-Boomer anziehen, die sich bewußt für die Schlichtheit eines unkomplizierteren und menschlicheren Lebensstils entscheiden.

Beispiele für solche Orte sind unter anderem Madison (Wisconsin), Bloomington (Indiana), Yellow Springs (Ohio), Rolla (Missouri), New Haven (Connecticut), Plymouth (New Hampshire), Williamstown (Massachusetts), Marquette (Michigan), Charlottesville (Virginia), Oxford (Mississippi), Tucson (Arizona, gleichzeitig ein neues Entwicklungszentrum), San Luis Obispo (Kalifornien), Eureka (Kalifornien), Eugene (Oregon), Ashland (Oregon, gleichzeitig ein Erholungsort), Cedar City (Utah), Flagstaff (Arizona), Boone (North Carolina), Charlottesville (North Carolina), Chapel Hill (North Carolina), Athens (Georgia), Clemson (South Carolina) und Gainesville (Florida).

KATEGORIE 3:
KLASSISCHE KLEINSTÄDTE – REFUGIEN FÜR
TRADITIONSBEWUSSTE UND KONSERVATIVE

Klassische Kleinstädte bieten keine besonderen Attraktionen, keine Erholungs- oder Freizeiteinrichtungen, keine Universitäten oder Colleges und oft nicht einmal neue Unternehmen und Fabriken, die viele Arbeitsplätze schaffen. Sie wirken allein aufgrund ihres altmodischen, typisch amerikanischen Charmes attraktiv. Diese Orte besitzen die größte Anziehungskraft auf die konservativeren Segmente der amerikanischen Gesellschaft, denen vor allem die Wahrung der Familienwerte am Herzen liegt, sowie auf Ruheständler, die sich ein einfaches Leben wünschen.

Klassische Kleinstädte wachsen nicht notwendigerweise. Sie sind daher für Immobilienanleger weniger reizvoll als einige andere Arten von Wachstumszentren. Sie werden jedoch demjenigen Käufer den idealen Lebensstil ermöglichen, der an einem Umzug in eine Stadt interessiert ist, die überschaubar, ruhig und unkompliziert ist, zwischenmenschlichen Kontakt erleichtert und eine Vielzahl jener Eigenschaften aufweist, die unsere Vorstellung von der guten alten Zeit prägen. Folglich sprechen diese Orte Menschen an, die in eine kleine Gemeinde ziehen wollen, in der sie Einfluß auf die Lokalpolitik nehmen und konservative Werte vermitteln können. Vieler dieser Kleinstädte tauchen auch in Norman Cramptons Buch *The 100 Best Small Towns in America* auf.

Einige Beispiele für diese kleinen, altmodischen Städtchen sind: Ukiah (Kalifornien), Pierre (South Dakota), Hendersonville (North Carolina), Hartselle (Alabama), Bardstown (Kentucky), Danville (Kentucky), Crossville (Tennessee), Brattleboro (Vermont), Essex (Connecticut), Beaufort (South Carolina), Baraboo (Wisconsin), Nelson (British Columbia), Chemainus (British Columbia) und Bragg Creek (Alberta).

KATEGORIE 4:
REVITALISIERTE INDUSTRIEORTE – DER HIMMEL
DER ARBEITERKLASSE

In den siebziger und frühen achtziger Jahren bekamen zahlreiche amerikanische Industrieorte die unangenehmen Auswirkungen der wirtschaftlichen Rezession und der zunehmenden Konkurrenz ausländischer Hersteller zu spüren. Das Wirtschaftswachstum verlangsamte sich oder kam zum Erliegen. In einigen Industrieorten verschlechterte sich die wirtschaftliche Situation.

Heute erleben jedoch vieler dieser Industrieorte wieder einen wirtschaftlichen Aufschwung. Produzenten, Großhändler, Hochtechnologie-Unternehmen und sogar das Militär investieren wieder in diese Orte. Die Gründe? Erstens befinden sich die Immobilienpreise innerhalb des finanziellen Rahmens dieser Investoren und außerdem erhalten sie dort die notwendigen Genehmigungen. Viele Hersteller können sich Aspen nicht leisten und sich auch nicht in Berkeley ansiedeln. Zweitens spricht die Arbeitsmoral der Einwohner solche Unternehmen an. Viele Arbeiter, die ihren einst sicheren Arbeitsplatz verloren haben, sind begierig, ihren Teil zum Erfolg der neuen Unternehmen beizutragen. Und drittens benötigen die Unternehmen oft grundlegende Einrichtungen wie Kraftwerke und Müllentsorgungssysteme, die Industrieorte anbieten können.

Einige Beispiele für diese aufstrebenden Industrieorte: Farmington (New Mexico), Midland/Odessa (Texas), Lubbock (Texas), Yakima (Washington), Pasco (Washington), East Wenatchee (Washington), South Whidbey (Washington), North Whidbey (Washington), Medford (Oregon), Chico (Kalifornien), Paso Robles (Kalifornien), Billings (Montana), Yuma (Arizona), Fallon (Nevada), Winnemucca (Nevada), Elko (Nevada), Visalia (Kalifornien), Roseville (Kalifornien), Stockton (Kalifornien), Casper (Wyoming), Sheridan (Wyoming), Gillette (Wyoming), Kalispell (Montana), Greenbay/Appleton (Wisconsin), Elkhorn (Wisconsin), Fort Atkinson (Wisconsin), Winfield (Kansas), McPherson (Kansas), Wayne (Indiana), Jasper (Indiana), Wilmington (Ohio), Ocala (Florida), Winterville (North Carolina), Roanoke (Virginia), Manassus (Virginia), West Creek (Virginia), Culpeper (Virginia), Pikeville (Kentucky), Lebanon (New Hampshire), Franklin (New Hampshire), Smyrna (Delaware), Klamath Falls (Oregon), Eugene (Oregon), Twin Falls (Idaho), Chandler (Arizona), Prescott (Arizona), Lehi (Utah), Provo (Utah), Roswell (New Mexico), Stephenville (Texas), Moncks Corner (South Carolina), Jefferson (Virginia), Stony Creek (North Carolina), Manchester (New Hampshire), OshKosh (Wisconsin), Hutchinson (Minnesota), Red Wing (Minnesota), Marshall (Minnesota), Pleasant (Indiana), Macon (Georgia), Flowery Branch (Georgia), Blue Ridge (Virginia) und Lewisburg (Pennsylvania).

KATEGORIE 5:
EXURBANE SIEDLUNGEN – DAS NEUE SUBURBIA

Im nächsten Jahrzehnt werden viele Familien sich noch weiter von den Großstadtbereichen entfernt und noch jenseits der Vororte ansiedeln. Außerhalb des bestehenden dichtbesiedelten Rings aus suburbanen Siedlungsgebieten, der die Großstädte umgibt, schießen derzeit zahlreiche neue Orte und Wohngegenden aus dem Boden. Diese sogenannten exurbanen Siedlungsgebiete sind in der Regel durch preiswertere Wohnungen, geringere Verkehrsprobleme, niedrigere Steuern und Kriminalitätsraten sowie bessere Schulen und ein besseres Wohnumfeld gekennzeichnet. Tatsächlich ähneln die positiven Merkmale der exurbanen Siedlungsgebiete in bemerkenswerter Weise denen der Vorstädte der sechziger Jahre. Der wichtigste Unterschied zwischen exurbanen und suburbanen Siedlungen besteht jedoch darin, daß die meisten Bewohner der exurbanen Bereiche zu Hause oder in ihrer Siedlung arbeiten oder aber in nahegelegene suburbane Bereiche pendeln. Nur wenige fahren zur Arbeit in die weiter entfernte Großstadt.

Der Nachteil solcher exurbaner Siedlungen besteht in der Gefahr, daß sie eine ähnliche Entwicklung wie die heutigen Vorstädte durchlaufen und dann dieselben Verkehrsprobleme und einheitlichen, unattraktiven Einkaufsstraßen aufweisen. Denken Sie zum Beispiel an Orange County in Kalifornien. Der Name Orange County rührt daher, daß der Bezirk vor 40 Jahren eine ländliche Gegend war, die vor allem aus Orangenhainen bestand. Orange County entwickelte sich zu einer Randstadt oder exurbanen Wohngegend, etwa eine Autostunde vom Stadtzentrum von Los Angeles entfernt. Einst zog Orange County wegen seiner großartigen Strände, der geringen Lebenshaltungskosten, der weitestgehend unverschmutzten Umwelt und seines gemächlicheren und einfacheren Lebensstils eine große Zahl neuer Unternehmen und wohlhabender Arbeitnehmer an. Heute besteht Orange County aus den Städten Irvine, Newport Beach und Laguna Beach und ist ein immenses, vorstadtähnliches Gebilde, das sich immer weiter ausdehnt. Orange County wird immer teurer und hat in zunehmendem Maße mit Verkehrs-, Umwelt- und Kriminalitätsproblemen zu kämpfen, ist jedoch noch immer populär und attraktiv für die Wohlhabenderen.

Tatsächlich ist der Großraum Los Angeles ein einziges riesiges suburbanes Konglomerat, das aus der Erschließung zahlreicher Randstädte in einem Umkreis von 100 Kilometern vom Stadtzentrum resultierte: Ventura, Malibu, Santa Monica, Hollywood, Pasadena, Pomona, San Bernardino, Anaheim und Orange County. Schon bald wird sich diese Stadtlandschaft in südlicher Richtung bis an die Grenze zu Mexiko erstrecken.

Wie Sie den suburbanen Radius bestimmen

Der Schlüssel zur Bestimmung der nächsten exurbanen Wachstumszentren besteht einfach darin, einen Kreis um die bestehenden dichtbevölkerten suburbanen Wohnsiedlungen einer Großstadt zu ziehen.

Wie Sie den exurbanen Radius bestimmen

Um den potentiellen exurbanen Radius zu bestimmen, ziehen Sie einen Kreis, der um circa 60 Prozent über den bestehenden suburbanen Radius hinausgeht. Wenn Sie dies tun, sollten Sie beachten, daß das Gebiet keine vollkommen runde Form besitzen wird, und daß sich die besten exurbanen Siedlungen gewöhnlich außerhalb der besten Vorstädte entwickeln, wodurch die Ungleichmäßigkeit der Entwicklung noch verstärkt werden kann.

Nach diesen Berechnungen zu urteilen, wird das beste Gebiet für Investitionen außerhalb von Los Angeles dasjenige sein, das innerhalb eines Umkreises von knapp 60 Kilometern außerhalb des bereits erschlossenen Gebietes mit einem Radius von 100 Kilometern liegt. Es würde sich in nördlicher Richtung bis nach Bakerfield, im Nordosten von Ventura bis Santa Barbara, im Westen von Pomona bis Palm Springs, im Südosten von Pomona bis Escondido und im Süden von San Clemente bis Oceanside erstrecken.

Wenn wir ein großstädtisches Einzugsgebiet mittlerer Größe wie zum Beispiel Phoenix betrachten, würde der suburbane Radius eher 30-40 Kilometer betragen. Darin wären Orte wie Paradise Valley, Scottsdale, Sun City, Tempe, Mesa und so weiter eingeschlossen. Der exurbane Radius für die Entwicklung im nächsten Jahrzehnt würde sich demnach über etwa 25 Kilometer erstrecken. Die vielversprechendsten Gebiete scheinen nördlich von Scottsdale und Paradise Valley um die aufstrebenden Orte Carefree und Cave Creek zu liegen, da dies die wohlhabendsten Vorstädte sind. Ein weiteres vielversprechendes Gebiet liegt östlich von Scottsdale in Fountain Hills, das in den letzten fünf Jahren um etwa 50 Prozent gewachsen ist.

Weitere Beispiele für aufstrebende exurbane Orte wären Reston, Gaithersburg, Battlefield, Shawnee und Opequon (Virginia) bei Washington D.C., Lancaster bei Philadelphia, Colorado Springs bei Denver, Escondido bei San Diego, Provo und Tooele/Grantsville bei Salt Lake City, Annapolis bei Baltimore, Weston/Wayland bei Boston, Cobb bei Atlanta, Arlington und Carrollton bei Dallas, Prairie Crossing und Barrington Hills bei Chicago, Bellingham, Anacortes und Mt. Vernon bei Seattle, St. Helens bei Portland (Oregon), Franklin bei Nashville, Westchester County bei New York, Chilliwack bei Vancouver sowie Okotoks und High River bei Calgary. Außerdem existieren exurbane Orte außerhalb von kleineren Großstädten wie beispielsweise Salem und Stonewall bei Richmond (Virginia), Elgin bei Columbia (South Carolina), St. Mary's (Georgia) bei Jacksonville, Clayton und Dutchville bei Raleigh, Cranberry bei Pittsburgh und Divide bei Colorado Springs.

KATEGORIE 6:
SUBURBANE DÖRFER: DER PREIS FÜR KOMFORT
UND LÄNDLICHE IDYLLE

Innerhalb der Vorstadtbezirke stößt man oft auf kleine Siedlungen oder Wohngegenden, die wie kleine Erholungs- oder Freizeitorte wirken. Ich nenne diese Orte „suburbane Dörfer" – ein Begriff, den ich mir von Alan Jacques geliehen habe, einem Penturbia-Experten aus British Columbia und Mitbegründer des Real Estate Investment Network (R.E.I.N.).

Das Hauptmerkmal der meisten suburbanen Dörfer besteht in ihrer landschaftlich reizvollen Umgebung, wodurch ein in der Nähe einer größeren Stadt gelegenes Gebiet viele Vorteile eines Erholungs- oder Freizeitgebiets bieten kann. So grenzen zum Beispiel viele suburbane Dörfer an Berge, Hügel oder Strände. Obwohl man das Gefühl hat, am Ende der Welt zu sein, ist man tatsächlich nur wenige Kilometer vom Zentrum einer Großstadt entfernt. Diese Lage zieht im allgemeinen wohlhabendere Fach- und Führungskräfte an. Sie begünstigt gemeinhin auch die Bildung von Wohngegenden, die die beschauliche und liebenswerte Atmosphäre einer Kleinstadt bieten.

Ich wohnte einmal in einem kleinen Küstenort, der nur 30 Autominuten vom Zentrum San Franciscos und 20 Minuten vom Flughafen entfernt liegt. Er heißt Moss Beach, und Sie haben vermutlich noch nie etwas von ihm gehört. Der Ort liegt direkt am Meer; und die Klippen dort zählen zu den schönsten in Kalifornien. Die Postbeamten des Ortes kennen Ihr Gesicht und Ihren Namen. Wenn jemand einen Brief an Sie mit einer falschen Adresse versehen hat, kann er Ihnen sehr wahrscheinlich trotzdem zugestellt werden. Das ist eines der Dinge, die Moss Beach ein wenig wie einen kleinen abgelegenen Erholungsort wirken lassen.

Andere suburbane Dörfer in der Umgebung sind Montara und El Granada im Norden sowie Miramar im Süden. Jeder der Orte besitzt ein eigenes Café, chemische Reinigungen, ein Postamt, eine Videothek und ein paar kleine Restaurants. 15 Kilometer südlich von Moss Beach liegt die „große Stadt" Half Moon Bay. Dort findet sich ein bemerkenswertes Einkaufszentrum – mit nicht nur einem, sondern zwei großen Lebensmittelmärkten – und eine Anzahl von Cafés. Dazu zählt auch das La Di Da, der beliebteste Treffpunkt im Umkreis von mehreren Kilometern. Half Moon Bay, eine im Vergleich zu San Francisco eher provinzielle Stadt, wirkt neben Moss Beach beinahe wie eine Vorstadt.

Diese Region namens Coastside ist vom dichtbevölkerten San Francisco durch eine lange Hügelkette und schmale, kurvenreiche Schnellstraßen getrennt, die oft starken Winden ausgesetzt sind. Wenn Sie einen Spaziergang über den Strand beim Fitzgerald Marine Reserve unternähmen – ganz in der Nähe unseres ehemaligen Hauses –, kämen Sie niemals auf die Idee, daß sich gleich auf der anderen Seite der Hügel eine riesige Metropole befindet – vielleicht auch deshalb, weil man sich mit anderen Dingen beschäftigen kann. Wenn Sie beispielsweise Tim, den Ranger, darum bitten, zeigt er Ihnen vielleicht jahrhundertealte versteinerte Rückenwirbel von Walen. Wenn Sie an diesem Küstenstreifen entlangfahren, bekommen Sie nur den Ozean, Klippen, Familienbetriebe, bodenständige Restaurants und Cafés zu Gesicht. Sie sehen Amerika von seiner provinziellsten und malerischsten Seite. Dennoch liegt das alles nur eine halbe Autostunde von der viertgrößten Stadt der USA entfernt, die laut zahlreicher Touristikumfragen eines der beliebtesten Reiseziele der Welt ist.

Weitere Beispiele für suburbane Dörfer sind: LaJolla bei San Diego, White Rock, Port Moody, Belcarra und Deep Cove bei Vancouver, Sausalito und Mill Valley in Marin County bei San Francisco, MontClair Village in Oakland, Moraga, östlich von Oakland, Paradise Valley bei Phoenix, Boulder bei Denver, Marblehead bei Boston, Lake Murray bei Columbia (South Carolina), Fairfield und New Canaan (Connecticut) bei New York, Annapolis bei Baltimore und South Beach in Miami Beach.

KATEGORIE 7:
AUFSTREBENDE NEUE GROSSSTÄDTE – ZUM MODERNEN WOHNEN UND ARBEITEN GESCHAFFEN

Es gibt noch eine weitere Möglichkeit, den teuren Vorstädten zu entkommen, ohne auf die meisten modernen Dienstleistungen für Verbraucher und Unternehmen zu verzichten, an die wir uns gewöhnt haben: Ziehen Sie in ein aufstrebendes und preiswertes Entwicklungszentrum. Diese Großstädte bieten günstige Wohn- und Geschäftsimmobilien und verbessern rasch ihr Angebot an Arbeitsplätzen. Die meisten dieser neuen Großstädte bilden sich im Süden Nordamerikas heraus, an Orten, die ein eher gemäßigtes und angenehmeres Klima bieten. Die meisten sind sehr unternehmerfreundlich, weil sie wissen, daß ihr Wachstum nur möglich ist, wenn sie neue Unternehmen anziehen. Allerdings besitzen aufstrebende Großstädte im Gegensatz zu Erholungsorten nur selten eine landschaftlich schöne Umgebung und natürliche Freizeitattraktionen.

Beispiele für diese aufstrebenden neuen Großstädte sind: Boise (Idaho), Austin (Texas), Madison (Wisconsin), Albuquerque (New Mexico), Tucson (Arizona), Eugene (Oregon), Salem (Oregon), Provo (Utah), Colorado Springs (Colorado), Tallahassee (Florida), Hamilton (Ohio), Green Bay/Appleton (Wisconsin), Brownsville (Texas), El Paso (Texas),

Spokane (Washington), Augusta (Georgia), Modesto (Kalifornien), Huntsville (Alabama), Melbourne (Florida) und Kelowna (British Columbia).

KATEGORIE 8:
FLORIERENDE GROSSSTÄDTE — KNOTENPUNKTE DER NEUEN, VERNETZTEN WIRTSCHAFT

Großstädten mit florierender Wirtschaft wird in der neuen vernetzten Ökonomie und Gesellschaft eine neue Rolle zukommen. Es ist dieser Trend – die Ausweitung der Internetkommunikation und der dadurch ausgelöste organisatorische Wandel –, der es mehr Menschen erlauben wird, an der nächsten großen Bevölkerungsverlagerung teilzunehmen. Die geschäftigen Innenstadtbereiche der florierenden Großstädte sind nicht mehr vorrangig Orte zum Wohnen und Arbeiten. Sie sind Zentren des geschäftlichen Kontakts und der Unterhaltung – wie sie Theateraufführungen, Sinfoniekonzerte und exquisite Restaurants bieten – sowie der Freizeit- und Bildungsangebote für die ganze Familie – wie sie Parkanlagen, Museen und historische Denkmäler darstellen.

Immer mehr Menschen ziehen in kleinere Städte, Wohngegenden und exurbane Siedlungen. Zu den Dingen, auf die sie dann verzichten müssen, gehören Live-Unterhaltungs- und Bildungsangebote. Natürlich können sie über das Internet alle möglichen Arten von Fernseh-, Film- und interaktiven Lernprogrammen empfangen. Sie können auf diese Art sogar Kunst betrachten. Diese virtuelle Unterhaltung ist jedoch kein Ersatz für den unmittelbaren Kunstgenuß. Großstädte, in denen man derartiges aus erster Hand erleben kann, werden immer mehr zu Wochenend-Mekkas für jene Menschen werden, die in die exurbanen Siedlungen und kleineren Städte gezogen sind. Die erfolgreichsten unter den wachsenden Großstädten bieten dem Verbraucher entweder interessante Unterhaltung oder verdienen ausgezeichnet an der Ausrichtung von Geschäftskongressen – oder sie tun beides. Zu diesen Städten zählen unter anderem Las Vegas, San Francisco, Orlando, Myrtle Beach, San Antonio, Phoenix, Tucson, Nashville, Branson (Missouri), San Diego und Vancouver.

Andere Großstädte erleben aufgrund relativ niedriger Lebenshaltungskosten und eines günstigen Wirtschaftsklimas einen sozialen und wirtschaftlichen Aufschwung. Hierzu zählen Atlanta, Raleigh-Durham, Greensboro, Jacksonville, Tampa/St. Petersburg, Memphis, Louisville, Houston, Dallas, Greenville/Spartanburg, Portland, Seattle, Salt Lake City, Columbus, Cincinnati, St. Louis, Milwaukee, Kansas City, Denver, Charlotte und Calgary.

Zwischen 1992 und 1996 wiesen nur 20 Großstädte, in deren Großraum jeweils mehr als eine Million Menschen lebte, eine durchschnittliche jährliche Wertzuwachsrate bei Immobilien auf, die höher war als
die Inflationsrate, das heißt, über drei Prozent betrug. Der *U.S. News &
World Report* vom 1. April 1996 betrachtet diese Großstädte als die vielversprechendsten Märkte.

Vielversprechendste Märkte in den USA (1992-1996)

STADT	DURCHSCHNITTLICHE WERTZUWACHS- RATE DER IMMOBILIEN (IN PROZENT)
Salt Lake City	12,8
Denver	8,5
Portland	8,0
Nashville	6,4
Detroit	6,0
Greensboro	5,8
Cleveland	5,2
Kansas City	4,9
Milwaukee	4,4
San Antonio	4,1
Norfolk	3,9
Atlanta	3,9
Phoenix	3,8
Cincinnati	3,7
Tampa	3,7
Oklahoma City	3,6
Minneapolis/St. Paul	3,6
Indianapolis	3,3
Las Vegas	3,2
Miami	3,0

**KATEGORIE 9:
URBANE DÖRFER – TRENDSETZENDE ENKLAVEN
IN DER GROSSSTADT**

Die letzte Art von „Wachstumszentren", in denen wir Wachstum und
Wertsteigerung erleben werden, sind die revitalisierten urbanen Wohnviertel. Diese sind vor allem für die Kinder der Baby-Boom-Generation
attraktiv, die bald in die Phase der Haushaltsgründung eintreten werden.
Viele dieser jungen Menschen, vor allem Singles und kinderlose Ehepaa-
re, werden sich zunächst dafür entscheiden, in die Großstadt zu ziehen.

Die höchste Wertzuwachsrate stellt sich in zentrumsnahen Wohnvierteln ein. Diese Gegenden werden durch Künstler, Unternehmer sowie durch andere kreative Menschen wiederbelebt, die in die verwahrlosten Wohnviertel ziehen, weil sie auf niedrigere Mieten angewiesen sind. Nachdem diesen Vierteln so neues Leben eingeflößt worden ist, eröffnen schließlich originelle Cafés, interessante Restaurants und Geschäfte sowie Ateliers und Büros. Diese erfreuen sich dann wiederum wachsender Beliebtheit bei Singles und Familien mit hohen Einkommen, die nun ebenfalls dorthin ziehen und zwangsläufig die Immobilienpreise in die Höhe treiben.

Beispiele für diese Art von Wachstumszentren sind South Beach in Miami (außerdem ein suburbanes Dorf), Chelsea in New York (da SoHo und Greenwich für Künstler zu teuer geworden sind), die Bezirke The Mission und SOMA in San Francisco, Graneville Islands und Yaletown in Vancouver sowie Eau Claire in Calgary.

ZUSAMMENFASSUNG

Jetzt ist der Zeitpunkt, an dem Sie darüber nachdenken sollten, wo Sie am glücklichsten leben könnten oder wo Sie sich unter Umständen einen Zweitwohnsitz vorstellen könnten. Dabei spielt Ihr gegenwärtiges Alter keine Rolle. In Nordamerika gibt es jedenfalls eine passende Klein- oder Großstadt für jeden Lebensstil. Und letzten Endes dreht sich die neue individualisierte Wirtschaft nur um dieses eine Thema: den richtigen Lebensstil.

Kapitel 12:
Wie man Immobilientrends und Wachstumszentren erkennt

Die langfristigen Tendenzen auf dem Immobilienmarkt werden stark von der Bevölkerungsentwicklung und von Kaufzyklen beeinflußt. Es ist erwiesen, daß eine nachrückende Generation bestimmte Arten von Immobilien kauft, wenn sie älter wird. Weiß man also, wann die Mehrheit der Angehörigen einer bestimmten Generation ein gewisses Alter erreicht und in bestimmte Arten von Immobilien investiert, kann man auch Aufschluß darüber erhalten, wo es sich lohnt, dementsprechende Immobilien zu erwerben.

Wenn eine neue Generation im durchschnittlichen Alter von ungefähr 19 Jahren auf den Arbeitsmarkt kommt, sind der erste Wachstumssektor die kommerziellen Immobilien. Die Nachfrage nach Büro- und Fabrikgebäuden belebt sich. Außerdem herrscht stärkerer Bedarf an neuen Geschäften und Einkaufszentren, da die neuen Erwerbstätigen auch Verbraucher sind. Kommerzielle Immobilien sind seit einiger Zeit wieder im Kommen, da die Kinder der Baby-Boom-Generation derzeit ins Berufsleben eintreten. In der Folge steigt der Wohnungsbedarf. Es lassen sich fünf altersabhängige Kaufzyklen unterscheiden. Zum Beispiel kauft ein 62jähriger nicht dieselbe Art von Immobilien wie ein 33jähriger. Es ergeben sich die folgenden fünf Zyklen, gegliedert nach Altersstufen:

• Mietwohnung (zwischen 16 und 25 Jahren)
• Kauf des ersten Eigenheims (zwischen 26 und 33 Jahren)
• Verkauf des ersten und Kauf eines
  komfortableren Eigenheims (zwischen 34 und 43 Jahren)
• Kauf einer Ferienwohnung (zwischen 44 und 52 Jahren)
• Eigenheim für den Ruhestand (zwischen 61 und 70 Jahren)

Im nächsten Jahrzehnt werden zwei wichtige Immobiliensektoren florieren: Erstens werden gegenwärtig viele Ferienwohnungen gekauft, da die während des Baby-Booms Geborenen älter werden und anfangen, in ihre Freizeit zu investieren. Zweitens sind kommerzielle Immobilien und Mietwohnungen zur Zeit wieder gefragt, da die Kinder der Baby-Boom-Generation das Elternhaus verlassen, erwerbstätig werden und Familien gründen. Ein weiterer starker Sektor werden die komfortableren zweiten Eigenheime sein, die die wohlhabenderen Angehörigen der Baby-Boom-Generation erwerben.

DIE FERIENWOHNUNG

Der Bevölkerungssektor, der den Wert von Immobilien im nächsten Jahrzehnt am stärksten beeinflussen wird, sind die wohlhabenden Angehörigen der Baby-Boom-Generation, die die Altersspanne erreichen, in der sie zunehmend dazu übergehen, Ferienwohnungen zu kaufen. Zusammen mit der Zuwanderung in kleinere Städte wird dies die Erholungsgebiete zu den vielversprechendsten Investitionen auf dem Immobilienmarkt werden lassen. Wie aus Schautafel 12.1 ersichtlich, setzte dieser Kaufzyklus 1986 ein und wird seinen Höhepunkt um das Jahr 2013 erreichen.

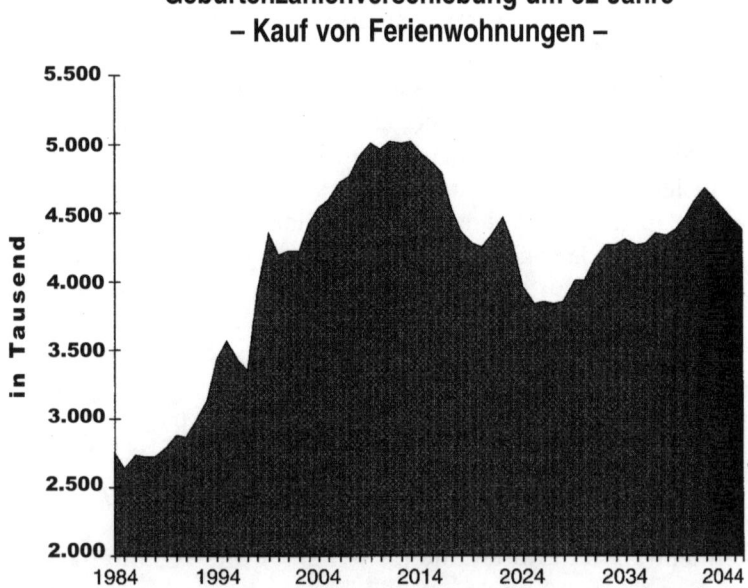

Geburtenzahlenverschiebung um 52 Jahre
– Kauf von Ferienwohnungen –

Schautafel 12.1: Verschiebung der Geburtenzahlen um 52 Jahre – Kauf von Ferienwohnungen.
Diese Schautafel zeigt den Ferienwohnungszyklus für die Baby-Boomer, die typischerweise dazu übergehen werden, im Alter von 44-52 Jahren solche Immobilien zu kaufen. Dieser Zyklus ergibt sich, wenn man die Geburtenzahlen um 52 Jahre auf der Zeitachse nach rechts verschiebt.

DIE MIETWOHNUNG

Die ersten Nachkommen der Baby-Boom-Generation, die Geburten-jahrgänge 1976-2001, werden Mietwohnungen beziehen und vor allem ab 2002 die Nachfrage nach Mietshäusern ankurbeln. Dies wird überall für einen Wertanstieg und gute Mieteinkünfte sorgen, besonders jedoch in schnell wachsenden Kleinstädten und Großstädten. Schautafel 12.2 zeigt, daß dieser Zyklus 1998 beginnt, aber erst 2002 an Schwung ge-winnt. Seinen Höhepunkt wird er frühestens 2015 erreichen. Die Nach-kommen der Baby-Boom-Generation wiederum werden wahrscheinlich bis ungefähr 2002 für eine steigende Geburtenziffer sorgen, was die äußerst lebhafte Nachfrage bis 2027 aufrechterhalten würde. Auch Ein-kaufszentren werden einen neuen Boom erleben.

VERKAUF DES ERSTEN UND KAUF EINES KOMFORTABLEREN EIGENHEIMS

Die typische Baby-Boom-Familie wird im Alter von 34-43 Jahren in den Zyklus eintreten, in der das erste Eigenheim verkauft und ein zweites,

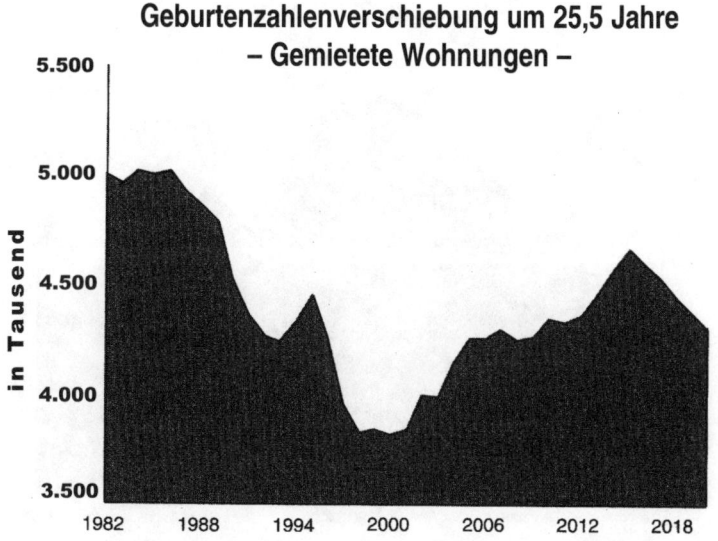

Schautafel 12.2: Verschiebung der Geburtenzahlen um 25,5 Jahre – Gemietete Wohnungen.
Diese Schautafel zeigt den Mietwohnungszyklus für die Baby-Boom-Generation und deren Nachkommen, die typischerweise im Alter von 16-25,5 Jahren Bedarf an solchen Immobilien haben werden. Dieser Zyklus ergibt sich, wenn man die Geburtenzahlen um 25,5 Jahre auf der Zeitachse nach rechts verschiebt.

komfortableres gekauft wird. Dieser Trend, der seinen Höhepunkt zwischen 2000 und 2004 erreichen wird, wird dem Wohneigentum der oberen Mittelschicht wahrscheinlich in den meisten Gebieten ein gemäßigtes Wertsteigerungspotential bescheren. Repräsentative Wohnsitze für die Wohlhabendsten haben einen besonders ausgeprägten Aufschwung erfahren. In aufstrebenden Kleinstädten und in Großstädten wird dies voraussichtlich eine überaus starke Wertsteigerung zur Folge haben. Wie am Anfang der neunziger Jahre werden diese Eigenheime der obersten Preisklasse jedoch am schnellsten an Wert verlieren, nachdem der Boom ab 2009 seinen Höhepunkt erreicht hat.

DAS EIGENHEIM FÜR DEN RUHESTAND

Der rasante Aufschwung auf dem Gebiet des Wohneigentums für den Ruhestand wird sich höchstwahrscheinlich verlangsamen, da sich die Nachfrage der Bob-Hope-Generation bereits von 1991-1995 auf dem Höhepunkt befand. Dennoch wird dieser Immobiliensektor aufgrund

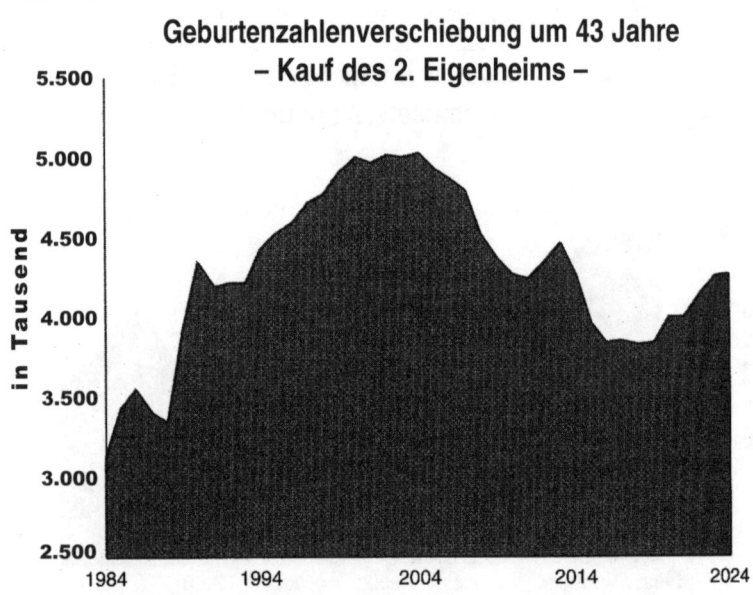

Schautafel 12.3: Verschiebung der Geburtenzahlen um 43 Jahre – Kauf des zweiten, komfortableren Eigenheims.
Diese Schautafel zeigt den Zyklus, nach dem die Angehörigen der Baby-Boom-Generation typischerweise im Alter von 34-43 Jahren ein zweites, komfortableres Eigenheim kaufen werden. Dieser Zyklus ergibt sich, wenn man die Geburtenzahlen um 43 Jahre auf der Zeitachse nach rechts verschiebt.

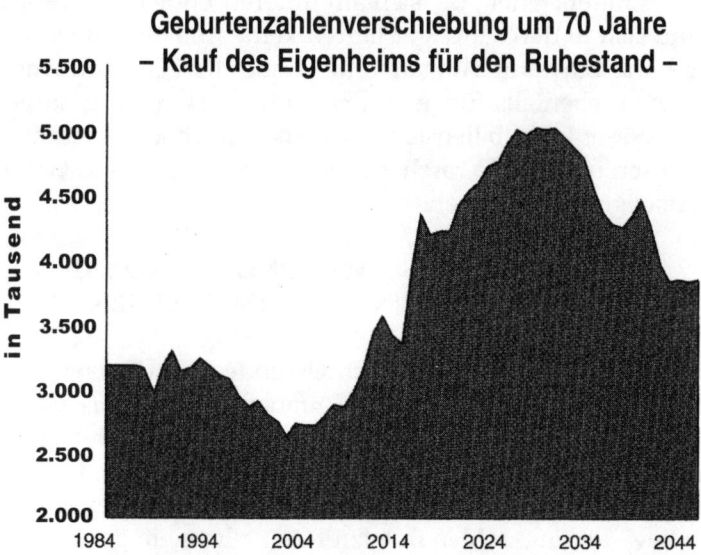

**Geburtenzahlenverschiebung um 70 Jahre
– Kauf des Eigenheims für den Ruhestand –**

Schautafel 12.4: Verschiebung der Geburtenzahlen um 70 Jahre – Kauf eines Eigenheims für den Ruhestand.
Diese Schautafel zeigt den Zyklus, nach dem die Mitglieder der Bobe-Hope-Generation und der nachfolgenden Baby-Boom-Generation typischerweise im Alter von 61-70 Jahren solche Immobilien kaufen werden. Dieser Zyklus ergibt sich, wenn man die Geburtenzahlen um 70 Jahre auf der Zeitachse nach rechts verschiebt.

unserer gestiegenen Lebenserwartung gemäßigtes Wachstum verzeichnen. Die gestiegene Lebenserwartung wiederum wird dazu führen, daß ein höherer Prozentsatz der Gesamtbevölkerung in die Kategorie der Ruheständler fällt und somit den Wert von Eigenheimen für den letzten Lebensabschnitt mäßig anhebt.

DAS ERSTE EIGENHEIM

Die von der Baby-Boom-Generation ausgehende Nachfrage nach ersten Eigenheimen machte diese Immobilienkategorie in den siebziger und achtziger Jahren zu einer der begehrtesten. Wie jedoch aus Schautafel 12.5 ersichtlich, dürfte die Nachfrage nach ersten Eigenheimen von 1995 an nachlassen, da die zahlenmäßig äußerst starke Baby-Boom-Generation mittlerweile weitgehend mit Eigenheimen versorgt ist und ihr die Pillenknick-Generation folgt. Ein gewisses Aufwärtsmoment könnte der Markt indessen erhalten, wenn ein konjunktureller Aufschwung und niedrigere Preise für Eigentumswohnungen Erstkäufern Anreize

299

bieten – besonders jenen, die sich am unteren Ende der Preisskala umsehen und sich in den achtziger Jahren keine Immobilien leisten konnten. Die hohe Einwanderungsrate am Ende der 80er und Anfang der
90er Jahre hat ebenfalls für neue Erstkaufinteressenten gesorgt. Insgesamt wird dieser Immobiliensektor voraussichtlich am langsamsten von
allen wachsen und nur in rasch anwachsenden Klein- und Großstädten
eine Wertsteigerung erfahren.

BEVÖLKERUNGSBEWEGUNGEN UND DIE
WERTSTEIGERUNG VON IMMOBILIEN

Bevölkerungsbewegungen, die umfassende Muster erkennen lassen,
wirken sich merklich auf langfristige Immobilientrends aus. Gewisse Gebiete des Landes verzeichnen eindeutig und über einen längeren Zeitraum hinweg einen stärkeren Bevölkerungszuwachs als andere. Im Nordosten und in den nördlichen Staaten des Mittleren Westens der USA
sind die Bevölkerungszahlen in letzter Zeit allgemein gesunken, in den

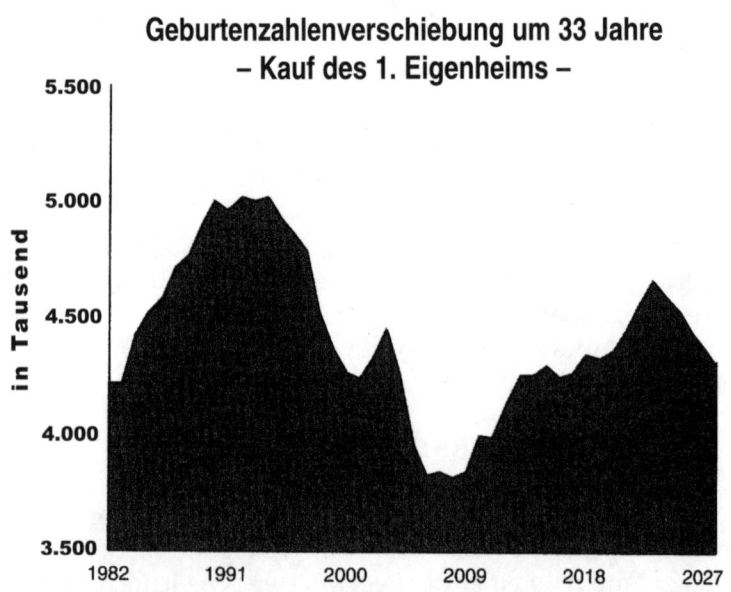

*Schautafel 12.5: Verschiebung der Geburtenzahlen um 33 Jahre – Kauf des ersten
Eigenheims.*
*Diese Schautafel zeigt den Zyklus, nach dem die Mitglieder der Baby-Boom- und der
Pillenknick-Generation das erste Eigenheim kaufen. Diejenigen, die solche Immobilien
kaufen, sind typischerweise zwischen 26 und 33 Jahre alt. Dieser Zyklus läßt ergibt sich,
wenn man die Geburtenzahlen um 33 Jahre auf der Zeitachse nach rechts verschiebt.*

übrigen Staaten des Mittleren Westens sind sie gleich geblieben oder leicht gestiegen, und im Südosten, Südwesten und Nordwesten sind sie beträchtlich angestiegen. Dieses Phänomen beruht auf drei einfachen Trends, die aller Voraussicht nach auch in Zukunft anhalten werden:

• Wanderung nach Süden wegen des wärmeren Klimas,
• Wanderung nach Westen aufgrund eines von Offenheit, Innovations-freudigkeit und Unternehmerfreundlichkeit geprägten sozialen und wirtschaftlichen Umfelds,
• Wanderung von den Küsten ins Landesinnere mit dem Ziel, der Über-bevölkerung zu entkommen, sowie aufgrund der niedrigeren Lebens-haltungs- und Betriebskosten.

US-Staaten mit dem größten Bevölkerungszuwachs 1995-2015

Staat	Voraussichtlicher Bevölkerungszuwachs 1995-2015
Kalifornien	9.911.000
Florida	6.828.000
Texas	6.495.000
Arizona	2.535.000
Georgia	2.255.000
Washington	2.147.000
North Carolina	2.001.000
Colorado	1.514.000
Virginia	1.496.000
Pennsylvania	1.215.000
Utah	1.089.000
Tennessee	1.065.000

Schautafel 12.6: Staaten mit dem größten Bevölkerungszuwachs in den Jahren 1995-2015.
Diese Schautafel listet die US-Staaten auf, die in den nächsten 20 Jahren voraussichtlich den größten Bevölkerungszuwachs erfahren werden. (Quelle: NPA Data Services.)

Wanderung nach Süden wegen des wärmeren Klimas

Die Menschen in den Vereinigten Staaten ziehen im allgemeinen nach Süden, weil sie in einer Gegend mit einem angenehmeren Klima leben wollen. In Kanada ziehen sie nach Westen in die angenehmer temperierten Küstengebiete British Columbias. Seit Jahrzehnten verzeichnen fast alle Staaten südlich der Mason-Dixon-Linie – von Florida bis hinüber nach Südkalifornien – ein ausgeprägtes Bevölkerungswachstum. Schautafel 12.6 läßt deutlich erkennen, daß ein Anhalten dieses Wachstums erwartet werden kann. Ausnahmen bilden vor allem die Staaten im tiefen Süden der USA wie Alabama, Mississippi und Louisiana, die geringeren Zuwachs erfahren.

Nur zwei der in Schautafel 12.6 erfaßten Staaten befinden sich nörd-

Zuwachsraten der Top-Ten US-Staaten 1995-2015

Staat	Voraussichtliche Zuwachsrate 1995-2015
Arizona	63%
Alaska	58%
Utah	56%
Nevada	51%
Florida	49%
Colorado	42%
New Mexico	41%
Washington	41%
Idaho	35%
Texas	35%

Schautafel 12.7: Die zehn US-Staaten mit dem voraussichtlich größten prozentualen Bevölkerungszuwachs von 1995-2015.
Diese Schautafel zeigt die zehn US-Staaten, die in Bezug zu ihrer derzeitigen Bevölkerung das größte Bevölkerungswachstum aufweisen. Im Gegensatz zur vorhergehenden Tabelle, die die Gesamtbilanz des Wachstums darstellt (und damit den dichter besiedelten östlichen Staaten zu viel Gewicht beimißt), werden hier die tatsächlichen Vorgänge gezeigt. (Quelle: NPA Data Services.)

lich der Mason-Dixon-Linie: Pennsylvania, das – zusammen mit Vermont und New Hampshire – den sonnigsten Fleck im Nordosten darstellt, und Washington, das ein mildes Klima besitzt. Fünf der zwölf Staaten befinden sich im Südwesten und fünf im Südosten. Schautafel 12.6 zeigt deutlich, daß die Wanderung nach Süden, die in den letzten Jahrzehnten zu beobachten war, anhalten wird, und daß die Bevölkerung der Staaten des Südwestens am schnellsten wachsen wird.

Wanderung nach Westen wegen der dortigen Offenheit, Innovationsfreudigkeit und Unternehmerfreundlichkeit

Viele der sozialen und technischen Errungenschaften seit den 60er Jahren gingen von Kalifornien aus und breiteten sich dann – während Kalifornien immer dichter bevölkert und immer teurer wurde – auf die angrenzenden Staaten aus. Die Bevölkerung Kaliforniens wird auch weiterhin mäßig wachsen, da dieser Staat das Mekka derjenigen Menschen und Unternehmen ist, die ein von Offenheit und Innovationsfreudigkeit geprägtes soziales und berufliches Umfeld suchen. In anderen Gebieten des Westens wird die Bevölkerung jedoch weit schneller anwachsen, da diese einen ähnlichen Lebensstandard zu einem weniger hohen Preis bieten können. Derzeit liegen die fortschrittlichsten Städte Nordamerikas zwischen Hollywood und Silicon Valley und neuerdings auch weiter nördlich entlang der Küste bis hin nach Portland, Seattle und Vancouver sowie landeinwärts bis nach Utah, Colorado, Arizona, New Mexico und Texas. Sie bringen die meisten expandierenden Unternehmen hervor. Diese Unternehmen, die vor allem in der High-Tech- und Unterhaltungsbranche beheimatet sind, bilden das Rückgrat unserer neuen Wirtschaft im Informationszeitalter. Zu ihnen gehört die große Mehrzahl der Unternehmen, die die nächste Phase der Hochkonjunktur einleiten werden – die Goldenen 2000er Jahre.

Viele Menschen, die im Westen leben, würden bestätigen, daß es in Nordamerika zwischen den Staaten des Westens, der Ostküste und des Landesinneren klare kulturelle Unterschiede gibt. Diese beruhen zum Teil auf den innovationsfreudigen Unternehmensstandorten, welche zahlreiche kreative High-Tech-Firmen und interessante neuartige Betriebe hervorbringen, vor allem aber auf der offeneren, toleranteren und vielfältigeren sozialen Struktur, die viele der traditionelleren Kultur der Ostküste vorziehen. Die in den letzten Jahrzehnten erkennbare Vorliebe für eine individualistischere Lebensweise wird dafür sorgen, daß immer mehr vor allem jüngere Menschen und Angehörige der Baby-Boom-Generation nach Westen ziehen, wie sich an Schautafel 12.7 ablesen läßt.

Schautafel 12.7 zeigt eindeutig, daß das prozentual größte Bevölkerungswachstum im Westen erwartet wird, und zwar vor allem im Südwesten. Florida ist der einzige Staat an der Ostküste, der einen Platz unter den ersten zehn einnimmt. Kalifornien ist der einzige Staat an der Westküste, der nicht auf der Liste steht, obwohl für Kalifornien das in absoluter Hinsicht größte Wachstum erwartet wird. Gründe hierfür sind unter anderem die hohen Lebenshaltungskosten und die strengen umweltrechtlichen Auflagen, die viele Unternehmen davon abhalten, sich dort anzusiedeln. Die Folge ist, daß alle an Kalifornien angrenzenden Staaten ein explosionsartiges Bevölkerungswachstum erleben werden.

Das überaus angenehme Klima, die reichlich vorhandenen Erholungsmöglichkeiten und das innovationsfreudige soziale und technische Umfeld tragen dazu bei, daß der Südwesten, die Rocky-Mountain-Staaten und der Nordwesten – in dieser Reihenfolge – landesweit das stärkste Bevölkerungswachstum und das größte Wertsteigerungspotential auf dem Immobilienmarkt aufweisen werden.

Wanderung von den Küsten ins Landesinnere aufgrund niedrigerer Kosten

Wir Amerikaner leben bevorzugt an den Küsten oder in deren Nähe, weil wir ihre Schönheit schätzen. Die Besiedelung dieser Gebiete hat Tradition, da Unternehmen vom Zugang zu Häfen profitieren können. Das führte aber auch dazu, daß die Küstengebiete zuerst überbevölkert und teuer wurden. Der Nordosten zum Beispiel ist heute fast ein einziger Ballungsraum, der vom Süden New Hampshires bis hinunter nach Washington, D.C., reicht. Das Aufnahmevermögen der südöstlichen Küstenstaaten von Virginia bis nach Florida, die seit einigen Jahrzehnten starkes Bevölkerungswachstum verzeichnen, wird schnell geringer.

Santa Barbara, Los Angeles und San Diego stehen kurz davor, zu einer einzigen Metropole zu verschmelzen; gleiches gilt für Monterey, Santa Cruz, San Francisco und Santa Rosa in Nordkalifornien. Glücklicherweise ist die Küstenregion zwischen Santa Barbara und Carmel nicht für extensiven Städtebau geeignet. Tatsächlich haben sich die Städte derjenigen Küstengebiete, in denen noch unerschlossenes bebaubares Land vorhanden war, am schnellsten ausgedehnt. Zu ihnen gehören im Nordwesten beispielsweise Vancouver, Seattle und Portland. Vancouver und Seattle nähern sich rapide dem Punkt, an dem sie nicht noch mehr Menschen aufnehmen können, und das Leben dort wird immer teurer. So bleibt nur Portland noch die Möglichkeit, sich im kommenden Jahrzehnt ungehemmt weiterzuentwickeln.

Infolge der Überbevölkerung und der hohen Lebenshaltungskosten der Küstenregionen sehen sich Menschen wie Unternehmen natürlich nach weiter landeinwärts gelegenen attraktiven Gemeinden und Großstädten um. Aus diesem Grund beobachten wir ein derart ausgeprägtes Anwachsen der Bevölkerung in den südlichen Regionen der Rocky-Mountain-Staaten und in den Wüstenstaaten Arizona, New Mexico, Utah und Nevada. In diesen Staaten wachsen die Einwohnerzahlen am schnellsten. Sie werden gefolgt vom Südosten, der sich von Texas bis in den Westen Floridas erstreckt. Dazu gehören außerdem die Golfküste mit Orlando, Georgia, dem Norden Alabamas, Kentucky, Richmond und dem Raum Norfolk/Williamsburg/Newport News in Virginia, Charlotte und Raleigh-Durham in North Carolina, Spartanburg/Greenville, Columbia und Charleston in South Carolina. Drei der nordöstlichen Staaten – Pennsylvania, Vermont und New Hampshire – verfügen ebenfalls über attraktive Gebiete im Landesinneren, die derzeit an Wert gewinnen.

Viele Staaten des Mittleren Westens werden Familien und Unternehmen anziehen, besonders Minnesota, Wisconsin, Missouri, der Süden von Ohio und Illinois, dazu Kansas und Missouri. Alle diese Gebiete erfahren derzeit eine Wiederbelebung, die, wenn sie auch nicht an das Wachstum im Südosten und Westen heranreicht, doch ein gesundes Maß an Wachstum bringen und Immobilien im Wert steigen lassen wird.

Wenn man alle drei Trends der Bevölkerungswanderung zusammennimmt – die Bewegungen westwärts, südwärts und landeinwärts – dann sollte man die höchsten Wachstumsraten in den südwestlichen Gebieten erwarten: Arizona, Nevada, der Süden Utahs und Colorados sowie New Mexico. Wen wundert es da, daß es diese Gegenden sind, die den größten Boom erlebt haben und auch weiterhin erleben werden?

So erkennen Sie ein geeignetes Wachstumszentrum

Bisher haben wir die vier hauptsächlichen Trends herausgearbeitet, aus denen sich der Immobilienboom speisen wird. Fassen wir nun zusammen, bevor wir uns mit dem nächsten Thema beschäftigen – woran Sie das für Sie am besten geeignete Wachstumszentrum erkennen!

• Tiefgreifende Neuerungen auf dem Gebiet der Kommunikationstechnologie erlauben es immer mehr Menschen, sich in Kleinstädten und exurbanen Gebieten anzusiedeln und mit Hilfe der Telekommunikation von zu Hause aus zu arbeiten.
• Die Baby-Boom-Generation tritt in die Altersklasse ein, in der Ferien-

häuser gekauft werden, was in Verbindung mit dem ersten Trend die Nachfrage nach Immobilien in attraktiven Urlaubsorten anregen wird.

• Die Kinder der Baby-Boom-Generation beginnen nun, einen eigenen Haushalt zu gründen, was die Nachfrage nach Mietwohnungen und Mietshäusern in Großstädten steigern wird und kommerzielle Immobilien in den betreffenden Gebieten bereits im Wert hat steigen lassen.
• Die Bevölkerung verlagert sich tendenziell auf wärmer temperierte Gebiete. Es steht deshalb zu erwarten, daß die ersten drei Trends im Südwesten der USA besonders ausgeprägt sein werden.

Nun sollten Sie Ihre persönlichen Prioritäten setzen. In welches Wachstumszentrum möchten Sie Ihren Wohnsitz verlegen, in welches investieren? Sie sollten zwei Arten von Nachforschungen anstellen, die ich beide für Sie umrissen habe: Erstens können Sie auf quantitative Daten zurückgreifen, um eine Auswahlliste der Städte zu erstellen, die Sie interessieren. Zweitens werden Sie Zeit aufwenden müssen, um jede einzelne persönlich zu besuchen und zu beurteilen, denn es gibt viele qualitative Faktoren, die Ihre Entscheidung letztendlich beeinflussen, sich aber nicht in übersichtlichen Tabellen darstellen und nicht schriftlich schildern lassen.

QUANTITATIVE INDIKATOREN

Beurteilen Sie zunächst die gesamte Region nach ihrem Klima, der Lebensart und dem allgemeinen Wachstumspotential. Sie wissen durch unsere bisherige Betrachtung, daß sich das Wachstum am schnellsten in Staaten südlich der Mason-Dixon-Linie, vor allem aber in denjenigen des Südwestens vollzieht. Nachdem Sie sich für eine Region entschieden haben, sollten sie mit Hilfe einiger einfacher statistischer Größen feststellen, ob diese ein großes Wachstums- und Wertsteigerungspotential besitzen. Dazu gehören:

• Mindestvorhandene Einwohnerzahl
• Geschwindigkeit des Bevölkerungswachstums
• Geschwindigkeit des Einkommenswachstums und der Vermehrung von Arbeitsplätzen
• Wertsteigerung von Immobilien
• Anzahl der leerstehenden Immobilien
• Menge an erschließbarem Land
• Psychographische Daten, das heißt, quantitative Daten zu den Lebensbedingungen

Mindestvorhandene Einwohnerzahl

Damit eine Kleinstadt Dienste anbietet, die umfangreich und vielfältig genug sind, um Städter anzuziehen, ist ein gewisses Minimum an Einwohnern nötig. In der Regel sollte man nur dann in eine Kleinstadt investieren, wenn sie mindestens 3000 Einwohner hat; eine Stadt mit 5000 Einwohnern ist noch sicherer. Wenn die Stadt zwischen 3000 und 5000 Einwohner zählt, vergewissern Sie sich, bevor Sie investieren, daß eine solide Wachstumspolitik betrieben wird, und daß die Stadt gegenüber anderen Orten qualitative Vorteile aufweist.

In vielen Kleinstädten, die bereits ein gewisses Wachstum erlebt haben, kommt es dann zu einem Boom, nachdem ihre Einwohnerzahl auf 20000 Menschen angewachsen ist. Für neue Entwicklungszentren oder ehemalige Kleinstädte, die auf dem Weg sind, Entwicklungzentren zu werden, liegt die minimale Einwohnerzahl bei 50000.

Bevölkerungswachstum

Abgesehen von einem Minimum an Einwohnern sollte man auch darauf achten, daß die Bevölkerung der Stadt mit gleichbleibender oder zunehmender Geschwindigkeit wächst. Dies ist ein verläßliches Anzeichen dafür, daß die Immobilien im Wert nicht sinken, sondern steigen, und es ist die Bestätigung, daß man eine Stadt ausgewählt hat, die auch andere Investoren attraktiv finden.

Der beste Indikator ist aber weder das absolute Bevölkerungswachstum noch das prozentuale. Prüfen Sie statt dessen die Wachstumszahlen relativ zu dem Bezirk, dem Staat oder der Region, in der die Stadt liegt. Um das relative Wachstum zu berechnen, teilen Sie einfach die Bevölkerungszahl eines bestimmten Jahres für die Stadt durch die Bevölkerungszahl desselben Jahres für den Bezirk, den Staat oder die Region, und tragen Sie diesen Wert auf einem Graphen ein. (Diese statistischen Daten können Sie beim US Census Bureau, bei Behörden der Bundesstaaten und Gemeinden sowie bei Unternehmen erhalten, die demographisches Marketing betreiben.) Führen Sie diesen Vorgang mindestens für die letzten zehn Jahre durch – wenn möglich, gehen Sie noch weiter zurück. Wenn Prognosen erhältlich sind, tragen sie auch die Zahlen für kommende Jahre ein. Wenn eine Stadt – besonders eine Kleinstadt – nicht schneller als der restliche Bundesstaat oder das umliegende Gebiet wächst, dann ist sie kein echtes Wachstumszentrum.

Einkommenswachstum und Vermehrung der Arbeitsplätze

Gleich, welche Art von Wachstumszentrum Sie betrachten – ausgenommen diejenigen Gebiete, die wohlhabende Ruheständler anziehen –, halten Sie immer Ausschau nach einem wachsenden Arbeitsmarkt und einem steigenden Einkommensniveau. So erhalten Sie die Bestätigung, daß in dem Gebiet genug Geld im Umlauf ist, so daß die Immobilienpreise steigen können. Selbst in einem expandierenden Urlaubsort mit einem großen Anteil an im Ruhestand befindlichen Wohnungseigentümern sollten die Menschen, die die Stadt mit Waren und Dienstleistungen versorgen, von einer verbesserten Arbeitsmarktlage und steigenden Einkommen profitieren.

Die beste Quelle für Statistiken zum Arbeitsmarkt und zum Einkommensniveau sind demographisch arbeitende Marketingunternehmen. Wenn Sie an Informationen auf Stadt- oder Bezirksebene bis zum Jahr 2020 interessiert sind, setzen Sie sich mit Woods and Poole (Telefonnummer in den USA: 800-786-1915) in Verbindung. Dort kann man Ihnen zusätzlich zu den Daten der Vergangenheit Prognosen für die nächsten 25 Jahre liefern, die auf der Grundlage demographischer Faktoren, konjunktureller Trends sowie Tendenzen auf dem Arbeitsmarkt erstellt werden. Die Daten zu einem ganzen Bezirk erlauben nur dann eine sichere Beurteilung einer einzelnen Stadt, wenn diese den Großteil der Bevölkerung des Bezirks stellt. Solche Daten können Ihnen auch helfen, die am schnellsten wachsenden Bezirke zu erkennen, in denen Sie dann weiter nach den am schnellsten wachsenden Städten suchen müssen.

Wertsteigerung von Immobilien

Eine weitere einfache statistische Größe, die Sie im Auge behalten sollten, ist der Anstieg der Immobilienpreise in der jeweiligen Stadt. Starke Wertsteigerung weist darauf hin, daß auch andere die Stadt für eine lohnende Investition halten. Wenn andererseits die Immobilienpreise schon seit langem wachsen, besteht das Risiko, daß die Preise ihren Höhepunkt erreichen und sich einige Zeit nicht mehr bewegen. Sie sollten ein Gebiet ausmachen, dem ein Boom kurz bevorsteht, oder eines, das nach einer Konsolidierung oder einem Preisverfall wieder Aufwind bekommt.

Statistiken zu Immobilienpreisen sind meist bei Immobilienmaklern in der betreffenden Gegend erhältlich. In Kanada können sie auf die äußerst hilfreiche *Royal Lepage Survey of Canadian House Prices* zurückgreifen, die in jedem kanadischen Immobilienbüro zu haben ist.

Anzahl der leerstehenden Immobilien

Eine statistische Größe, die Sie beachten sollten, ist auch die Anzahl der leerstehenden Wohnungen und Häuser in der Stadt. Wenn diese Zahl geringer wird, ist dies ein Zeichen dafür, daß die Nachfrage nach Immobilien schneller steigt als das Angebot. Langfristig gesehen bedeuten weniger leerstehende Wohnungen anhaltend starke Wertsteigerung.

Gewöhnlich kann man Informationen über die Anzahl der leerstehenden Wohnungen bei örtlichen oder regional beziehungsweise landesweit tätigen Immobiliengesellschaften beziehen.

Menge an erschließbarem Land

Weitere quantitative Variablen, die man nicht vernachlässigen sollte, sind Faktoren, die die Menge an erschließbarem Land begrenzen. Dazu gehören zum Beispiel Umweltschutzauflagen, Wasserknappheit, umliegende Berge und Seen – deren Oberfläche mitgerechnet wird, aber nicht erschlossen werden kann –, Bauordnungsbestimmungen, die Land in Zonen für bestimmte Verwendungszwecke aufteilen, und so weiter.

Denken Sie daran, wenn Sie sich diese Daten beschaffen, daß eine begrenzte Menge Land in Verbindung mit Wachstum Wertsteigerung bedeutet! Aus diesem Grund wächst zum Beispiel Las Vegas jährlich um erstaunliche 8 Prozent, während die dortigen Immobilien nur mäßig im Wert steigen. Es steht so viel billiges Land für den Bau von neuen Wohngebieten zur Verfügung, daß das Angebot fast mit der Nachfrage Schritt halten kann. Las Vegas nähert sich jedoch langsam den der Stadt von den umgebenden Bergzügen gesetzten Grenzen, weswegen die Wertsteigerung in der Zukunft bedeutendere Ausmaße annehmen dürfte.

In Florida ist die Sachlage ähnlich. Die Tatsache, daß genügend flaches Land zur Bebauung verfügbar und Wasser nicht knapp ist, hat dazu geführt, daß die Wertsteigerung in den meisten Gebieten trotz des rapiden Bevölkerungswachstums relativ geringfügig geblieben ist. Man vergleiche dagegen viele Gegenden Kaliforniens, denen geographische oder ökologische Beschränkungen auferlegt sind – oder Telluride in Colorado, das von Bergwänden umgeben ist. Die Wertsteigerung in diesen Gebieten ist aufgrund des Bevölkerungswachstums seit einiger Zeit enorm.

Psychographie: Quantitative Lebensstilstudien

Es gibt noch eine weitere Art von quantitativen Daten, die uns ein potentielles Wachstumszentrum erkennen lassen. Diese Daten sagen etwas über die Lebensweise der örtlichen Bevölkerung aus – in Kapitel 11 beschäftigten wir uns bereits aus diesem Blickwinkel mit attraktiven Urlaubsorten. Diese Art von Daten läßt sich wohl kaum aus einem Bericht ablesen. Statt dessen muß man in der Regel die Stadt besuchen, um sich ein Bild zu machen und einen Eindruck aus erster Hand zu erhalten. Dank unglaublicher Fortschritte auf dem Gebiet der Erhebung demographischer Daten und statistischer Marketingmethoden können wir zahlreiche meßbare demographische Faktoren zu den Tendenzen bestimmter Lebensstile in Bezug setzen. Eine Lebensstilanalyse einer Groß- oder Kleinstadt, einer Postleitzahlenregion oder eines Stadtbezirks können Sie bei einer Reihe von Marketingfirmen beziehen, die andere Unternehmen mit Daten versorgen, zum Beispiel bei Claritas, CACI oder Donnelly.

Michael J. Weiss behandelt dieses Thema ausführlich in seinem Buch *The Clustering of America*, in dem er das Claritas-Modell verwendet. Die Lebensstilkategorien dieses Modells sagen mir am meisten zu, da sie mir einfach am besten die Lebensweisen abzubilden scheinen, die jeder leicht erkennen und mit seinen eigenen Vorlieben vergleichen kann. Donnelly ist in der Lage, in die Analyse nicht nur die Ebene des Stadtbezirks, sondern sogar die des einzelnen Haushalts einzubeziehen, was für Unternehmen und Marketing-Strategen einen klaren Vorteil darstellt. Das CACI-Modell dagegen beschäftigt sich mit den Lebensstilen vor allem in Hinblick auf das Wohnen, was für Erschließungsgesellschaften von größerem Nutzen sein kann.

All diese Modelle teilen die Daten in 40-70 verschiedene zur Wahl stehende Lebensstilkategorien ein – eine große Auswahl, die Ihnen dabei hilft, zu erkennen, ob eine neue Stadt oder Gegend zu Ihnen paßt. Diese Lebensstilmodelle erleichtern es Ihnen auch, herauszufinden, welche Stadt Menschen wie Sie selbst anzieht, die Sie gerne als Nachbarn hätten. Außerdem ist es wichtig, solche Daten zu verwenden, um zu sehen, welche Städte die wohlhabenderen Bevölkerungsschichten anziehen, die den Lebensstil der Zukunft prägen. Wenn viele solche Menschen in ein Gebiet ziehen, sorgt dies für die höchste Wertsteigerung der Immobilien.

Hier sind einige Beispiele aus dem Claritas-Modell für die wohlhabenderen Schichten, deren Lebensweise Maßstäbe setzt:

- „Blue Blood Estates": Angehörige der Baby-Boom-Generation mit sehr hohen Einkommen, die in traditionellen Vorstädten, exklusiven exurbanen Siedlungsgebieten und Entwicklungszentren wohnen.
- „Money and Brains": hochgebildete Wohnungseigentümer, die oft in den Trend-Gegenden größerer Städte oder in kleineren College- und Universitätsorten leben.

- „God's Country": wohlhabende Angehörige der Baby-Boom-Generation, die vor allem hochqualifizierte und technische Berufe ausüben, aber vorzugsweise in schöner natürlicher Umgebung und in Kleinstädten wohnen.
- „New Ecotopia": wohlhabende, umweltbewußte Menschen, die mit Hilfe der Telekommunikationsmedien von zu Hause aus arbeiten und vorzugsweise in den attraktivsten ländlichen Gegenden und Ferienorten wohnen.
- „Gray Power": wohlhabende Ruheständler, die in attraktive Ferien- und Erholungssiedlungen ziehen.
- „Young Influentials": junge Trendsetter, die in modernen Großstadtbereichen leben.

Wenn ein Claritas-Bericht über eine Stadt, zu der sie Nachforschungen anstellen, eine bedeutende oder anwachsende Zuzugsbewegung von Angehörigen einer dieser Lebensstilkategorien verzeichnet, ist das für Sie die Bestätigung, daß Sie wirklich ein Wachstumszentrum ausgewählt haben. Wohlhabendere Menschen suchen immer die besten Gegenden auf – und diese sind nur in begrenzter Zahl vorhanden. Deswegen werden in solchen Gegenden mit dem meisten Geld die wenigsten Immobilien gekauft. Nach dem simplen Gesetz von Angebot und Nachfrage bedeutet dies die beste Wertsteigerungsrate für Immobilien und für einige Menschen auch die höchste Lebensqualität. Wichtig ist, daß Sie die verschiedenen Lebenstilkategorien durchgehen und sich ein Bild davon machen, welche Ihren eigenen Vorlieben am nächsten kommt. So können Sie schnell Städte durchleuchten, die Sie noch nicht kennen, und eine Vorstellung davon bekommen, wo noch mehr Menschen wie Sie leben – anschließend können Sie diejenigen Städte aufsuchen, die Sie am meisten interessieren.

QUALITATIVE INDIKATOREN

Wenn sich schließlich nur noch die Städte in der engere Wahl befinden, die Ihren Kriterien bezüglich des Lebensstils und des Wertsteigerungspotentials auf dem Immobilienmarkt am ehesten entsprechen, ist ein persönlicher Besuch erforderlich. Nur so können Sie die qualitativen Faktoren bewerten, die Ihre Entscheidung ebenfalls beeinflussen. Wenn Sie dies tun, beachten Sie folgende Gesichtspunkte:

- Erholungs-, Bildungs- und Kulturangebot
- Instandhaltung und Verbesserung der Infrastruktur
- Investitionen von Franchiseunternehmen und modernen Betrieben

- Vielseitiger Wirtschaftsstandort
- Vor Ort arbeitende Bevölkerung

Erholungs-, Bildungs- und Kulturangebot

Das erste, worauf Sie achten sollten, wenn Sie ein Wachstumszentrum besuchen, ist, wie es dort um Erholungs-, Bildungs- und kulturelle Einrichtungen bestellt ist. Entsprechen sie bereits heute dem von Ihnen gewünschten Lebensstil? Wird die Stadt den Interessen gerecht werden, denen Sie in Zukunft nachgehen wollen?

Wenn Sie zum Beispiel gerne ins Theater gehen, wäre vielleicht Ashland in Oregon der richtige Ort für Sie. Wenn Sie Wert auf leichten Zugang zu Skipisten legen, ziehen Sie womöglich Park City in Utah vor. Wenn Sie dagegen an einer Universität studieren oder promovieren und trotzdem in einer Kleinstadt leben möchten, steht unter Umständen Bloomington in Indiana ganz oben auf Ihrer Liste. Durango in Colorado zieht zum Beispiel viele Mountain-Biker und Firmen der Freizeitbranche an – unter anderen erwartungsgemäß Hersteller von Mountain-Bikes. Durango könnte der ideale Ort für Radsportler sein, deren Lebensstil sich vor allem an der Ausübung ihrer Sportart und der Freizeitgestaltung orientiert, und die gleichzeitig für ein Unternehmen arbeiten wollen, das ihre individuellen Interessen und Fähigkeiten zu schätzen weiß.

Instandhaltung und Verbesserung der Infrastruktur

Die zweite Frage, die Sie klären sollten, wenn Sie eine Stadt besuchen, ist, ob dort größere Summen in öffentliche Einrichtungen investiert werden. Wird der örtliche Flughafen erweitert, werden die öffentlichen Verkehrsmittel verbessert, Sporteinrichtungen, Schulen, kulturelle Einrichtungen, Kongreßzentren und Begegnungsstätten gebaut? Welche Touristenattraktionen und Unterhaltungseinrichtungen für die ganze Familie werden in der Stadt gebaut oder modernisiert, und was halten Sie von ihnen? Kurz gesagt: Versuchen Sie, zu beurteilen, ob die Stadt sich bemüht, neue Einwohner anzuziehen, und wie deren Reaktion ausfällt. Wenn die Stadt Bedingungen schafft, die mehr Menschen anziehen, ist das ein sicheres Zeichen dafür, daß sie expandiert und noch weitergehendes Wachstum anstrebt.

Investitionen von Franchiseunternehmen und Industriebetrieben

Kennzeichnend für ein Wachstumszentrum ist auch die verstärkte Präsenz von Franchiseunternehmen wie Starbuck's Coffee, McDonald's

312

und Wal-Mart. Diese Unternehmen führen extensive Demographie- und Lebensstilanalysen durch, bevor sie sich in einem Gebiet ansiedeln, und lassen sich nur auf eine solche Investition ein, wenn sie überzeugt davon sind, daß ein großes Wachstumspotential vorhanden ist. Das Wachstum an sich ist jedoch nicht der einzige Faktor, den es zu bewerten gilt. Berücksichtigen Sie auch, welche Firmen sich niederlassen oder bereits vor Ort vertreten sind, und finden Sie heraus, ob sie dem von Ihnen gewünschten Lebensstil entsprechen beziehungsweise ob sie diesen ohne weiteres zulassen. Nach diesen Erkundigungen können Sie gleichzeitig einschätzen, welche Art von Menschen voraussichtlich in das Gebiet ziehen werden. Bars und Cafés, die den neuesten Trend widerspiegeln, haben beispielsweise eine andere Signalwirkung als eine Wal-Mart- oder McDonald's-Filiale. Exklusive Geschäfte deuten darauf hin, daß Sie sich auf der Hauptstraße des nächstens Aspen befinden, wohingegen ein Wal-Mart vermutlich eher ein Zeichen dafür ist, daß es sich nur um eine von vielen billigen Kleinstädten mit verstärkter Gewerbeansiedlung oder um eine exurbane Siedlung handelt, die eines Tages wie eine weit außerhalb gelegene Vorstadt aussehen wird. Die meisten Wachstumszentren ziehen sowohl die wohlhabenden Schichten an, die die Lebensqualität schätzen, als auch die durchschnittlichen Arbeiter, die die nötigen Dienstleistungen erbringen.

Vielseitiger Wirtschaftsstandort

Obwohl die meisten kleinen Wachstumszentren eindeutig dazu neigen, einen speziellen Typ von Betrieben anzuziehen, der einem bestimmten Lebensstil entspricht, sollte man trotzdem nach einem vielseitigen Wirtschaftsstandort Ausschau halten. Wenn das Gebiet von einem bedeutenden Wirtschaftszweig wie zum Beispiel einer großen Kupfermine oder Vertriebsgesellschaft abhängig ist, kann dessen Abschwächung einen verheerenden Einfluß auf die örtliche Wirtschaft haben und sich negativ auf den Wert Ihrer Immobilien auswirken. Wenn in dem Gebiet zahlreiche unterschiedliche Unternehmen angesiedelt sind, wirkt sich die Krise eines einzelnen wahrscheinlich weniger stark auf den Immobilienmarkt aus. Bedenken Sie sowohl die kurz- als auch die langfristige Wertentwicklung Ihrer Immobilieninvestition, wenn Sie die örtlichen Betriebe beurteilen.

Vor Ort arbeitende Bevölkerung

Zu einem wirklichen Wachstumszentrum tragen vor allem örtliche Betriebe und Arbeitskräfte bei und nicht in erster Linie Pendler. Dies ermöglicht der Stadt solides Wachstum, zeigt aber auch, daß die Stadt sich wirklich selbst mit dem Lebensstil identifiziert, auf den sie sich eingestellt hat, und ihn nicht einfach nur den Menschen ermöglicht, die ihr Geld anderswo verdienen. Es zeigt auch, daß das Wachstumszentrum das Ideal eines hochwertigen Lebensstils verkörpert, der es Ihnen erlaubt, sich Ihrer Familie, Freunden und Ihrer neuen Umgebung zu widmen.

Sprechen Sie mit Einwohnern, um zu erfahren, wo sie wohnen und arbeiten. Sehen sie sich das Verkehrsaufkommen während der Stoßzeit an, um festzustellen, ob die meisten zu einer nahegelegenen Großstadt oder einer Vorstadt pendeln. Wenn ja, überlegen Sie sich noch einmal, ob Sie wirklich in dieses Wachstumszentrum investieren wollen!

ZUSAMMENFASSUNG

Dieser Boom sollte Ihnen nicht nur eine lukrative Tätigkeit und unternehmerische Projekte ermöglichen, sondern auch einen grundsätzlich anderen Lebensstil. Jetzt ist der Zeitpunkt, an dem Sie sich mit Ihrem Ehepartner, Ihren Kindern und Freunden zusammensetzen sollten, um ernsthaft darüber nachzudenken, wo Sie leben wollen. Welche Wahlmöglichkeiten gibt es? Auf welche Weise wird die Technik es uns gestatten, an einem Ort zu wohnen, den wir bisher unter Umständen nicht in Erwägung gezogen haben? Die unternehmerischen und beruflichen Gelegenheiten und vor allem die Chancen auf dem Immobilienmarkt sind in den vielversprechendsten Wachstumszentren und Großstädten höchstwahrscheinlich viel stärker ausgeprägt. Gleich, ob Sie der Baby-Boom-Generation angehören und jetzt Mitte vierzig sind, gerade eine Familie gegründet haben und Anfang zwanzig sind oder bald in den Ruhestand treten wollen – die Entscheidung, vor der Sie stehen, könnte eine der wichtigsten Ihres Lebens werden. Verbringen Sie jetzt etwas Zeit damit, den Ort zu finden, an dem Sie leben und in den Sie investieren wollen. Es wird sich lohnen.

In Teil 5 dieses Buches werde ich mich nun abschließend dem Schlüssel zur Erlangung von Wohlstand widmen. Es reicht nicht aus, die wichtigsten Trends zu verstehen, die den wirtschaftlichen Wandel bedingen – man muß auch richtig investieren können. Die meisten Menschen befolgen nicht einmal die einfachsten Anlageprinzipien. Sie können es.

KAPITEL 13:
Die sieben Prinzipien für erfolgreiches Investieren

In diesem Kapitel werden wir uns mit dem Investmentprozeß beschäftigen: Wie erreichen wir unser Ziel – Wohlstand und eine gesicherte Zukunft – in einer zunehmend komplexen Welt? Die Prognosen der „Experten" sind höchst widersprüchlich, die Aktienkurse spielen täglich verrückt und mittlerweile stehen über 8000 Investmentfonds zur Wahl – finden Sie den Markt da nicht verwirrend? Haben Sie irgendeine Vorstellung davon, welche Investmentmethode – von der Momentum- über die marktpsychologische bis hin zur Index-Methode – Sie verwenden sollten?

Wie lassen sich in unserer enorm aufkeimenden Finanzwelt überhaupt noch vernünftige Investmententscheidungen treffen? Und scheint dies nicht wichtiger denn je, angesichts der Tatsache, daß unser Sozialsystem und die Gesundheitsfürsorge in Frage gestellt werden, die Studiengebühren steigen, sichere Langzeitarbeitsplätze rarer werden und unsere Lebenserwartung wächst? Wir haben uns in diesem Buch bereits mit den Voraussetzungen für das Verständnis der starken Trends beschäftigt, die gegenwärtig unser Wirtschaftssystem verändern. Nun ist es an der Zeit, uns den bewährten Prinzipien des Investments und dem Schlüssel zur Erlangung von Wohlstand zuzuwenden. Obwohl Investieren einfach ist, investieren nur die wenigsten Menschen genug Geld, um ihre Zukunft zu sichern. Und nur die allerwenigsten machen es richtig.

Zum Investieren benötigt man zunächst einen guten Grund, denn unmotiviert sollte man gar nichts unternehmen. Investieren sollte nicht etwa nur bedeuten, daß Sie heute Opfer bringen, um in der Zukunft ein komfortables Leben zu haben, sondern, daß Sie Ihr Leben selbst gestalten können, wenn Sie älter werden, daß Sie Ihre verdiente Freiheit genießen, wenn Ihre Kinder auf eigenen Füßen stehen, und daß Sie die nötigen Mittel haben, um diese potentiell höchst kreative Phase Ihres Lebens zu finanzieren. Wann haben Sie sonst die Zeit, die Fähigkeiten sowie die Abgeklärtheit und emotionale Reife, die es Ihnen erlauben, sich selbst voll zu verwirklichen?

Für die Bob-Hope-Generation war die Bereitschaft, zu sparen und

Opfer zu bringen, selbstverständlich. Die Angehörigen dieser Generation wuchsen während der Weltwirtschaftskrise und des 2. Weltkriegs auf; Pflichtbewußtsein und Opferbereitschaft gehörten zu ihren moralischen Werten. Den Vertretern der Generation X, die in Zeiten der Unsicherheit aufwuchsen, fällt es nicht schwer, ihre Zukunft zu planen. Sie fangen bereits weit früher mit dem Sparen an als die Baby-Boomer. Die Generation, die die größten Schwierigkeiten damit hat, zu sparen und Opfer zu bringen, ist die riesige Baby-Boom-Generation. Die Baby-Boomer wuchsen während der Phase des bisher größten Wohlstands in der Geschichte unseres Landes auf, und es kam ihnen bis zu den neunziger Jahren nie in den Sinn, sich Sorgen um ihre Zukunft zu machen.

Heute machen sich die Baby-Boomer unter uns allerdings doch Sorgen. Viele von uns stellen fest, daß ihre Ersparnisse nicht für den Rest ihres Lebens reichen. Und die meisten von uns wissen nicht, ob sie von unserem Sozialsystem Hilfe erwarten können. Entsprechendes gilt auch für die Renten und die staatliche Gesundheitsfürsorge im Rentenalter. Was tun wir also? Natürlich fangen wir an, ein wenig zu sparen, beschließen aber vor allem, im Rentenalter mehr zu arbeiten. Wir sind ohnehin arbeitsbesessen – nicht zu arbeiten wäre langweilig –, warum also nicht Teilzeit- oder Vollzeitarbeit im Rentenalter? Wieso sollten wir uns anstrengen, so viel für den Ruhestand zu sparen wie unsere Eltern?

Wir Baby-Boomer wollten immer unsere Träume verwirklichen und die in allen Bereichen des Lebens gesetzten Grenzen verschieben, statt uns mit den autoritären Systemen abzufinden, die unsere Eltern als gegeben hinnahmen. Natürlich haben wir unangenehme Erfahrungen gemacht und einige schmerzliche Lektionen gelernt, aber die meisten von uns haben ihre Träume nicht aufgegeben. Hier also eine schwierige Frage für alle Baby-Boomer: Wie wollen Sie eigentlich die Erfüllung Ihrer Träume erleben, wenn Sie bis ins Rentenalter für jemand anderen arbeiten? Wären Sie nicht lieber finanziell unabhängig? Würden Sie nicht lieber mit 50, wenn Sie noch voll aktiv sind, in den Erholungsort Ihrer Wahl ziehen, statt zu warten, bis Sie 60 oder 70 sind? Würden Sie nicht gerne selbst Unternehmer werden? Oder eine gemeinnützige Institution gründen, um Kinder zu fördern oder Wale zu retten? Scheint das nicht verlockender als die Aussicht, in Ihrem bisherigen, stressigen, vielleicht langweiligen Beruf bis ins Alter hart zu arbeiten? Stehen nicht die meisten uns vor der Wahl, entweder die Familie oder den Beruf zu kurz kommen zu lassen? Nach uns wird eine jüngere Generation kommen, die bereit sein wird, sich noch mehr anzustrengen, um unsere Position einzunehmen. Sind Sie sicher, daß Sie in Ihrem bisherigen Beruf weiterhin hart arbeiten wollen?

Wenn Sie nämlich jetzt damit anfangen, systematisch zu investieren, werden Sie wahrscheinlich in der Lage sein, während des anhaltenden Wirtschaftsbooms genug Kapital anzusammeln, um aus einer Reihe von attraktiven Möglichkeiten auswählen zu können. Sie könnten sich problemlos zur Ruhe setzen, wenn die Zeit reif ist, oder das tun, was Sie an Ihrem Beruf am meisten schätzen. Viele werden sogar feststellen, daß sie ihr Einkommen wie ihr Nettovermögen im sogenannten Ruhestand erhöhen können, wenn sie ihre hauptsächlichen Interessen zur Grundlage von lukrativen Unternehmen oder gemeinnützigen Organisationen machen. Entscheidend ist, daß Sie eine Tätigkeit finden, die Sie bewältigen können, die Sie auf Jahre hinaus aktiv, gesund und geistig vital hält, eine Tätigkeit, die es Ihnen ohne weiteres erlaubt, einen Monat in Costa Rica Ferien zu machen oder eine Auszeit zu nehmen, um sich selbständig weiterzubilden und sich über die interessantesten neuen Entwicklungen in Ihrem Beruf auf dem laufenden zu halten.

Finanzielle Unabhängigkeit wird in den folgenden Jahrzehnten zur größten Errungenschaft der Baby-Boomer werden. Kümmern Sie sich zuerst um Ihre Träume und überlegen Sie sich, was Sie in den Jahren nach dem Auszug Ihrer Kinder am liebsten täten – dann sind Sie ausreichend motiviert, um das gewünschte Maß an Wohlstand und Unabhängigkeit zu erzielen.

BETRACHTEN SIE ANLAGEN UND GEWINNE REALISTISCH

Jetzt, da wir uns darüber im klaren sind, mit welchem Ziel wir sparen und investieren, kommen wir zum eigentlichen Investmentprozeß. Haben Sie die astronomischen Anlageergebnisse gesehen, die die beliebtesten Fonds – zum Beispiel Fidelity Magellan, Vanguard, AIM oder Putnam – vorweisen können? Viele von ihnen haben in den letzten zehn oder mehr Jahren jährliche Wachstumsraten von durchschnittlich über 20 Prozent verzeichnet. Oder wußten Sie, daß der durchschnittliche Aktienindex im Lauf der Geschichte eine Rendite von 10 bis 11 Prozent abgeworfen hat und damit Anleihen und Edelmetalle bei weitem übertrifft? Selbst bei diesem relativ langsamen Tempo könnten Sie Ihr Kapital alle sieben Jahre verdoppeln.

Bewerten Sie Ihre Erfahrung als Anleger realistisch. Haben Sie mit Ihren eigenen Investitionen langfristig konstant solche Gewinne erzielt? Oder erinnern Sie sich nur an ein oder zwei gute Jahre und vergessen dabei die, in denen es weniger gut lief? Übertrifft die Wachstumsrate Ihres Portefeuilles – wie die der meisten – die Inflationsrate nur geringfügig? Haben Sie immer erst dann Ihr gesamtes Kapital investiert, wenn Sie genug Zeit hatten, sich mit dem Markt zu beschäftigen, oder wenn Ihnen ein höheres Einkommen für Investitionen zur Verfügung stand?

Die über längere Zeiträume hinweg erstklassigen Wachstumsraten, die viele Investmentfonds und Indizes aufweisen, sind real! Die durchschnittliche Aktienrendite bei jährlicher Wiederanlage der Gewinne liegt seit Beginn dieses gewaltigen Bullenmarktes Ende 1982 in der Tat bei rund 16 Prozent. Bei dieser Rate verdoppeln sich Ihr Kapital und Ihre Investitionen alle 4,5 Jahre!

Wahr ist leider auch, daß die allermeisten Anleger keine derartigen Gewinne verzeichnen und ihr langfristig gesetztes Ziel – die Erlangung von Wohlstand – verfehlen. Der Grund hierfür ist einfach: Die meisten von ihnen kaufen und verkaufen Anteile an Investmentfonds, Aktien und andere Anlagegegenstände zum falschen Zeitpunkt. Peter Lynch hat zum Beispiel darauf hingewiesen, daß die überwältigende Mehrheit der Investoren in dem Zeitraum, in dem er als Portefeuillemanager von Fidelity Magellan alle Rekorde brach, ihre Anteile mit Verlust verkaufte. Wie konnte dies bei einem Fonds mit einer so erstklassigen Bilanz passieren? Solche Fonds weisen eine höhere Volatilität auf als andere. Die meisten Menschen kaufen, wenn der Fonds Erfolg hat, und verkaufen während einer Abwärtskorrektur, wenn der Fonds weit stärker gesunken ist als der Markt im allgemeinen. Warum? Irren ist menschlich! Angst und Gier gewinnen die Oberhand über uns, wie Schautafel 13.1 auf schmerzliche Weise verdeutlicht.

Daß mit Abstand die meisten von uns mit ihren Investitionen nicht den besten möglichen Gewinn erzielen, hat folgenden einfachen Grund: Wir lassen uns, wenn wir beschließen zu kaufen oder zu verkaufen, von unseren Gefühlen leiten, statt einen Investmentplan zu erstellen und diesem treu zu bleiben.

Auf noch schonungslosere Weise wurde die Wahrheit über Investmentergebnisse kürzlich in einer von Dalbar durchgeführten Studie verdeutlicht, die hier in Form von Schautafel 13.1 wiedergegeben wird. Dalbar untersuchte die Gewinne einer größeren Zahl von Anlegern vom 1. Januar 1984 bis zum 31. Dezember 1995 – ein für den Aktienmarkt sehr günstiger Zeitraum. Es ist traurig, aber wahr: Der typische auf eigene Faust vorgehende Anleger erzielte im Lauf dieser zwölf Jahre nur eine kumulative Rendite von 98 Prozent, das heißt, eine jährliche Gesamtverzinsung von nur 6 Prozent. Anleger, die auf einen Broker oder Finanzberater zurückgriffen, hatten nur geringfügig mehr Erfolg. Sie erzielten eine kumulative Rendite von 114 Prozent, wobei allerdings Provisionen, Gebühren und Anteilsaufschläge noch nicht mitgerechnet sind. Anleihekäufern erging es besser: Sie erzielten einen Ertrag von 132 Prozent – trotz der Tatsache, daß Aktien im fraglichen Zeitraum insgesamt besser abschnitten als Anleihen. Anleger, die Anleihen mit Hilfe eines Beraters kauften, erzielten die besten Ergebnisse: eine Rendite von 162 Prozent. Und jetzt das wahrhaft Beeindruckende: Der S&P 500 legte im selben Zeitraum 461 Prozent zu, Dividenden eingeschlossen.

Die meisten Anleger, ob mit oder ohne Berater, verdienten weniger als ein Viertel dessen, was sie hätten verdienen können, wenn sie einfach an der New York Stock Exchange eine Auswahl durchschnittlicher Aktien gekauft und gehalten hätten.

Erstaunlich! Kein Wunder, daß sich das Kapital in unserer Gesellschaft in den Händen weniger konzentriert. In der Tat konzentriert es sich weit stärker als das Einkommen.

Die Reichsten – die ein Prozent der Bevölkerung stellen – kontrollieren 40 Prozent der Finanzpapiere und des Kapitals, wenn wir Immobilienvermögen außer Acht lassen. Die reichsten 20 Prozent kontrollieren über 98 Prozent dieses Kapitals, wobei auf sie weniger als die Hälfte des Einkommens entfällt, oder genauer gesagt, nur 40 Prozent. Das Anlagekapital konzentriert sich also auf sehr wenige. Der bei weitem größte Anteil des Kapitalzuwachses im Lauf der letzten zwei Jahrzehnte kam

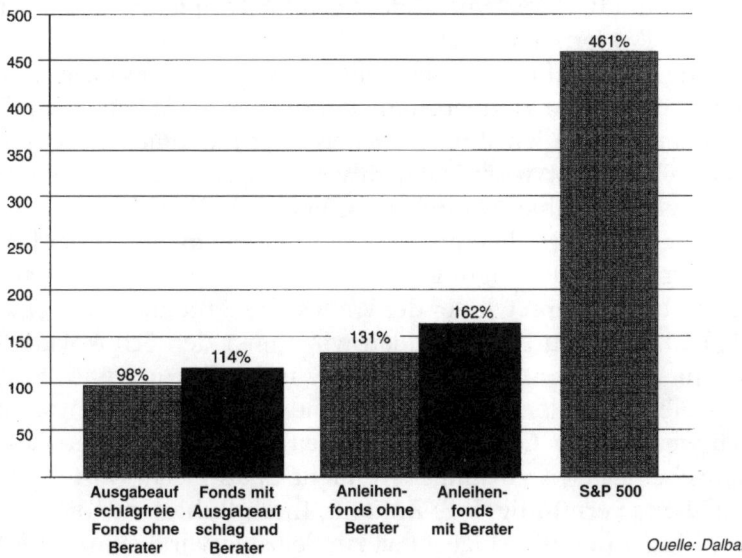

**Kumulative Anlagerendite
1.1.1984 – 31.12.1995**

Quelle: Dalbar

Schautafel 13.1: Kumulative Anlagerendite, 1984-1995.
Diese Schautafel zeigt die Ergebnisse der Dalbar-Studie, die die effektiven Gewinne einer großen Gruppe von Anlegern im Zeitraum von 1984-1995 erfaßt und mit dem Abschneiden verschiedener gängiger Aktienindizes vergleicht. Es ist traurig, aber wahr: Obwohl uns oft gesagt wird, daß es sich lohnt, selbständig Entscheidungen zu treffen, lagen die Resultate der meisten Anleger unter dem Marktdurchschnitt.

0,5 Prozent der amerikanischen Gesellschaft zugute – Unternehmern und intelligenten langfristigen Anlegern.

Warum? Die meisten Menschen verdienen nicht genug, um große Kapitalmengen anzusammeln. Sie wären jedoch überrascht, wenn sie wüßten, wie viel sie ansammeln könnten, wenn sie wenigstens 10 Prozent ihres Einkommens systematisch investieren würden. Vor allem aber verstehen sie die Prinzipien des Investments nicht. Hinzu kommt, daß viele der Broker und Berater, die wir beauftragen, uns zu unterstützen, sich als Anleger oft genauso wie wir verhalten. Damit mehr Provisionen anfallen, ermutigen sie uns, öfter zu kaufen und zu verkaufen, weswegen sie dazu tendieren, den natürlichen Vorlieben ihrer Kunden nachzugeben. Die Folge ist, daß der typische Broker unsere Investmentbilanz nicht entscheidend verbessert, wenn auch die besten sehr wohl durchschlagende Erfolge bewirken können.

Vor allem Leute, die an unseren emotionalen Tradingentscheidungen Provisionen verdienen, haben uns geraten, eigene Investmententscheidungen zu treffen. Dies schafft nur mehr Kosten bei gleichbleibend geringem Erfolg. Wir weigern uns immer noch hartnäckig, die Erkenntnisse der größten Investoren der Geschichte – ob sie nun Benjamin Graham, Warren Buffett, Peter Lynch oder Sir John Templeton heißen – ernst zu nehmen. Wir lernen einfach nicht dazu! Wir widerstehen nicht der Versuchung, Geld auf unwahrscheinliche Ereignisse zu setzen und zu versuchen, den Markt zu überlisten oder die besten Aktien und Fonds auszuwählen, indem wir ihre jährlichen oder monatlichen Ergebnisbilanzen durchgehen. Wir sind keine Investoren, sondern Spieler. Wir haben eben unsere Gefühle – Angst und Gier – nicht im Griff.

Mit dem erfolgreichen Investment ist es wie mit gesunder Ernährung und körperlicher Betätigung. Jeder weiß, was das Richtige ist, aber kaum jemand tut es. Wenn wir vor der Wahl stehen, Brokkoli oder einen Schokoladenkuchen zu essen, wählen wir immer den Schokoladenkuchen, obwohl wir wissen, daß Brokkoli gesünder für uns sind. Brokkoli ist langweilig. Nun, langfristiges Investment ist ebenfalls langweilig. Aber auch wenn echtes Glücksspiel, das heißt, der Versuch, die Gesetze der Wahrscheinlichkeit zu umgehen, mehr Spaß macht – ist es die Sache wert? Ist es vernünftig, Ihre Zukunft, Ihren Ruhestand, die Ausbildung Ihrer Kinder und die Möglichkeit zur Selbstverwirklichung aufs Spiel zu setzen? Wenn Ihre Antwort „ja" lautet, sollten Sie vielleicht jedes Jahr einen Betrag sparen, um ihn dann an den Würfeltischen in Las Vegas auszugeben. Dort sind Ihre Gewinnchancen besser. Außerdem wissen Sie wenigstens, daß Sie sich auf ein Glücksspiel einlassen, und verlieren nicht die Kontrolle!

In dem kürzlich erschienenen Buch *The Millionaire Next Door* von

Thomas J. Stanley und William D. Danko (Longstreet Press, 1996) wird eine ähnliche Ansicht vertreten. Diejenigen Menschen in unserem Land, die tatsächlich Kapital erzeugen, gehören zu den 3,5 Prozent der Bevölkerung, deren Nettovermögen eine Million Dollar übersteigt. 80 Prozent von ihnen haben ihren Reichtum selbst verdient. Sie sind meist extrem sparsam und leben oft in durchschnittlichen Wohngegenden, sparen systematisch 10-15 Prozent ihres Nettoeinkommens und investieren langfristig in Unternehmen und Immobilien, von denen sie etwas verstehen. Sie verfolgen die Märkte nicht täglich und tätigen nur selten Käufe beziehungsweise Verkäufe. Ihr Ansatz ist langweilig und systematisch, ähnlich dem, was Warren Buffett empfiehlt. Die Erzeugung von Kapital ist eben langweilig. Wenn Sie sich amüsieren wollen, sind Sie in Las Vegas besser aufgehoben.

Wir tun als Anleger einfach nicht das Naheliegende. Statt langfristig in Dinge zu investieren, von denen wir etwas verstehen, oder in professionell verwaltete Investmentfonds, die erstklassige langfristige Anlageergebnisse vorweisen können, jagen wir den kurzfristig vorteilhaftesten Aktien oder Fonds hinterher, um sie dann zum falschen Zeitpunkt zu kaufen und zu verkaufen.

Es mangelt uns an klaren Zielen. Wir folgen keinem festen System. Wir haben nicht alle genug Zeit und Sachverstand, um Tausende von Aktien, Anleihen und Investmentfonds sowie deren verwirrende Bewertungen zu überblicken, ganz zu schweigen von den unzähligen widersprüchlichen Investmentmethoden, von denen wir lesen – von der Momentum- über die marktpsychologische bis hin zur Index-Methode. Um sich von den eigenen Gefühlen freizumachen und mit diesem immensen Angebot fertigzuwerden, braucht man entweder einen objektiven professionellen Berater oder ein extrem hohes Maß an Selbstdisziplin. Stellen Sie sich folgende Frage: Wenn langfristig gesehen nur 20 Prozent der professionellen Vermögensverwalter die Aktienindizes übertreffen, wird es Ihnen dann wahrscheinlich gelingen? Diese Leute sind besser ausgebildet, haben einen besseren Zugang zu Informationen, geringere Geschäfts- und Transaktionskosten, Personal, das ihnen bei Nachforschungen hilft, und hochentwickelte Computersoftware.

Wenn Sie sich einer schwierigen Herzoperation unterziehen müßten, würden Sie dann zu einem Chirurgen gehen, der mit Schleuderpreisen wirbt? Wenn Sie selbst ein ausgezeichneter Chirurg sind, würden Sie Ihr Leben jemandem anvertrauen, dessen Ausbildung in der Lektüre von „Wie man mit nur drei Minuten täglicher Übung ein erfolgreicher Chirurg wird" besteht? Haben Sie bei Ihrem knapp kalkulierten Terminplan noch genug Zeit, um professioneller Investor zu werden? Oder würden Sie besser fahren, wenn Sie sich auf das konzentrierten, was Sie am besten können, und einen Profi Ihr Kapital so effektiv und systematisch vermehren ließen, wie Sie in Ihrem eigenen Beruf für die Kunden arbeiten?

Wenn Sie nicht zu den Naturtalenten unter den Investoren gehören, die wie Warren Buffett oder Peter Lynch ihre Erfahrung nutzen und stets gegen den breiten Strom schwimmen, und wenn Sie nicht hauptberuflich in der Investmentbranche arbeiten, sind Ihre Aussichten auf erstklassige, konstante Gewinne sehr gering – selbst wenn Sie hochintelligent und in Ihrem Beruf eine Koryphäe sind. Um erfolgreich zu investieren, müssen Sie zuerst folgende Tatsache verinnerlichen: Die meisten Anleger erzielen nie die gleichen Renditen wie die besten Investmentfonds, ja nicht einmal die gleichen wie die Aktienindizes.

Es gibt immer mehr unabhängige Finanzplaner und für Brokerfirmen oder Finanzdienstleistungsunternehmen (die sich nicht mehr als Brokerfirmen bezeichnen) arbeitende Finanzberater, die einen langfristigen Ansatz verwenden, ausgewogene Portefeuilles erstellen, die mit Ihren Zielen und Ihrer Risikotoleranz vereinbar sind, und vor allem dafür sorgen wollen, daß Sie Ihrem Ansatz treu bleiben, so wie ein persönlicher Trainer dafür sorgt, daß Sie Ihr Trainingsprogramm einhalten. Diese Finanzplaner oder -berater machen sich zuerst mit Ihren Zielen und Ihrem Stil vertraut und helfen Ihnen, den Investmentprozeß besser zu verstehen. Sie geben Ihnen keine heißen Tips und raten Ihnen nicht, in der jeweiligen Woche dieses oder jenes zu kaufen. So etwas wäre ein eindeutiges Warnsignal.

Wer erfolgreich investieren will, sollte objektiven Rat einholen und sich vom Verstand statt von Gefühlen leiten lassen. Den meisten von uns fällt es ohne einen objektiven Berater oder Mentor schwer, ihre Angst und Gier zu besiegen. Wir sollten jedoch berücksichtigen, daß die Finanzdienstleistungsbranche sich schnell wandelt. Uns bieten sich jetzt neue Möglichkeiten, zu investieren und Kapital anzusammeln. Es gibt viele Möglichkeiten, objektiven Rat einzuholen – von Finanzberatern, die sich Zeit für ein persönliches Gespräch mit Ihnen nehmen und komplexe Steuer-, Immobilien- und Versicherungsangelegenheiten für Sie abwickeln, bis hin zu Firmen wie 1-800-MUTUALS, die die Erstellung eines einfachen Portefeuilles am Telefon oder per Internet abwickeln. Finanzplaner verlangen in aller Regel Gebühren in Höhe von 1-2 Prozent des Anlagekapitals, während 1-800-MUTUALS und andere Firmen oft nur 0,5-1 Prozent verlangen. Alles hängt dabei von der Komplexität Ihrer finanziellen Situation und Ihren Ansprüchen an den Service ab. Aber ist es nicht besser, die Gebühr zu zahlen und dafür bessere Chancen zu haben, die in Schautafel 13.1 dargestellten 461 Prozent zu verdienen, als keine Gebühr zu zahlen und sich dafür mit nur 98

Prozent zufriedenzugeben? Es kommt nicht auf die Gebühren an, sondern darauf, den richtigen Berater zu finden. Und ist Ihre Zeit nicht auch Geld? Lohnt es sich wirklich, eigene Nachforschungen in Investmentfragen anzustellen und dafür die Gefahr in Kauf zu nehmen, die falschen Entscheidungen zu treffen?

DIE SIEBEN PRINZIPIEN DER KAPITALANLAGE

Es folgen die sieben Prinzipien für den erfolgreichen Aufbau eines Vermögens, die ich im Lauf vieler Jahre entdeckt habe, indem ich eigene Nachforschungen anstellte und führende Experten beobachtete:

1. Prinzip: Sparen Sie mindestens 10 Prozent Ihres Bruttoeinkommens.
2. Prinzip: Bleiben Sie unter Anwendung von Kaufen-und-Halten-Strategien langfristig in Bullenmärkten investiert.
3. Prinzip: Investmentfonds sind für die meisten Menschen das beste Anlagemedium.
4. Prinzip: Teilen Sie Ihr Kapital auf, um das beste Risiko/Gewinn-Verhältnis zu erzielen.
5. Prinzip: Machen Sie sich von Ihren Emotionen frei, indem Sie systematisch investieren.
6. Prinzip: Finden Sie einen objektiven Finanzberater.
7. Prinzip: Richten Sie Ihre persönlichen Immobilienanlagen nach Wachstumstrends aus.

1. Prinzip:
Sparen Sie mindestens 10 Prozent Ihres Bruttoeinkommens.

Bei der Kapitalanlage kommt es nicht darauf an, wie viel Sie verdienen, sondern darauf, wie viel Sie sparen und investieren. Viele Menschen mit hohem Einkommen verfügen über fast kein Vermögen, während andere, deren Einkommen bescheiden ist, ihr persönliches Vermögen ständig vergrößern. Die Wahrheit ist einfach: Wenn Ihre persönlichen Bedürfnisse sowie Ihre tatsächlichen und geplanten Ausgaben für Sie Priorität haben, bleibt Ihnen fast sicher kein Geld mehr zum Sparen und Anlegen übrig, ganz gleich, wie viel Sie verdienen. Das ist so, weil Sie immer etwas finden, von dem Sie glauben, daß Sie es jetzt dringender brauchen als ein Vermögen in der Zukunft: neue Kleidung für die Kinder, ein besseres Auto, Urlaub, ein Abendessen im neuesten schicken Restaurant.

Für viele Baby-Boomer, die in einem wohlhabenden Umfeld aufwuchsen und immer davon ausgingen, daß nie harte Zeiten auf sie zukämen, ist es besonders schwer, dem Sparen Priorität einzuräumen. Die meisten von uns glauben, daß echtes Vermögen etwas für sie Unerreichbares ist. Doch die in *The Millionaire Next Door* untersuchten Millionäre waren Selfmademen. Sie besaßen entweder durchschnittliche Unternehmen oder hatten konsequent 10-15 Prozent ihres Einkommens gespart, manchmal sogar mehr. Wenn Sie so viel sparen, können Sie in fast jeder Einkommensklasse relativ reich werden. Wenn Sie im nächsten Jahrzehnt mit einem ausgewogenen Investmentfonds-Portefeuille eine Rendite von durchschnittlich 15 Prozent erzielen und jährlich 10 Prozent Ihres Vorsteuereinkommens anlegen, ist Ihr Portefeuille in zehn Jahren doppelt so viel wert wie Ihr jährliches Einkommen, in 20 Jahren das Fünffache und in 30 Jahren mehr als das Zehnfache (so daß Sie zeit Ihres Lebens davon zehren können).

Um es kurz und bündig zu sagen: Wohlstand wird seit ehedem auf die gleiche Art und Weise erzielt. Nur die wenigsten schaffen dies, denn sie haben nicht die nötige Selbstdisziplin, um zum Zweck der Kapitalanlage zu sparen – und man kann eben nur investieren, wenn man dafür Geld zur Verfügung hat. Beginnen Sie, indem Sie zunächst automatisch 10 Prozent Ihres Nettoeinkommens oder mehr auf ein Investmentkonto einzahlen und richten Sie Ihre Haushaltskosten nach dem aus, was Ihnen dann noch bleibt. Es ist in der Regel von Vorteil, wenn Sie mit einem Finanzberater sprechen, der sicherstellt, daß Sie hierbei objektiv und genau vorgehen. Professionelle Berater denken daran, regelmäßige Zahlungen und Rücklagen für Notfälle bei der Budgetierung zu berücksichtigen, damit Sie nachher nicht Ihre Ersparnisse angreifen müssen, um seltene, aber vorhersehbare Ausgaben wie zum Beispiel für Autoreparaturen oder Zahnarztbesuche zu bestreiten.

2. Prinzip:
Bleiben Sie unter Anwendung von Kaufen-und-Halten-Strategien langfristig in Bullenmärkten investiert.

In diesem Buch habe ich bereits gezeigt, wie bemerkenswert berechenbar einige langfristige Trends sind – vom Wirtschaftswachstum über die Inflationsrate bis zum Coca-Cola-Konsum in der Dritten Welt. Fakt ist, daß unsere Wirtschaft langfristig höchst berechenbar ist. Infolgedessen besteht der Schlüssel zur Erlangung von Wohlstand darin, systematisch in langfristige grundlegende Trends zu investieren, statt zu versuchen, den Markt zu überlisten oder die kurzfristig vorteilhaftesten Aktien oder Fonds auszuwählen.

Ein Finanzplaner hat eine einfache Studie durchgeführt: Wenn Sie die besten Investmentfonds gekauft und gehalten hätten, die im Februar jedes Jahres in der Zeitschrift *Money* empfohlen wurden, hätten Sie einen jährlichen Gewinn von nur 10 Prozent erzielt. Zum Vergleich: Mit dem S&P 500 hätten Sie 16 Prozent erreicht. Wenn Sie aber diese Fonds jedes Jahr gekauft und im Jahr darauf wieder verkauft hätten, hätten Sie sogar nur eine Jahresrendite von 2 Prozent erzielt. Es zahlt sich nicht aus, zu versuchen, jedes Jahr die besten Fonds zu finden, und ständig ein- und auszusteigen.

Beschäftigen wir uns nun mit dem Markttiming. Elaine Garzarelli war von den späten achtziger Jahren bis in die Neunziger die allgemein anerkannteste Markttimerin, bis sie 1996 ins Stolpern geriet. Sie warnte die Anleger vor dem Crash im Jahr 1987 und der Korrektur im Jahr 1990. Beachten Sie aber, daß eine solche Analystin – selbst wenn sie solche Prognosen erstellt – nicht gleichzeitig dafür sorgt, daß Sie beim Höchststand aus- und beim nächsten Tief wieder einsteigen. Elaine Garzarellis damals berühmtes Modell ließ Anleger im Juli 1996 bei 5 200-5 400 aus- und bei 7 000 wieder einsteigen! Selbst die wenigen, die 1987 und 1990 auf sie gehört hatten, hatten dabei natürlich nicht so viel verdienen können, daß sie es sich hätten leisten können, diesen Anstieg des Bullenmarktes zu verpassen. Und natürlich fingen die meisten Anleger an, auf sie zu hören, kurz bevor sie sich so katastrophal irrte. Selbst die talentiertesten Markttimer, die sich dem Urteil des Marktes ausliefern, kommen irgendwann genau dadurch zu Fall. Glauben Sie, daß Sie Elaine übertreffen können? Kennen Sie irgend jemanden, der den Markt konstant richtig vorausberechnet hätte? Lassen Sie sich eines raten: Kaufen Sie nie ein Timing-System. Eine kleine Minderheit von skrupellosen Finanzplanern vermarktet dieses für sie höchst profitable Produkt, das nur bewirkt, daß Sie unabhängig von den Kursen Geld verlieren.

Risiken bestehen im Fall weitgehend berechenbarer Märkte nicht, wenn man investiert ist, sondern, wenn man es nicht ist. Die Märkte folgen den Konsumtrends nachrückender Generationen über lange Zeiträume hinweg aufs genaueste. Kurzfristig sind sie äußerst sprunghaft, wie die beiden ungeheuren Bullenmärkte von Juni 1984 bis August 1987 und von Dezember 1994 bis 1997 beweisen! Wenn Sie diese sechs Gewinnjahre verpaßt haben, haben Sie 80 Prozent des 15-jährigen Bullenmarktes von 1982-1997 verpaßt!

Ein vergleichbares Beispiel: Obwohl der S&P 500 in den Achtzigern durchschnittlich 17,5 Prozent pro Jahr dazugewann, hätten Sie nur 3,9 Prozent Gewinn gemacht, wenn Sie die 40 besten Tage verpaßt hätten. Der Markt ist sehr effektiv, wenn es darum geht, große Bewegungen zu Zeitpunkten zu vollführen, zu denen man es am wenigsten erwartet. Sie müssen einfach in Bullenmärkten investiert bleiben und Geduld haben, bis es sich auszahlt. Das Aufwärtsmomentum in Bullenmärkten ist weit stärker, als die Durchschnittsstatistiken zeigen: Die Zeiteinheiten, in denen der Markt im Plus liegt, sind zahlreicher und die durchschnittlichen Gewinne sind höher – sie betragen oft 15-20 Prozent. Korrekturen sind oft kurz und heftig, was selbst den besten Markttimern wenig Kaufgelegenheiten bietet.

Ein- und Ausstiege mit dem Ziel, Marktkorrekturen abzupassen, sind fast immer fatal. Die Korrekturen kommen im allgemeinen plötzlich und sind bisweilen vehement, doch sind die emotionalen Reaktionen auf eine Korrektur fast immer übertrieben. Seit beispielsweise Ende 1982 der gegenwärtige Bullenmarkt einsetzte, sind zwischen dem Hoch und dem Tief einer Marktkorrektur nie mehr als sechs Monate vergangen. Die längste Korrektur – ein 20-prozentiger Kursverfall in sechs Monaten – ereignete sich 1984. Dann gingen der Anleihe- und der Aktienmarkt jedoch irrigerweise davon aus, daß das rasante Wirtschaftswachstum die Inflationsraten wieder steigen lassen würde. Statt dessen sank die Inflationsrate aber weiterhin und der Markt erholte sich. 1987 hielt die Korrektur während des Crashs nur wenige Tage an; zwischen dem Höchst- und Tiefststand vergingen nur zwei Monate. Selbst nach der schlimmsten Korrektur seit 1974 bekamen die Aktien bereits nach drei Monaten wieder Aufwind und stiegen binnen zweier Jahre auf neue Hochs. Die mit 20 Prozent letzte größere Korrektur des Dow dauerte 1990 nur dreieinhalb Monate, dann waren sehr schnell wieder neue Höchststände erreicht.

Halten wir also folgendes fest: Versuchen Sie nie, zum Verkauf beziehungsweise Ausstieg den perfekten Zeitpunkt zu erwischen, besonders nicht während einer Marktkorrektur. Markttiming ist eine extrem heikle Angelegenheit, vor allem in starken Märkten, die sich schnell drehen. Kaufen-und-Halten-Strategien sind für die überwältigende Mehrheit der Anleger am ehesten geeignet. Und während einer Korrektur sollte man aggressiv kaufen, wenn man das nötige Kapital verfügbar hat.

3. Prinzip:
Investmentfonds sind für die meisten Menschen
das beste Anlagemedium.

Die besten Investmentfonds bieten ihren Anlegern eine gesunde Diversifikation, wesentlich geringere Research- und Transaktionskosten, eine disziplinierte Anlagestrategie und klare Ergebnisnachweise. Die besten Vermögensverwalter sind in der Tat diejenigen, die diejenigen drei Prozent der Unternehmen am genauesten verfolgen, welche zur Entstehung unserer neuen Wirtschaft beitragen.

Nur relativ wenige Fonds erzielen unter Einbeziehung von Risiko-

und Volatilitätsfaktoren konstant solide Gewinne. Einige der Manager der besten Wachstumsfonds wie AIM, Putnam, PBHG, T. Rowe Price, Fidelity, Federated, Van Kampen/American, Kaufmann und Twentieth Century sowie weniger bekannten Fonds wie Acorn, Oakmark und Brandywine haben die Fähigkeit bewiesen, über einen längeren Zeitraum solide Gewinne zu erzielen. Ich gebe hier wohlgemerkt nur einige Beispiele. Es stehen viele gute Fonds zur Auswahl und es kommen ständig neue hinzu. Sie vermehren Ihr Vermögen sicher nicht, indem Sie sich auf die vielen Fonds stürzen, die dieses Jahr begehrt und nächstes Jahr vergessen sind, sondern, indem Sie Anteile an denjenigen Fonds kaufen und halten, die von den besten Managern verwaltet werden. Die wichtigsten Entscheidungen bestehen dann in der Auswahl der Fonds, die Ihrer Risikotoleranz am ehesten entsprechen, sowie in der Zusammenstellung eines Portefeuilles, das Ihnen im Verhältnis zu dem eingegangenen Risiko die beste Rendite bietet.

4. Prinzip:
Teilen Sie Ihr Kapital auf, um das beste
Risiko/Gewinn-Verhältnis zu erzielen.

Die langfristig besten Gewinne beruhen nicht auf der Auswahl der richtigen Fonds oder auf Markttiming, sondern auf angemessener Vermögensstrukturierung. So können Sie Ihre Anlagen streuen und dabei Ihre Investitionen in lohnende Fonds aufrechterhalten. Indem Sie Fonds kombinieren, deren Verhalten langfristig unterschiedlichen Mustern folgt – zum Beispiel Auslandsaktien, Standard- und Nebenwerte, festverzinsliche Wertpapiere beziehungsweise Anleihen –, können Sie Ihre Rendite bei einem niedrigeren Risikograd erhöhen oder aber den Risikograd und die Volatilität vermindern, während die Rendite praktisch unverändert bleibt. Sie können auch auf weitere Kategorien wie Immobilien oder sogar Edelmetalle zurückgreifen.

Die meisten Menschen würden zum Beispiel davon ausgehen, daß das sicherste Portefeuille Staatsanleihen enthält. Die Vergangenheit hat jedoch gezeigt, daß ein Portefeuille, das 30 Prozent der Anleihen durch weit risikoreichere Wachstumsaktien mit niedrigerer Marktkapitalisierung ersetzt, eine höhere Rendite bei unverändertem oder sogar niedrigerem Risikograd abwirft. Der Grund hierfür ist die Tatsache, daß sich diese beiden Kategorien oft gegenseitig ausgleichen, was die Volatilität und das Risiko insgesamt verringert. Wenn Sie Fonds aus Sektoren nutzen, die sich unterschiedlich verhalten, verstärkt sich dieser vorteilhafte Effekt so lange, bis mit einer Anzahl von vier bis sieben Sektoren das Optimum erreicht ist.

Anleger werden für ihre Fähigkeit belohnt, Leistungsschwankungen über einen längeren Zeitraum zu tolerieren. Sie müssen zunächst realistisch bestimmen, welches Risiko Sie tolerieren können. Sie müssen die Fonds so in Ihr Portefeuille einpassen, daß Sie mit den Ergebnissen leben können und nicht in Versuchung kommen, voller Panik zum falschen Zeitpunkt zu verkaufen. Die Fonds mit der besten Erfolgsbilanz sind in der Regel für die meisten Menschen ungeeignet, da sie bei einer Korrektur dazu neigen, bis zu zweimal so stark an Wert zu verlieren wie der Marktdurchschnitt. Das bedeutet, daß eine 20-prozentige Korrektur der Aktienindizes bei einem leistungsstarken Fonds meist einen Verlust von 40 Prozent bewirkt. Wenn die Experten weitere Einbußen vorhersagen – und das ist fast immer der Fall –, geraten die meisten Investoren dann in Panik und verkaufen mit Verlust.

Oft erkennt man die Bedeutung von Risiko und realistischer Risikotoleranz, wenn man einen objektiven Finanz- oder Anlageberater aufsucht. Es ist nicht damit getan, sich die Frage zu stellen: „Wenn meine Anlage 10 Prozent ihres Wertes einbüßt, verkaufe oder halte ich dann?" Wenn der Markt sich um 10 Prozent nach unten bewegt, sieht es nämlich immer so aus, als ob er insgesamt 20 oder 30 Prozent verlieren würde! Sie werden daher nicht in der Lage sein, zu reagieren, wie Sie es sich vorgenommen haben. Ein Berater kann Sie daran erinnern, daß es ein Fehler ist, während einer Korrektur zu verkaufen, und Sie statt dessen ermutigen, zu kaufen. Er kann Ihnen auch dabei helfen, die Struktur Ihres Portefeuilles im Lauf der Zeit zu modifizieren, wenn er besser beurteilen kann, wie risikotolerant Sie in der Praxis sind.

5. Prinzip:
Machen Sie sich von Ihren Emotionen frei, indem Sie systematisch investieren.

Die Märkte verändern sich im Lauf der Zeit – und das gilt auch für anhaltende Bullenmärkte. Darüber hinaus zeigen unterschiedliche Sektoren bessere oder schlechtere Ergebnisse, wenn derartige Veränderungen eintreten. Sie benötigen daher einen systematischen Portefeuilleansatz, der bedeutet, daß Sie in die vorteilhaftesten Sektoren investieren, ohne zum Markttimer zu werden.

Das beste und einfachste Modell, das ich gefunden habe, ist das Markowitz-Modell, das 1990 einen Nobelpreis gewann. Teilen Sie Ihr Portefeuille, um eine effektive Diversifizierung zu erzielen, in folgende vier Sektoren ein: Standardwerte, Nebenwerte, Auslandsaktien und festverzinsliche Wertpapiere. Sie können den prozentualen Anteil und die Aggressivität der Fonds in jedem Sektor verändern und Ihrer Risikotoleranz anpassen. Das heißt, daß Sie sich bezüglich der Sektoren, die Standard- und Nebenwerte beinhalten, für Wachstum oder Wert entscheiden können, hinsichtlich der Auslandsaktien für Entwicklungsländer oder Industrienationen und im Fall der festverzinslichen Papiere für kurze oder lange Laufzeiten sowie für hohe oder niedrige Bonität.

Schichten Sie Ihr Portefeuille dann nach einem vorher festgelegten System regelmäßig um, damit seine Struktur langfristig ausgewogen bleibt. In die Sektoren mit den schwächsten Ergebnissen sollte allmählich geringfügig mehr investiert werden. Kaufen Sie einfach, wenn Sie Ihre Investition aufstocken, in den Sektoren mit den niedrigsten Gewinnen automatisch etwas mehr, verlieren Sie aber die ursprüngliche Zielsetzung Ihrer Vermögensstrukturierung nicht aus den Augen. Ihr Anlagesystem könnte zum Beispiel so aussehen, daß Sie je 30 Prozent (insgesamt 60 Prozent) des neu verfügbaren Kapitals in die beiden Sektoren Ihres Portefeuilles investieren, die in den letzten zwei Jahren die schwächsten Ergebnisse gezeigt haben, und jeweils 20 Prozent (insgesamt 40 Prozent) in die beiden stärksten Sektoren. Dann könnten sie alle zwei Jahre zur ursprünglichen Gewichtung der Sektoren mit je 25 Prozent zurückkehren.

In einem stabilen Portefeuille mit höchstens geringem zusätzlichen Anlagekapital würden Sie im Abstand von ein bis zwei Jahren die ursprünglich für die vier Sektoren vorgesehene Gewichtung wieder herstellen. Dies würde natürlich die Gewinne aus den stärkeren auf die schwächeren Sektoren verlagern. In der Regel führt dies zu besseren Renditen bei einem niedrigeren Risikograd und verminderter Volatilität, da systematisch in Sektoren mit besserer langfristiger Wertentwicklung investiert wird. Außerdem läßt sich so die all zu menschliche Tendenz unterdrücken, während einer Korrektur zu verkaufen und in jedem Sektor nahe eines kurzfristigen Hochs zu kaufen.

Betrachten wir kurz ein Fallbeispiel. Nehmen wir an, Sie beschließen, je 25 Prozent Ihres Kapitals auf die vier Sektoren des Portefeuilles zu verteilen: festverzinsliche Wertpapiere, Standardwerte, Nebenwerte und Auslandsaktien. Nehmen wir außerdem an, Sie seien während des ungeheuer starken Bullenmarktes von 1995 bis Anfang 1996 stets voll investiert geblieben – herzlichen Glückwunsch! Heute ist der 30. April 1996 und es ist wieder einmal Zeit für die Umschichtung Ihres Portefeuilles. Um die Sache zu vereinfachen, gehen wir davon aus, daß Sie am 30. April 1995 jedem Sektor 25 Prozent Ihres Portefeuilles im Gesamtwert von 100 000 Dollar, das heißt, 25 000 Dollar zugemessen haben. Der Wert des Portefeuilles verteilt sich wie folgt: Die festverzinslichen Wertpapiere sind im Wert um 35 Prozent gestiegen, also auf 33 750 Dollar; die Standardwerte haben die besten Ergebnisse gezeigt und sind um 50

Prozent auf 37 500 Dollar gestiegen. Die Nebenwerte sind um 30 Prozent auf 32 500 Dollar gestiegen und die Auslandsaktien, die mit 11 Prozent den geringsten Zuwachs aufweisen, sind nun 27 750 Dollar wert. Ihr Portefeuille hat nun also einen Wert von 131 500 Dollar und Sie haben in den vergangenen 12 Monaten eine Rendite von 31,5 Prozent erzielt.

Nun, das ist eine ausgezeichnete Rendite. Die Wahrscheinlichkeit, daß Ihre stärkeren Sektoren diese Erfolge nächstes Jahr wiederholen können, ist nun selbst bei relativ günstiger Konjunktur geringer. Was tut das System also? Es mißt jedem Sektor wieder 25 Prozent des Gesamtwertes, das heißt, 32 812,50 Dollar zu, was ganz einfach bedeutet, daß Sie für 937,50 Dollar Wertpapiere und für 4 687,50 Dollar Standardwerte verkaufen, andererseits aber für 312,50 Dollar Nebenwerte und für 5 312,50 Dollar Auslandsaktien kaufen müssen.

6. Prinzip:
Finden Sie einen objektiven Finanzberater.

Ein objektiver Berater kann Ihnen helfen, Ihre finanziellen Ziele und Ihre Risikotoleranz neu zu bestimmen, und kann dafür sorgen, daß Sie ihrem Anlagemodus treu bleiben. Immer mehr Finanzberater in etablierten Firmen und unabhängige Finanzplaner gehen dazu über, Vermögensstrukturierung und Investment so systematisch zu betreiben wie ich es hier skizziert habe – die Branche hat aus den unzähligen Studien gelernt, die diesen Ansatz bestätigen. Sie sollten einfach einen Berater finden, der diese Methode versteht und anwendet.

Wer seine persönliche Risikotoleranz oder seine Lebensziele realistisch definieren will, hat es nicht leicht. Noch schwerer ist es, der Versuchung zu widerstehen, nahe der Höhepunkte starker Aufwärtsbewegungen zu kaufen und nahe der Tiefpunkte starker Korrekturen zu verkaufen. Ein objektiver Berater kann Ihnen wie ein Trainer die bewährten Investmentprinzipien näherbringen und Sie dazu veranlassen, einem Anlagemodus treu zu bleiben. Wenn er dafür jährlich 1 Prozent Ihrer Vermögenswerte oder weniger verlangt, machen Sie ein gutes Geschäft. Für größere Portefeuilles zahlt man mitunter noch weniger, in manchen Fällen nur 0,5 Prozent. So sichern Sie nicht nur langfristigen Erfolg, sondern bekommen auch die Gelegenheit, mehr wertvolle Zeit so zu verbringen, wie Sie es wünschen, ob im Beruf, im Familien- beziehungsweise Freundeskreis oder mit Freizeitaktivitäten. Wenn Sie nicht bereit sind, einen professionellen Berater zu bezahlen, machen Sie wenigstens einen Freund mit einschlägiger Erfahrung zu Ihrem Mentor oder treten Sie einem Investmentclub bei. Treffen Sie sich mit einer Reihe von Finanzberatern, die man Ihnen durch Mundpropaganda empfohlen hat, und nehmen Sie sich die Zeit, denjenigen auszuwählen, dem Sie vertrauen und der Anleger wie Sie am besten versteht.

7. Prinzip:
Richten Sie Ihre persönlichen Immobilienanlagen nach Wachstumstrends aus.

Sein eigenes Heim sollte man nicht in erster Linie als Investition betrachten. Schließlich machen die meisten Menschen die Wahl ihres Wohnortes davon abhängig wie sie leben wollen, welches Umfeld sie bevorzugen, ob sie in der betreffenden Gegend arbeiten und ihre Freizeit verbringen können, wie gut die örtlichen Schulen sind und so weiter. Das Eigenheim stellt für die meisten von uns einen Großteil des Gesamtvermögens dar, so daß es sinnvoll ist, das Wertsteigerungspotential verschiedener zur Auswahl stehender Immobilien zu beurteilen, die unserem Lebensstil entsprechen.

Wenn Sie ein Eigenheim oder ein Ferienhaus erwerben, ist es also sehr vernünftig, langfristige Immobilientrends zu berücksichtigen, wie wir es in Teil 4 getan haben. Indem Sie persönliche Immobilien in Gegenden kaufen, die langfristig Wachstum und Wertsteigerung versprechen – vielleicht die Art von Eigenheim, die am stärksten gefragt sein wird, wenn Sie in den Ruhestand treten –, können Sie erheblich dazu beitragen, Ihr Vermögen langfristig zu vergrößern. Ich werde am Ende dieses Kapitels ausführlicher auf Immobilien eingehen und dazu einige kreative Strategien für private Immobilienanlagen und andere Strategien für Leute untersuchen, die statt in ihren Wohnsitz lieber in andere Immobilien investieren.

Investieren ist wirklich einfach, wenn Sie so klug sind, die einfachen Grundprinzipien zu befolgen. Sie lassen sich in zwei Sätzen zusammenfassen: Kaufen Sie in fundamentalen Bullenmärkten die besten Fonds oder Anlagemedien, von denen Sie etwas verstehen, und verhindern Sie, daß Ihre Emotionen den Investmentprozeß beeinflussen, indem Sie einen unvoreingenommenen Berater hinzuziehen, der Ihnen hilft, Ihre Risikotoleranz zu bestimmen und einem Anlagemodus treu zu bleiben, der Ihren Zielen dienlich ist. Verkaufen Sie vor allem nie während einer Marktkorrektur – das ist der größte Fehler, den man als Anleger machen kann. Verkaufen Sie nur, wenn die langfristigen fundamentalen Faktoren, wegen denen Sie die Aktie oder den Fonds ursprünglich gekauft haben, nicht mehr die gleichen sind.

Warren Buffett ist vielleicht der langweiligste und erfolgreichste Investor unserer Zeit. Er investiert einfach systematisch in langfristige Trends. Er kauft zum Beispiel massiv Anteile an Großunternehmen wie

Coca-Cola. Besteht denn irgendein Zweifel daran, daß Milliarden Menschen auf der Welt, speziell in aufstrebenden Ländern der Dritten Welt, umso mehr Softdrinks kaufen werden, je weiter die Industrialisierung in diesen Ländern fortschreitet und sich deren Bevölkerung dem Lebensstandard der Mittelschicht annähert? Glauben Sie nicht, daß in unserem Zeitalter der weltweit empfangbaren Fernsehsendungen die Handelsmarken, die unseren Markt bereits beherrschen, in der Dritten Welt einmal einen klaren Vorsprung haben werden?

Ist Coca-Cola ein gutgeführtes Unternehmen? Eine *Fortune*-Umfrage ergab, daß Coca-Cola das Großunternehmen war, das die Vorstandsvorsitzenden anderer Firmen am meisten bewunderten. Ist Ihnen bewußt, daß Coca-Cola ausländische Märkte viel klarer beherrscht als den Markt in den Vereinigten Staaten? Kann es einen deutlicheren fundamentalen Trend geben? Buffett kauft Coca-Cola, mehr Coca-Cola und – wenn es zu einer Kurskorrektur kommt und der Kurs der Aktie sinkt – noch mehr Coca-Cola. Buffett würde seine Strategie nur ändern, wenn sich an den fundamentalen Daten etwas änderte – wenn zum Beispiel Pepsi alles daran setzen würde, ausländische Märkte zu erobern. 1997 fing Buffett an, McDonald's zu kaufen, als das Verhalten der Aktie aufgrund kurzfristiger Probleme zu wünschen übrig ließ. Er ist der Meinung, daß diese Probleme keinen Einfluß darauf haben, wie viele Menschen in 10 oder 20 Jahren bei McDonald's Hamburger essen werden. Die einzige Schwierigkeit bei alledem ist die Tatsache, daß Warren Buffett ein professioneller, hauptberuflicher Investor ist, der die Ergebnisse und die Bewertung solcher Unternehmen verfolgt. Die meisten von uns haben weder so viel Zeit noch so viel Sachverstand und sollten deswegen Investmentfonds vorziehen.

Wenn Sie nicht zu jenen disziplinierten Anlegern gehören, die sich selbst bewiesen haben, daß sie über einen längeren Zeitraum solide Gewinne erzielen können, sollten Sie jetzt Ernst mit Ihrer Anlage machen und mit einem qualifizierten Finanzplaner oder -berater sprechen. Finden Sie einen Berater, der sich die Zeit nimmt, Ihnen die Dinge zu erklären, statt Ihnen Ihr Geld abzunehmen; jemanden, der mit einem vernünftigen Investmentsystem arbeitet, statt Ihnen heiße Tips zu den derzeit besten Fonds oder Aktien zu geben – jemanden, der Ihre Angst und Gier nicht ausnutzt. Wenn Sie systematisch in die kundenorientierten Wirtschaftssysteme der industrialisierten Länder und in die multinationalen Konzerne investieren, die in den Entwicklungsländern enormen Erfolg haben, werden Sie sehr wahrscheinlich ungeahnten Wohlstand erreichen. Sie werden finanziell so unabhängig sein, daß Sie schon lange vor dem Ruhestand Ihr Leben so leben können, wie Sie es wirklich wollen. Finanzielle Unabhängigkeit kann entscheidend dazu beitragen, den in Kapitel 9 beschriebenen Schritt vom Stadium der Selbstachtung hin zum Stadium der Selbstverwirklichung zu vollziehen.

POLITIK UND PROFIT: WARUM MITTE BIS ENDE 1998 EIN GUTER ZEITRAUM FÜR INVESTITIONEN SEIN KÖNNTE

Die größten Kaufgelegenheiten seit 1994 und Ende 1997 könnten sich aufgrund eines weitgehend berechenbaren Korrekturzyklus, der auf die Zeit der Gründung der US-Zentralbank zurückgeht, 1998 ergeben. Sie sollten Mitte bis Ende 1998 auf jeden Fall stark in Aktien und Investmentfonds investiert sein. Warum? Ich bin gewiß kein Befürworter kurzfristigen Markttimings. Die Fähigkeit, kurzzeitige Marktschwankungen über einen längeren Zeitraum konstant richtig vorherzusagen, hat bis jetzt noch niemand bewiesen. Und wie ich bereits erwähnt habe, bestehen im Fall eines ungeheuer starken Bullenmarktes wie des derzeitigen die größten Risiken nicht, wenn man investiert ist, sondern, wenn man es nicht ist. Es gibt jedoch einen kurzfristigen Zyklus, der sich als höchst verläßlich erwiesen hat und nicht vernachlässigt werden darf, selbst wenn er in der Zukunft nicht so konstant bleibt, wie er es in der Vergangenheit war.

Schautafel 13.2 ist eine graphische Darstellung der empirisch festgestellten Tendenz des Aktienmarktes zu einer Korrektur kurz vor den Zwischenwahlen in der Mitte der Amtszeit des Präsidenten. Die Zentralbank dämpft meist etwa zum Zeitpunkt der Zwischenwahlen die Konjunktur, um zwei Jahre später zum Zeitpunkt der Präsidentschaftswahlen den nötigen Spielraum für eine Lockerung der Zinsbremse zu haben. Mit anderen Worten: Die steuer-, geld- und kreditpolitischen Verhältnisse sind kurz vor den Zwischenwahlen meist weniger günstig und kurz vor den Präsidentschaftswahlen günstiger.

Die Verläßlichkeit dieses Zyklus ist bemerkenswert. Auf dem Weg vom Tief des Jahres, in das die Korrektur fällt, zum Hoch im darauffolgenden Jahr des Vier-Jahres-Zyklus hat der Markt im Durchschnitt 50 Prozent dazugewonnen! Ich erwähnte diesen Zyklus Ende 1994 in meinem Börsenbrief. Was dann kam, überraschte auch mich: 1995 verzeichneten die Aktien einen 45-prozentigen Zuwachs; es kam zu einer Kurserholung, die das Wahljahr 1996 überdauerte und bis 1997 anhielt.

Dieser Zyklus legt die Erwartung nahe, daß der nächste massive Anstieg des gesamten Aktienmarktes Anfang bis Mitte 1998 eintreten, 1999 überdauern und sich bis ins Jahr 2001 fortsetzen wird. Lassen Sie sich diesen Anstieg also nicht entgehen. Ich rate Ihnen, 1998 bei jeder etwaigen beträchtlichen Korrektur massiv zu investieren. Außerdem empfehle ich, bei jeder Korrektur voll zu investieren, in deren Verlauf der Dow in den Bereich zwischen 7200 und 7600 absinkt – dies würde der Unterseite des in Schautafel 13.3 dargestellten Dow-Kanals entsprechen. Gleiches gilt für den Fall, daß der NASDAQ – wie im Zeitraum von 1996 bis Anfang 1997 und dann wieder Ende 1997 geschehen – eine mindestens 20-prozentige Korrektur erfährt – besonders dann, wenn er auf einen Stand von 1465 oder tiefer fällt. Dies wird am wahrscheinlichsten zwischen Mai und August 1998 oder spätestens zwischen Oktober und November 1998 eintreten.

Die Schautafeln 13.3 und 13.4 zeigen, wie sich der Dow und der Aktienmarkt während der verbleibenden Phasen dieses Booms nie dagewesenen Ausmaßes wahrscheinlich verhalten werden. Seit 1994 scheinen die Aktien in die Beschleunigungs- oder Wachstumsphase einer S-Kurve eingetreten zu sein, wie Schautafel 13.3 zeigt. Die Gründe liegen nicht nur in der Psychologie der Anleger, sondern auch in der Tatsache, daß sich die fundamentalen Faktoren auf berechenbare Weise verändern, wie in Kapitel 1 erklärt. Wir erleben zur Zeit, daß die Baby-Boomer den Höhepunkt ihres Einkommens erreichen, während die Spar- und Investitionstätigkeit zunimmt und der Verschuldungsgrad gleichbleibt

4-Jahres-Zyklus – S&P 500

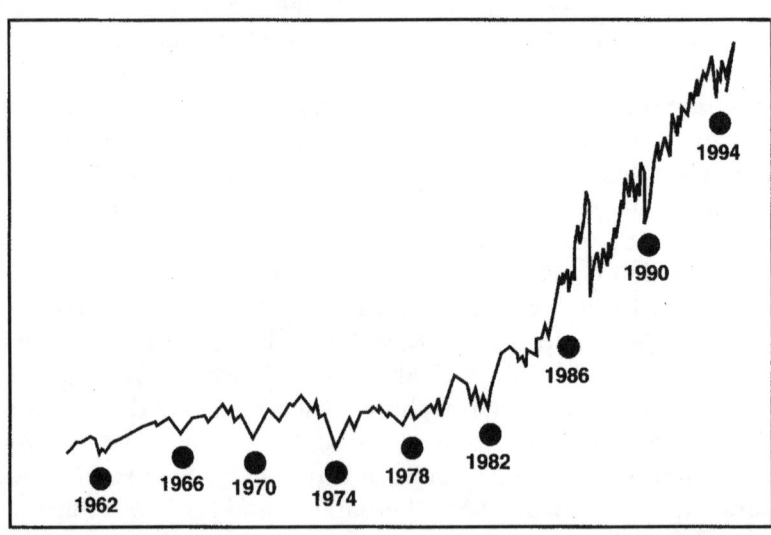

Schautafel 13.2: Der politische Vier-Jahres-Zyklus in Bezug zum Aktienmarkt auf Basis des S&P 500.
Diese Schautafel zeigt die Auswirkungen des politischen Vier-Jahres-Zyklus auf den US-Aktienmarkt im Zeitraum von 1960-1994.

oder sinkt. Außerdem ist die Inflationsrate immer noch niedrig und wird es aller Voraussicht nach auch bleiben. Eine massive Einwanderungswelle verstärkt diese Tendenzen noch. Vor allem aber werden wir derzeit Zeugen der Produktivitätsrevolution, die das Ergebnis von Netzwerktechnologien ist und die Gewinne der Aktiengesellschaften weit schneller ansteigen läßt als die Umsatzzahlen. Schautafel 13.4 zeigt einen breiteren Kanal, der statt auf einer normalen arithmetischen Skala auf einer Verhältnisskala beruht. Dieser Kanal läßt erwarten, daß die Aktien im Laufe des nächsten Jahrzehnts ihre Wachstumsrate von durchschnittlich 16 Prozent beibehalten.

Wenn der monatliche Schlußkurs des Dow die 7400-Punkte-Grenze zum Zeitpunkt des nächsten Tiefs des Vier-Jahres-Zyklus – das nach meiner Prognose Anfang bis Mitte 1998 auftreten wird –nicht unterschreitet, wird der erstgezeigte Wachstumskanal für Aktien (Schautafel 13.3) wahrscheinlich den minimalen Wachstumsverlauf im nächsten Jahrzehnt darstellen. Der Dow wird seinen Höchststand voraussichtlich bei etwa 21 500 Punkten erreichen. Wenn der Dow diesen Kanal in den nächsten Jahren allerdings nach oben durchstößt, wird wahrscheinlich der aggressivere verhältnisorientierte Kanal (Schautafel 13.4) eher dem

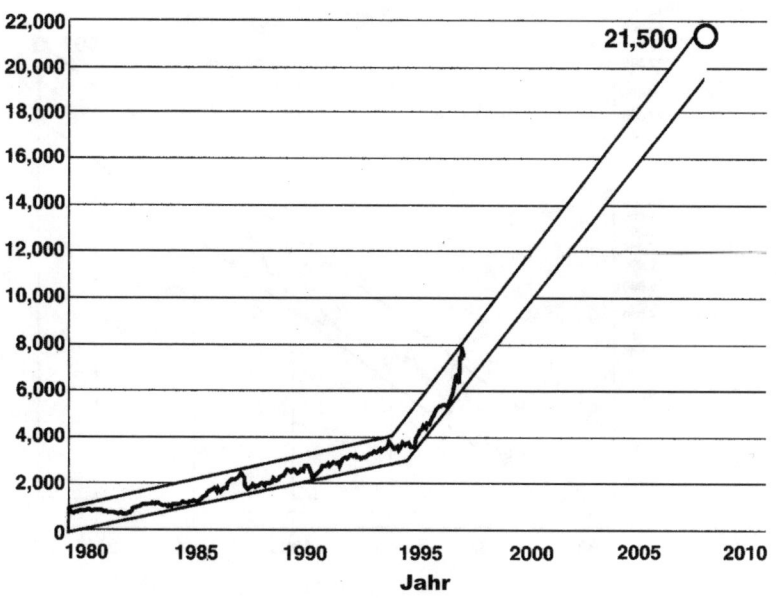

Dow-Kanal-Projektion 1997-2008

Schautafel 13.3: Prognostizierter Kanal des Dow, 1997-2008.

335

tatsächlichen Trend entsprechen. Dieser Verlauf würde einen Dow von bis zu 35 000 Punkten zulassen! Wenn der monatliche Schlußkurs des Dow im Lauf des Jahres 1998 unter 7 400 und dann bis auf 6 300 oder 6 200 Punkte sänke, würde dies paradoxerweise eher auf den aggressiveren Kanal hindeuten. Angesichts der hohen Wachstumsraten, die die größeren, multinationalen Unternehmen weltweit aufweisen, ist der aggressivere Kanal wahrscheinlicher. Er würde außerdem mehr Spielraum für Aktienkursschwankungen und günstigere Kaufgelegenheiten lassen. Die besten Kaufgelegenheiten des Jahres 1998 werden in der Nähe der Tiefs im Januar zwischen 7 200 und 7 600 Punkten liegen. Wenn die Korrektur tiefer ausfällt, sollten Sie bei 6 200-6 500 aggressiv kaufen. Selbst wenn die Marktkorrektur nicht in diese Regionen eindringen sollte, seien Sie auf jeden Fall ab Juli, spätestens jedoch ab November 1998 voll investiert.

Die nächste Kaufgelegenheit im Vier-Jahres-Zyklus wird sich Mitte bis Ende 2002 ergeben. Die Phase des betreffenden Zyklus wird jedoch weniger stark ausgeprägt sein als die entsprechende des Jahres 1998. Stärkere Korrekturen treten meist in Abständen von acht Jahren ein, zum Beispiel 1974, 1982 und 1990. Verpassen Sie auf keinen Fall die Kauf-

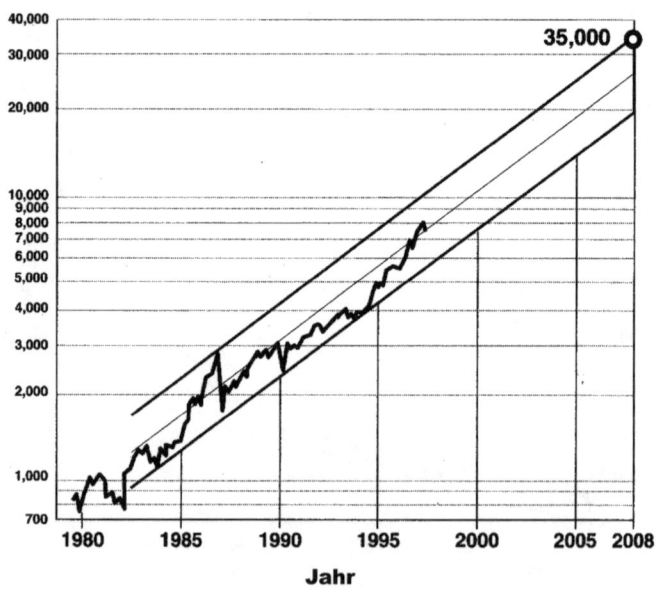

Schautafel 13.4: Alternativ prognostizierter Kanal des Dow, 1997-2008.

gelegenheiten, die sich Ihnen bieten, wenn wir 1998 eine beträchtliche Korrektur erleben. Diese Kanäle potentiellen Aktienwachstums können auch Aufschluß darüber geben, wann Aktien über- oder unterbewertet sind. Natürlich ist es für Sie profitabler, wenn Sie in den unteren Bereichen desjenigen Kanals kaufen, der sich in den kommenden Jahren als eher zutreffend erweist.

LANGFRISTIGE PORTEFEUILLE-STRATEGIEN

Aufgrund der vorhersagbaren Generationszyklen und der Reaktionen der Wirtschaft auf diese in Teil 1 beschriebenen Zyklen wird es einzelne Phasen geben, in denen es von Vorteil für Sie ist, Ihre Investmentstrategien anzupassen. Ich rate hier keineswegs zu kurzfristigem Markttiming. Statt dessen empfehle ich Ihnen, die Struktur sowie die einzelnen Bestandteile Ihres Portefeuilles angesichts einiger weitgehend vorhersagbarer Veränderungen langfristiger Trends zu überdenken.

Phase 1:
Ende 1998 bis Ende 2008 – Die Goldenen 2000er Jahre

In den zehn Jahren von Ende 1998-2008 werden sich Aktien aller Voraussicht nach deutlich besser entwickeln als Anleihen. Immobilien werden höchstwahrscheinlich im allgemeinen gut abschneiden; die besten Immobiliensektoren – wie Immobilien in exurbanen Siedlungsgebieten, Kleinstädten und Erholungsorten – dürften eine beträchtliche Wertsteigerung erfahren. Das Wirtschaftswachstum wird von Ende 1997 bis ins Jahr 2002 mäßig stark sein. Dann werden sich aufgrund der Auswirkungen der Netzwerkrevolution und der Haushaltsgründungsphase der nächsten Generation das Wirtschaftswachstum sowie der Produktivitätsanstieg sehr wahrscheinlich noch stärker beschleunigen als erwartet. Produkte und Technologien, die bis zu diesem Zeitpunkt auf Nischenmärkten zu finden waren, werden sich auf dem breiten Konsumgütermarkt durchsetzen. Die Inflationsrate wird niedrig bis mäßig bleiben, jedoch 1998 und 1999 vielleicht geringfügig ansteigen. Unter Umständen wird der Anleihenmarkt 1998 vorübergehend durch das starke Wirtschaftswachstum und die steigende Inflationsrate beeinflußt werden und eine Korrektur im Rahmen des Vier-Jahres-Zyklus begünstigen. Zeitweise könnte ein schwacher Anleihenmarkt das Wachstum auf dem Aktienmarkt durchaus behindern, es ist aber wahrscheinlich, daß der Aktien- sich zunehmend vom Anleihemarkt entfernen und sensibler auf das Wirtschaftswachstum und die Unternehmenserträge reagieren wird, die zumindest bis ins Jahr 2008 sehr stark sein dürften.

In Phase 1 besteht die für Sie beste Investmentstrategie demnach darin, Ihr Portefeuille in erster Linie auf Aktien und offene Investmentfonds zu verlagern und in Wachstumsimmobilien zu investieren. Das bedeutet, daß Sie in diejenigen Unternehmen investieren sollten, die auf dem besten Weg sind, eine Spitzenposition in der neuen Netzwerkwirtschaft zu erobern. Es bedeutet auch, daß Sie in die Unternehmen und Fonds investieren sollten, die vom Industrialisierungsboom in den Entwicklungsländern profitieren werden. Investitionen in Immobilien in exurbanen Siedlungsgebieten und Kleinstädten werden in diesem Zeitraum am einträglichsten sein.

Mit Ausnahme des Zeitraums von 1991-1994 haben die Standardwerte von 1984-1997 immer besser abgeschnitten als die Nebenwerte. Die Standardwerte entwickeln sich am besten, wenn die Wirtschaft auf breiter Basis wächst und die Inflationsrate niedrig ist. Unter solchen Bedingungen steigen viele Anleiheninhaber und ausländische Investoren auf Aktien mit hoher Kapitalisierung um, da sie Wert auf das stetige Wachstum und die internationale Diversifizierung legen, die die besten multinationalen Standardwerte dazu bringt, sich berechenbarer oder eben mehr wie eine Anleihe zu verhalten. Die Nebenwerte tendieren dazu, in den generell schwächeren Perioden besser abzuschneiden – wie von 1932-1946 und von 1968-1983 – sowie in Phasen stärkeren Wachstums, größerer Innovationen und/oder zunehmender Inflation oder Deflation.

Ich glaube, daß 1998 und 1999, vielleicht auch noch 2000, die Nebenwerte leichte Vorteile haben werden. Wenn der Boom sich danach seinem Höhepunkt nähert, werden sich im heftiger werdenden Kampf um die Vorherrschaft allmählich immer größere Unternehmen einen Vorsprung verschaffen können, von denen viele ehemalige Kleinunternehmen sein werden, die extrem schnell expandiert haben und sich wie Microsoft, Intel und Starbuck's Coffee zu Standardwerten entwickelt haben. Genau das passierte auch in den Goldenen Zwanzigern. In jenem Jahrzehnt wiesen die Standardwerte im Durchschnitt eine jährliche Zuwachsrate von 19 Prozent auf, während die Nebenwerte jedes Jahr durchschnittlich 4,5 Prozent einbüßten. Es mag also durchaus ratsam sein, sich während des kommenden Vier-Jahres-Zyklus – also von 1998 bis Ende 2001 oder Anfang 2002 – im Zweifelsfall für den Kauf von Nebenwerten zu entscheiden. Von Ende 2002-2006 oder 2008 hingegen wird die bessere Strategie darin bestehen, mehr Standardwerte und entsprechende Fonds zu kaufen. Auslandswerte und -fonds zeigen seit Jahren schwächere Leistungen und werden aller Voraussicht nach in Zukunft genauso zu den Nachzüglern gehören wie in den letzten Jahren. Die Asienkrise Ende 1997 ergab vor Ort und in einem geringeren

Maße auch in anderen Ländern auf der ganzen Welt ausgezeichnete Kaufgelegenheiten. Ich erwarte daher, daß sich die Aktienmärkte in aller Welt von 1998-2008 gut entwickeln werden. Zur Portefeuillestrukturierung für den Zeitraum von Ende 1998 bis Ende 2008 läßt sich zusammenfassend folgendes sagen:

- Kaufen Sie Wachstumsaktien, sowohl Standard- als auch Nebenwerte, wobei ein leichtes Übergewicht auf ersteren liegen sollte. Was Auslandsaktien angeht, investieren Sie stärker in Entwicklungsländer.
- Bereichern Sie das Portefeuille, indem Sie in Immobilien oder geschlossene Immobilienfonds investieren, die ihre schlechte Performance aus Anfang der neunziger Jahre allmählich wieder wettmachen sollten und sich von einer etwaigen, 1998 durch steigende Zinssätze verursachten Korrektur zügig erholen werden.
- Steigen Sie – da die günstige Situation auf dem Anleihenmarkt Anfang 1998 größtenteils vorbei sein wird – von Anleihen auf Aktien und Immobilien um, sofern Sie die Anleihen nicht aus Einkommensgründen oder zur Diversifizierung des Portefeuilles benötigen. Verlegen Sie sich auf Anleihen mit kürzeren Laufzeiten, um gegen kurzfristig auftretende Inflationsangst gewappnet zu sein.
- Greifen Sie, soweit möglich, auf verschiedene ausländische Aktien und Investmentfonds statt auf Anleihen zurück, um ein diversifiziertes Portefeuille zu erhalten. Bedenken Sie, daß es 2002 zu einer beträchtlichen Korrektur kommen könnte, die den Beginn des nächsten Vier-Jahres-Zyklus darstellt, und in deren Verlauf Sie Ihre Aktienpositionen erweitern können.

Hier ist ein Beispiel für ein mögliches Portefeuille. Beachten Sie, daß Sie von 1998-2008 die Gewichtung auch so modifizieren können, daß 30 Prozent auf Standard- und 20 Prozent auf Nebenwerte entfallen:

15 Prozent Nebenwerte,
35 Prozent Standardwerte,
10 Prozent geschlossene Immobilienfonds,
20 Prozent Auslandsaktien (Schwellenländer: Asien [außer Japan], Lateinamerika, Rußland, Osteuropa usw.),
10 Prozent Auslandsaktien (Industrienationen: Europa, Hong Kong, Kanada, Australien usw.),
10 Prozent hochverzinsliche Rentenfonds (der Seligman High-Yield Bond Fund ist das beste Beispiel).

Phase 2:
Ende 2008 bis 2020 oder 2023 – Die nächste Depression

Wenn das Jahr 2009 näherrückt, wird die Zeit gekommen sein, die Früchte der Investitionen in Aktien sowie einen Großteil der Immobiliengewinne zu ernten. Etwa zwischen Ende 2006 und Ende 2008 oder aber, wenn der Dow sich einem Stand von 21 500 Punkten nähert beziehungsweise 30 000 übersteigt – je nachdem, welcher Kanal sich im kommenden Jahr als der richtige erweist –, sollten Sie anfangen, größere Veränderungen an Ihrer langfristig ausgerichteten Portefeuillestruktur vorzunehmen. Sie sollten vorsichtiger und zurückhaltender werden, denn es wird eine deflationäre Phase folgen, und die Konjunktur in den USA wird rückläufig sein.

Viele Immobilienanlagen in Kleinstädten könnten die Wirtschaftskrise ohne weiteres überstehen. Wegen der attraktiveren Wertentwicklung der Immobilien in Kleinstädten und des beschleunigten Wachstums nach dem S-Kurven-Prinzip rechne ich mit anhaltender Zuwanderung in die Kleinstädte bis weit in die zwanziger Jahre des 21. Jahrhunderts. Diese erneute Depression wird aber das endgültige Aus für Immobilienanlagen in Vorstädten und Großstädten bedeuten. Die Jahre, in denen die Baby-Boomer verstärkt Eigenheime kauften, werden lange vorbei sein; die Expansion des Marktes für kommerzielle Immobilien wird sich verlangsamen und schließlich am Ende des Booms ganz zum Erliegen kommen. Mancher wird an einem Teil seiner Immobilienanlagen in kleineren Städten festhalten wollen, in denen das Wachstumspotential noch lange nicht ausgereizt ist und die Preise immer noch äußerst attraktiv sind, speziell im Vergleich zu Ballungsgebieten und kleineren Städten in der Umgebung, die dem Sättigungsgrad näher sind. Viele werden ihr Eigenheim oder ihre geliebten Ferienhäuser in ruhiger Lage behalten wollen. Mein Rat aber lautet: Verkaufen Sie, so viel Sie können, und sehen Sie sich – nachdem sich die erste Krise vollends ausgeweitet hat und Aktien und Immobilien günstig erhältlich sind – nach besseren Kaufgelegenheiten um.

Die Anleihen wie auch die Schatzwechsel werden die größten Nutznießer einer anhaltenden Deflationsspirale sein; bestimmte ausländische Aktienmärkte dürften gut abschneiden, besonders der japanische, da Japan dem Höhepunkt einer Konsumwelle zustrebt. In Europa wird der Boom noch einige Zeit anhalten – im besten Fall bis 2014 oder sogar bis 2017 –, bevor es hier ebenfalls zu einem Rückgang kommt. Auch in Australien und Neuseeland wird sich die Wirtschaft wegen der günstigeren demographischen Tendenzen als widerstandsfähig erweisen. Die Schwellenländer werden während der weltweiten Krise wahrscheinlich unter vermehrter Volatilität und einem Nachlassen der Exporte leiden, selbst wenn die Bevölkerungsentwicklung in diesen Ländern eigentlich ein gewisses Wirtschaftswachstum ermöglichen würde. Denken Sie auch daran, daß Nebenwerte zwar in schwächeren Perioden generell besser abschneiden, jedoch erst nach dem ersten größeren Verfall der Aktienkurse, das heißt, einem Rückgang von mindestens 40 Prozent.

Lassen Sie mich kurz zusammenfassen, wie Sie Ihr Portefeuille für den Zeitraum von Ende 2006 beziehungsweise Ende 2008 bis 2020/2023 strukturieren könnten:

- Phase 1: Investieren Sie von Ende 2006 bis Ende 2008 allmählich weniger in Aktien und vermehrt in Schatzpapiere mit langer Laufzeit oder in erstklassige Industrieanleihen.
- Phase 2: Legen Sie von 2009-2010 beziehungsweise nach der ersten größeren Korrektur des Aktienmarktes in den USA und der übrigen Welt 20-40 Prozent Ihres Rentenportefeuilles in japanischen, vielleicht auch einigen europäischen Aktien an.
- Phase 3: Halten Sie von 2015-2023 nach vorteilhaften Gelegenheiten zu langfristigen Investitionen in Aktien und Immobilien Ausschau. Konzentrieren Sie sich dabei auf Immobilien in exurbanen Siedlungsgebieten in den USA, auf Entwicklungsländer weltweit sowie auf Aktien von Kleinunternehmen in den Vereinigten Staaten.
- Phase 4: Gehen Sie ab 2020-2023 – rechtzeitig vor dem nächsten anhaltenden Bullenmarkt – allmählich wieder zu einem klassischen Portefeuille über, das beispielsweise so zusammengesetzt sein könnte: 30 Prozent Standardwerte, 20 Prozent Nebenwerte, 10 Prozent Immobilien, 30 Prozent Auslandsaktien und 10 Prozent Anleihen.

Wenden wir nun die Logik des einfachen, aber effektiven Markowitzschen Systems der Portefeuillestrukturierung auf Investmentfonds und professionell verwaltete Investmentpakete an. Die ultimative Strategie für einfaches, elegantes Investment lautet: Wählen Sie in jedem der empfohlenen Sektoren Ihres Portefeuilles die zwei bis vier besten Investmentfonds aus.

Befolgen Sie einfach die oben beschriebene Strategie und wenden Sie sie statt auf einzelne Aktien auf Investmentfonds an. Das ist die beste Art, den Investmentprozeß zu vereinfachen! Wenn wir unser Portefeuille nach der Markowitzschen Methode oder einem anderen System neu gewichten, profitieren davon auch unsere Investmentfondsgruppen, denn ihnen wird so immer dann Anlagekapital zugeführt, wenn sie damit am besten arbeiten und die höchsten Gewinne erzielen können. Statt dessen wird aber gewöhnlich gerade dann am stärksten in Investmentfonds investiert, wenn der Höhepunkt eines Marktzyklus erreicht ist und somit die schlechtesten Chancen bestehen, Kapital zum Zweck der Gewinnoptimierung zu reinvestieren.

(Finanzberatern und Anlegern, die mehr über die Investmentdienste erfahren wollen, die ich anbiete, sei die Seite „Produkte und Dienstleistungen der H. S. Dent Foundation" am Ende des Buches empfohlen.)

Gehen wir noch einen Schritt weiter. Das andere für die langfristige Erlangung von Wohlstand essentielle Prinzip ist das des Steueraufschubs. Anleger sollten so viel Kapital wie legal möglich in privaten Altersvorsorgeplänen wie dem 401K-, IRA-, SEP- oder KEOGH-Plan unterbringen. Verplanen Sie aber nur Kapital, das Sie wirklich langfristig festlegen können, denn für Abhebungen vor dem Ruhestand werden erhebliche Strafgebühren fällig.

In diesen Zusammenhang gehört auch der andere vielversprechende Sektor im Bereich der Investmentpakete des neuen Zeitalters. Variable Annuitäten und fondsgebundene, universelle Lebensversicherungen gestatten es den Anlegern, ihren Bedarf an Versicherungsschutz so zu decken, daß das Auskommen ihrer Familien gesichert ist, und gleichzeitig den Barwert solcher Policen in Investmentfonds mit hohen langfristigen Erträgen anzulegen, deren Versteuerung auf einen späteren Zeitpunkt verschoben werden kann. Der Anleger nimmt einfach einen Kredit auf den Barwert der Police auf – wenn nötig, zu marktgängigen Zinssätzen –, und das Kapital sammelt sich steuerfrei an. Außerdem kommen die Leistungen dieser universellen Lebensversicherungen Ihren Erben steuerfrei zugute, so daß Ihre Familie keine Erbschaftssteuer zu zahlen braucht.

IMMOBILIENANLAGEN, DIE GEWINN BRINGEN

Immobilien stellen den größten Teil des persönlichen Vermögens der meisten Menschen dar. Sie können Ihre Aussichten, zu Wohlstand zu kommen, entscheidend verbessern, indem Sie darüber nachdenken, in Immobilien in den Gebieten zu investieren, die ich in Teil 4 beschrieben habe. Sie können entweder umziehen oder, wenn Sie genug Kapital verfügbar haben, Ihren Wohnsitz beibehalten und nur ein Ferienhaus oder ein anderes Objekt in einem dieser Gebiete erwerben.

Wenn Sie sich über Ihre nächste Immobilienanlage Gedanken machen, sollten Sie folgende Alternativen beachten:

• Wenn der Zeitpunkt kommt, zu dem Sie Ihr erstes Eigenheim verkaufen und ein komfortableres kaufen wollen, erwägen Sie, sich etwas weiter außerhalb – in einem schnell wachsenden exurbanen Gebiet – anzusiedeln, statt wieder in einer Vorstadt, die nur langsam expandiert.

- Wenn Sie mit dem Gedanken an den Kauf einer Ferienwohnung spielen, warum entscheiden Sie sich nicht gleich jetzt dazu und kommen dem massiven Ansturm der Baby-Boom-Generation zuvor? Jedes Abwarten kostet Sie wahrscheinlich Geld und die Wertsteigerungsrate wird höher ausfallen, wenn Sie früh kaufen. Sie können das Objekt auch vermieten, wenn Sie keinen Eigenbedarf haben, und damit die Hypothek und die Versicherungskosten teilweise abdecken. Vergessen Sie nicht, daß die Zinsen von Immobilienkrediten bis zu einer Million Dollar von der Steuer abgesetzt werden können. Dieser Betrag kann sowohl Ihren Haupt- als auch Ihren Ferienwohnsitz einschließen. Eine andere Strategie besteht darin, ein oder gar mehrere Teilzeitwohnrechte in attraktiven Gegenden zu erwerben. Damit können Sie Ihren Urlaub abwechslungsreich gestalten und mit anderen Inhabern von Teilzeitwohnrechten tauschen.
- Ziehen Sie die Möglichkeit in Betracht, jetzt oder später in einem attraktiven Erholungsgebiet ein Eigenheim für den Ruhestand zu kaufen. Sie könnten es jetzt als Ferienhaus nutzen und/oder vermieten, bis Sie in den Ruhestand treten.
- Wenn Sie gerade eine Familie gegründet haben, Kinder haben wollen und sich überlegen, wo Sie in Zukunft wohnen und arbeiten wollen, dann erwägen Sie ernsthaft, in eine schnell wachsende Klein- oder neue Großstadt zu ziehen. Die dort ansässigen Unternehmen werden wahrscheinlich schneller expandieren, Ihre Lebenshaltungskosten werden niedriger sein und Ihre Immobilie wird im Wert stärker steigen, als wenn Sie in der gleichen Vorstadt blieben. Wenn Sie und Ihr Ehepartner keine Kinder planen oder es Ihnen nichts ausmacht, Kinder in einer Großstadt aufzuziehen, denken Sie darüber nach, ob Sie nicht in ein saniertes Großstadtviertel ziehen wollen, in dem die beruflichen Aussichten gut sind und Wohnraum im Wert steigt.
- Wenn Sie der Baby-Boom-Generation angehören und jetzt etwa 40 Jahre alt sind, überlegen Sie sich, wie Sie leben wollen, nachdem Ihre Kinder ausgezogen sind. Warum denken Sie nicht ernsthaft darüber nach, in eine Stadt in einem schönen Erholungsgebiet oder auch in eine Universitätsstadt zu ziehen? Bringen Sie in Erfahrung, ob nicht Tele-Arbeit oder eine Ansiedlung Ihres Unternehmens an einem anderen Ort möglich wäre, oder denken Sie daran, ein neues Unternehmen zu gründen. Der Wert Ihres Eigenheims wird fast sicher rasant steigen, wenn Sie sich für ein echtes Wachstumszentrum entscheiden. Der Streß, dem Sie ausgesetzt sind, wird dagegen abnehmen.
- Die ultimative Immobilienstrategie, mit der Sie sowohl hohe Lebensqualität als auch noch größeren persönlichen Wohlstand erzielen können, wird bei den reichsten Baby-Boomern Anklang finden. Vereinen

Sie alle denkbaren Vorteile und erwerben Sie ein Objekt, das zu Ihrem Hauptwohnsitz wird, in einem attraktiven Erholungsgebiet – vorzugsweise in einem Staat oder Bezirk mit niedrigen Einkommensteuersätzen. Kaufen oder mieten Sie dann eine Wohnung oder ein Haus in einem modernen zentralen Großstadtviertel. Die Steuerersparnisse, die die Verlegung des Wohnsitzes von einem Staat mit hohen Einkommensteuersätzen von 7-11 Prozent in einen Staat mit niedrigeren Steuersätzen mit sich bringt, sind in vielen Fällen mehr als ausreichend, um die Miete oder die Hypothekenzahlungen für die Wohnung im Zentrum einer Großstadt abzudecken. Sie müssen nur den Großteil Ihrer Zeit in dem Staat mit den günstigeren Steuersätzen verbringen.

Strategien für Immobilienanleger

Es gibt viele Menschen, die in das Geschäft mit Immobilienanlagen einsteigen. Das ist nicht mein Fachgebiet, aber es liegt nahe, daß diejenigen, die den größten Erfolg haben, in Immobilien investieren, die sie kennen und von denen sie etwas verstehen. Willkürliches Investieren in Immobilien und die neuesten Immobilienprojekte sollte Filmstars vorbehalten bleiben, die oft anscheinend Gefallen daran finden, Geld zu verdienen, um es dann wieder zu verlieren. Immobilienprojekte und -gesellschaften sind riskant und erfordern ein Verständnis der Branche und ihrer Trends – ganz wie das Investieren in Aktien. Der einzige Unterschied ist, daß Immobilien nicht so liquid wie Aktien sind, weswegen es schwieriger für Sie wird, aus einem Geschäft auszusteigen, wenn Sie einen Fehler gemacht haben.

Meiner Meinung nach hat der Anleger ohne Fachkenntnisse in erster Linie zwei sinnvolle Möglichkeiten: Mietimmobilien mit niedriger Anzahlung und neutralem Cash-flow und das Kaufen und Halten von billigem Bauland. Diese beiden Möglichkeiten erfordern aber auf jeden Fall einige Beschäftigung mit der Materie. Worauf es ankommt und worauf man achten muß, sollte man sich von jemandem erklären lassen, der Erfahrung mit Immobilienanlagen hat.

Mietimmobilien mit niedriger Anzahlung und neutralem Cash-flow

Dank Alan Jacques und Tim Johnson von The Real Estate Network waren zahlreiche Privatanleger in der Lage, von Mietimmobilien mit niedriger Anzahlung und neutralem Cash-flow in British Columbia und Alberta zu profitieren, wo der Penturbia-Trend stark ausgeprägt ist. Die

Strategie besteht darin, mit Hilfe der in Kapitel 12 beschriebenen Indikatoren attraktive Wachstumszentren und -gebiete auszumachen. Sehen Sie sich dann nach Eigentumswohnungen und vermietbaren Objekten – also auch Gewerbe- und Büroimmobilien – um, die Sie mit einer niedrigen Anzahlung – am besten in Höhe von maximal 5 oder 10 Prozent – erwerben und dann so vermieten können, daß Sie nach Abzug der Hypothekenzahlungen, Steuern und Instandhaltungskosten einen neutralen oder positiven Cash-flow erzielen. Wichtig ist jedoch, daß Sie die Objekte genau unter die Lupe nehmen und sich über den Aufwand, den die Verwaltung und Instandhaltung erfordert, vollkommen im Klaren sind. Seien Sie nicht so naiv, zu glauben, daß das Mietgeschäft unkompliziert wäre.

Ein weiterer Punkt, den Sie berücksichtigen sollten, wenn Sie Eigentumswohnungen oder vermietbare Immobilien kaufen wollen, ist die Tatsache, daß Wohnungen in Eigentumsblocks normalerweise nicht so steil im Wert steigen wie Einfamilienhäuser. Größere Eigentumswohnungen mit mehr Zimmern, die auch die Einrichtung eines Büros in den eigenen vier Wänden zulassen, erfahren aber eine stärkere Wertsteigerung als Ein- oder Zwei-Zimmer-Wohnungen. Ein vermietbares Haus in einem Wachstumsgebiet zu kaufen, ist besser, als eine Eigentumswohnung zu kaufen, speziell wenn Sie selbst für die Instandhaltung sorgen können.

Diese Strategie – der Erwerb von Mietimmobilien mit niedriger Anzahlung und neutralem Cash-flow – verringert die Risiken des Immobilieninvestments enorm und erlaubt Ihnen, mehr Immobilien zu kaufen und Ihr Eigenkapital zu vergrößern, wenn Ihr Cash-flow wächst. Alan Jacques ist der Meinung, daß das Vorhandensein solcher kostenneutraler Mietimmobilien ein Kennzeichen eines sich abzeichnenden Wachstumszentrums ist.

Das Kaufen und Halten von billigem Bauland

Eine Anlagestrategie für den Immobilienmarkt, die riskanter ist, aber sehr einträglich werden kann, ist der Erwerb großer Mengen Bauland weiter außerhalb der Wachstumszentren und exurbanen Siedlungsgebieten. Die Vorteile dieser Strategie sind, daß sie höchst profitabel werden kann und man sich nicht mit Bauvorhaben, Vermietung oder Instandhaltung beschäftigen muß. Man kauft einfach billiges, unerschlossenes Land und läßt es jahre- oder sogar jahrzehntelang ruhen – bis die Erschließung in der entsprechenden Richtung vordringt. Es macht zudem Spaß, Gegenden zu entdecken, die man für vielversprechend hält, und dann zu bemerken, daß andere zu dem gleichen Schluß gekommen sind. Manchen Menschen macht es auch einfach Spaß, Land zu besitzen.

Ein Freund von mir kaufte mehrere Hektar Land außerhalb von McCall in Idaho, um sich ein Haus für Ferien und Ruhestand bauen zu lassen. Der Wert des Grundstücks verdreifachte sich in drei Jahren. Ich habe erlebt, wie eine Immobiliengesellschaft unerschlossenes Land in der Nähe von Palmdale und Lancaster kaufte. Dabei handelte es sich um zwei schnell wachsende exurbane Siedlungsgebiete in der Wüste vor Los Angeles und das letzte dünnbesiedelte Gebiet, das weniger als 100 Kilometer vom Stadtzentrum entfernt war. Die Strategie der Immobiliengesellschaft war einfach: Sie kaufte einfach rings um die erschlossenen Gebiete dieser beiden Städte Land, sobald der Preis dafür attraktiv war, und verdiente innerhalb eines Jahrzehnts ein Vermögen. Ich erwähnte bereits in Kapitel 11, daß auch jeder überaus reich geworden wäre, der den nötigen Weitblick besessen hätte, um in den fünfziger und sechziger Jahren Land außerhalb von Aspen, in den Sechzigern und Siebzigern außerhalb von Santa Fe oder in den Siebzigern und Achtzigern außerhalb von Telluride zu kaufen. Heute erleben die Städte einen Boom, die 30-45 Autominuten von Aspen entfernt sind.

Die Nachteile dieser Strategie liegen auf der Hand: Sie müssen möglicherweise lange warten, bis die Erschließung in Ihrer Gegend beginnt. Vielleicht werden statt dessen andere Gebiete bebaut. Unter Umständen machen Ihnen unerwartete Raumordnungsbestimmungen einen Strich durch die Rechnung. Womöglich stellen Sie sogar fest, daß sich in der Nähe eine unterirdische Giftmülldeponie befindet, von der Ihnen der Verkäufer nichts erzählt hat. Außerdem sind die Zinsen aus Investitionen in Bauland anders als im Fall von Wohn- oder Mietimmobilien nicht steuerlich absetzbar.

ZUSAMMENFASSUNG

Wenn die Welt einen so ungeheuren Boom wie diesen erlebt, ergeben sich die besten Gelegenheiten, persönlichen Wohlstand zu erlangen, aus dem zwangsläufigen Wachstum von Unternehmenskapital und dem steigenden Wert bestimmter Arten von Immobilien. Wenn Sie es schaffen, konsequent 10 Prozent Ihres Nettoeinkommens zu sparen, bevor Sie Ihre Ausgaben bestreiten, und jetzt anfangen, systematisch in Investmentfonds und Immobilien zu investieren, können Sie schon viel früher wohlhabend sein, als Sie bisher angenommen haben. Vielleicht werden Sie sogar schon in der Lage sein, sich aus dem Berufsleben zurückzuziehen, wenn wir den Höhepunkt dieses größten Booms aller Zeiten erleben – und zwar unabhängig von Ihrem heutigen Alter.

Ich wünsche Ihnen viel Erfolg!

PRODUKTE UND DIENSTLEISTUNGEN DER H. S. DENT FOUNDATION

FÜR UNTERNEHMEN UND FÜHRUNGSKRÄFTE
Gastvorträge
Unternehmensinterne Ausbildungsseminare
Intranet- und CD-ROM-Ausbildungsprogramme
Unternehmensberatung
Strategiesitzungen mit Führungskräften
H. S. Dent Forecast Newsletter

FÜR FINANZBERATER UND INSTITUTIONELLE ANLEGER
Investmentfonds für Kundendepots
Marketing- und Seminarprogramme
Audiokassetten für die Prospektierung
Interaktive Aus- und Weiterbildungsprogramme auf CD-ROM
H. S. Dent Forecast Newsletter
Graphiken und Wandkarten der „Konsumwelle" und weiterer
wichtiger Charts
Marktberichte und Berichte zur Finanzdienstleistungsbranche

FÜR PRIVATANLEGER
H. S. Dent Forecast Newsletter
H. S. Dents Homepage ... www.hsdent.com
Investmentstrategien und -services
Bücher
Videokassetten
Audiokassetten
CD-ROMs
Sonderberichte

Besuchen Sie unsere Internetseite: www.hsdent.com